K线图
技术分析与实战

王永宁 著

中国宇航出版社
·北京·

内 容 提 要

K 线图广泛应用于股市、期货、外汇、债券、数字货币和大宗商品等市场。K 线图技术分析的本质在于，投资者可以通过 K 线图所表达出来的信息，分析市场主导力量正在做什么，并根据这些分析结果采取行动。

本书结合案例讲解如何正确理解 K 线图性质，如何识别主力洗盘和出货行为，如何判断股票短期头部形成，如何遵循趋势交易策略做出买卖决策等知识，帮助投资者规避不必要的错误。本书在讲解 K 线图时，按照股价运行态势和时间先后顺序来分析，这样做的目的是让投资者“身临其境”地了解当时看盘过程中做出的合理买卖决策，尽最大努力避免“事后诸葛亮”式的分析，对投资者有较强的实践指导意义。

图书在版编目（CIP）数据

K线图技术分析与实战 / 王永宁著. -- 北京 : 中国宇航出版社，2024.1

ISBN 978-7-5159-2303-1

Ⅰ. ①K… Ⅱ. ①王… Ⅲ. ①股票投资—基本知识 Ⅳ. ①F830.91

中国国家版本馆CIP数据核字(2023)第205312号

策划编辑 卢 珊 **封面设计** 元泰书装
责任编辑 吴媛媛 **责任校对** 卢 珊

出版发行 中国宇航出版社

社 址 北京市阜成路 8 号 邮 编 100830
(010) 68768548

网 址 www.caphbook.com

经 销 新华书店

发行部 (010) 68767386 (010) 68371900
(010) 68767382 (010) 88100613 (传真)

零售店 读者服务部 (010) 68371105

承 印 三河市君旺印务有限公司

版 次 2024 年 1 月第 1 版
2024 年 1 月第 1 次印刷

规 格 787 × 1092

开 本 1/16

印 张 20.5

字 数 337 千字

书 号 ISBN 978-7-5159-2303-1

定 价 69.00 元

本书如有印装质量问题，可与发行部联系调换

前　言

K线图又称蜡烛图，目前广泛应用于股市、期货、外汇、债券、数字货币和大宗商品等市场。K线图技术分析的本质在于，投资者可以通过K线图表达出来的信息，发现市场主导力量正在做什么，然后根据这些信息采取行动。本书将K线图技术分析融入到大量案例研究中，身临其境地分析K线图所揭示出来的信息，为投资者买卖股票提供决策依据。需要说明的是，本书全部采用日K线图，均线为5日、10日、20日和30日均线。为了更好地帮助投资者理解本书内容，建议投资者先阅读附录中所列出的股市术语。

股市参与者将资金投入股市必定要承担一定的风险，即投资收益或亏损的不确定性。通过学习可以把不确定性转化为确定性，方法是把风险量化。因此，在做交易前，必须做好止损准备并严格执行。止损原则是为了避免本金遭受重大损失。一般每一笔交易亏损不能超过本金总额的6%到8%。比如，在进行一笔金额为10000元的交易时，最大亏损应该控制在600到800元之间。

在股市中，投资者要风险优先地对待每一笔交易，因此介入时机就显得尤其重要，因为介入时机比较好的话就等于投资成功了一半，增加了投资者获得成功的机会，自然能够带来丰厚的利润。比如，投资者千万不要买入长时间大幅上涨后出现“三高”（高位、高成交量、高换手率）的股票，以及股价处于高位时刚开始下跌且均线开始向下发散呈空头排列迹象的股票，因为此时风险较大，收益较小。稳健的投资者应该买入经过长时间大幅下跌，股价处于相对低位，充分调整后股价刚刚开始上涨，且均线有向上发散呈多头排列迹象的股票。为了获得介入个股的好时机，投资者必须要有足够的耐心，等待买入条件的出现，再采取行动。

为了节省投资者的宝贵时间，本书给出了四种非常实用的根据K线图买入股票的方法：①底部连续阳线且均线向上发散买入法；②“一阳冲天”K线形态买入法；③股价低位向上突破横盘整理平台买入法；④股价低位连续小阳线且均线呈多头排列买入法。这些选股方法都经过了实战检验，所选股票的股价上涨概率比较高。当然，它们也不能保证百分之百的成功率，尤其是在熊市期间。这正是投资者买入股票后要做好止损准备并严格执行的原因。

本书在讲解K线图技术分析时，是按股价运行态势和时间先后顺序来分析的。这样做的目的，是让投资者“身临其境”地了解当时可能做出的买卖决策，尽量避免“事后诸葛亮”式的分析。对同一个日K线图形来说，股价在拉升之前和拉升之后，其视觉感受是不一样的。如果采用“事后诸葛亮”式的分析，投资者在事后才知道在日K线图上某某地方是一个很好的买入时机，但是这样的分析对实时操盘来说没有任何实战指导意义。而采用“身临其境”式的分析，当时看盘的投资者会问自己：要不要买入或卖出该股票？股价将来的运行态势是上涨、下跌还是横盘？投资者会根据当天出现的日K线图来研判股价运行态势。本书尽最大的努力采用“身临其境”式的分析，这对投资者有很强的实践指导意义。在实战操作中，投资者要制订一套适合自己的操作方法，遵循一套交易系统和原则并坚决执行。

在买卖股票的过程中，投资者经常会犯一些错误。本书结合案例讲解如何正确理解K线图性质，如何识别主力洗盘和出货行为，如何判断股票短期头部形成，如何遵循趋势交易策略做出买卖决策等知识，帮助投资者规避不必要的错误。另外，在投资股票时，投资者一定要克服跟风心理和羊群心态，要勤于独立思考、有思想、有理性。相信随着心态的不断成熟和交易理念的不断完善，投资者一定会在股市中取得成功。“盛极必衰，否极泰来”，这是一个简单的道理，在股市中也一样。

“独思静想”才能“宁静致远”，这是笔者对股市的感悟。珍惜时间，拿起书本，赶快阅读吧！

王永宁

2023年7月于华侨大学

目 录

第 1 章

K 线图基础知识

在股市中，投资者一般通过基本面分析来研判股价运行的长期趋势，通过技术分析来判断介入某只股票的恰当时机。如果想投资股票，那么学习一些 K 线图技术分析知识是很有必要的。这就好比想去游泳，必须先学会游泳的技巧一样。但是，不同的投资者对 K 线图的理解各不相同，套用苏轼的诗句形式来描述 K 线图，可以说：横盘成箱侧成峰，远近高低各不同。不识 K 线真面目，只缘身在此图中。

本章主要介绍 K 线图的基础知识，以便投资者更好地理解 K 线图揭示出来的信息，为买卖股票提供决策依据。

1.1 K 线图的含义

K 线图又称蜡烛图，广泛应用于股市、期货、外汇、债券、数字货币和大宗商品等市场。在股票市场，单根 K 线图记录了某只股票一天的价格变动范围，包含四种价格：开盘价、收盘价、最高价和最低价。

K 线图由实体和影线两部分组成。实体分阳线和阴线。若收盘价高于开盘价，该 K 线图是阳线（本书中用白色表示）；若收盘价低于开盘价，则 K 线图是阴线（本书中用黑色表示）。在 K 线图中，从实体向上延伸的细线叫上影线；从实体向下延伸的细线叫下影线，如图 1-1 所示。

K 线图中的开盘价、收盘价、最高价和最低价是多空双方博弈的结果，反映了股价的走势情况、价格信息以及多空双方力量的强弱。多空双方力量的强弱产生了形态各异的 K 线图，如图 1-2 所示。

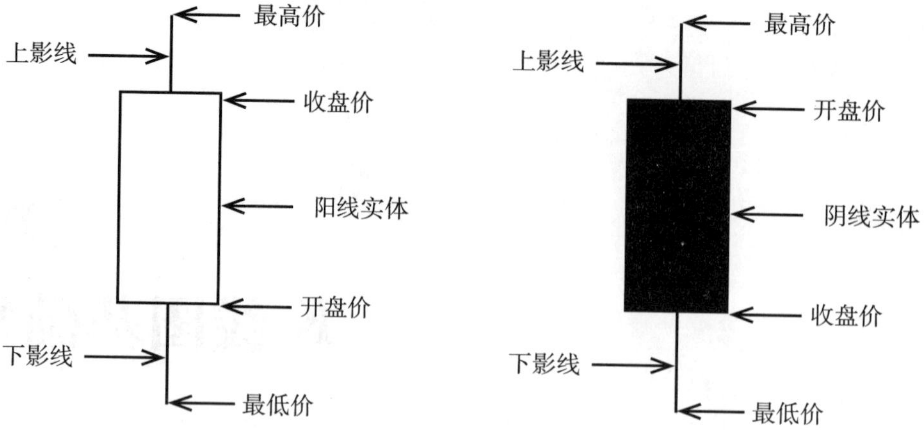

图 1–1 阳线和阴线

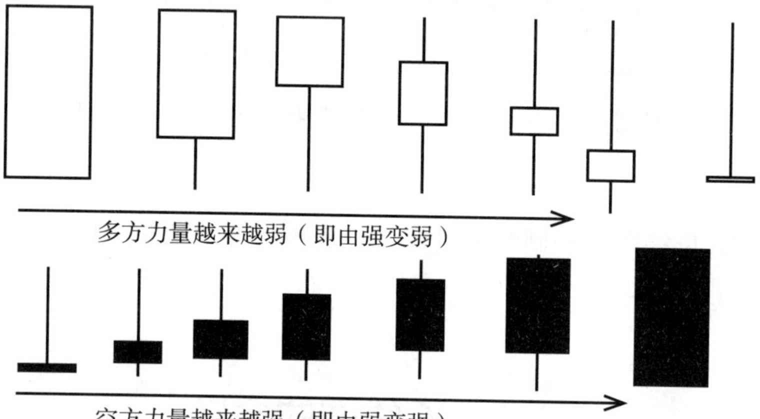

图 1–2 形态各异的 K 线图

1.2 正确理解 K 线图的性质

1.2.1 K 线图的性质

在股市里，市场参与者有多方和空方之分。多方（又称多头）是指对股市持有乐观的看法，认为股价将会上涨而积极买入股票的参与者。空方（又称空头）是指对股市的未来不看好，认为股价将会下跌而卖出股票的参与者。

单根 K 线图反映的是多空双方在一天之内的博弈结果。那么，应该如何正确理解 K 线图呢？正确理解 K 线图应从以下三个方面着手。

第一，K 线图实体部分的大小。阳线实体部分越大，说明多方力量越强，市场对股票的需求旺盛，市场情绪处于乐观之中，很多人正在积极买入股票；阴线实体部分越大，说明空方力量越强，很多人在大量卖出股票，股票供给过多。

如图 1–3 所示，光头光脚大阳线（即没有上下影线或者上下影线都非常短的阳线）意味着多方从一开盘就积极进攻，全面控制股价运行态势，逐浪上攻，股价最终以最高价收盘。它表明多方的力量占据绝对优势，空方难以组织有效的抵抗，股价上涨趋势非常明显，后市看涨。而光头光脚大阴线（即没有上下影线或者上下影线都非常短的阴线）则刚好相反，它意味着空方从一开盘就占绝对优势，不计成本地抛售股票，股价逐步下跌，此时投资者的情绪处于恐慌之中，说明空方的力量已占尽优势，后市看跌。

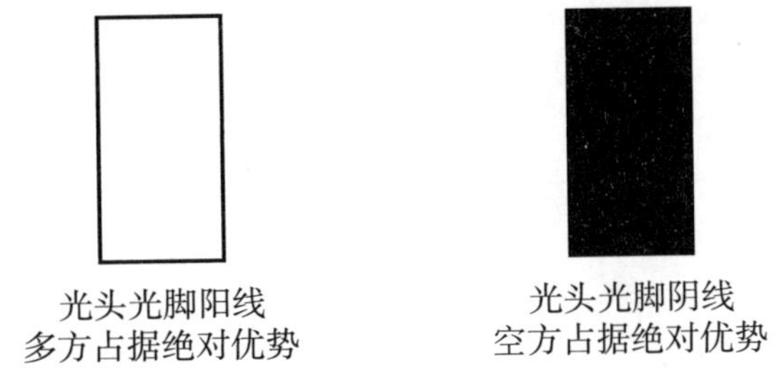

图 1–3　光头光脚大阳线和光头光脚大阴线

第二，K 线图影线的长短。上影线越长，说明空方抛售的压力越重，股价上涨比较困难；下影线越长，说明多方承接的力量越强，股价上涨的欲望比较强烈。

第三，K 线图所处位置的高低。K 线图所处的位置是指目前的股价是处于一段时间的顶部、底部还是其他位置，而不是指股价绝对数值的高低。股价在长时间大幅上涨或长时间大幅下跌之后若出现标志性 K 线形态，则预示着股票短期头部或底部形成的可能性较大。只有在一个较大的时间范围内判断这根 K 线图的位置，并且结合成交量的大小、换手率的高低以及均线黏合（或交叉）发散情形等指标，才能对这根 K 线图的性质做出相对准确的判断。

1.2.2　典型 K 线图性质研究

1. 光头光脚大阳线性质研究

出现光头光脚大阳线，说明多方发起了强大攻势，多方的力量占据优势，股价上涨愿望较强烈。但是此时的性质还要根据其所处的位置，并且结合当时成交量的大小、换手率的高低以及均线黏合（或交叉）发散情形等指标来判断。

（1）低位光头光脚大阳线。

股价经过长时间大幅下跌之后处于相对低位区，某天出现一根光头光脚大阳线向上突破均线的压制，此时成交量增大，均线黏合或交叉后开始向上发散呈多头排列迹象，说明有主力机构资金在底部区域吸收筹码建仓，预示着股票短期底部可能要形成了。此时投资者可以积极买入并做好止损准备。

如图 1–4 所示，该股经过前期大涨后出现了大约 3 个月的下跌行情，在圆圈 1 处出现一根光头光脚大阳线向上突破均线的压制，成交量大幅增加，说明多方吸收了来自空方所抛售的全部股票，多方力量较强，并且均线黏合或交叉后开始向上发散，有呈多头排列迹象。此处光头光脚大阳线对股价未来的走向往往会起到决定性作用，投资者要密切关注这种情形。

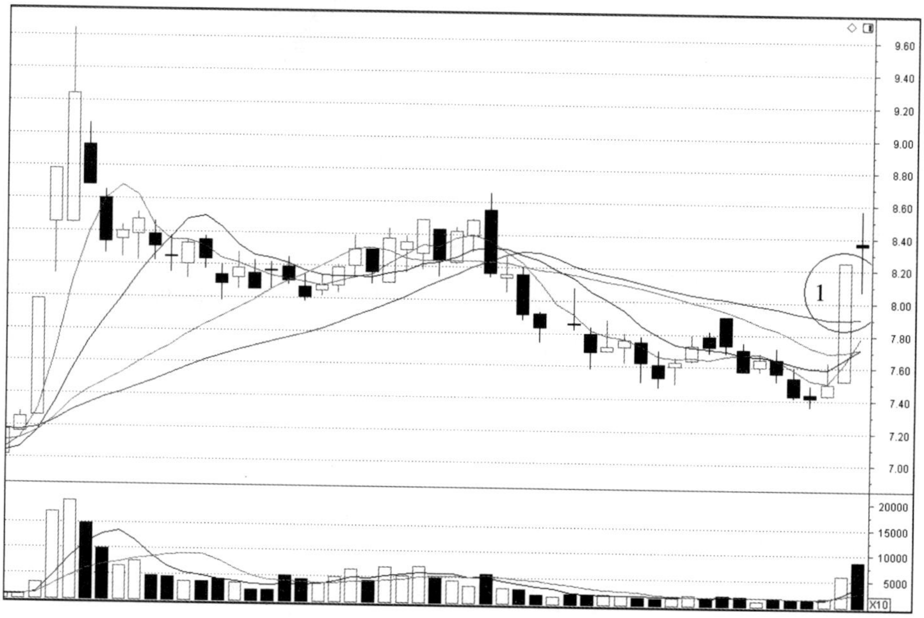

图 1–4　大阳线向上突破均线压制

（2）突破横盘整理光头光脚大阳线。

股价小幅上升后一般会进入横盘整理阶段，在其末端一根光头光脚大阳线向上突破横盘整理平台的压力线并且成交量增大，均线黏合（或交叉）后开始向上发散，有呈多头排列迹象，这是多方开始发起进攻的信号。这时投资者可在股价向上突破整理平台时伺机逢低买入股票。

如图 1–5 所示，矩形处股价出现了以圆圈 1 处光头光脚大阳线为支撑的横盘整理行情，说明此处大阳线对股价起到了重要的支撑作用，多方力量较强。在横盘整理末端圆圈 2 处一根光脚大阳线向上突破横盘整理平台的压力线且成交量增大，均线交叉后开始向上发散呈多头排列，看涨。此时是投资者买入股票的好时机，逢低买入后做好止损准备。

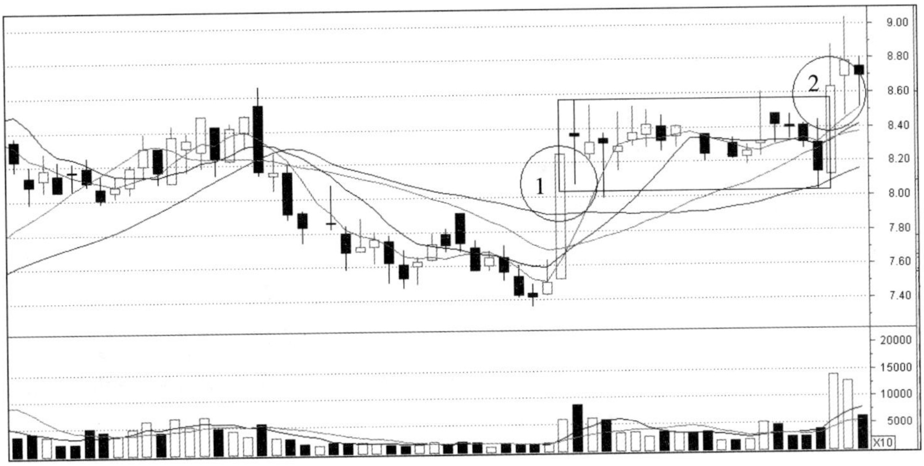

图 1-5　光脚大阳线向上突破压力线

（3）高位光头光脚大阳线。

股价经过一段时间的大幅上涨后处于高位，某天出现大阳线或光头光脚大阳线，则应谨慎对待，此时若成交量放大、换手率高，表明主力正在拉高出货，预示着股票短期头部可能要形成了。在这种情形下投资者应采取抛售股票、落袋为安的策略。因为没有主力资金的护盘，股价就会出现下跌行情。

如图 1-6 所示，该股经过前期大幅上涨后股价处于高价区，圆圈 3 处出现了光头光脚大阳线，成交量放大，换手率为 7.9%，表明主力在拉高出货，预示着股票短期头部不远了，此时投资者应卖出股票。

2. 长上影线的阳线或阴线性质研究

带长上影线的阳线表示多方上攻时股价受到空方的打压而回落，来自空方抛售股票的压力较沉重，股价能否继续上涨尚不明朗。出现这种 K 线图时，投资者在买卖股票时要注意，次日如果股价出现一根大阳线向上进攻，并且股价收盘价能覆盖其上影线部分，此时成交量也放大，则股价继续上涨的可能性很大。否则，股价出现振荡整理或向下调整的可能性较大。带长上影线的阴线表示股价先涨后跌，空方力量比较强，抛压沉重。

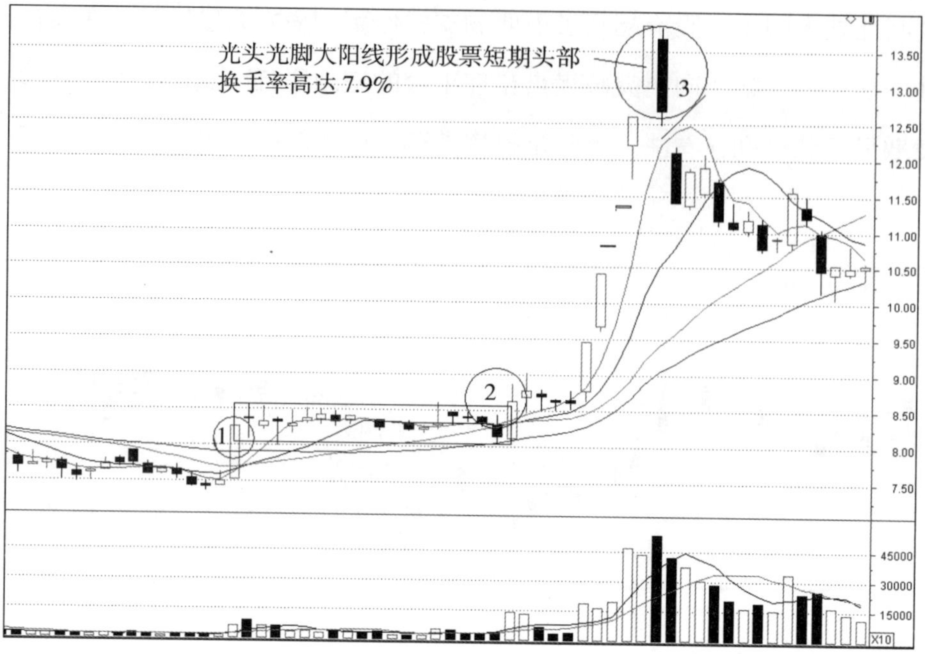

图 1-6　高位光头光脚大阳线

它传递出一种市场已经转势的信号，在高位出现时应果断离场。阴线实体越长，表示空方实力越强，股价下跌的趋势越明显，如图 1-7 所示。

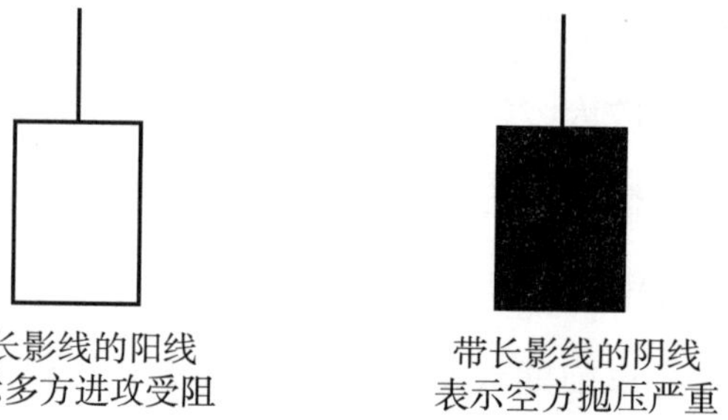

图 1-7

上影线越长，说明上方的抛压越重，股价上涨就越难。但是带有长上影线的阳线或阴线的性质要根据其所处的位置，以及当时成交量的大小、换手率高低以及均线黏合（交叉）发散情形等指标来判断。不同的位置，有不同的名称，如仙人指路、射击之星等，阴线阳线无所谓。

（1）仙人指路。

股价处于上涨初期，某天股价在多方上攻冲高之后受到空方的打压，形成一根带长上影线的阳线，收盘价较前一个交易日有所上涨且成交量温和增加，我们把这种 K 线叫作“仙人指路”。实盘中，“仙人指路”K 线形态通常出现在窄幅盘整后的突破点或者是缓缓攀升走势中，均线呈多头排列，则表明主力正在试探性进攻，是股价将要上涨的信号。

如图 1-8 所示，该股经过一段时间的下跌后，股价处于相对低位，市场需求增加，于是出现连续阳线，股价随成交量的温和增加而上涨。在圆圈 1 处出现一根“仙人指路”K 线，此时股价处于缓缓上涨初期，均线向上发散且呈多头排列。这表明主力有意拉升股价，是短线强势上攻开始的信号。后期股价是否会上涨呢？请看图 1-9 所示的股价运行态势。

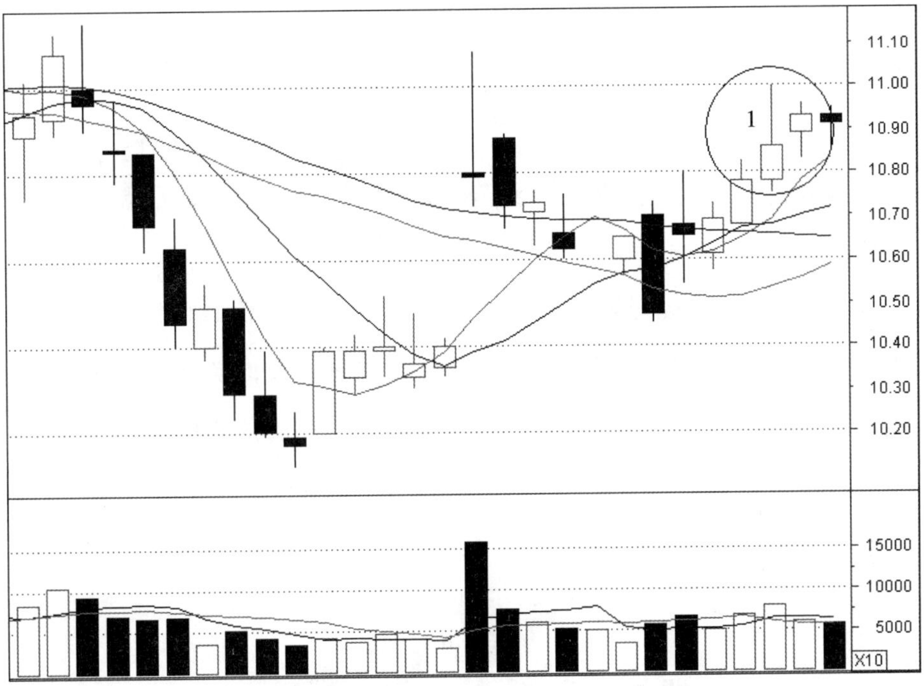

图 1-8　仙人指路

（2）射击之星。

股价经过一段时间的大幅上涨后，某天出现一根带长上影线的 K 线（阴阳无所谓）并且成交量放大，换手率高，我们把这种 K 线称为“射击之星”，这是可靠性很高的见顶回落信号。如果股价随后低开，投资者应果断出局。

图 1-9 圆圈 2 处出现一根带长上影线的阳线，即“射击之星”，此时成交量放大，换手率高达 13.9%，预示着股票短期头部不远了，投资者应卖出股票。

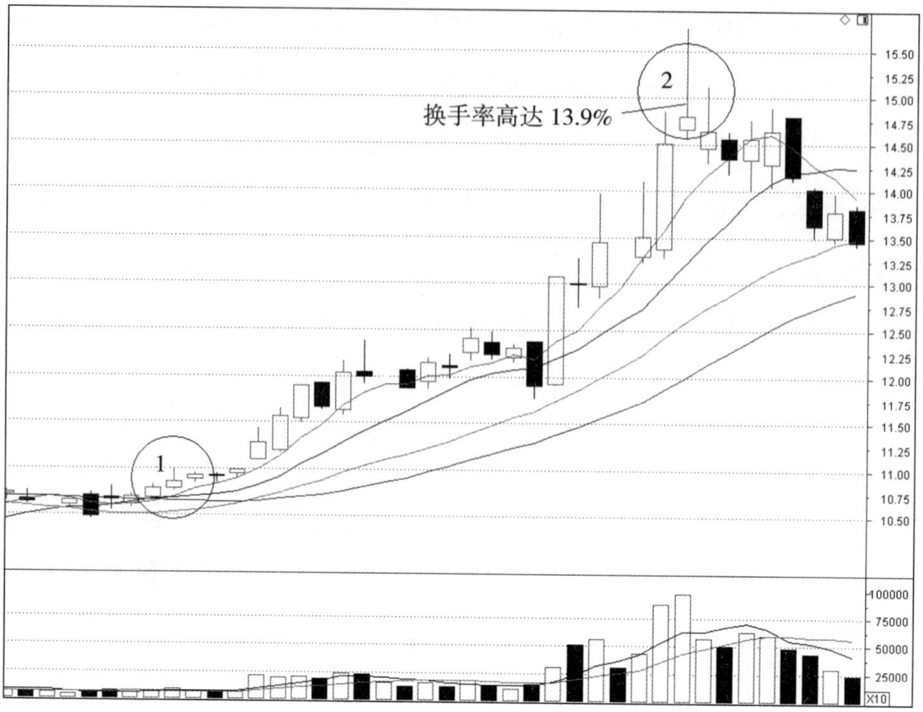

图 1-9　射击之星 1

如图 1-10 所示，股票经过短时间的快速上涨后处于股价高位区，在圆圈 1 处出现一根带长上影线的阴线，即“射击之星”，此时成交量放大，换手率为 5.5%，次日出现一根大阴线，预示着股票短期头部可能形成了，此时投资者应卖出股票。

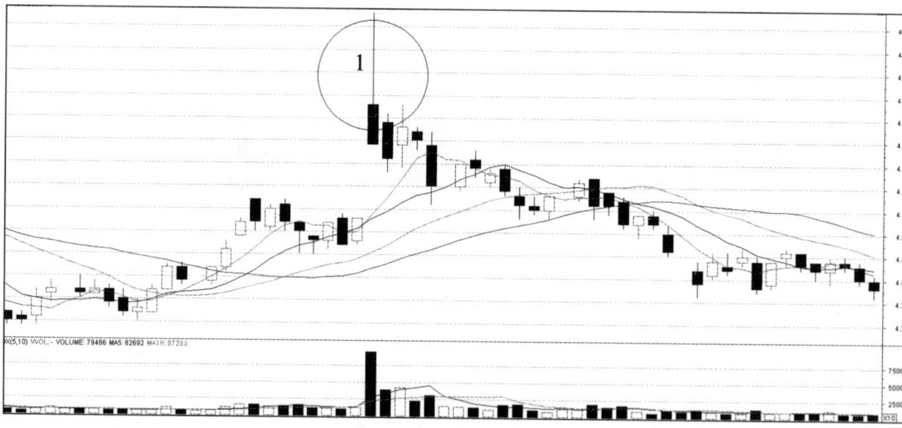

图 1-10　射击之星 2

观察图 1-8 圆圈 1 处、图 1-9 圆圈 2 处和图 1-10 圆圈 1 处的长上影线的阳线或阴线会发现，“仙人指路”和“射击之星”K 线形态相似但意义不同。“射击之星”出现在股价大幅上涨一段时间之后，预示着股票短期头部将要来临，是股价将要下跌的一种反转信号。“仙人指路”则出现在股价涨幅很小之后，通常出现在拉升阶段初期和拉升波段中期，是主力资金进一步向上进攻性试盘的动作。“仙人指路”和“射击之星”K 线形态有其运用条件，在实盘操作时一定要判断其处于股价大涨之后的高价区还是股价大跌之后的低价缓缓上升区。

3. 十字星 K 线图性质研究

十字星是一种非常重要的 K 线形态。因上下影线长短不一，十字星形态各异，我们把一字星看作特殊的十字星。根据实战经验可以将十字星分为小十字星、大十字星、长上影十字星、长下影十字星、倒 T 形十字星、T 形十字星和一字线七类，如图 1-11 所示。

图 1-11　十字星

特别要注意的是，十字星无论是出现在高价区还是低价区，都可视为顶部或底部形成的信号，预示股价趋势即将改变原来的走向。但是它的性质也要根据其所处的位置，并且结合成交量大小、换手率高低以及均线黏合（或交叉）发散情形等指标来判断。下面以上涨中的十字星为例来研究其性质。

（1）上涨初期十字星。

股价经过长时间大幅下跌后，在股价相对低位进入横盘波动，某天突然出现光头光脚大阳线，随后几天出现十字星或者小阳线，此时股价随成交量温和增加而上涨，均线系统呈多头排列迹象，这些信息表明主力资金在股价低位区吸筹建仓，投资者可逢低积极买入。

如图 1-12 所示，股价经过大幅下跌后处于相对低位，市场需求增加，股价下跌趋势趋于平缓，均线由走空转为走平甚至走多。随着时间的推移，在股价底部区域圆圈 1 处出现连续小阳线和十字星，股价涨幅持平或很小，成交量较小，均线黏合或交叉后向上发散呈多头排列，表明主力在股价底部区域正在悄悄地买入股票，这些信息应引起投资者的重视。

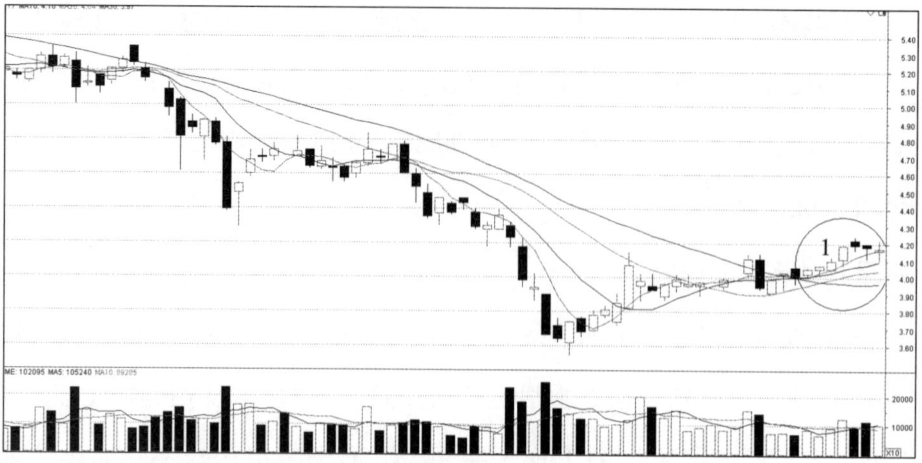

图 1-12　出现连续小阳线和十字星

（2）上涨途中十字星。

股价经过小幅上涨后处于上涨通道，或者股价出现大阳线并向上突破均线系统的压制，随后几天股价只是上下小幅振荡，收十字星，但是成交量缩小，这是主力横盘振荡洗盘的一种手法。缩量收十字星是其要点。

如图 1-13 所示，该股经过一段时间的下跌后股价处于相对低位，两根大阳线向上突破 5 日、10 日和 20 日均线的压制。随后几天股价平开，只是上下小幅振荡，出现多个十字星，成交量缩小，均线交叉后向上发散呈多头排列，股价重心并没有下移，说明主力利用缩量的十字星在此洗盘。

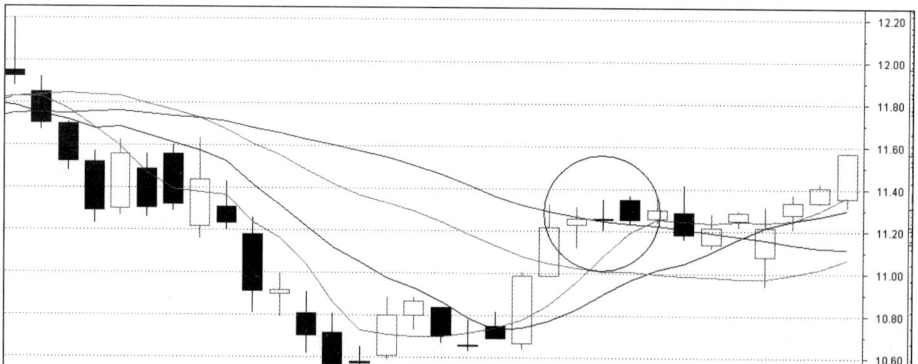

图 1-13　上涨途中主力利用十字星洗盘

（3）上涨末期十字星。

股价经过长时间大幅上涨，或者向上突破整理平台，短时间急速上涨之后股价处于高位区，出现一根十字星，此时成交量放大，换手率高，说明主力可能在股价高位派发筹码，股票短期头部可能要形成，股价将要下跌。投资者一定要警惕上涨末期十字星的风险。

如图 1-14 所示，该股经过短时间的大幅上涨后，股价处于高价区，圆圈处出现一个十字星，此时换手率高达 14.65%，成交量也较大，预示着股票短期头部将要来临。这表明主力在高价区域出货，投资者对这一现象应特别注意，此时千万不要买入股票。如果已买入的话，一定要坚决止损，出局认输。后面股价走势如何，请看图 1-15 所示的股价运行态势。

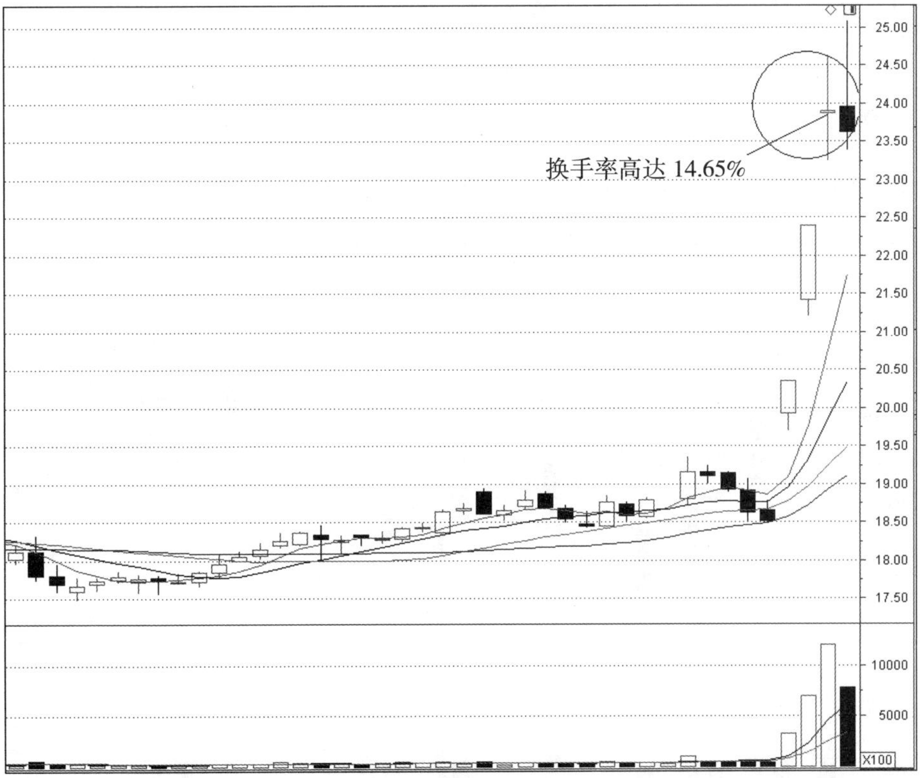

图 1-14　上涨末期十字星

（4）横盘振荡十字星。

股价经过一段时间的小幅上涨后，一般会开始横盘振荡行情。在横盘振荡整理期间，经常出现十字星，此时成交量缩小，股价重心没有下移，表明主力在利用十字星进行振荡洗盘。洗盘结束后，股价通常会出现一根大阳线，股价向上突破横盘整理平台的压力

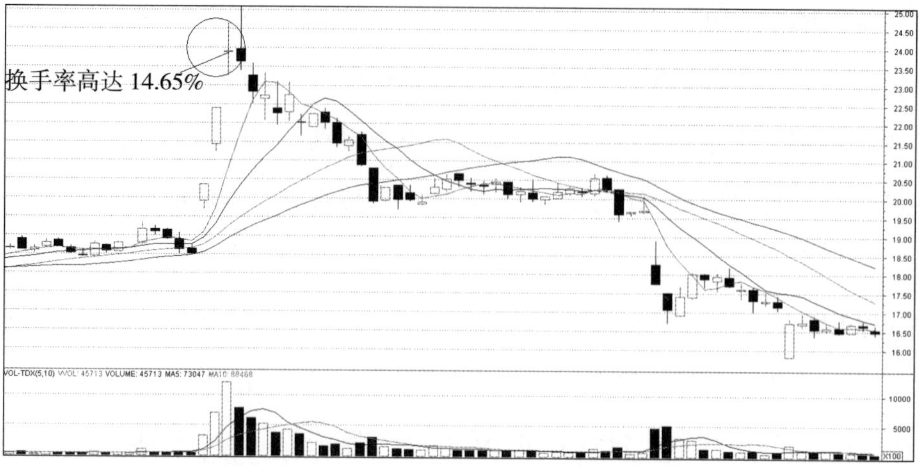

图 1-15　出现上涨末期十字星后股价开始下跌

线且成交量放大，这是主力资金运作的结果，投资者可以积极参与。

如图 1-16 所示，矩形框中横盘整理期间出现了一些十字星或小阴线，并且成交量缩小，但股价重心并没有下移，5 日和 10 日均线走平，但 20 日和 30 日均线仍然走多，这些信息表明主力在横盘整理期间利用缩量十字星或小阴线进行洗盘。洗盘结束后一根放量大阳线向上突破横盘整理平台的压力线，看涨。

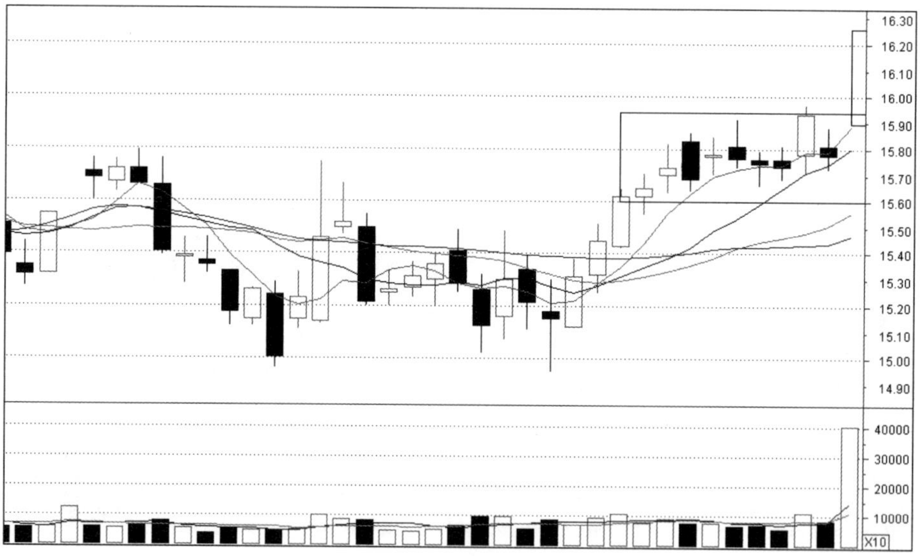

图 1-16　横盘振荡十字星

4.“乌云盖顶”和“穿刺线”性质研究

（1）高位“乌云盖顶”。

“乌云盖顶”K 线组合一般出现在上升趋势中，是一种明显的趋势反转形态。“乌云盖顶”K 线形态有如下特征：①一般出现在上升趋势中；②由第一根阳线和第二根阴线组成；③阴线实体已深入到阳线实体二分之一以下（注意：在实战中只要深入阴线实体的 1/3 左右即可认为是“乌云盖顶”形态）。

阴线实体深入阳线实体部分越多，表明多方力量越弱，空方力量越占有优势，反转信号就越强烈，股票短期头部形成的可能性也就越大，如图 1–17 所示。

（2）低位“穿刺线”。

“穿刺线”K 线组合与“乌云盖顶”K 线组合刚好相反，一般出现在下降趋势中，是一种明显的趋势反转形态。“穿刺线”K 线形态特征如下：①一般出现在下降趋势中；②由第一根阴线和第二根阳线组成；③阳线实体已深入到阴线实体二分之一以上。

阳线实体深入阴线实体部分越多，表明多方的力量越强，股价上涨的可能性就越大，股票短期底部形成的可能性也越大，如图 1–17 所示。

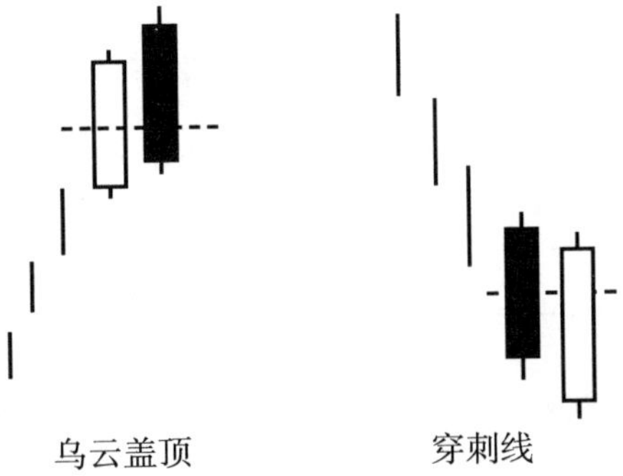

图 1–17　“乌云盖顶”和“穿刺线”

【案例研究 1：泛海控股】图 1–18 是泛海控股日 K 线图。该股经过长时间的大幅下跌后，在圆圈 1 处出现一个“穿刺线”K 线形态，随后出现连续阳线，股价随成交量的温和增加而上涨，直到圆圈 2 处出现一个“乌云盖顶”K 线形态。圆圈 2 处“乌云盖顶”K 线形态出现后，股价经过短暂下跌，在 10 日均线处获得支撑开始加速上涨，直到圆圈 3 处又出现一个“乌云盖顶”K 线形态，此时股票短期头部可能要形成了。股价经过长时间大幅上涨后，若出现“乌云盖顶”K 线形态，投资者要警惕股票短期头部的形成。

“乌云盖顶”和“穿刺线”K 线形态都是反转信号，股价是否会真正反转要通过后面股价运行态势来验证。如果结合当时股价所处位置、换手率、成交量以及均线多空排列等指标来预判趋势是否会反转，准确率会更高一些。

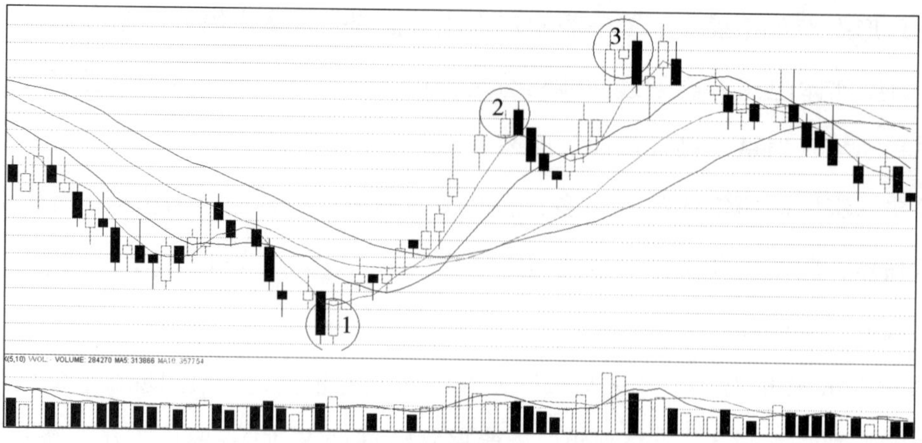

图 1–18　泛海控股日 K 线图

5.“三只乌鸦”和“红三兵”性质研究

（1）高位“三只乌鸦”和洗盘“三只乌鸦”。

“三只乌鸦”由连续三根阴线组成，每根阴线的实体部分都较长。若这种形态出现在股价大涨后的高位区，往往预示着股票短期头部将要形成，是股价即将下跌的标志。若“三只乌鸦”K 线形态出现在股价上升途中，此时成交量缩小，上升趋势没有被破坏，表明主力在利用“三只乌鸦”K 线形态洗盘。

（2）低位“红三兵”和高位“红三兵”。

“红三兵”由连续三根阳线组成，每根阳线的实体部分都较长（注意：实战中可能出现实体部分不一定都较长的情况），呈现强势看涨形态。如果“红三兵”出现在股价已经下跌了很长时间之后，预示着股票底部可能要形成，股价将开启一轮上涨行情。如果“红三兵”出现在股价大涨之后的加速上涨中，那么主力拉高出货的可能性较大，是股票短期头部形成的一个标志。

【案例研究 2：岳阳林纸】图 1–19 是岳阳林纸日 K 线图。该股经过长时间的大幅下跌后在圆圈 1 处出现“红三兵”K 线形态，向上突破均线的压制，均线交叉后开始向上发散，呈多头排列，看涨。随后股价以 10 日均线为支撑强劲上行。圆圈 2 处出现变形的“三只乌鸦”K 线形态，此时股价在 5 日均线上运行且成交量较小，5 日和 10 日均线仍然走多，这些信息表明主力在圆圈 2 处利用“四只乌鸦”K 线形态洗盘，洗盘结束后股价又上涨了。在圆圈 3 处出现的“三只乌鸦”也是主力洗盘的手法。圆圈 4 处出现了变形的“三只乌鸦”K 线形态，此时股价在 5 日和 10 日均线之下且 5 日和 10 日均线走空，看跌。圆圈 5 处出现“红三兵”K 线形态，主力拉高出货的可能性较大。

判断“三只乌鸦”和“红三兵”K 线形态性质时，结合股价所处位置、换手率、成交量以及均线多空排列等指标来预判趋势是否会反转，准确率会更高一些。

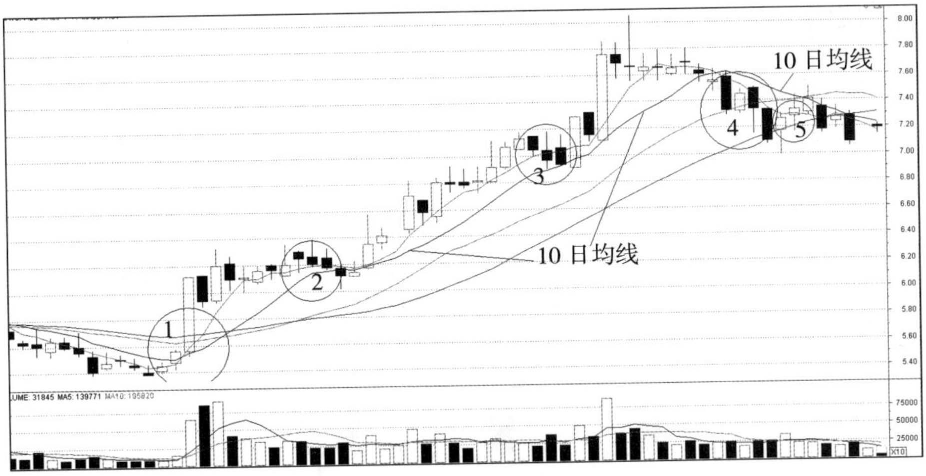

图 1-19 岳阳林纸日 K 线图

【案例研究 3：友发集团】图 1-20 是友发集团日 K 线图。该股经过长时间大幅下跌后在圆圈 1 处出现变形的“红三兵”K 线形态，向上突破 5 日、10 日、20 日和 30 日均线的压制，收盘价刚好站在 30 日均线之上，5 日和 10 日均线形成黄金交叉。圆圈 2 处出现“三只乌鸦”K 线形态，此时股价在 30 日均线上运行且成交量较小，这些信息表明主力在圆圈 2 处利用“三只乌鸦”K 线形态洗盘，洗盘结束后股价以 5 日均线为支撑强劲上涨。圆圈 3 处出现了股价加速上涨的“红三兵”K 线形态。圆圈 4 处出现了“三只乌鸦”K 线形态，此时股价开始下跌，预示着该股短期头部将要形成。圆圈 5 和圆圈 6 处分别出现“乌云盖顶”K 线形态，说明股票短期头部已经形成。

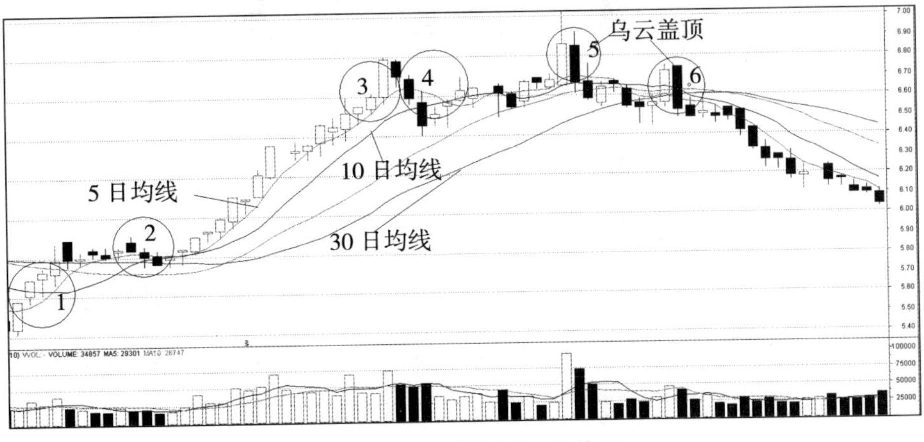

图 1-20 友发集团日 K 线图

“红三兵”“三只乌鸦”K 线形态的性质要结合股价位置、换手率、成交量以及均线多空排列等指标来综合判断。

6.“早晨之星”和“黄昏之星”性质研究

（1）早晨之星。

“早晨之星”K 线形态一般出现在下降趋势的末端，是一个较强烈的趋势反转信号。它需要符合三个特征：①第一根是实体较长的阴线；②第二根是小阳、小阴、十字星（十字星既可以是阳线也可以是阴线）；③第三根是大阳线（注意：实战中也可以是连续阳线），大阳线实体部分深入阴线实体部分至少 1/2 以上，深入部分越多越好，此时若成交量放大，反转信号更可靠。“早晨之星”如图 1-21 所示。

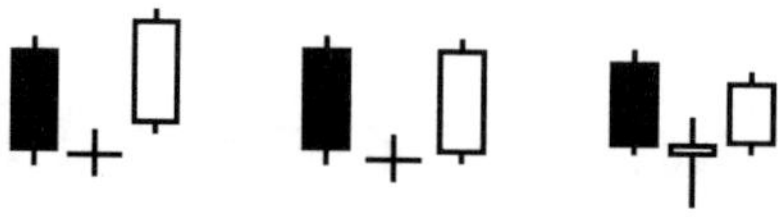

图 1-21　早晨之星

（2）黄昏之星。

“黄昏之星”出现在一个上升趋势的末端，由三根 K 线组成：①第一根 K 线是一根大阳线；②第二根 K 线波动较小，形成一根小阳线或小阴线，构成 K 线组合中的主体部分，若第二根小 K 线为十字星，则该形态称作“黄昏十字星”，是“黄昏之星”K 线组合的特殊形态，趋势转弱信号更为强烈；③第三根 K 线是一根大阴线（注意：实战中也可以是连续阴线），它深入到第一根大阳线 K 线实体至少 1/2 以上，深入部分越多反转信号越可靠。“黄昏之星”如图 1-22 所示。

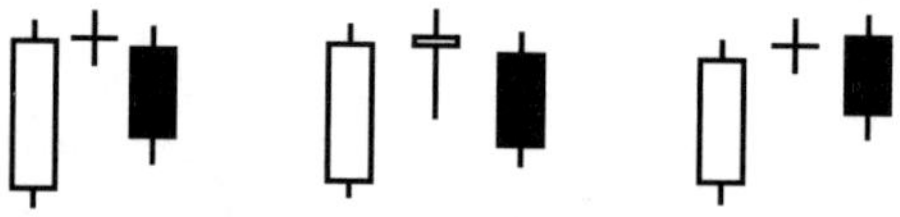

图 1-22　黄昏之星

股价经过长时间的大涨之后，在高位区出现“黄昏之星”K 线形态，是股价将要下跌的信号，预示着股票短期头部可能要形成了。

【案例研究 4：宝丰能源】图 1-23 是宝丰能源日 K 线图。该股经过前期长时间下跌后在圆圈 1 处出现变形的“早晨之星”K 线形态，此后出现连续阳线，5 日和 10 日均线形成黄金交叉，股价以 10 日均线为支撑上涨。股价经过长时间大涨后，圆圈 2 处和圆圈 3 处分别出现变形的“黄昏之星”K 线形态，表示股价将要下跌。投资者要密切关注股价运行态势。

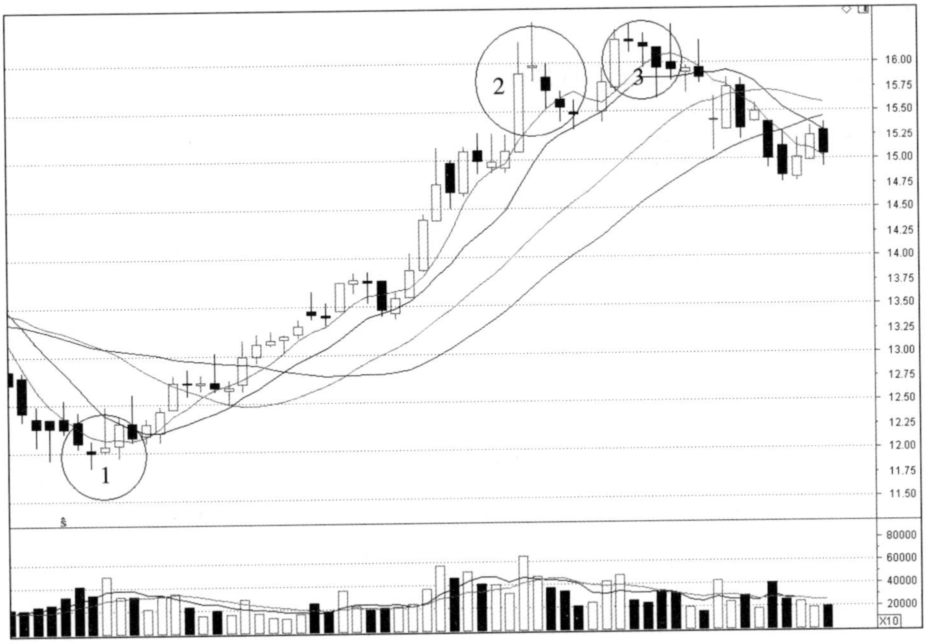

图 1-23　宝丰能源日 K 线图

【案例研究 5：中国平安】图 1-24 是中国平安日 K 线图。该股经过前期长时间下跌后在圆圈 1 处出现“早晨之星”K 线形态，此后出现连续阳线，5 日和 10 日均线形成黄金交叉，股价开始振荡上行。股价经过长时间的大涨之后，圆圈 2 处出现“黄昏之星”K 线形态，成交量放大，表示股价将要下跌，市场趋势已经见顶。投资者要密切关注股价

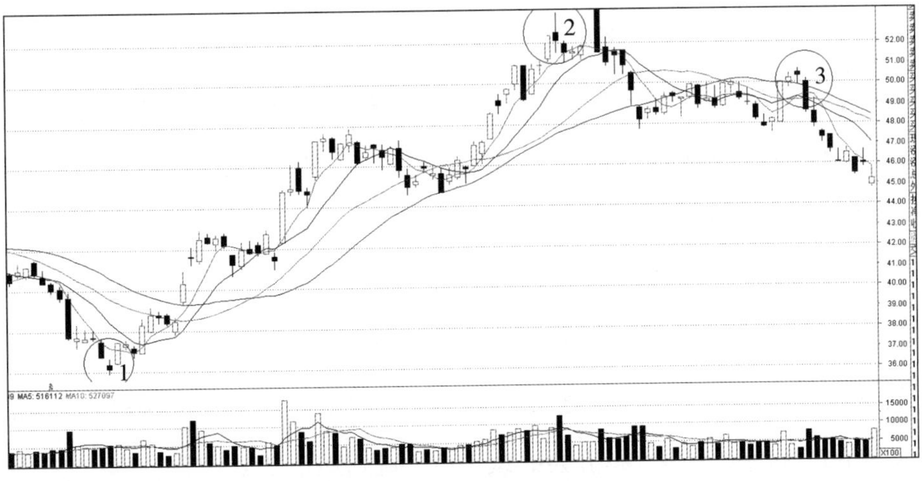

图 1-24　中国平安日 K 线图

短期头部是否形成，若是，则严格执行止损操作。圆圈 3 处出现“黄昏之星”K 线形态，股价跌破均线且在均线下运行，均线交叉后向下发散呈空头排列，看跌。圆圈 3 处的“黄昏之星”K 线形态，对股价的下跌起到了助跌作用。

7.“上升三法”和“下降三法”性质研究

（1）上升趋势中的“上升三法”。

“上升三法”的形态特征：通常第一天为急升长阳，随后是三根小阴线，实体都包含在第一天大阳线的最高价和最低价所限定的范围之内，成交量萎缩，接着又一根大阳线拔地而起，收盘价创出新高，市场重归升途，如图 1–25 所示。这是典型的振荡洗盘手法，表示后市将会继续上涨。投资者应在整理结束时建仓或加码买进。

（2）下降趋势中的“下降三法”。

“下降三法”的形态特征：通常第一天为下跌的大阴线，随后是三根小阳线，实体都包含在第一天大阴线的最高价和最低价所限定的范围之内，接着又是一根大阴线且阴线实体越长越有效，收盘价最好能创出新低，表示股价筑底尚未完成，会继续下跌，如图 1–25 所示。“下降三法”形态是下跌持续形态，应及时卖出。

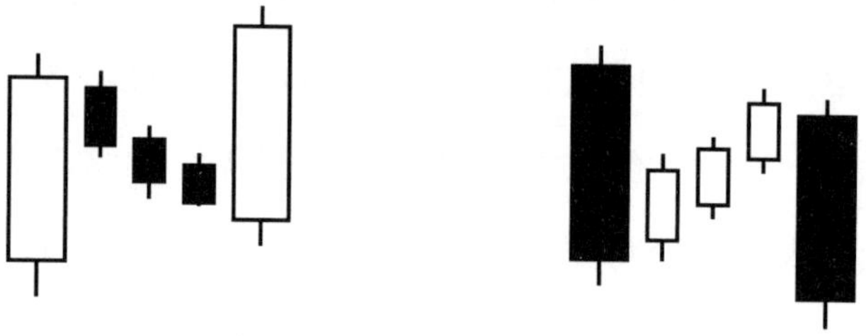

图 1–25 “上升三法”和“下降三法”

在实战中，“上升三法”和“下降三法”中间的小实体数量可以适当增加，并且小实体不一定全部是阴线或阳线，但是小阴线或小阳线实体都包含在第一天大阴线或大阳线的最高价和最低价所限定的范围之内。

【案例研究 6：新华医疗】图 1–26 是新华医疗日 K 线图。该股经过前期大幅上涨后出现了下跌行情，在矩形 1 处出现变形的“下降三法”K 线形态，均线交叉后开始向下发散呈空头排列，看跌。在矩形 2 处又出现变形的“下降三法”K 线形态，均线呈空头排列，表示股价筑底尚未完成，股价会继续下跌，直到矩形 3 处出现变形的“上升三法”K 线形态，矩形 4、5、6 处分别出现“上升三法”，这是典型的主力资金振荡洗盘手法。

投资者对此种洗盘手法要密切关注，以免被主力震仓出局。

观察发现，从矩形 3 到矩形 7 的走势看，股价基本上是以 10 日均线为支撑而上涨。在矩形 6 处主力洗盘结束后股价出现了急速上涨行情，并创出了阶段性新高，如 A、B、C 和 D 点。这 4 个点基本在一条直线上，形成了强大的压力区，股价在矩形 7 的高位区域开始横盘振荡。圆圈 8 处一根大阴线向下跌破横盘整理平台的支撑线，均线交叉后开始向下发散呈空头排列，看跌。

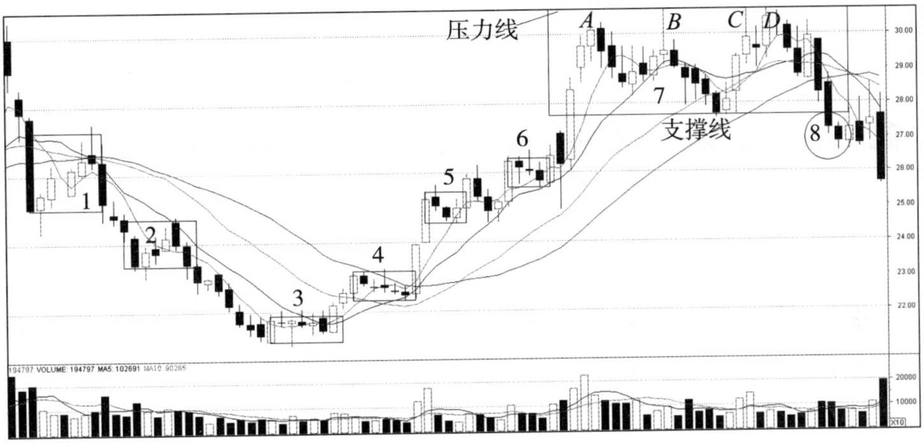

图 1–26　新华医疗日 K 线图

8. 大阴线或光头光脚大阴线性质研究

大阴线表示空方力量占有优势，打压股价的欲望强烈，阴线实体越长，则空方的力量越强，反之，则空方的力量越弱。但是它的性质也要根据其所处的位置、成交量的大小、换手率高低以及均线黏合（交叉）发散情形等指标来判断。

（1）跌破横盘整理大阴线。

股价经过一段时间横盘整理后，突然某天出现一根大阴线向下跌破横盘整理平台的支撑线，均线黏合或交叉后向下发散呈空头排列，表示下跌趋势较为强烈，如图 1–27 中圆圈 2 处。

（2）低位急速下跌大阴线。

股价经过长时间的大幅下跌之后，某天出现大阴线加速下跌，说明做空能量释放得差不多了。根据“物极必反、否极泰来”的道理，这可能预示着股票短期底部不远了。但是加速下跌的大阴线一般不宜单独作为判断底部的依据，最好得到下一根 K 线的确认，如图 1–27 中圆圈 3 处。

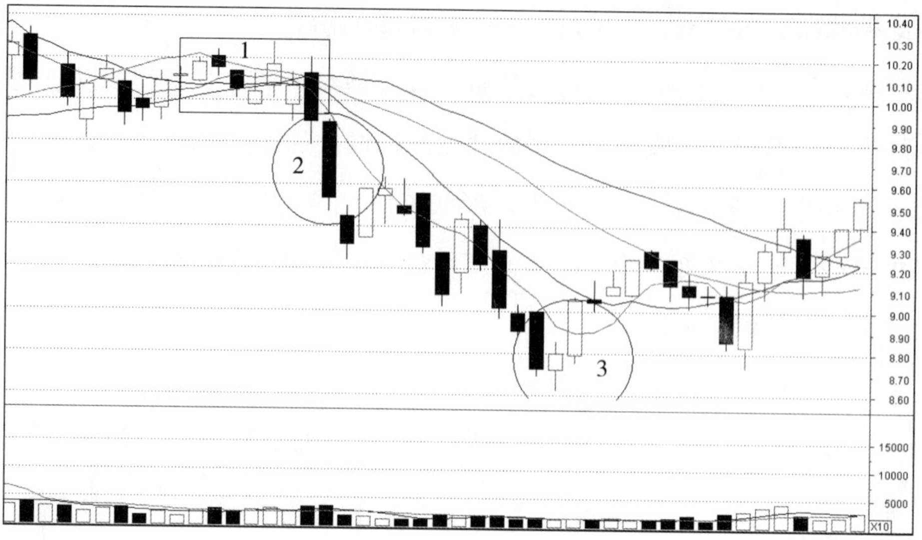

图 1-27 不同位置大阴线

（3）高位大阴线。

股价经过一段时间的大幅上涨之后处于高位区，某天出现一根大阴线，此时成交量放大，换手率高，说明有主力机构在抛售股票，这预示着股价头部将要形成，这时投资者以卖出股票为宜。

【案例研究 7：飞亚达】图 1-28 是飞亚达日 K 线图。该股在矩形 1 处横盘整理后，在圆圈 2 处一根大阴线向下有效跌破横盘整理平台的支撑线，均线交叉后向下发散呈空头排列，看跌。此后股价下跌，直到圆圈 3 处出现“早晨之星”K 线形态，预示着股票短期底部形成了。圆圈 3 处股票短期底部形成后股价出现了一波振荡上涨行情，直到圆圈 4 处出现高开低走大阴线，此时成交量放大，换手率高达 15.9%，说明主力正在拉高股价抛售股票，投资者要警惕股票短期头部的形成。在圆圈 5 处股价处于大涨后的高位区，三个交易日内换手率高达 14.38%、14.52% 和 12.19%，成交量放大，这也说明主力在圆圈 5 处拉高股价抛售股票，预示着股票短期头部不远了。在圆圈 6 和 7 处相继出现一根大阴线向下有效跌破 30 日、20 日、10 日和 5 日均线，均线呈空头排列，继续看跌。

需要说明的是，K 线图是进行各种技术分析最基础的图表，K 线图的研究应侧重若干天的 K 线组合，如通过两根、三根或者更多 K 线组合来推测多空双方力量的对比，以及多空双方在一段时间内优势和劣势之间的转化过程，进而判断多空双方力量中谁占有优势。

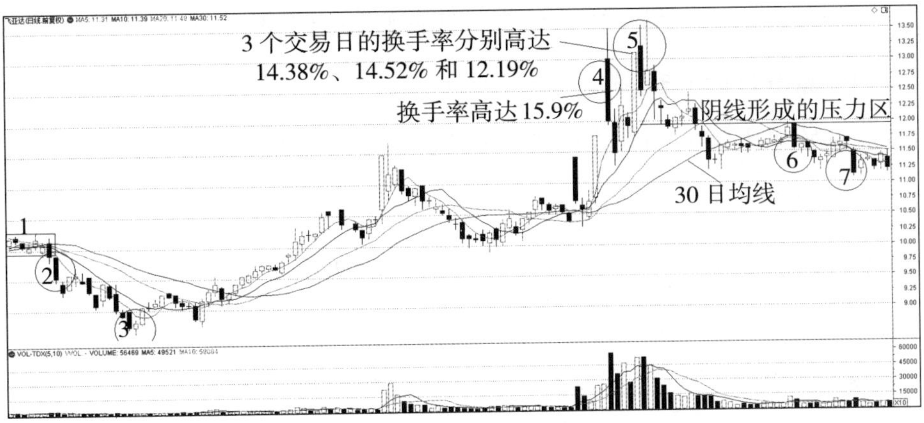

图 1-28　飞亚达日 K 线图

运用 K 线图分析市场行为要注意分析的逻辑性，需结合 K 线图所处位置（即股价处于相对低位还是高位）、换手率（高还是低）、成交量（大还是小）和移动平均线（走多还是走空）等指标综合判断，如果这些指标都指向同一方向，那么买卖时机的准确率会更高一些。

1.2.3　典型 K 线图性质应用

【案例研究 1：五粮液】该股经过长达 5 个多月的大幅下跌之后处于相对低价区，市场逐渐增加了对股票的需求，于是在底部连续出现阳线，股价随成交量的增加而上涨，均线趋于平缓且由走空变为走平或走多，如图 1-29 所示。矩形 1 处出现变形的“上升三法”K 线形态，此形态是持续型形态，表示股价会持续上涨。圆圈 2 处一根大阳线向上突破矩形 1 处横盘整理平台的压力线，均线交叉后由走空变为走平或走多，股价随成

图 1-29　五粮液日 K 线图 1

交量的增加而上涨，看涨。根据这些信息可知该股短期底部即将形成，此时投资者可以买入股票，但要做好止损准备。

之后股价开始了上涨行情，在图 1-30 圆圈 3 处出现变形的“黄昏之星”K 线形态，成交量放大。投资者切记，当一只股票经过大幅上涨后，突然价格出现了垂直式加速上涨的时候并且成交量放大，此时离股票短期头部可能不远了。随后在矩形 4 处出现“三只乌鸦”K 线形态，5 日均线与 10 日均线形成死亡交叉，是否意味着股票的短期头部已经形成？其实此时投资者很难做出准确判断，对于继续持有还是抛售股票举棋不定。

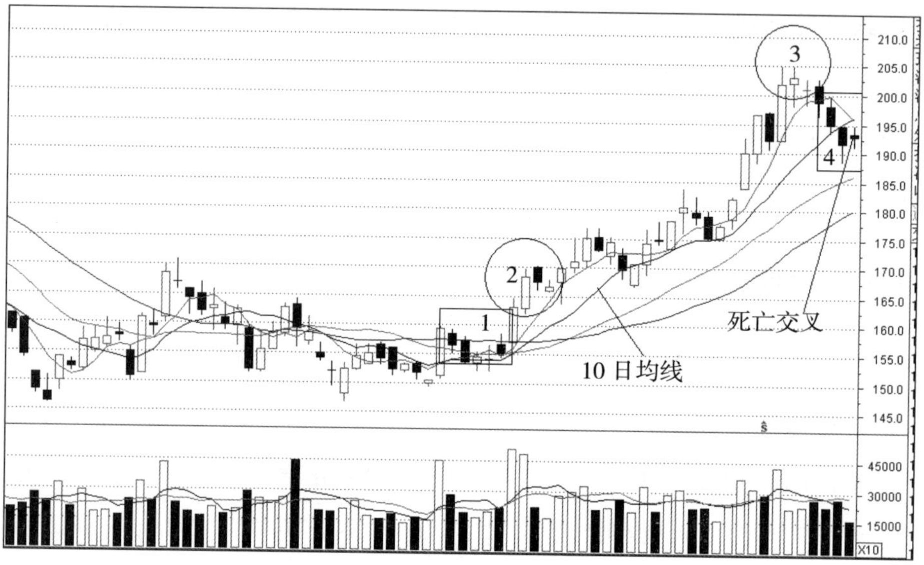

图 1-30　五粮液日 K 线图 2

观察发现，从矩形 1 到矩形 4 股价出现了以 10 日均线为支撑的上涨行情，投资者可以根据“10 日均线趋势交易策略”做出投资决策，即只要股价向下有效跌破 10 日均线，并在 10 日均线之下运行至少三个交易日且 10 日均线走空，投资者就可卖出股票，落袋为安。

如图 1-31 所示，圆圈 5 处出现几乎光头光脚大阴线，股价向下有效跌破 30 日均线，股价在 30 日均线之下运行且 5 日、10 日、20 日和 30 日均线交叉后开始向下发散呈空头排列，说明空方力量占绝对优势。此处大阴线对股价起到了助跌作用。

如图 1-32 所示，圆圈 5 处出现大阴线后，股价一直处于下跌行情。在股价下跌途中，圆圈 6 处出现变形的“乌云盖顶”K 线形态，显示股价将继续下跌，直到圆圈 7 处股价创出阶段性新低之后形成“早晨之星”K 线形态，股价随后开始振荡上升行情。圆圈 8 处一根光头光脚大阳线向上突破均线的压制，成交量增大，5 日、10 日、20 日和 30 日均线黏合或交叉后开始向上发散且呈多头排列，看涨。根据这些信息研判出股价可能会上涨，投资者可以在圆圈 8 处逢低买入，并做好止损准备。

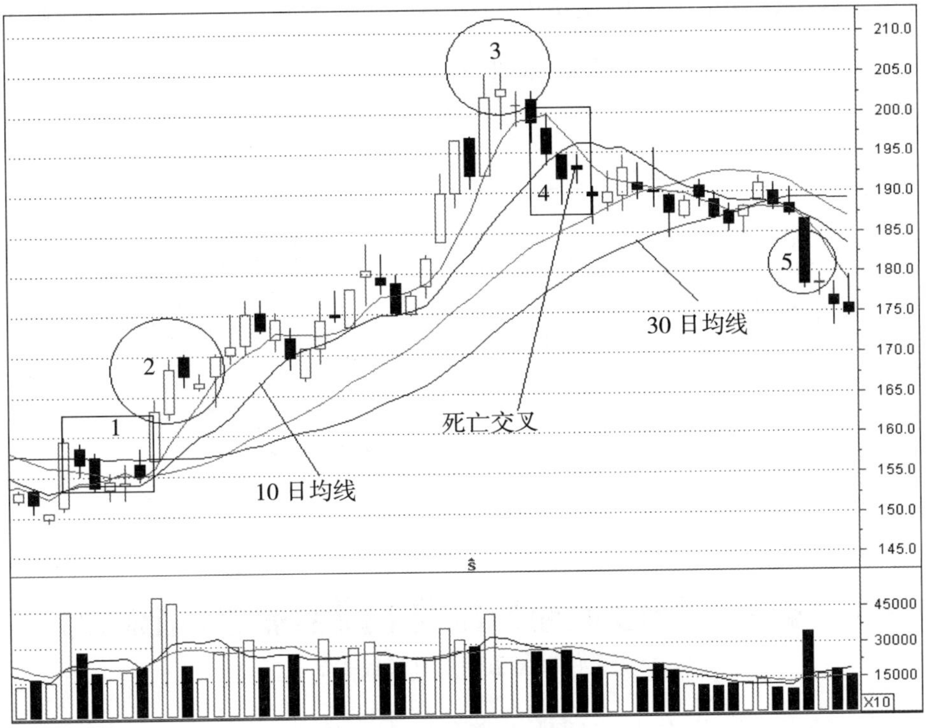

图 1-31　五粮液日 K 线图 3

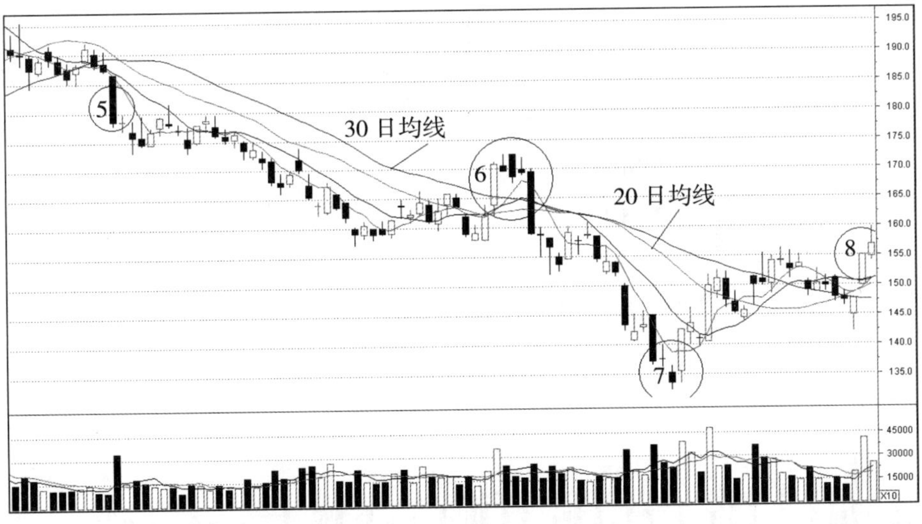

图 1-32　五粮液日 K 线图 4

如图 1-33 所示，因为股价受到前期大阴线所形成的压力制约，在矩形 9 处进入横盘整理阶段。在这期间出现十字星或者小阴线，成交量相对较小，股价重心没有下移，说明主力在横盘期间利用十字星或小阴线进行洗盘。观察发现，矩形 9 处股价出现了以大阳线为支撑的横盘整理行情，说明此处大阳线对股价起到了重要的支撑作用，多方的力量占有绝对优势，这是主力资金运作的结果。在横盘整理阶段的末端圆圈 10 处，一根成交量放大的大阳线向上突破横盘整理平台的压力位，看涨。投资者可继续持有股票或买入股票。

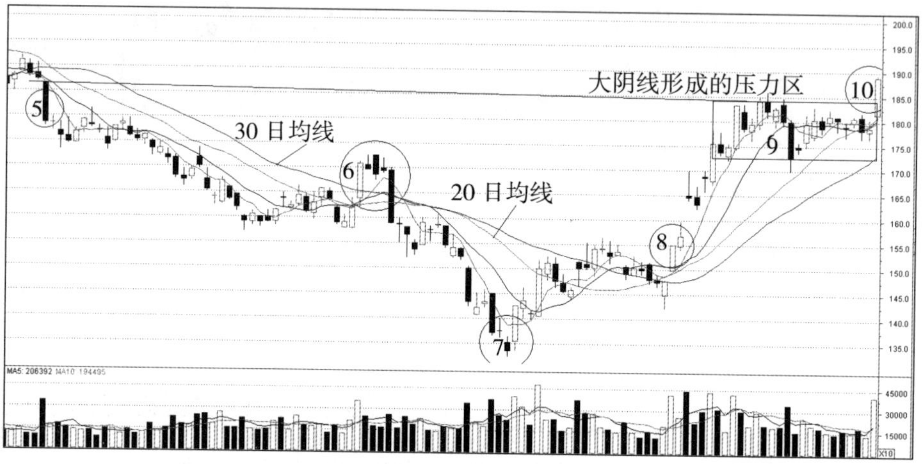

图 1-33　五粮液日 K 线图 5

如图 1-34 所示，股价在大涨后处于高价区时，圆圈 11 处出现“黄昏之星”K 线

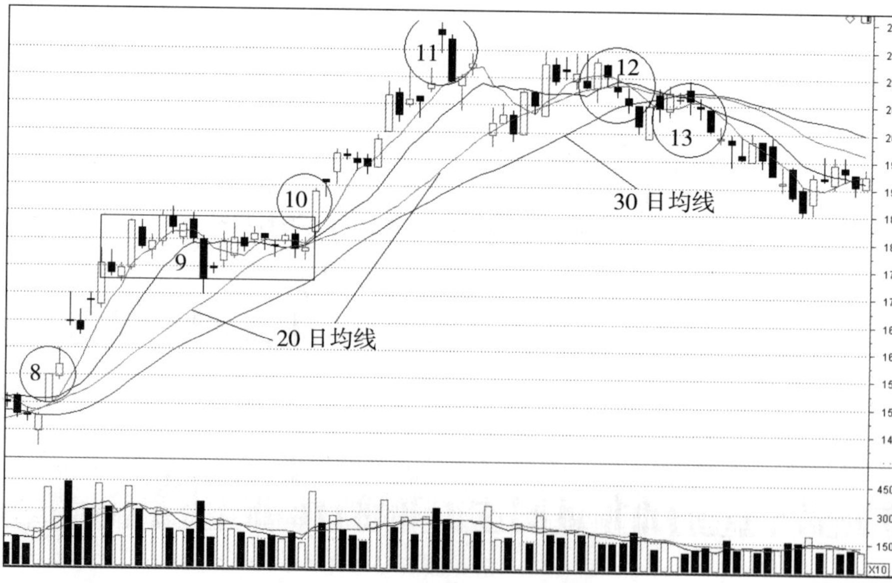

图 1-34　五粮液日 K 线图 6

形态，预示着股票短期头部形成了。从圆圈 8 到圆圈 12，股价若回落到 20 日均线附近时，股价就会反弹上涨，说明该股以 20 日均线为其支撑线（均线有支撑作用），只要股价还在 20 日均线上运行就可继续持有该股票。如果股价连续几个工作日（至少三个工作日）在 20 日均线下运行并且 20 日均线走空的话，投资者应该抛出股票，落袋为安。根据“20 日均线趋势交易策略”，圆圈 12 处是一个比较好的卖出时机。继续看之后的走势可以发现，在圆圈 13 处股价向下有效跌破 30 日均线，股价在 30 日均线之下运行且 5 日、10 日、20 日和 30 日均线交叉后开始向下发散呈空头排列，股价开始了下行趋势。

【案例研究 2：中国软件】该股经过前期大幅上涨之后，出现两根几乎光头光脚的大阴线和一根小阴线，即“三只乌鸦”K 线形态，如图 1–35 矩形 1 所示。均线交叉后向下发散呈空头排列，看跌。经过长达近 4 个月的大幅下跌后，股价在圆圈 2 处创出阶段性新低，并形成“穿刺线”K 线形态。圆圈 3 处一根光头光脚大阳线一举向上突破下降趋势线和均线的压制，收盘时接近 30 日均线，似有一阳冲天之气势，但是均线系统仍呈空头排列。投资者并不能确定该股是否会上涨，根据“股价向上突破下降趋势线”买入法则，可以试着少量买入，并密切关注股价运行态势。

图 1–35　中国软件日 K 线图 1

如图 1-36 所示，因受到前期压力的制约，股价在矩形 4 处开始横盘整理。在横盘整理期间，股价上涨时成交量较大，下跌时成交量较小，并且重心没有下移，表明主力资金在此处洗盘。观察发现，矩形 4 处股价以圆圈 3 处光头光脚大阳线为支撑，说明大阳线起了重要的支撑作用，这是主力资金运作的结果。

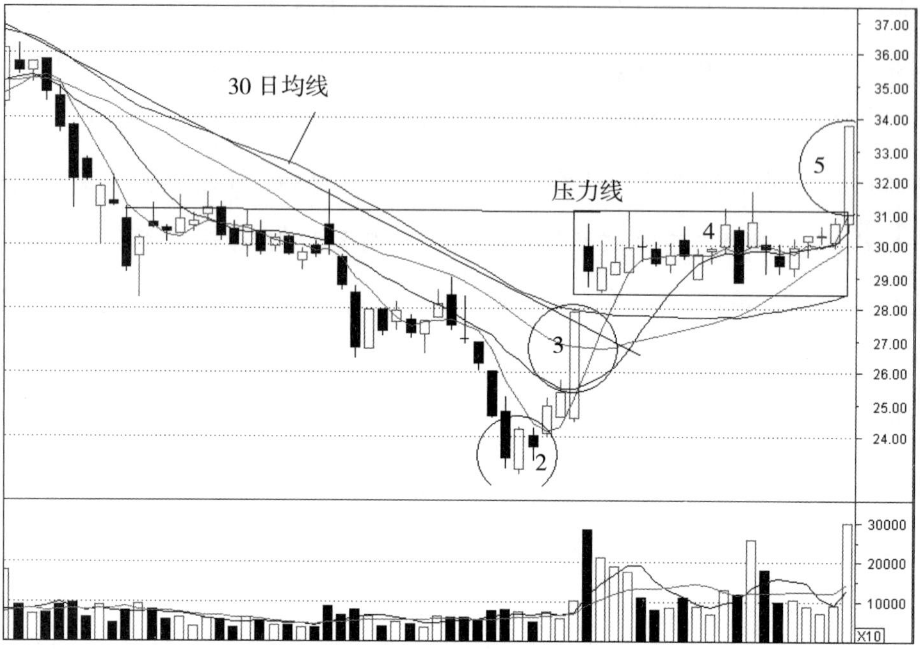

图 1-36　中国软件日 K 线图 2

圆圈 5 处一根光头光脚大阳线向上突破横盘整理平台的压力线。当股价处于相对低位时出现光头光脚大阳线，通常是该股由熊市阶段转为牛市阶段的关键转折点。如果此时成交量较大，且均线系统也开始向上发散呈多头排列，投资者应及时改变熊市思维，积极买入并做好止损准备。

投资者根据“股价低位向上突破横盘整理平台”买入法则买入该股票后，股价是否能如愿上涨呢？从图 1-37 所示的股价运行态势可以看出，从圆圈 5 处开始，股价出现加速上涨行情，直到圆圈 7 处出现一个带长上影线的倒锤头阳线，此时成交量增大，换手率为 7.25%，说明主力在拉高出货，该股短期头部可能要形成了。矩形 6 处股价进入高位横盘整理阶段，此时成交量较大，且 5 日、10 日和 20 日均线有走空迹象。

根据以上信息投资者预判该股票短期头部即将形成，故应抛售股票，落袋为安，这种预判是否正确呢？

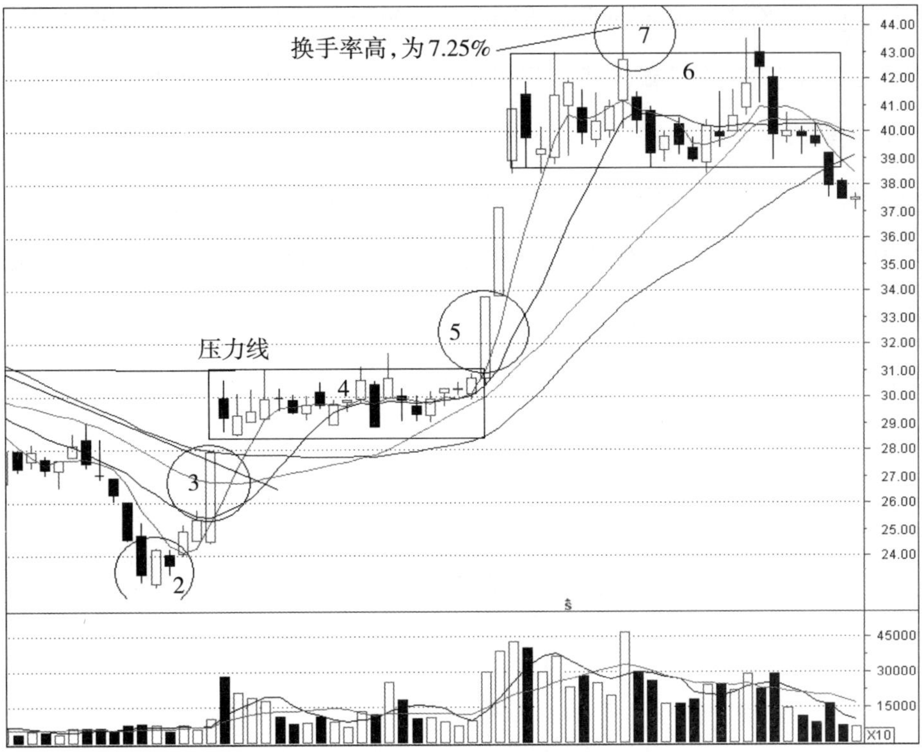

图 1–37　中国软件日 K 线图 3

从图 1–38 可以发现，该股在矩形 6 处基本形成短期头部，受前期高点所形成的压力制约，股价在高位区矩形 6 和矩形 8 处开始横盘整理。在矩形 8 处横盘整理长达 3 个月，说明圆圈 7 处股价高点所形成的压力非常大。在横盘整理即将结束的圆圈 9 处，一根光头光脚大阳线向上突破前期高点所形成的压力位，5 日、10 日、20 日和 30 日均线呈多头排列，看涨。

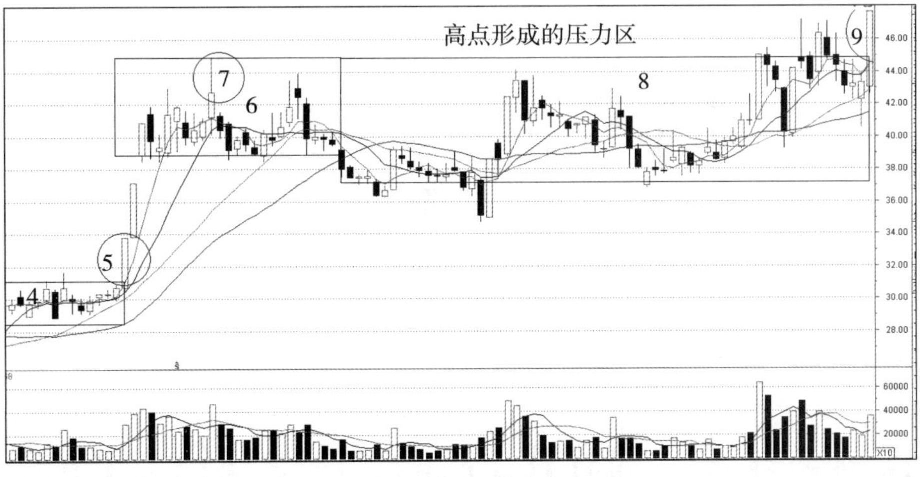

图 1–38　中国软件日 K 线图 4

从图 1-39 可以看出，圆圈 9 到矩形 10 处股价以 5 日均线为支撑强劲上涨。矩形 10 处 4 个交易日的换手率都很高，成交量放大，说明主力在矩形 10 处拉高出货，这预示着该股短期头部即将来临。矩形 10 处出现一根大阴线，随后股价连续几天在 5 日、10 日均线下运行，5 日和 10 日均线在圆圈 11 处即将形成死亡交叉，看跌。

这样的预判是否准确呢？请看图 1-40 所示的股价运行态势，便可知晓。矩形 10 和圆圈 11 都提示，股价即将下跌，后市中 *A*、*B* 和 *C* 个高点依次降低，也验证了此观点。但在圆圈 12 处股价向上突破下降趋势线后继续上涨，并创出了阶段新高，之后股价才开始振荡下跌行情。

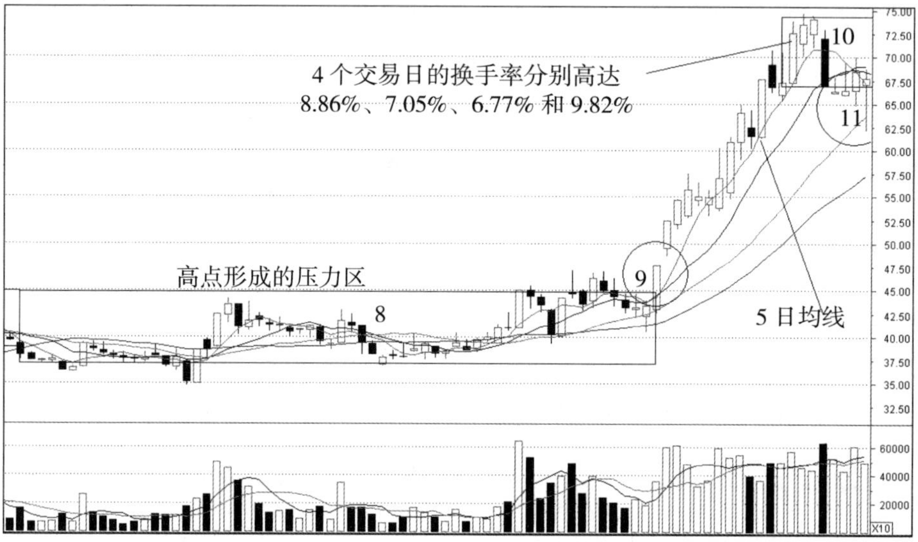

图 1-39　中国软件日 K 线图 5

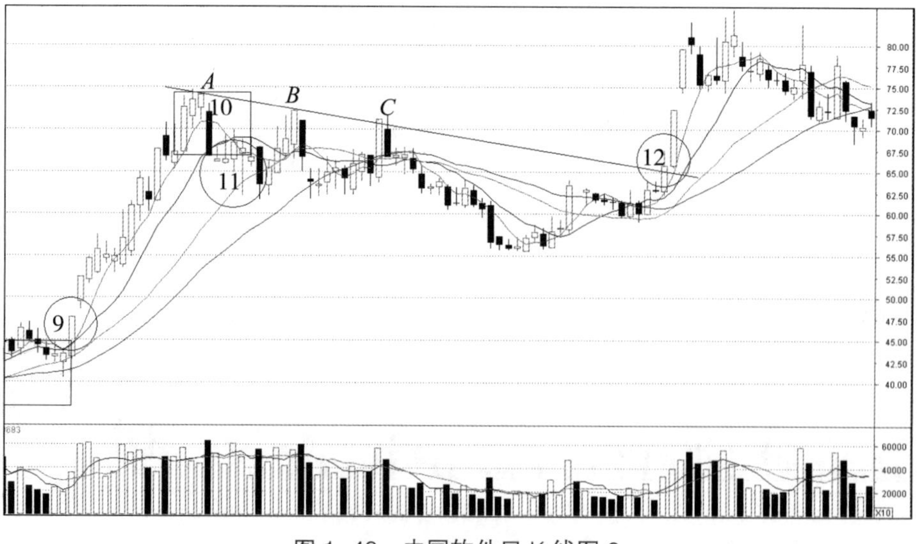

图 1-40　中国软件日 K 线图 6

【案例研究 3：石基信息】该股经过前期大幅上涨之后，在高位出现大阴线，如图 1-41 圆圈 1 所示，股价连续几天在 5 日均线和 10 日均线下运行，均线黏合后向下发散呈空头排列，看跌。股价从圆圈 1 处一直下跌到圆圈 2 处才企稳，圆圈 2 处一根成交量放大的光头光脚大阳线向上突破 5 日、10 日、20 日和 30 日均线的压制，当日收盘价站稳在 30 日均线之上，股价有企稳迹象。一般来说，30 日均线是判断个股走势强弱的标准，有着非常强的趋势性，无论股价处于上升趋势还是下跌趋势，一旦形成均很难改变。

图 1-41　石基信息日 K 线图 1

圆圈 1 和圆圈 2 之间股价出现了大幅下跌行情，这时投资者的情绪处于悲观、恐惧之中，争先恐后地抛售股票，我们称之为熊市阶段。在熊市阶段，股价通常在 5 日均线下方运行，5 日、10 日、20 日和 30 日均线呈空头排列，这时投资者千万不要买入股票，要耐心等待买入信号的出现再采取行动。

从图 1-42 的日 K 线走势可以看出，在圆圈 2 处大阳线之后出现了小阴线或十字星的连续下跌走势，但成交量都较小，说明主力在此处采用连续缩量的阴线或十字星来洗盘，这当然是“事后诸葛亮”式的分析。

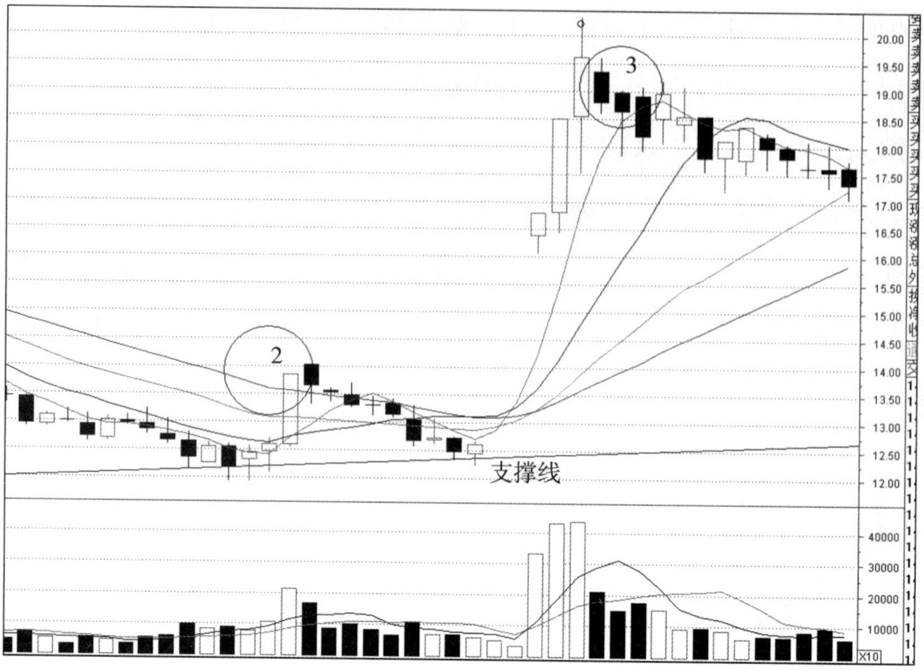

图 1–42　石基信息日 K 线图 2

股价受到前期低点的支撑，企稳回升。随后出现垂直式的加速上涨行情并且成交量放大，说明主力在股价高位派发股票。切记：当一只股票经过大幅上涨之后，股价突然出现了垂直式加速上涨的时候并且成交量放大，此时离股票短期头部可能不远了。圆圈 3 处股价出现了“三只乌鸦”K 线形态，随后股价在 5 日均线下运行，5 日均线和 10 日均线开始走空。直到图 1–43 所示的圆圈 4 处，一根大阳线向上突破下降趋势线和 30 日均线的压制，股价站稳在 30 日均线之上才企稳回升，5 日、10 日和 20 日均线呈多头排列，看涨。图 1–44 所示的股价后期运行态势也验证了这一点。

在前期大涨之后股价进入相对高位区，图 1–44 中矩形 5 处开始横盘振荡整理。当多数参与者不确定的时候，或者说在观望的时候，股票的价格就会出现横向整理形态。圆圈 6 处一根光头光脚大阳线向上突破横盘振荡整理的阻力位（压力位），成交量也有所增加，5 日、10 日、20 日、30 日均线呈多头排列。不过，随后圆圈 6 处出现了一个标志性的头部 K 线形态——变形的“黄昏之星”，圆圈 7 处出现了“三只乌鸦”K 线形态，并向下有效跌破 30 日均线。这显示“黄昏之星”K 线形态标志着股票短期头部形成了！

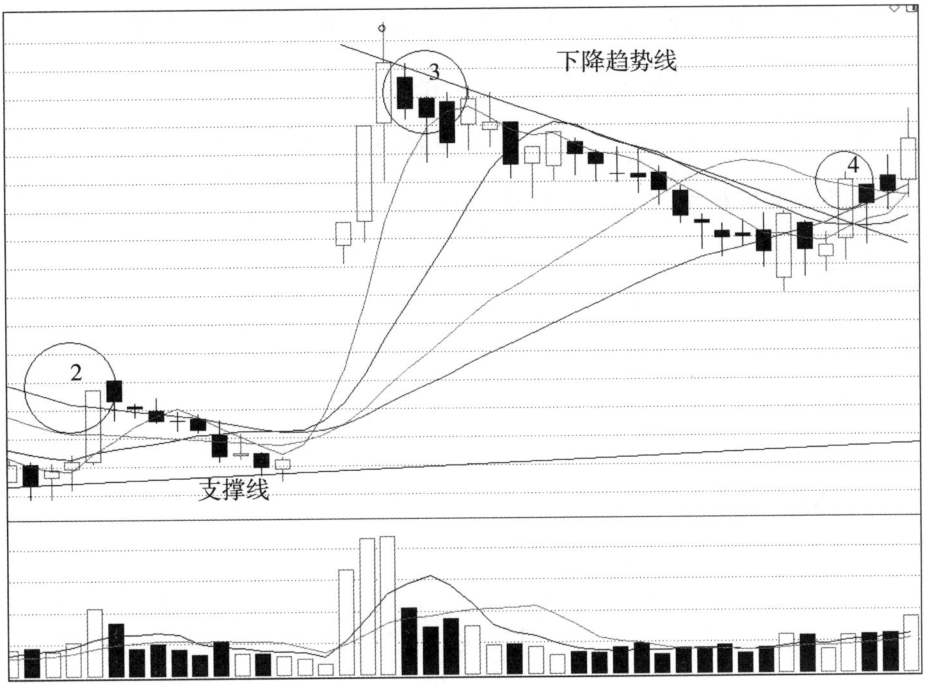

图 1-43　石基信息日 K 线图 3

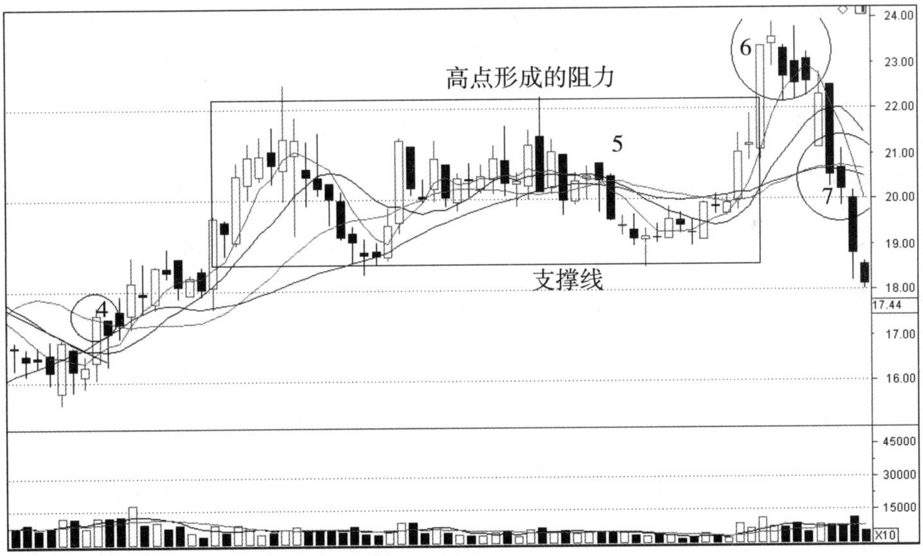

图 1-44　石基信息日 K 线图 4

观察发现，在圆圈 6 处出现大阳线，但股价随后开始下跌。显然，大阳线是主力在拉高出货，是主力的诱多行为。诱多就是主力引诱散户去做多，主力想把手中的筹码（股票）卖给散户，是为以后的砸盘而做出的假象。

图 1-45 圆圈 7 处一个几乎光头光脚大阴线和小阴线组合而成的“三只乌鸦”K 线

形态，向下有效跌破 30 日均线，说明空方的力量非常强，占有绝对优势。当股价处于大涨之后高位区时，此时出现的光头光脚大阴线通常成为该股由牛市阶段转为熊市阶段的关键转折点。如果此时成交量较大并且均线系统也开始向下发散并呈空头排列，预示着股票短期头部可能要形成了。此时投资者应及时改变牛市思维，做好止损准备，抛售股票，落袋为安。

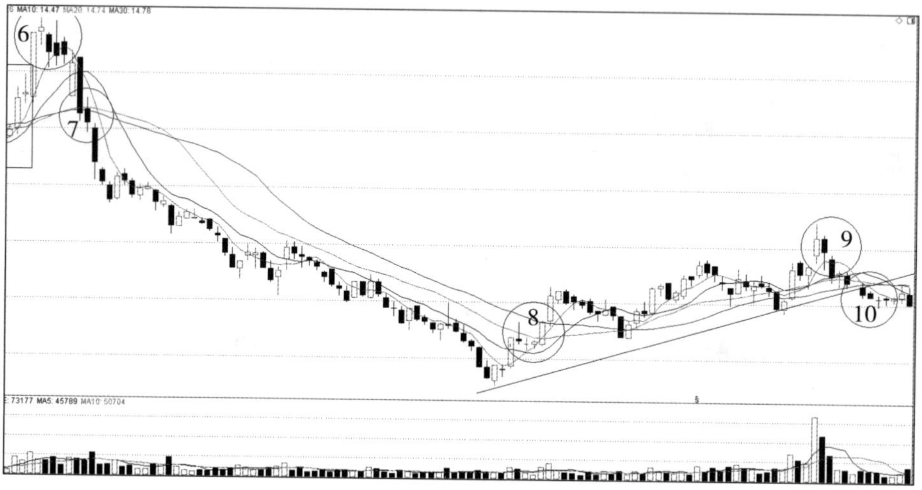

图 1-45　石基信息日 K 线图 5

股价持续下跌，直到图 1-45 圆圈 8 处才企稳。圆圈 8 处出现连续阳线，成交量温和增加，均线系统也由走空变为走平甚至走多，市场又处于乐观情绪中，股价企稳回升。这些信息表明，股价可能要上涨。股价振荡上涨至圆圈 9 处，出现一个类似“乌云盖顶”的 K 线形态，成交量放大。在圆圈 10 处，股价有效跌破下降趋势线，说明主力在圆圈 9 处拉高抛售股票，是一个诱多行为。

跟踪股价运行态势发现，在圆圈 9 处股价短期头部形成后，出现振荡下跌行情，之后开始反弹，在图 1-46 圆圈 11 处出现“四只乌鸦”K 线形态，预示着股价短期头部即将形成，随后在圆圈 12 处股价创出阶段性新低。随着圆圈 12 处阳包阴 K 线形态的出现，股价开始了以 10 日均线为支撑的上涨行情，直到矩形 13 处出现“三只乌鸦”K 线形态，预示着股票短期头部即将形成。

观察发现，当股价经过一段时间的大幅上涨后，若出现图 1-46 所示的圆圈 11 和矩形 13 处的“四只乌鸦”和“三只乌鸦”K 线形态，并且均线交叉后开始向下发散，则预示着股票短期头部即将形成。对此投资者要提高警惕。

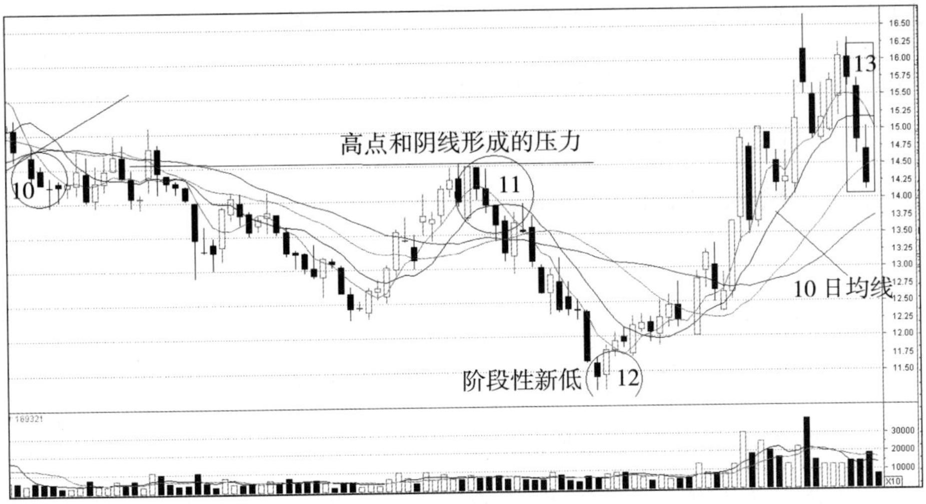

图 1-46　石基信息日 K 线图 6

股价短期头部形成后，开始了下跌行情，但是在 30 日均线附近得到支撑，如图 1-47 圆圈 14 处所示。圆圈 14 处一根成交量增大的光头光脚大阳线向上突破 5 日、10 日、20 日和 30 日均线的压制，股价在矩形 15 处进入了以光头光脚大阳线底部为支撑的横盘整理行情，说明大阳线在此处起到了重要的支持作用，股价上涨时成交量增大，股价下跌时成交量缩小，但重心没有下移，均线基本上走平甚至走多，这是主力资金运作的结果。圆圈 16 处一根成交量增大的几乎光头光脚大阳线向上突破下降趋势线和 5 日、10 日、20 日和 30 日均线的压制，均线交叉后开始向上发散呈多头排列，看涨。投资者可以在圆圈 16 处买入该股票，但一定要做好止损准备。

图 1-47　石基信息日 K 线图 7

一般来说，当股价经过一段时间的下跌后，若成交量增大的光头光脚大阳线向上突破下降趋势线或者均线的压制时，通常会成为该股由下跌阶段转为上升阶段的关键转折点。如果此时成交量较大并且均线系统也开始向上发散并呈多头排列，预示着股票短期底部可能形成了。此时投资者应及时改变熊市思维，积极买入并做好止损准备。

圆圈 16 处一根大阳线向上突破下降趋势线和均线的压制后，股价出现以 5 日均线为支撑的强劲上涨行情，如图 1-48 所示。圆圈 17 处股价处于大涨后的高位区，此时成交量增大，换手率高，分别为 6.11% 和 5.86%，这些信息表明主力在拉高出货，预示着股价短期头部可能要形成了。随后股价走势验证了短期头部的形成。

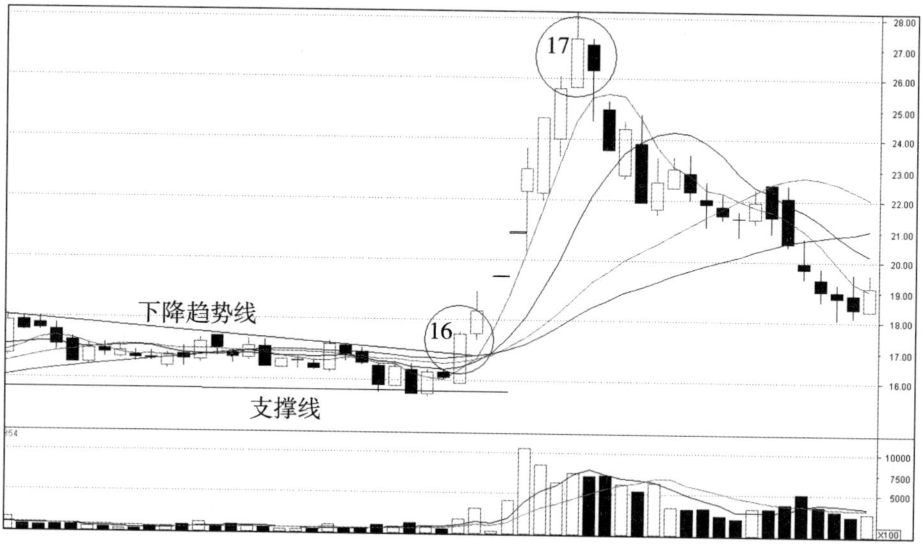

图 1-48 石基信息日 K 线图 8

【案例研究 4：大秦铁路】该股经过一段时间上涨后在图 1-49 矩形 1 处出现“三只乌鸦”K 线形态，标志着股票短期头部形成。之后股价出现了下跌行情，直到圆圈 2 处出现阳包阴 K 线形态，这时是否预示着股价底部的形成呢？这要通过后面股价运行态势来验证。

投资者对股价运行态势进行跟踪，发现在圆圈 2 处阳包阴 K 线形态之后，一根大阳线向上突破均线的压制，之后股价进入横盘整理阶段，如图 1-50 矩形 3 处所示。矩形 3 处股价出现了以大阳线为支撑的横盘整理行情，说明此处大阳线对股价的支撑起了非常重要的作用，多方的力量较强，这是主力资金运作的结果。

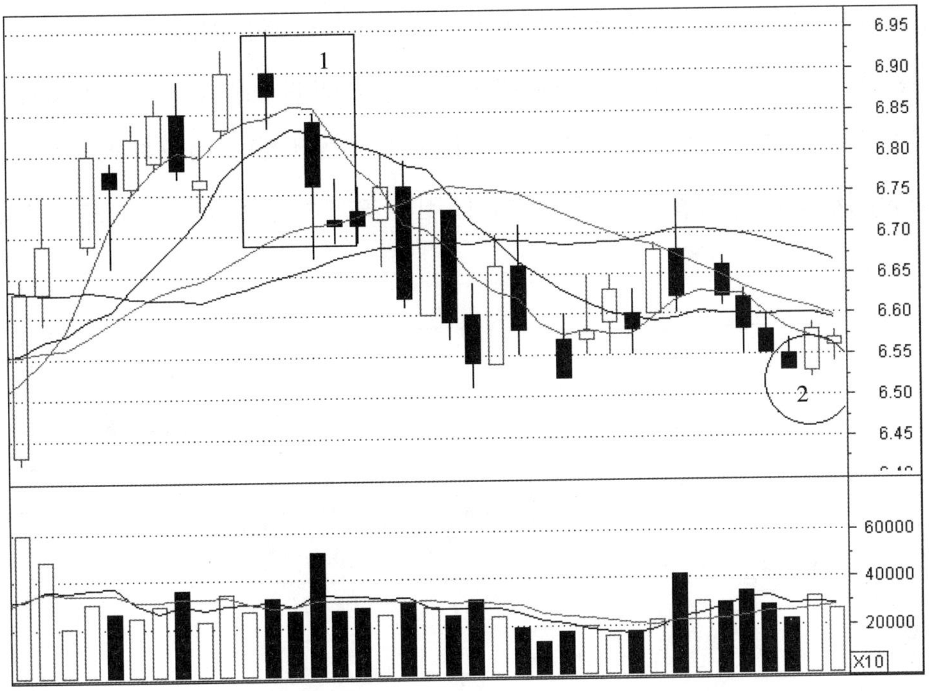

图 1-49　大秦铁路日 K 线图 1

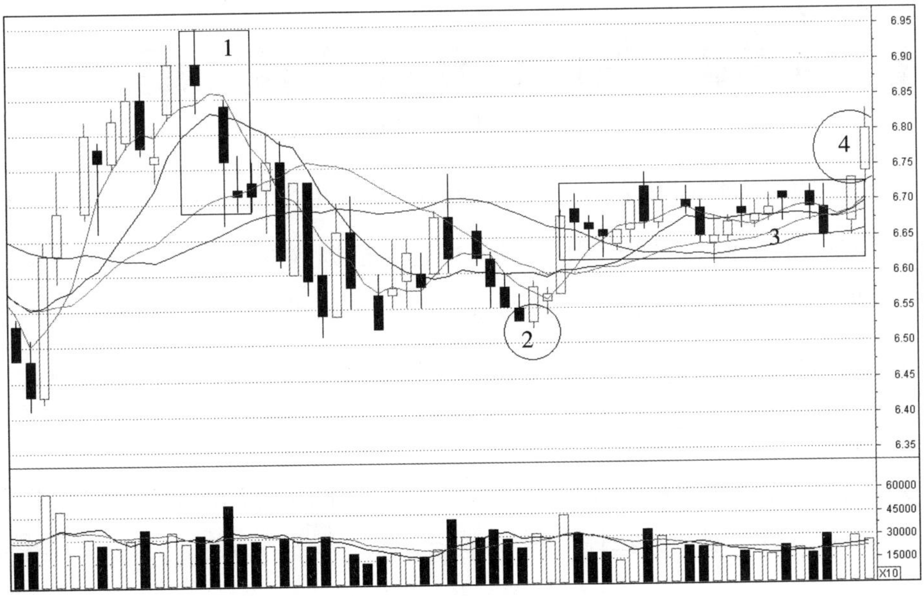

图 1-50　大秦铁路日 K 线图 2

横盘整理期间，股价上涨时成交量增加，下跌时成交量减少，均线趋向于平缓，5 日、10 日、20 日和 30 日均线逐渐交叉后向上发散呈多头排列。根据这些信息，投资者基本上可以判断主力在矩形 3 处利用缩量的阴线或十字星进行洗盘，以吸收更多的低廉筹码。洗盘结束后在圆圈 4 处一根大阳线向上突破横盘整理平台的压力线，均线交叉后开始向上发散呈多头排列，看涨。投资者可以在此积极买入并做好止损准备。

投资者逢低买入股票后，股价是否如投资者所愿如期上涨呢？投资者跟踪股价运行态势发现，在图 1-51 矩形 5 处股价出现了以圆圈 4 处大阳线为支撑的横盘整理行情，说明此处大阳线对股价的支撑起了重要的作用，多方力量较强，这是主力资金运作的结果。

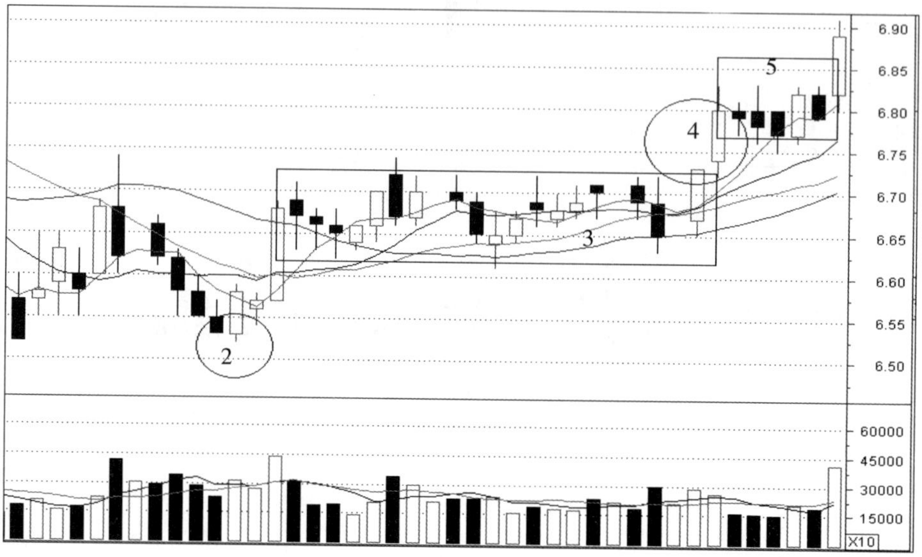

图 1-51 大秦铁路日 K 线图 3

横盘整理期间，出现连续阴线，股价上涨时成交量增加，股价下跌时成交量减少，5 日、10 日、20 日和 30 日均线仍然呈多头排列。根据这些信息，投资者可以判断主力在矩形 5 处利用缩量的小阴线洗盘法进行洗盘。洗盘结束后，横盘整理末端一根大阳线向上突破横盘整理平台的压力线，均线仍然呈多头排列，看涨。投资者可以继续持有股票，静候股价上涨。

股价是否如投资者所愿继续上涨呢？观察发现，图 1-52 矩形 5 处之后股价出现了以 5 日均线为支撑的强劲上涨行情，直到矩形 6 处。矩形 6 处股价处于大涨后高位区，股价重心有所下移，5 日和 10 日均线逐渐交叉后呈走空趋势，投资者预判股票短期头部可能要形成了。在股价连续几天（至少 3 天）在 5 日均线以下运行且 5 日均线走空时，投资者可以考虑卖出股票，落袋为安。

投资者对矩形 6 处股票短期头部的形成研判是否正确呢？我们可以看看股价之后的运行态势。图 1-53 中矩形 6 处股票短期头部确实形成了。但是，股价在矩形 6 处

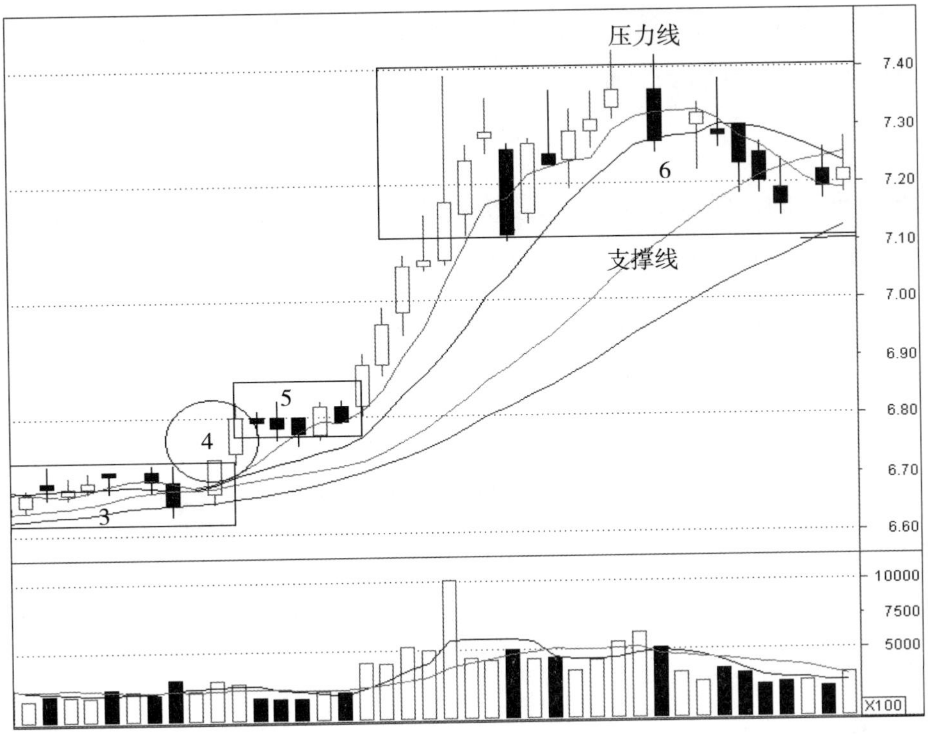

图 1-52　大秦铁路日 K 线图 4

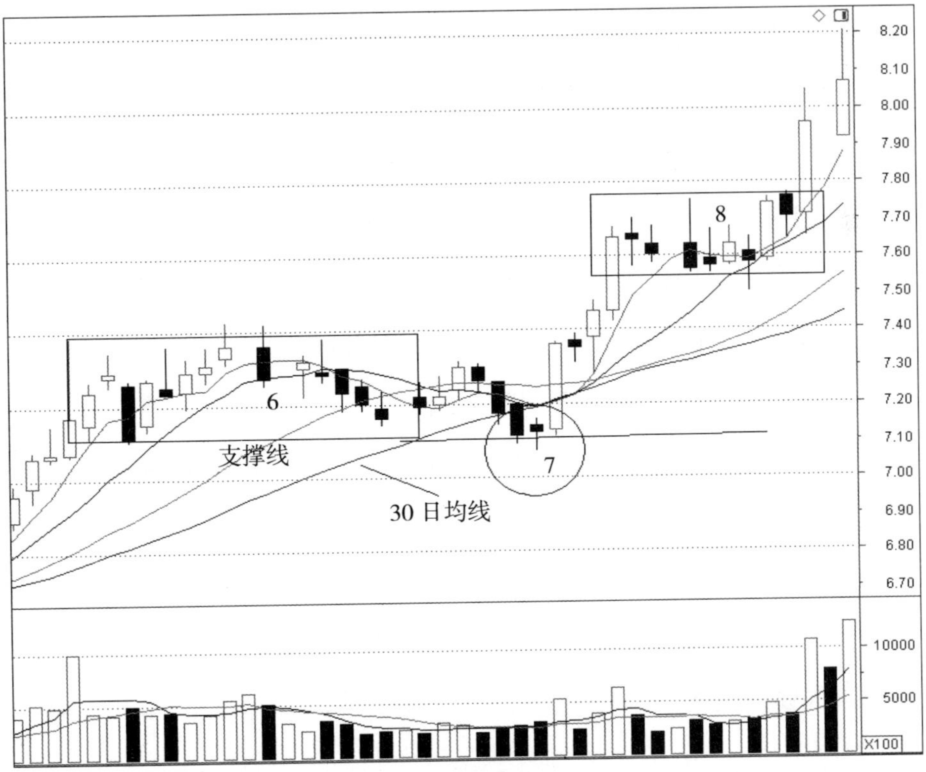

图 1-53　大秦铁路日 K 线图 5

横盘整理平台的支撑线附近得到了支撑。在圆圈 7 处出现了一个“早晨之星”K 线形态，随后股价出现强劲上涨行情。矩形 8 处股价出现了以大阳线为支撑的横盘整理行情。

在横盘整理期间，股价上涨时成交量放大，股价下跌时成交量缩小，股价重心总体没有下移，5 日、10 日、20 日和 30 日均线仍然呈多头排列。这些信息表明主力在横盘整理期间利用缩量阴线进行洗盘。洗盘结束后，在横盘整理末端股价以一根大阳线向上突破横盘整理平台的压力线，说明多方力量占绝对优势，继续看涨。

1.3 K 线图揭示买卖决策信息

股票的市场价格是由其内在价值决定的，但市场价格还要受到多种因素的影响，尤其是市场供求关系。

当市场步入调整的时候，市场情绪处于悲观、恐慌之中，空方不计成本地大量抛售股票，空方的力量占据优势，此时市场存在大量套牢者，结果造成场内资金偏紧，买入者较少，卖出者较多，股票供过于求，价格就会下跌。随时间的推移，一般会出现股票的市场价格低于股票内在价值的情形，即股票内在价值被低估，此时股市风险相对来说比较低；相反，当市场处于上升趋势的时候，市场情绪比较乐观，多方的力量较强，此时场外资金就会源源不断流入市场，结果买入股票的人数较多，卖出者较少，股票会供不应求，价格会上升。当投资者的情绪处于兴奋贪婪时，股票的市场价格一般高于其内在价值，出现了股票价值被高估的情形，此时股市风险较大。

总之，股票的市场价格是围绕股票的内在价值上下波动的。价值投资者就是利用这一规律，深入分析自己心仪的公司，用相对于内在价值而言的合理价格买入优秀公司的股票，此时买入股票风险相对来说比较低。

实际上，某只股票的 K 线图反映了股票的供求关系。投资者可以分析 K 线图来降低风险，获得盈利的可能。每只股票都有三种趋势，即上升、下跌和横盘整理，短期来说，它们都是由供求关系决定的。

1.3.1　股价运行的四个阶段

1. 第 1 阶段：吸筹阶段

当一只股票经过长时间大幅下跌后，股价进入价值合理区域，价值投资者会试探性买入，股价在某个位置上下波动。股价在底部区域时会出现连续缩量小阳线，上涨时成交量较大，下跌时成交量缩小。均线系统逐渐黏合在一起，并由原先的走空转为走平甚至走多。这是主力资金对股票需求增加的结果。也就是说，第 1 阶段是主力建仓阶段，即吸筹阶段。当均线系统黏合后开始向上发散，呈多头排列时，是稳健的投资者买入股票的好时机，如图 1–54 圆圈 1 处所示。

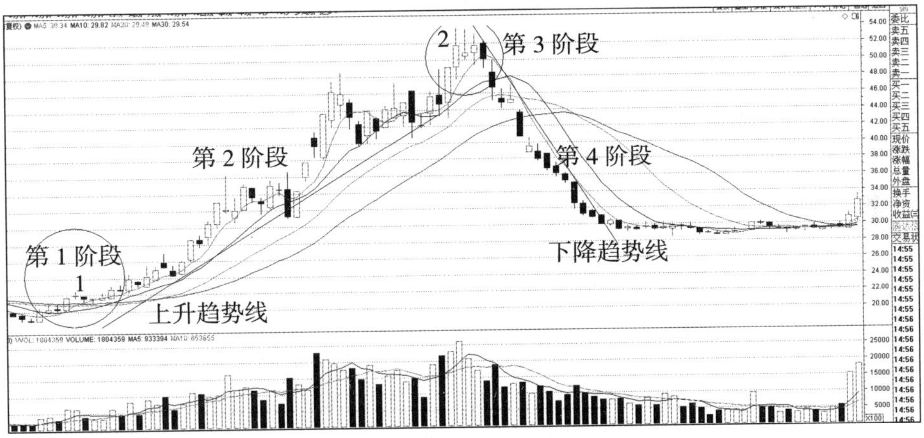

图 1–54　股价运行的四个阶段

2. 第 2 阶段：上涨阶段

由于股价处于相对低位区，市场需求增加了，股票供不应求，来自空方抛售的股票总是无法满足不断增加的需求，多方之间就会竞相购买股票。为了能买到自己想要的股票数量，多方只能提高价格来购买。这种现象使得股价不断提高，从而形成上涨趋势。

如图 1–54 所示，在上涨阶段（第 2 阶段）因股票供不应求，需求旺盛，进而推动股价上升。如果没有在第 1 阶段买入股票的话，等到股价大幅上涨之后再介入，风险就会变大。

3. 第 3 阶段：出货阶段

在第 2 阶段，随着投资者乐观情绪的出现，股票需求大于供给，股价大幅上涨。当股价处于高价区时，市场因恐高而不再买入股票的话，供给占有优势，上涨趋势就会结束。

从图 1-54 日 K 线图中的圆圈 2 处可以看出，成交量增加但股价没有上涨反而下跌，说明主力资金在高位抛售股票，将要开始第 3 阶段。第 3 阶段即主力拉高股价出货阶段，此时股价在高价区大幅波动，成交量放大，股价重心逐渐下移，均线系统开始由走多逐渐转为走平甚至走空。市场的供求关系发生了变化，即由供不应求变成了供需平衡或供过于求。

4. 第 4 阶段：下跌阶段

主力在高位抛售股票后，没有主力资金的支撑，股价开始处于下跌行情，卖出者较多，买入者较少，股票出现供过于求的情形。从卖方角度看，因为需求（买入者）很弱，只有不断降低价格才能找到需要股票的买方。从图 1-54 日 K 线图可以看出，在第 4 阶段即下跌阶段，股价在均线下运行，此时均线系统呈空头排列，股票的供给大于需求，空头占有优势。

股价下跌一段时间后一般都会进入横盘整理阶段，这是因为需求方（多方）和供给方（空方）势均力敌，比如，图 1-54 中第 4 阶段后期，股价就进入了横盘整理阶段。当需求方或供给方在外力因素的作用下，有一方占有优势的话，股价的运行方向就会改变。此时投资者要耐心等待买入时机的到来。

总之，从 K 线形态来看，处于上升初期的股票是投资者的投资标的。投资者要坚持只买处于上升初期的股票，其特征是股价经过长时间下跌后进入横盘整理阶段，均线黏合后以放量大阳线形式向上突破横盘整理平台的压力线，且均线系统呈多头排列；坚决卖出经过长时间上涨，股价处于高位，以放量阴线下跌且均线黏合后向下发散，且均线系统呈空头排列的股票。这一原则不能保证每次决策都准确，但是可以提高投资者交易的成功率。

1.3.2 股价运行四个阶段的识别

1. 第 1 阶段：主力低位吸筹建仓

如图 1-55 所示，该股经过长达两个多月的大幅下跌之后，股价处于相对低位，一些投资者利用少量资金进行抄底，市场需求增加了，价格下跌趋势变得相对缓和。在圆圈 1 处出现“早晨之星”K 线形态，随后股价在矩形 3 处进入以大阳线为支撑的横盘整理行情，说明此处大阳线对股价起了重要的支撑作用，多方力量较强。这是主力资金运作的结果。

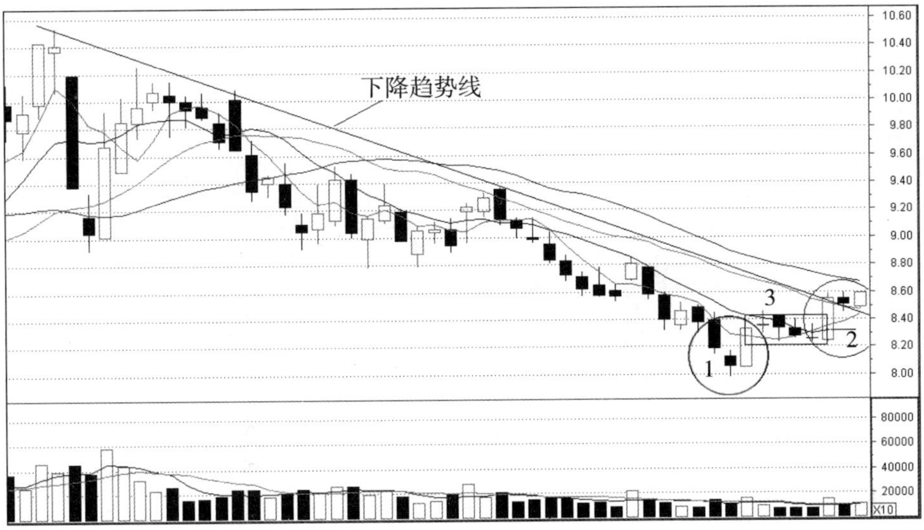

图 1–55　下跌走势趋缓

圆圈 2 处股价向上突破下降趋势线，成交量增加，但是 20 日和 30 日均线仍呈空头排列。投资者并不能确定股价一定会上涨，因此一些投资者会试探性地少量买入，因而在股价低位区出现缩量的连续阳线，并且出现整体成交量有所增加或者上涨时成交量增加、下跌时成交量缩小的情况。

后期股价运行态势如图 1–56 所示。投资者观察发现，随着需求不断增加，供给逐步减少，价格开始进入横盘调整阶段。这一阶段实际上是主力资金建仓、低位吸收筹码的阶段。由于主力有大量的资金，所以建仓时间一般都比较长。

主力在吸筹阶段会尽力压低股价，但是他们的购买行为会在 K 线图上表现出来。这时在 K 线图上会表现出哪些信息呢？我们经常使用的 K 线图形态、价格突破、成交量增加、换手率、移动平均线等技术分析手段实际上就是跟踪主力买卖行为的信息来源。

当股价经过长时间的大幅下跌，股价处于相对低价区域时，一些投资者的试探性买盘会增多，这时可能会出现底部缩量的连续阳线，并且整体成交量有所增加或者股价上涨时成交量增加、股价下跌时成交量减少，均线由走空变为走平甚至走多，在图 1–56 圆圈 5 处一根向上跳空缺口阳线突破横盘整理平台的压力，均线交叉后开始向上发散且呈多头排列。这些信息表明，主力在股价低位处悄悄地买入了股票，股票的需求和供给关系发生了微妙的变化，投资者要密切关注 K 线图上的这些信息。

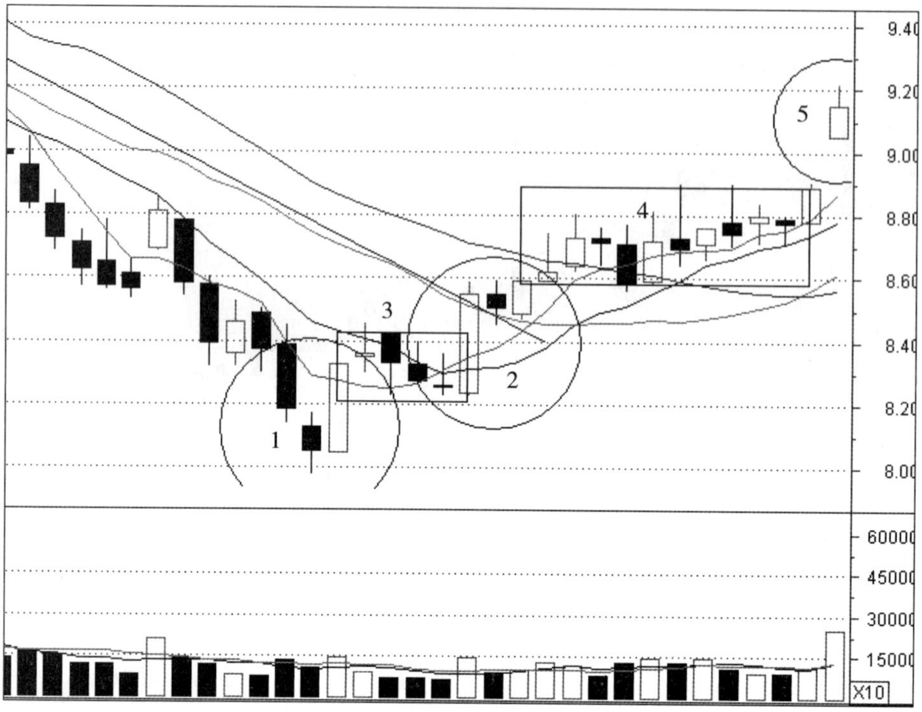

图 1-56 主力吸筹

2. 第 2 阶段：上涨阶段

当主力在低价区域购买了足够的股票后，就会拉抬股价，往往出现大阳线形式的上涨。在日 K 线图上，大阳线向上突破横盘整理平台上方的压力线，进入股价运行中的第 2 阶段即上涨阶段。

如图 1-57 所示，从圆圈 5 到圆圈 6 处股价出现了以 5 日均线为支撑的强劲上涨行情。

3. 第 3 阶段：拉高出货

股价经过大幅上涨之后，主力资金获利丰厚，会在股价高位派发股票，结果成交量放大，换手率高。在图 1-57 圆圈 6 处股价处于大涨后的高位区，两个交易日的换手率分别高达 9.04% 和 9.37%，成交量增大，说明主力在拉高股价，抛售股票。这些信息说明主力资金在股价高位抛售股票，股票的短期头部将要形成了。

4. 第 4 阶段：下跌阶段

图 1-57 矩形 7 处股价高位横盘振荡，股价重心逐渐下移，表明市场的供求关系发

生了变化，即由供不应求变成了供需平衡或供过于求。随后股价就会进入下跌趋势即第 4 阶段。

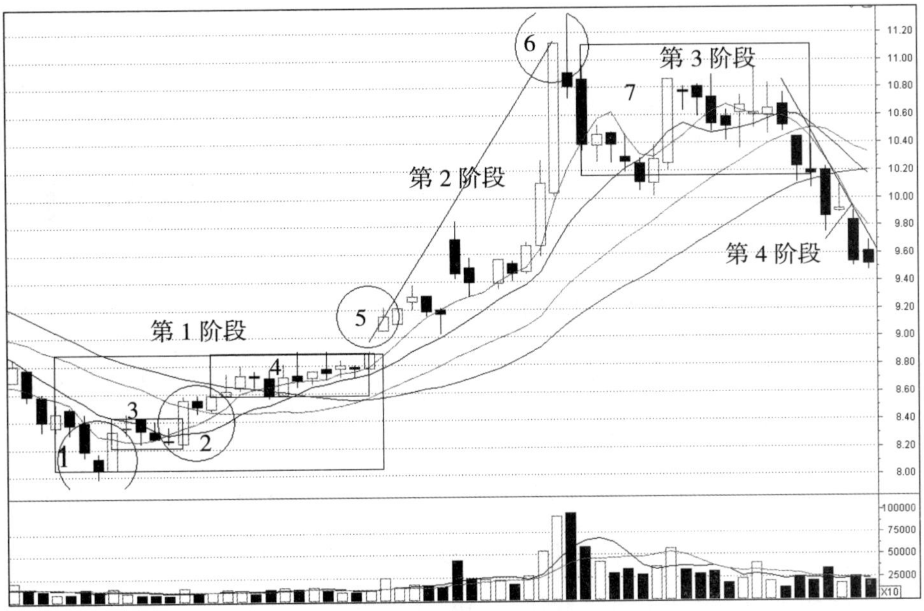

图 1–57　快速上涨

经过长时间的大幅下跌之后，投资者认为股价相对比较低，就会逐渐增加对股票的需求，进入吸筹阶段即股价运行中的第 1 阶段。股价总是从一个阶段进入另一个阶段，周而复始，循环往复。尽管很难判断股价运行在哪个阶段，但是投资者还是应该利用 K 线图所显示的信息，研判当下股价运行的阶段，以便更好地做出买卖决策。

第 2 章

均线技术分析

在股市中，很多投资者都采用移动平均线来进行短线买卖操作。移动平均线是指将一定时期内的股票价格（指数）加以平均，并把不同时间的平均值连接起来，用以观察股票价格变动趋势的一种技术指标。

根据计算周期长短，移动平均线分为以下几类：短期移动平均线，如 5 日、10 日、20 日；中期移动平均线，如 30 日、45 日、60 日；长期移动平均线，如 120 日、200 日、250 日等。如果股价 5 日、10 日、20 日、30 日等移动平均线从上而下依次排列，向上发散，称为多头排列。多头排列表明投资者一致看好行情，预示股价将大幅上涨。如果股价 5 日、10 日、20 日、30 日等移动平均线自下而上依次排列，向下发散，称为空头排列。空头排列预示股价将大幅下跌。

观察发现，横盘振荡整理行情可以出现在任何位置。股价在一定范围内横盘振荡整理时，均线会逐渐靠拢和黏合在一起。横盘振荡整理末期，股价会选择一个突破方向，打破原有的多空双方均衡态势。均线黏合后有两种趋势：其一，向上发散呈多头排列，看涨；其二，向下发散呈空头排列，看跌。

本章探讨均线黏合发散技术在股市实战中的运用。需要说明的是，本书中的 K 线图全部是日 K 线图，均线采用 5 日、10 日、20 日和 30 日均线。

2.1 均线黏合向上发散技术及操作策略

1. 基本含义

股价经过长时间的大幅下跌之后，会出现横盘振荡整理行情，在横盘振荡整理期间，5 日、10 日、20 日和 30 日等均线会逐渐趋向于靠拢并黏合在一起。之后如果股价出现连续阳线或者大阳线形式的上涨，就会带动均线（三条或三条以上的均线）向上发散且呈多头排列，看涨。这种技术被称为均线黏合向上发散技术。此时若出现涨停或大阳线，同时伴有成交量增大，股价向上突破均线压制且均线系统开始向上发散呈多头排列，则表明主力资金可能在悄悄地买入股票。

2. 操作策略

股价经过长时间的大幅下跌之后，均线逐渐趋于平缓且由走空转为走平甚至黏合在一起，此时若出现一根成交量增大的大阳线向上突破均线的压制，均线黏合后开始向上发散呈多头排列迹象，则是一种买入信号，此时投资者要大胆介入，越到后面，介入风险会越大。“均线黏合后开始向上发散 + 成交量增大 + 大阳线”的股票，是我们的理想投资对象。

3. 案例研究

【案例研究 1：中国移动】股价经过一段时间的下跌后处于相对低位时，市场需求增加了，于是在图 2-1 所示的矩形 1 处出现连续阳线（中间允许一两根缩量阴线），股价上涨时成交量增加，股价下跌时成交量减少，均线倾斜度趋于平缓。圆圈 2 处出现一根光头光脚大阳线，向上突破均线的压制，收盘价站稳在 30 日均线之上，均线逐渐黏合

图 2-1　中国移动日 K 线图 1

在一起且开始向上发散，呈多头排列，看涨。

这些信息表明主力正在股价底部区域悄悄买入股票，对此投资者要密切关注，可逢低买入股票。当然，买入后股价不一定马上就会上涨，有可能会下跌，所以要做好止损准备。止损价格可以设在低于买入价格 8%（根据个人承受风险能力大小而定）的位置。设置止损价格并严格执行，目的是保护本金免遭重大损失。

投资者建仓后，要耐心等待股价上涨。建仓后股价是否如投资者所愿如期上涨呢？观察发现，图 2-2 矩形 3 处，在前期高点和大阴线所形成的压力制约位与以大阳线为支撑的区域横盘整理，说明此处大阳线对股价起了重要的支撑作用，多方的力量较强，这是主力资金运作的结果。

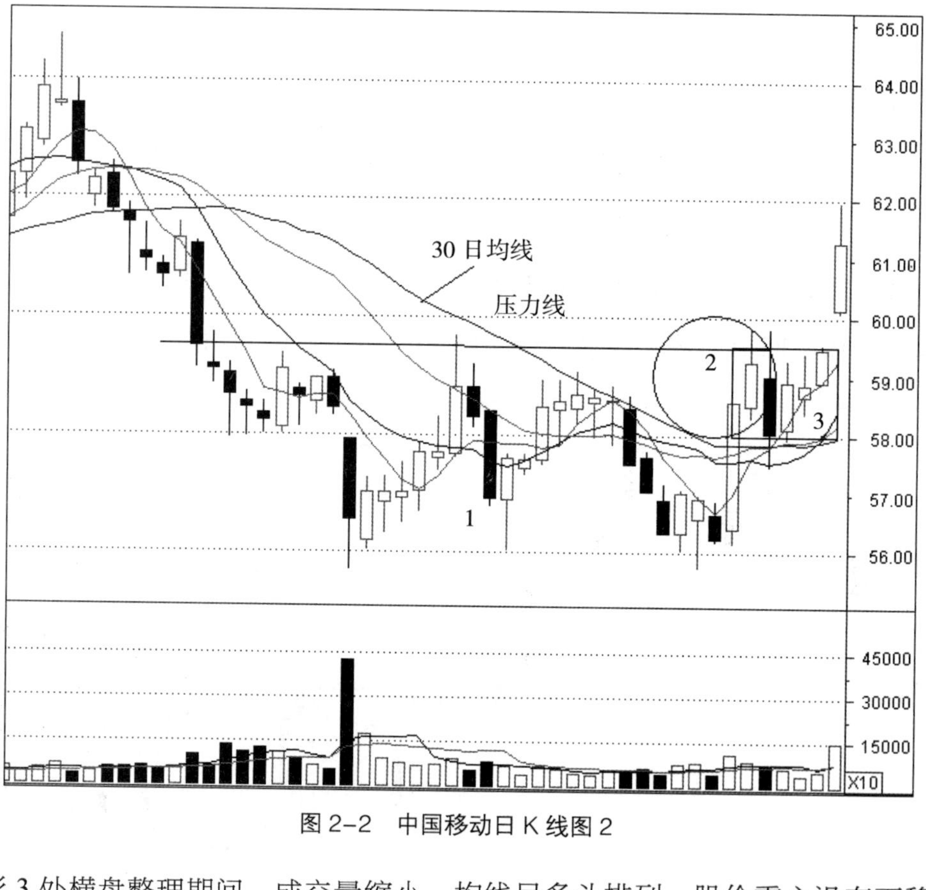

图 2-2 中国移动日 K 线图 2

矩形 3 处横盘整理期间，成交量缩小，均线呈多头排列，股价重心没有下移，说明主力资金在此处洗盘，投资者可以捂股不动。洗盘结束后主力就会拉抬股价，投资者可以静待股价上涨的佳音。

洗盘结束后，图 2-3 圆圈 4 处一根向上跳空高开且成交量增大的大阳线向上突破整理平台的压力线，5 日、10 日、20 日和 30 日均线向上发散且呈多头排列，看多。此时投资者可适当提高止损价位，设在整理平台上方的压力线附近。压力线一般会变成支撑线，只要股价没有触及原来压力线的价位，就可继续持有。投资者采用移动止损的办法来跟踪趋势，可以获得更多收益。

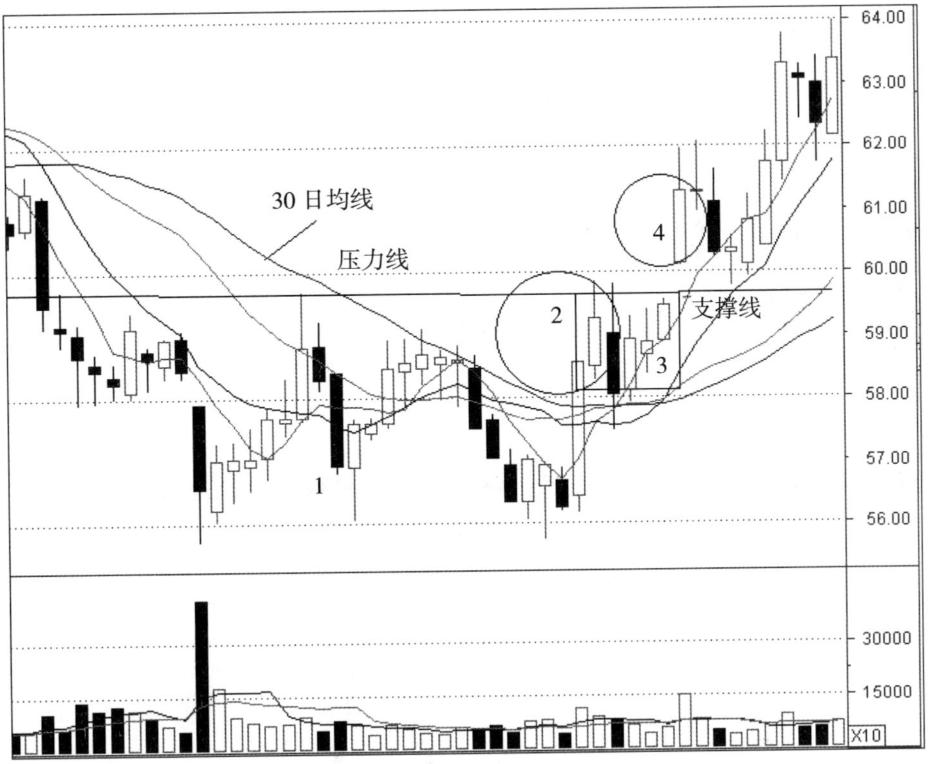

图 2-3　中国移动日 K 线图 3

假设一直持有到图 2-4 圆圈 5 处，观察发现，矩形 3 处到圆圈 5 处股价出现了以 10 日均线为支撑的上涨行情，投资者可以根据“10 日均线趋势交易策略”来做出买卖决策。圆圈 5 处几个交易日里出现几根带长上影线的阳线或者阴线，上影线越长，说明上方的抛压越重；5 日和 10 日均线出现“死亡交叉”且有向下走空的迹象，这些信息预示着股票短期头部将要来临。此时，投资者可以获利了结，抛售该股。

投资者卖掉股票之后，后期股价运行态势如何呢？如图 2-5 所示，在投资者卖掉股票之后，股价出现了一定程度的下跌。但是在圆圈 6 处一根放量大阳线向上突破下降趋势线和均线的压制，收盘价站稳在 30 日均线之上，一直上涨到圆圈 7 处。在圆圈 7 处出现一根长上影线的倒 T 形十字星，说明上方抛压较重，股价短期头部形成的可能性较大。

图 2-4　中国移动日 K 线图 4

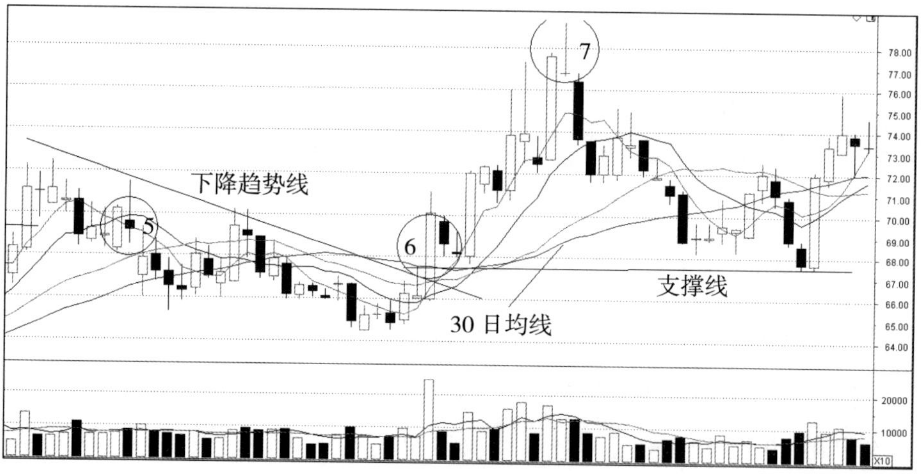

图 2-5　中国移动日 K 线图 5

【案例研究 2：会稽山】该股经过一段时间的大幅上涨后，在图 2-6 圆圈 1 处出现一根带长上影线的“射击之星”，成交量放大，这预示着股票短期头部可能要形成了。之后，股价进入了长达 5 个多月的下跌行情，直到在矩形 2 处出现横盘整理态势，其间出现了连续缩量的小阳线（中间允许出现一两根缩量阴线），5 日和 10 日均线走平。圆圈 3 处一根成交量放大的光头光脚大阳线向上突破下降趋势线和矩形 2 处横盘整理平台的压力线，看涨。

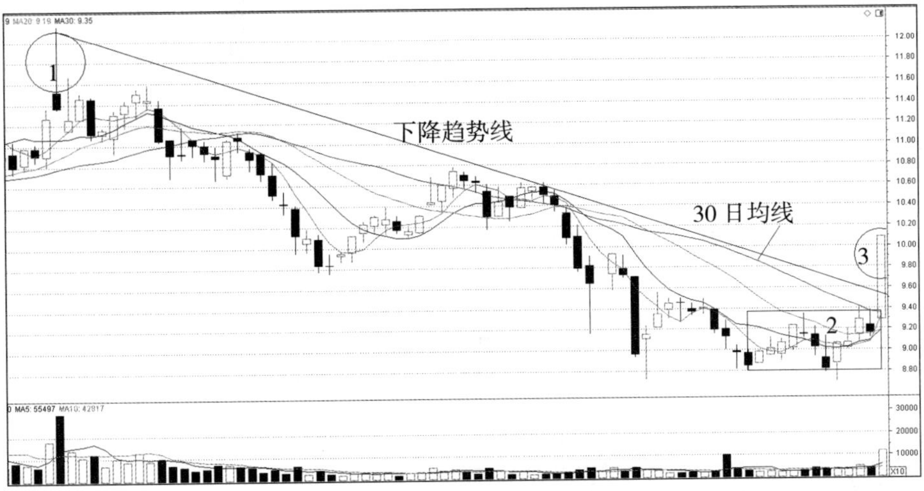

图 2-6　会稽山日 K 线图 1

投资者继续关注股价运行态势发现，在图 2-7 圆圈 3 处出现光头光脚大阳线之后，股价出现了一波强劲的上涨行情，直到矩形 4 处。此处，股价处于高价区，4 个交易日的换手率分别高达 13.46%、12.10%、10.27% 和 10.08%，成交量增大，这种情形表明主力资金拉高出货的可能性较大，预示着股票短期头部要形成。投资者要注意的是，当股价大幅上涨一段时间后，在高位出现光头光脚大阳线形式的上涨，成交量增加且换手率高，表明主力资金拉高出货的可能性较大。这也就是我们在前面所讲的股价运行中的第 3 阶段。

当主力资金在矩形 4 处派发完股票之后，股价随之大幅下跌，下跌时间长达半年之久，直到图 2-8 圆圈 7 处股价创出阶段性新低。圆圈 7 处出现一个变形的“早晨之星”K 线形态，预示股票短期底部形成了。观察发现，圆圈 5 处出现一根光头光脚大阳线向上突破均线的压制，但是均线系统呈空头排列。圆圈 6 处也出现一根光头光脚大阳线向上突破均线的压制，均线黏合或交叉后开始向上发散，有呈多头排列的迹象。

圆圈 6 处出现的光头光脚大阳线是否是股价上涨的反转关键点呢？看图 2-9 所示的股价运行态势，便可知晓。图 2-9 圆圈 6 处出现一根放量的光头光脚大阳线向上突破均线的压制，均线交叉后向上发散呈多头排列。随后股价横盘振荡整理，圆圈 6 处大阳线发挥了重要的支撑作用。圆圈 8 处一根光头光脚大阳线向上突破横盘整理平台上方的阻力线，均线交叉后再次向上发散，呈多头排列。这些信息是否预示着股价会继续上涨？

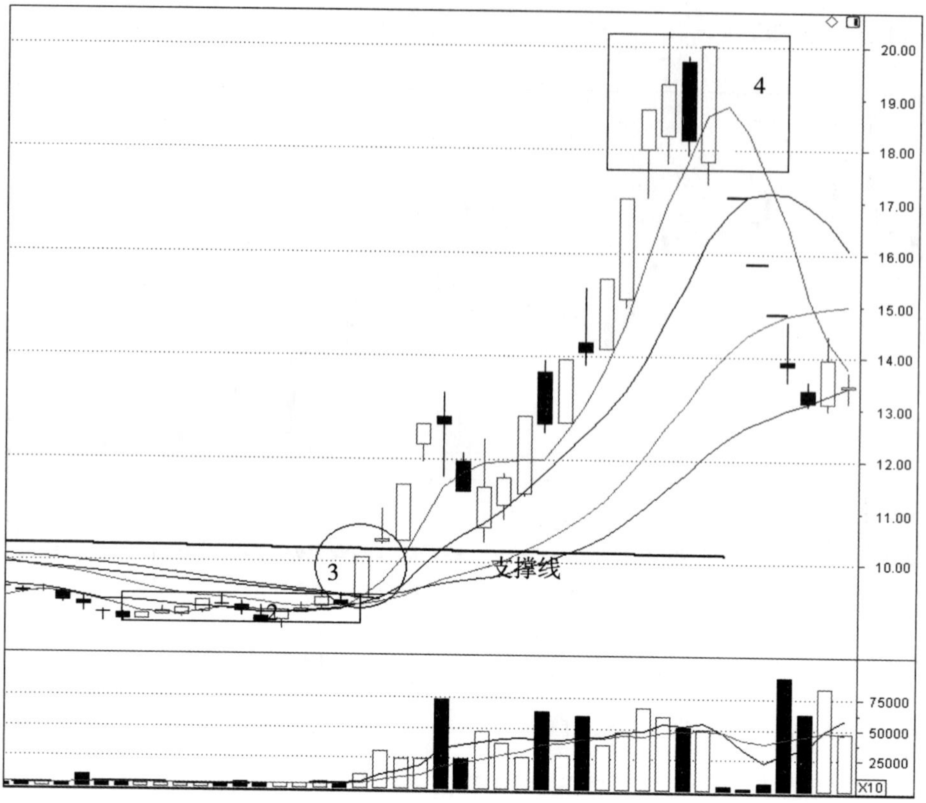

图 2-7　会稽山日 K 线图 2

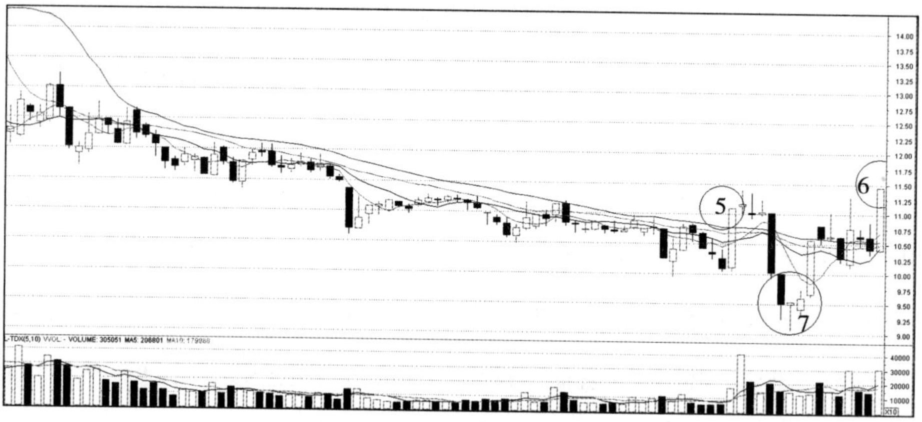

图 2-8　会稽山日 K 线图 3

如图 2-10 所示，股价在圆圈 8 处突破阻力线（又称压力线）之后，出现了加速上涨行情，直到矩形 9 处。在矩形 9 处股价处于大涨之后的股价高位区，此时 8 个交易日的换手率都很高，分别为 13.93%、13.30%、8.86%、11.12%、16.68%、11.56%、8.67% 和 8.19%，成交量也增大，说明主力资金在矩形 9 处横盘振荡分批出货，抛售股票，这预示着股票短期头部不远了。

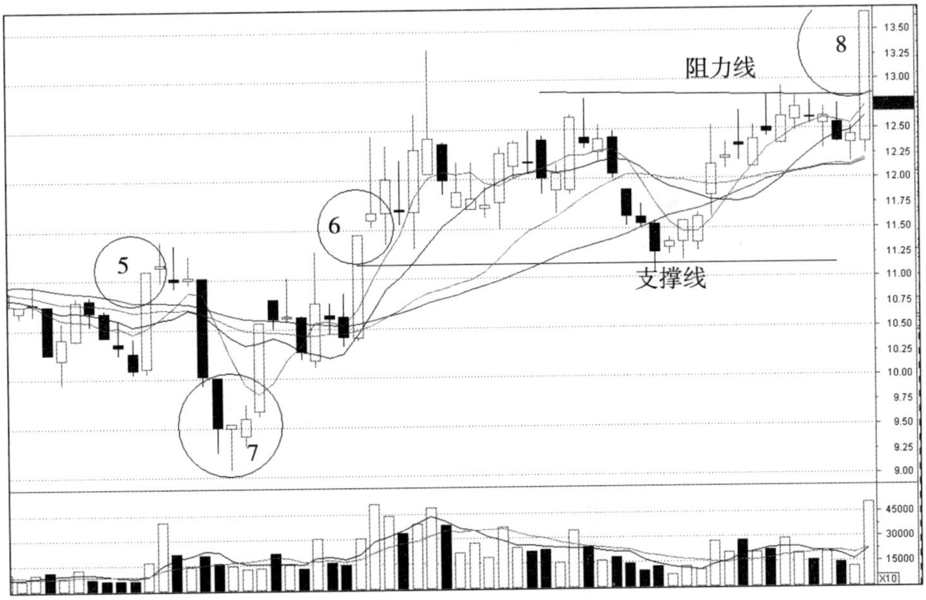

图 2-9　会稽山日 K 线图 4

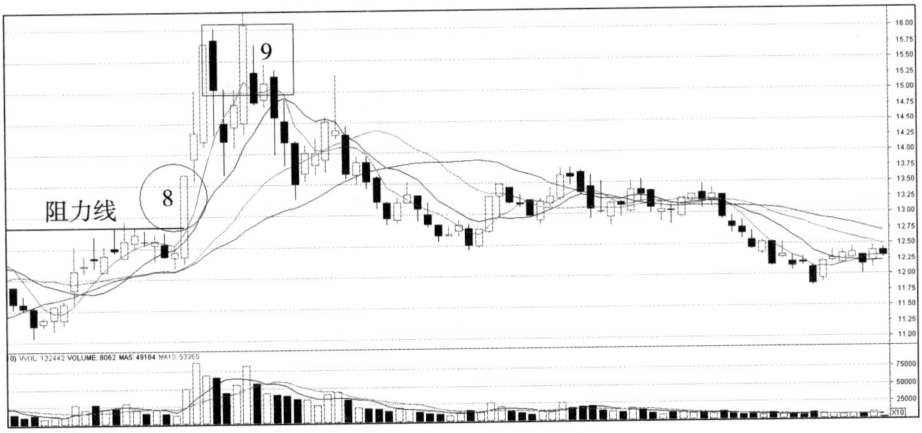

图 2-10　会稽山日 K 线图 5

日 K 线图表现出来的是主力资金在股价高位时抛售股票，成交量放大。此信息表明市场的供求关系发生了变化，即由供不应求变成了供需平衡或供过于求，预示着股票短期头部可能要形成了。随后股价出现下跌行情，进入了股价运行阶段中的第 4 阶段。

【案例研究 3：长城军工】该股经过前期上涨后出现大幅下跌，在图 2-11 圆圈 1 处出现一个“穿刺线”K 线形态，随后股价出现连续阳线形式的上涨。在矩形 2 处横盘整理期间，出现多个十字星，但成交量都较小，均线呈走平趋势。在横盘整理末端圆圈 3 处连续阳线向上突破整理平台的压力和均线的压制，均线黏合后开始向上发散，呈多头排列迹象。投资者可以逢低买入，并做好止损准备。

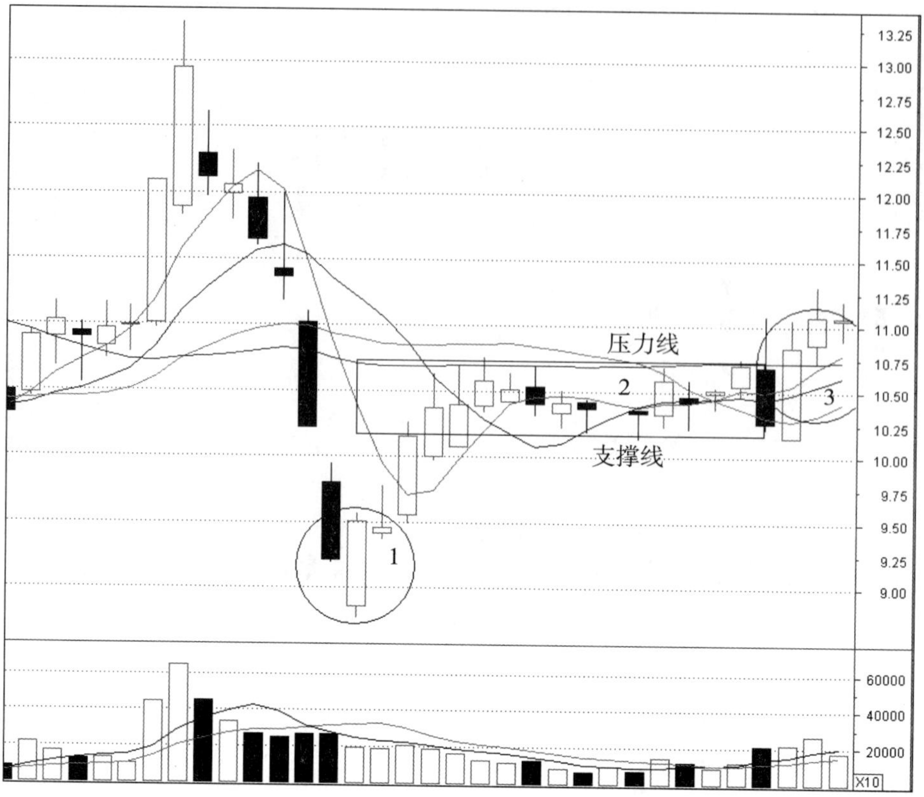

图 2-11 长城军工日 K 线图 1

观察发现，在矩形 2 处股价出现以大阳线为支撑的横盘整理行情，说明大阳线在此处发挥了重要的支撑作用，多方力量较强，市场需求增加，供给力量较弱，股票的供给和需求关系发生了微妙的变化，投资者对此情形要密切关注。

之后股价出现一波振荡上涨行情，观察发现，在图 2-12 的矩形 4 处股价出现了以圆圈 3 处大阳线为支撑的横盘整理行情，说明大阳线在此处发挥了重要的支撑作用，多方的力量较强。矩形 5 处股价在大阳线实体范围内横盘波动。圆圈 6 处出现一根带长上影线的阴线，成交量放大，换手率高达 19.4%，说明主力在此处拉高出货，预示着股票短期头部不远了。

股价短期头部形成后，出现振荡下跌行情，在图 2-13 的圆圈 7 处出现一个“早晨之星”K 线形态，随后出现连续阳线形式的上涨。在圆圈 8 处出现了连续缩量的小阳线，股价在均线上运行，均线黏合后开始向上发散，呈多头排列迹象，看多。投资者可以逢低买入，并做好止损准备。

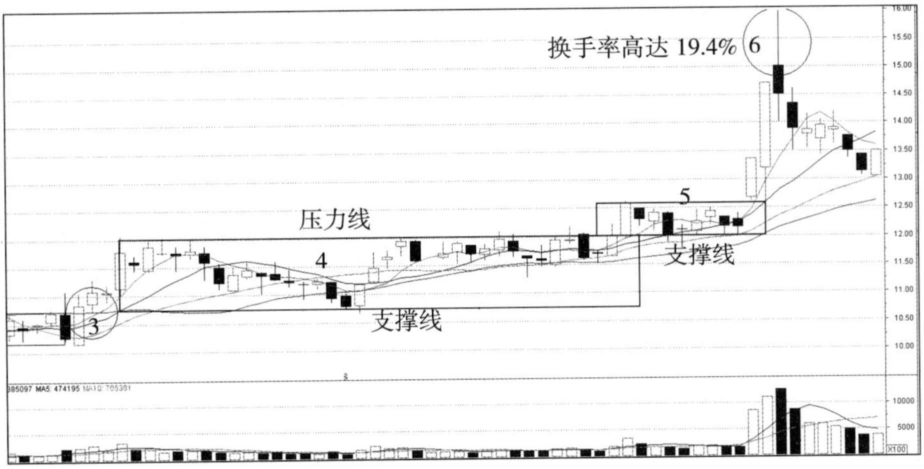

图 2-12　长城军工日 K 线图 2

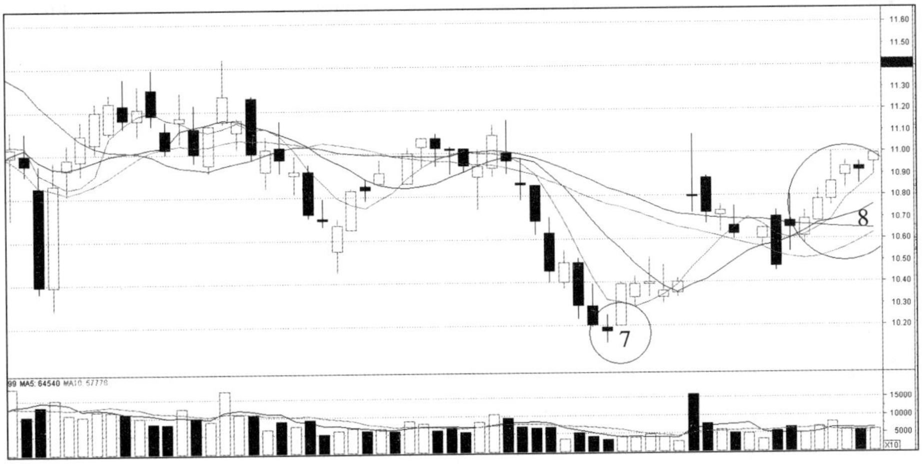

图 2-13　长城军工日 K 线图 3

股价是否如投资者所愿如期上涨呢？如图 2-14 所示，股价在圆圈 8 处之后出现了以 10 日均线为支撑的上涨行情，上涨到圆圈 9 处，出现了“射击之星”，成交量增大，换手率高达 13.98%，说明主力在圆圈 9 处拉高出货，预示着股票短期头部将要来临。根据“10 日均线趋势交易策略”，在圆圈 10 处出现 5 日和 10 日均线死亡交叉现象，这是一个比较好的卖出时机。

【案例研究 4：以岭药业】该股经过前期大幅上涨之后，在图 2-15 圆圈 1 处出现连续大阴线形式的下跌且成交量放大，说明主力资金在拉高出货。随后股价一路下行，在股价处于相对低位时市场对股票的需求在逐渐增加，吸收了市场中的供给，因而股价逐渐随成交量温和增加而上涨，均线系统由走空变为走平甚至走多，均线逐渐黏合在一起（圆圈 2、3 处所示）。在圆圈 2 处，出现向上跳空 K 线之后，股价接着进行缩量调整。

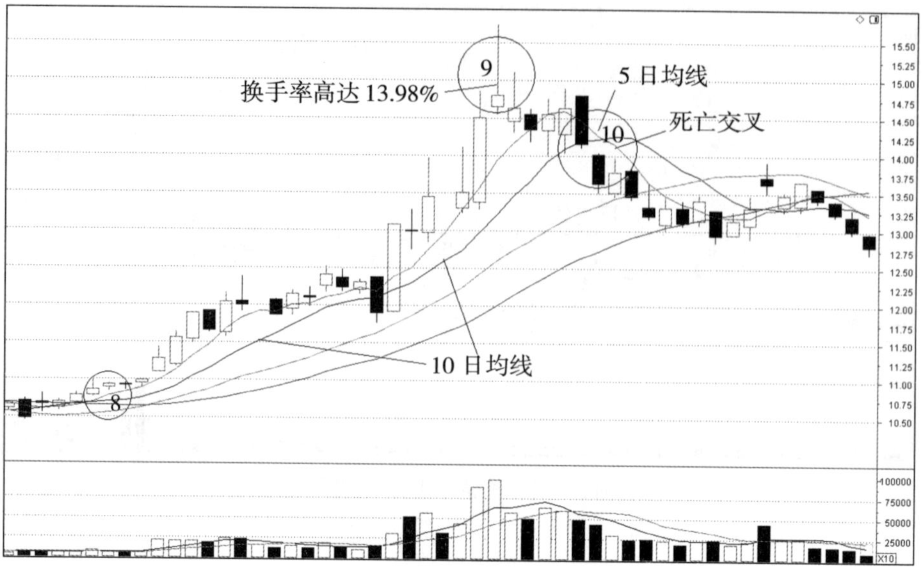

图 2-14 长城军工日 K 线图 4

在圆圈 3 处，一根大阳线向上突破均线压制且成交量增加，5 日、10 日、20 日和 30 日均线黏合在并开始向上发散呈多头排列，看涨。

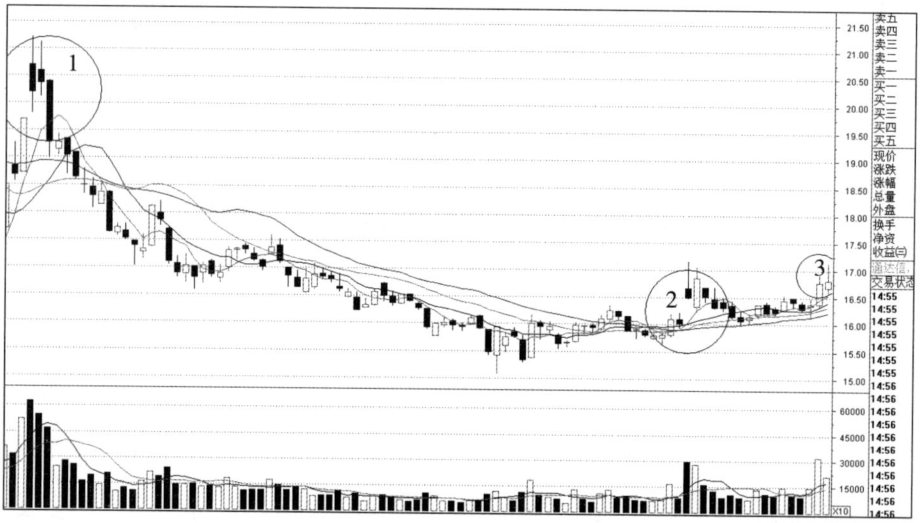

图 2-15 以岭药业日 K 线图 1

观察圆圈 2 至圆圈 3 处的 K 线形态发现，股价经过长达 5 个多月的大幅下跌后处于相对低位区，出现连续阳线，股价随成交量温和增加而小幅上涨，或者股价上涨时成交量大，股价下跌时成交量小，均线系统总体上走平甚至走多，说明主力在股价较低时悄悄买入股票建仓。这就是我们所讲的股价运行中的第 1 阶段。

主力资金建仓完毕后一般会拉抬股价，股价将会出现一段时间的大幅上涨，进入股价运行的第 2 阶段。在图 2-16 圆圈 4 处出现大阳线形式的上涨，成交量放大且换手率高达 10.5%，这些信息说明主力在高价区派发股票。主力抛售完股票后，股价就会出现大幅下跌，均线呈空头排列。

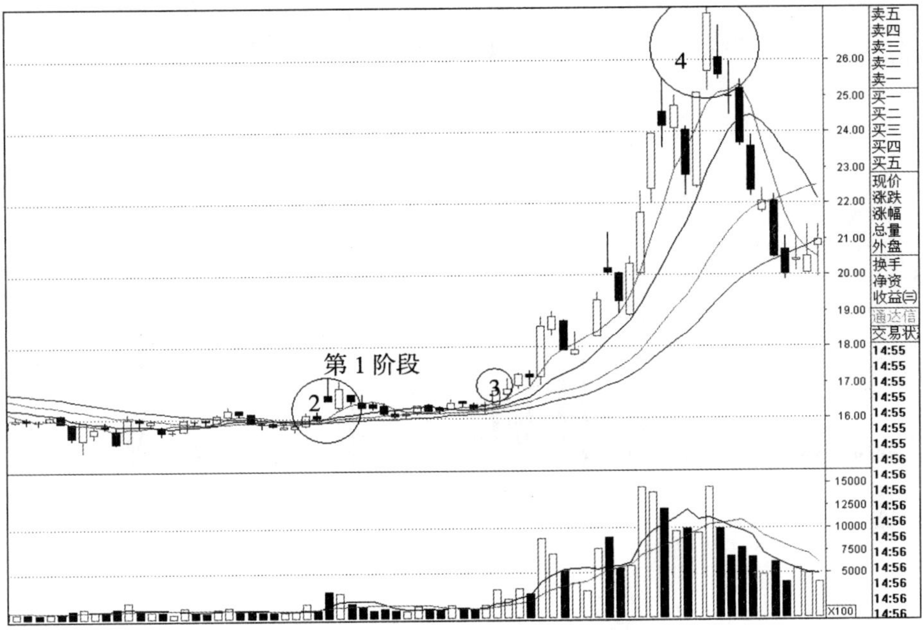

图 2-16　以岭药业日 K 线图 2

观察发现，圆圈 3 到圆圈 4 处出现了股价以 10 日均线为支撑的上涨行情。投资者可以根据“10 日均线趋势交易策略”做出买卖决策。当股价跌破 10 日均线且 10 日均线走空时，可以考虑卖出股票，落袋为安。

图 2-17 圆圈 4 处股票短期头部形成后股价开始下跌，但是股价在 30 日均线附近得到支撑后企稳，开始振荡上升行情。股价跳空高开向上突破前期高点形成的阻力位，成交量放大。投资者应注意到，在股市中 30 日均线是一条非常重要的支撑线，可以把它默认为趋势线，当股价向上突破 30 日均线并有效站在 30 日均线之上时可以看多，积极买入。买入后投资者要密切跟踪股价运行态势，直至股票短期头部标志性 K 线形态出现时卖出。

在 30 日均线附近买入股票后，投资者需耐心等待，密切关注股价变化的趋势。果然如投资者所愿，股价开始上涨。根据移动止损法则跟踪趋势，直到出现标志性股票短期头部 K 线形态则卖出，或者出现 5 日均线和 10 日均线“死亡交叉”时卖出，如图 2-18 圆圈处所示。

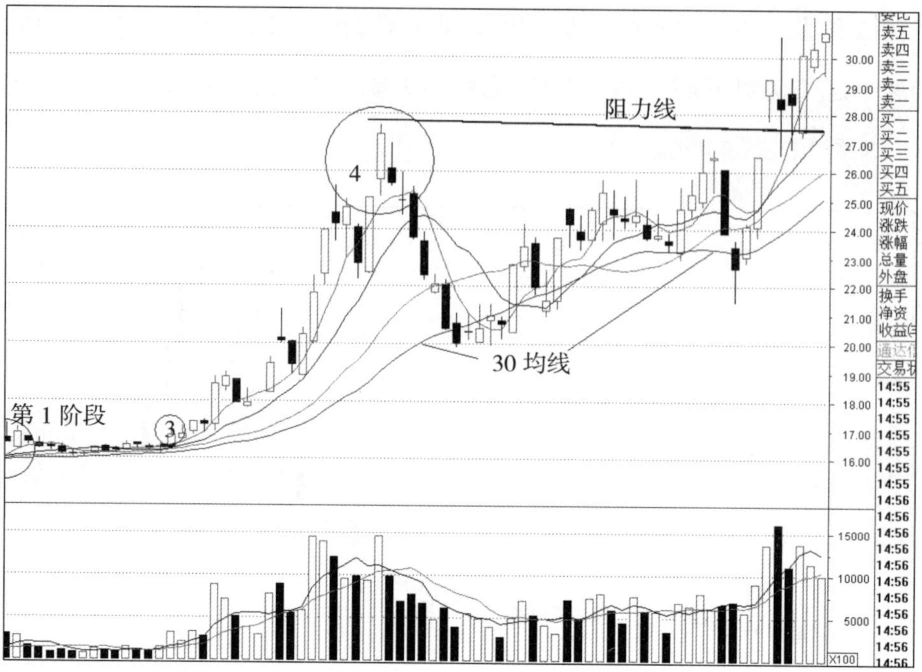

图 2-17　以岭药业日 K 线图 3

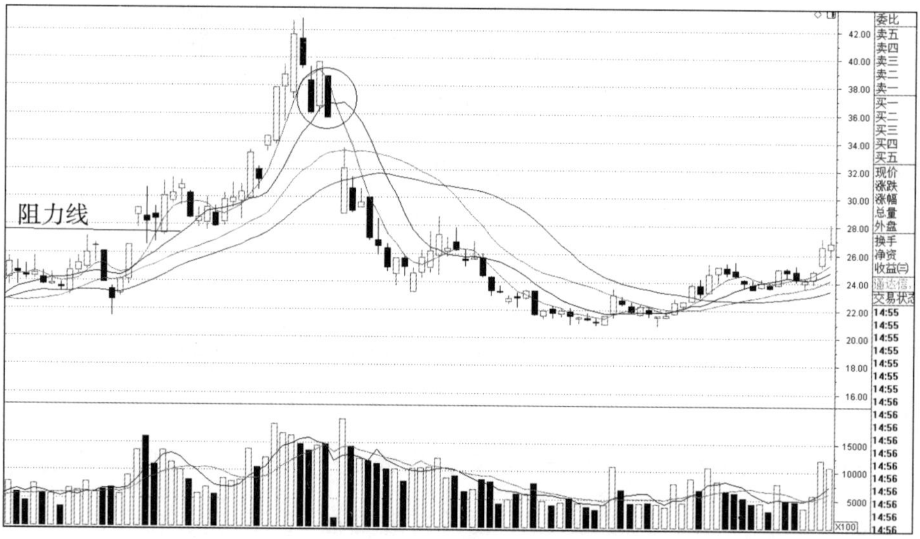

图 2-18　以岭药业日 K 线图 4

在出现 5 日均线和 10 日均线“死亡交叉”后，股价开始大幅下跌。股价经过长达 5 个多月的大幅下跌后处于相对低位区，市场逐渐增加了对股票的需求，于是在图 2-19 圆圈处出现连续阳线，股价随成交量的增加而上升，均线逐渐趋于平缓，5 日、10 日、20 日和 30 日逐渐黏合或交叉后开始向上发散，呈多头排列，看涨。

股价大幅下跌之后，处于相对低位时，投资者对股票的需求就会增加。因此，股票需求供给关系发生了变化，需求方（多方）逐渐占有优势，主力资金在暗中建仓，这就是股价运行的第 1 阶段。主力建仓完毕，就会拉抬股价来提高投资者的买入成本。

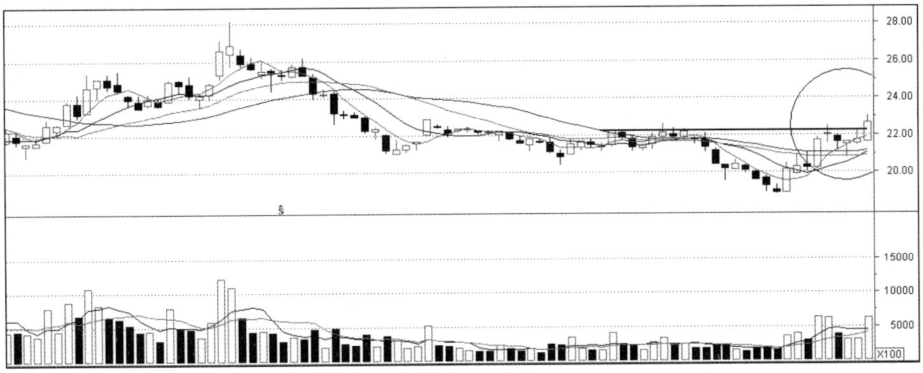

图 2-19　以岭药业日 K 线图 5

观察发现，图 2-20 圆圈 1 处到圆圈 2 处股价以 10 日均线为生命线，生命线实际上就是移动平均线。股票在某一时期经常是以一条重要均线为支撑（包括 5、10、20、30 日均线等）而不断上涨，每次小的调整都会在该线上企稳，我们把这条线叫作股票的生命线。也就是说，只要股价回挡到 10 日均线附近，就会被拉升。在此期间，投资者可把 10 日均线作为趋势线来执行趋势交易策略。如果股价涨幅过大，投资者可根据“股价连续 3 天跌破 10 日均线且 10 日均线由走多转为走空”等信息作为卖出信号，如圆圈 2 处。

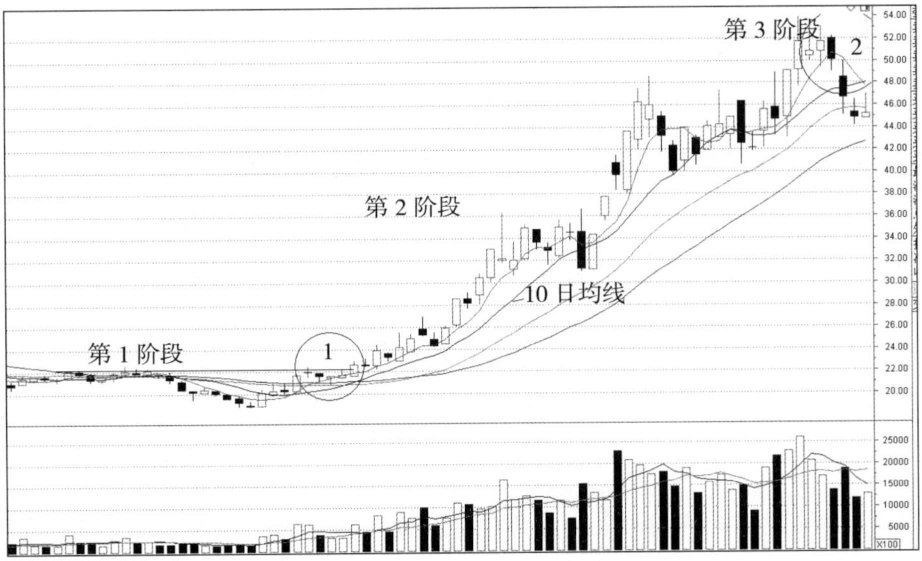

图 2-20　以岭药业日 K 线图 6

随后股价运行态势验证了这一卖出信号的准确性。如图 2-21 所示，股价出现大幅下跌行情，一直下跌到圆圈 3 处。圆圈 3 处连续大阳线向上突破均线的压制，均线黏合之后开始向上发散，呈多头排列，但是随后股价又出现了下跌。说明主力在圆圈 3 处是一种诱多行为，股价向上突破均线的压制，但是股价在此后一路下跌不再上涨，散户蒙受损失后才发现这是主力在诱多。

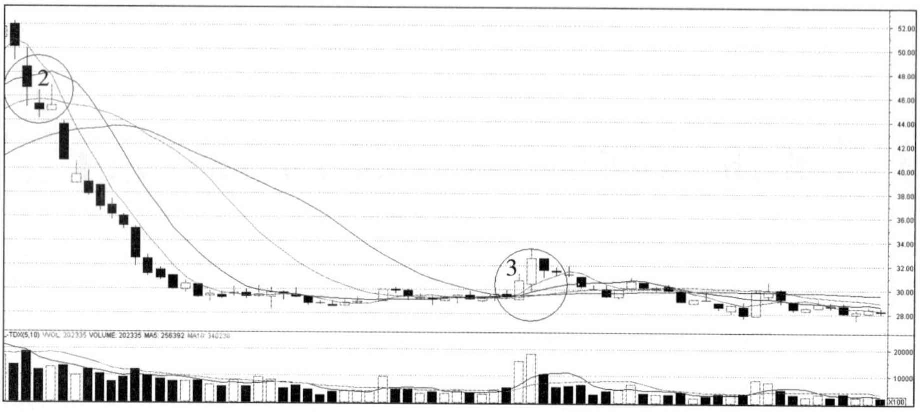

图 2-21　以岭药业日 K 线图 7

【案例研究 5：中国电信】股价经过长达 6 个多月的大幅下跌后处于相对低位区，市场逐渐增加了对股票的需求，于是在图 2-22 矩形处出现连续阳线，股价随成交量温和增加而小幅上涨，均线逐渐趋于平缓，5 日、10 日、20 日和 30 日均线逐渐黏合或交叉后开始向上发散，呈多头排列迹象，说明多方力量正在集聚，股票需求和供给的关系发生了微妙的变化。预示着股票短期底部可能不远了。

图 2-22 圆圈处的连续阳线向上突破整理平台箱体上方压力线，成交量增大，均线黏合后向上发散，呈多头排列迹象。此时投资者要抓住时机积极买入建仓，并设好止损价。

买入股票后投资者对股价运行态势进行跟踪发现，股价并没有多大的涨幅，而是进入了图 2-23 矩形处横盘振荡整理行情。在横盘整理阶段，股价下跌时成交量小，股价上涨时成交量增大，这可能是主力资金在股价低位时的洗盘吸筹建仓行为。投资者要密切关注这种情形。

在横盘整理阶段末端图 2-23 圆圈 1 处，一根成交量放大的大阳线向上突破横盘整理平台的压力线（阻力线），5 日、10 日、20 日和 30 日均线呈多头排列，看涨。投资者可以逢低买入并做好止损准备。

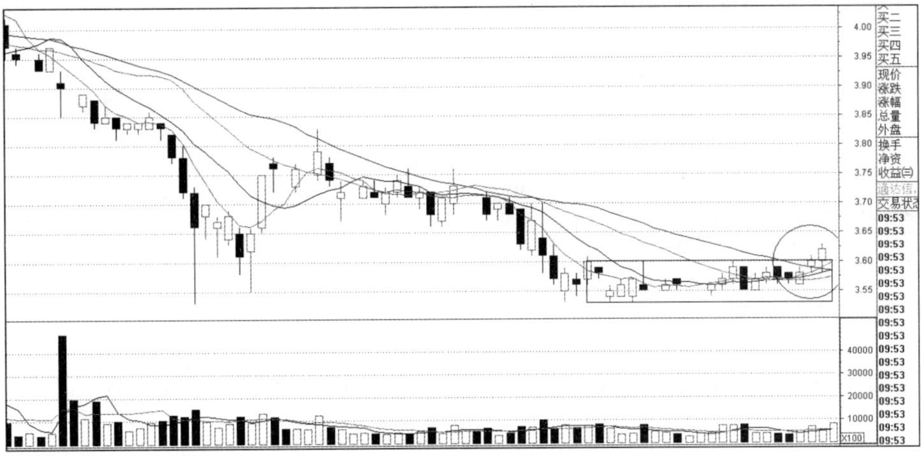

图 2-22　中国电信日 K 线图 1

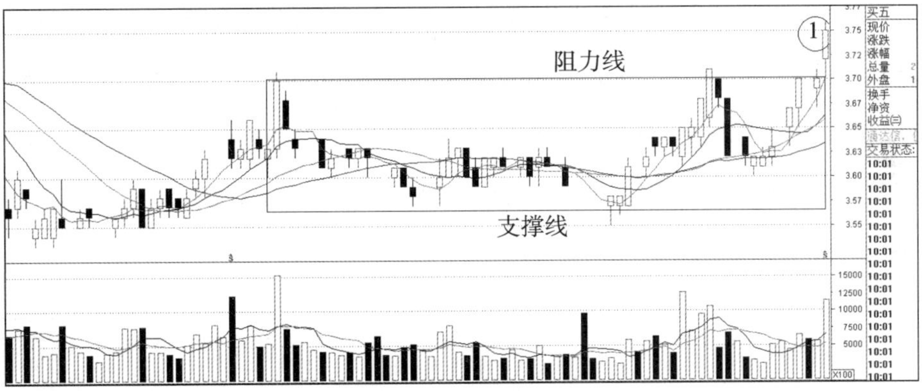

图 2-23　中国电信日 K 线图 2

在图 2-24 圆圈 2 处出现一根带有很长上影线的阳线。上影线越长，说明上方的抛压越重，股价上涨就越难。只有当多方需求的力量足够强，以至于吸收了来自空方的全部供给，股价才会上涨。根据移动止损法则来跟踪趋势，直到图 2-24 圆圈 3 处出现 5 日均线和 10 日均线“死亡交叉”时卖出。观察发现，在圆圈 3 处出现一根光头光脚大阴线形式的下跌，5 日均线和 10 日均线有走空迹象。投资者在此考虑卖出，落袋为安。

观察还发现，从图 2-24 矩形处横盘整理末端到圆圈 3 处，股价是以 20 日均线为生命线，也就是说，只要股价上涨后回落在 20 日均线附近时，就会出现拉升情形，所以投资者可以根据 20 日均线来跟踪该股股价运行趋势。当股价连续 3 天或 5 天在 20 日均线下运行并且 20 日均线走空时，就可以抛售股票，落袋为安。

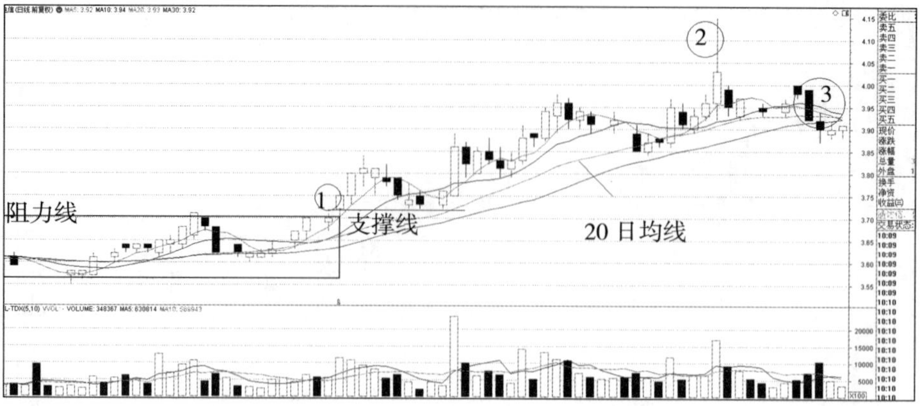

图 2-24　中国电信日 K 线图 3

假如投资者按“20 日均线趋势交易策略”在圆圈 3 处卖出股票后，发现股价并没有大幅下跌，反而在图 2-25 圆圈 4 处出现一个成交量放大的大阳线，一举向上突破 5 日、10 日、20 日和 30 日均线的压制，均线黏合后开始向上发散并呈多头排列。圆圈 4 处到圆圈 5 处股价出现了以 5 日均线为支撑的强劲上涨行情。投资者可以根据“5 日均线趋势交易策略”来做出买卖决策，即当股价在 5 日均线之下运行且 5 日均线走空时，可以考虑卖出股票，落袋为安。

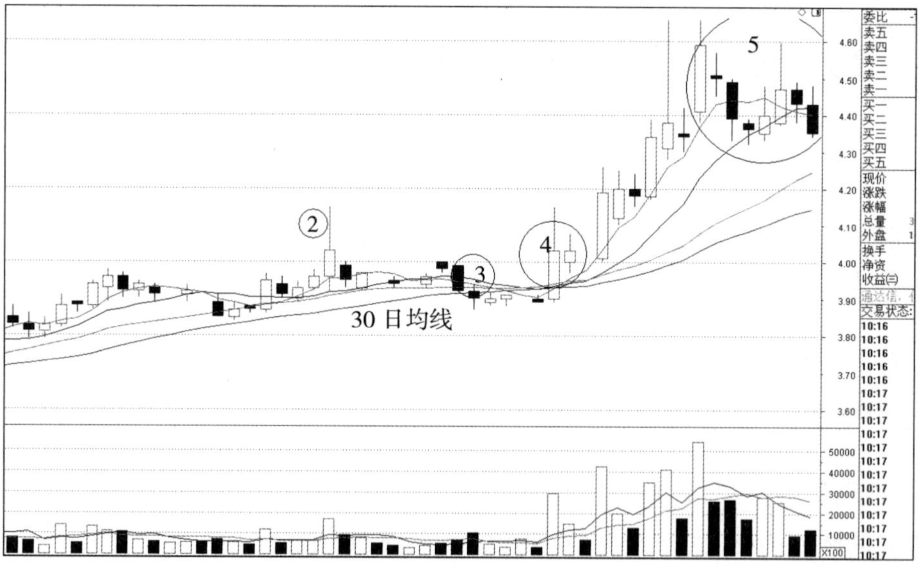

图 2-25　中国电信日 K 线图 4

观察发现，圆圈 4 处的 30 日均线发挥了重要的支撑作用。在股市中 30 日均线是一条非常重要的支撑线。当股价向上突破 30 日均线并有效站在 30 日均线之上时可以看多，积极买入。买入后投资者密切跟踪股价运行态势，直至标志性股票短期头部 K 线形态出现时卖出。在圆圈 5 处出现了 5 日均线和 10 日均线“死亡交叉”情形，投资者可以考虑卖出股票，落袋为安。

投资者继续跟踪股价运行态势发现，股价在 30 日均线附近运行且 30 日均线基本走平，直到图 2-26 圆圈 6 处出现一根放量的光头光脚大阳线向上突破均线压制。圆圈 6 处之后股价出现了以 10 日均线为支撑的上涨行情，投资者可以根据“10 日均线趋势交易策略”来做出买卖决策，即当股价在 10 日均线之下运行且 10 日均线走空之时，可以考虑卖出股票，落袋为安。

图 2-26 矩形处股价进入横盘整理阶段。横盘整理阶段，出现了一些十字星或者小阳线，股价下跌时成交量小，股价上涨时成交量增大，股价重心并没有下移，这些信息表明主力资金在横盘整理期间进行洗盘吸筹行为。此时投资者要耐心持股，等待主力资金拉升股价。

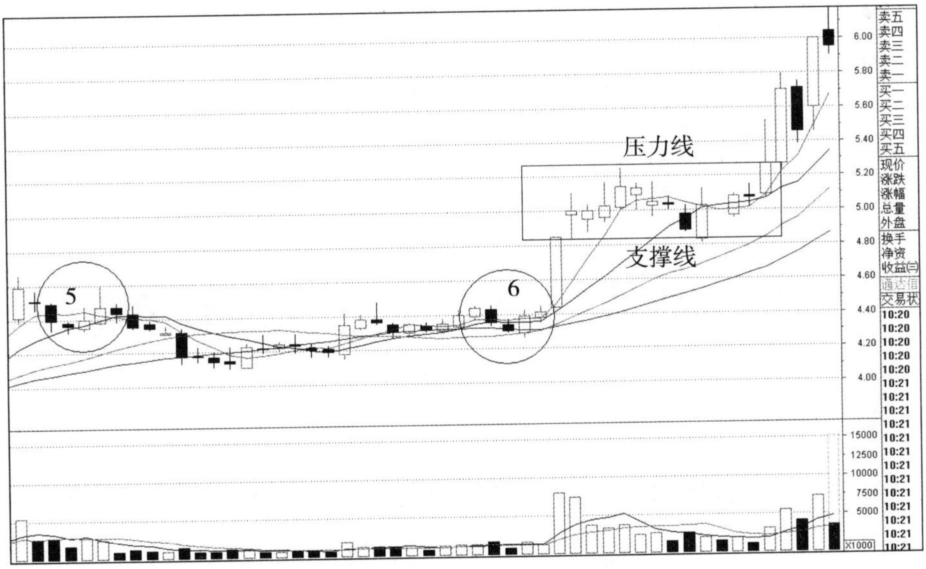

图 2-26　中国电信日 K 线图 5

观察还发现，矩形处股价出现了以光头光脚大阳线顶部为支撑的横盘整理行情，说明此处大阳线对股价起了重要的支撑作用，多方力量较强，这应该是主力资金运作的结果。对此投资者要密切关注。

通过对前面几个案例的研究，相信投资者已经掌握了均线黏合向上发散技术。在股市里，稳健的投资者一定会注重资金安全原则，即做好止损准备，一定会注重把风险牢牢管控在较低水平，一定会注重买入时机的把握和判断个股有没有主力资金的介入。

投资者在股市实战中经常碰到这样的问题：用什么方法来判断主力是否正在介入某只股票呢？投资者在研究一只股票的日 K 线走势图时，从技术分析角度来看，首先应该回答以下问题。

（1）股票价格是否大幅下跌或横盘整理较长时间？

（2）股价向上突破均线压制时或横盘整理平台压力线时成交量是否放大？

（3）此时换手率是否很高？比如，换手率超过 7%。

（4）5 日、10 日、20 日和 30 日均线是否开始向上扩散且呈多头排列迹象？

如果以上四个问题的答案都是肯定的，那么基本上可以判定主力正在介入该股，这时稳健的投资者要做的事就是：抓住时机，逢低积极买入并做好止损准备，然后根据移动止损原则耐心地跟踪趋势，以便获得更大利润。

从技术上来说，均线黏合后刚开始向上发散具有较强的助涨作用，为买进信号，这时买入股票风险较小，越到后面买入风险越大。均线黏合后向上发散需要得到较大成交量的支持，否则均线系统刚发散又会重新黏合，股价上涨也成了昙花一现的反弹走势，有时候也是主力资金的诱多陷阱。

2.2 均线黏合向下发散技术及操作策略

1. 基本含义

当股价横盘整理时多条均线黏合交织在一起，随着股价的重心逐步下移，多条均线（通常指三条或三条以上不同周期的均线）也会开始向下发散，形成空头排列迹象，看跌。这种技术被称为均线黏合向下发散技术。一般出现在股票短期头部横盘振荡整理的末期，或下跌途中横盘振荡整理的末期，这种均线形态一旦出现，往往会有一波大幅下跌行情，值得投资者警惕。

2. 操作策略

均线黏合后向下发散，具有较强的助跌作用，是一种卖出信号。此时投资者要抓住时机卖出股票，以免遭受重大损失。

3. 案例研究

【案例研究 1：复星医药】该股经过前期大幅上涨之后，在图 2-27 圆圈 1 处相继出现 5 日均线、10 日和 20 日均线“死亡交叉”，随即开始大幅下跌行情，均线系统呈空头排列，看跌。下跌途中股价虽有反弹，但是受到前期大阴线形成的压力影响，股价一直下跌到圆圈 2 处。在圆圈 2 处再次出现均线黏合后向下发散的空头排列迹象，继续看跌。在圆圈 3 处再次出现大阴线形式的下跌，均线黏合后向下发散，呈空头排列，继续看跌。如果投资者买入该股票，当均线黏合后开始向下发散并呈空头排列时，一定要止损出局。

因该股一直下跌且跌幅较大，于是出现了超跌反弹，在图 2-28 圆圈 4、圆圈 5 处，

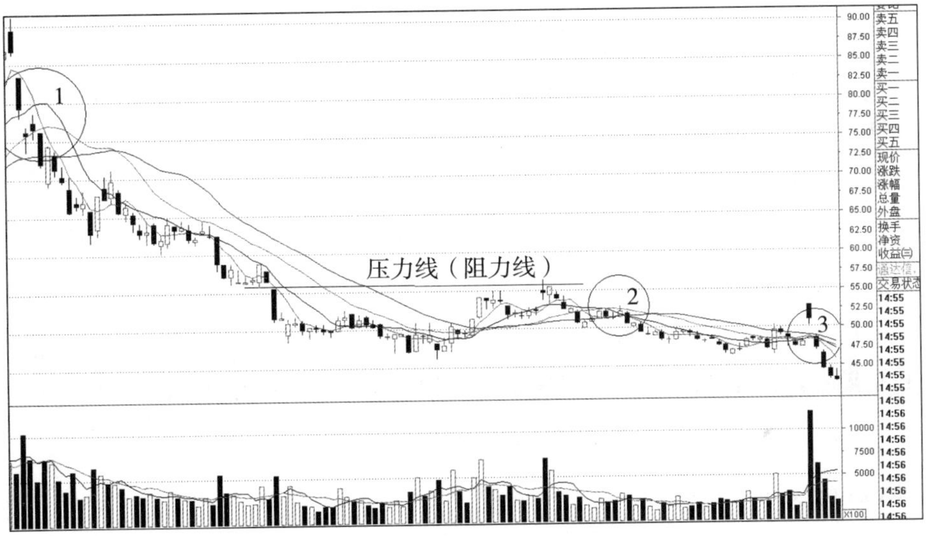

图 2-27 复星医药日 K 线图 1

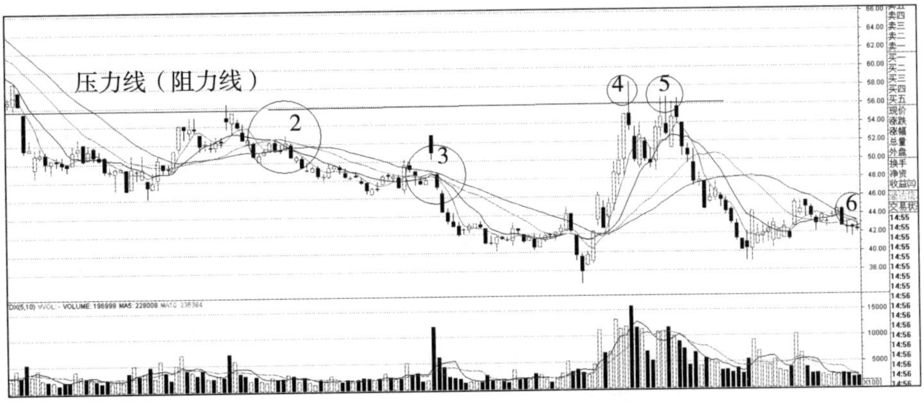

图 2-28 复星医药日 K 线图 2

股价因受到前期大阴线形成的压力制约，再次出现大幅下跌行情。在圆圈 6 处均线黏合后，因股价以光头光脚的大阴线形式再次下跌，均线系统开始向下发散并呈空头排列，看跌。

观察后市发现，股价在圆圈 6 处之后并没有大幅下跌，而是振荡上行，如图 2-29 所示。在圆圈 7 处股价因受到圆圈 3 处高点形成的压力影响或双头顶部形成的压力影响，出现一根光头光脚大阴线且成交量放大，股价重心在逐渐下移，均线系统再次呈空头排列，说明空方的力量较强，看跌。圆圈 8 处股价向下有效跌破 30 日均线且 30 日均线走空，均线系统再次呈空头排列，看跌。

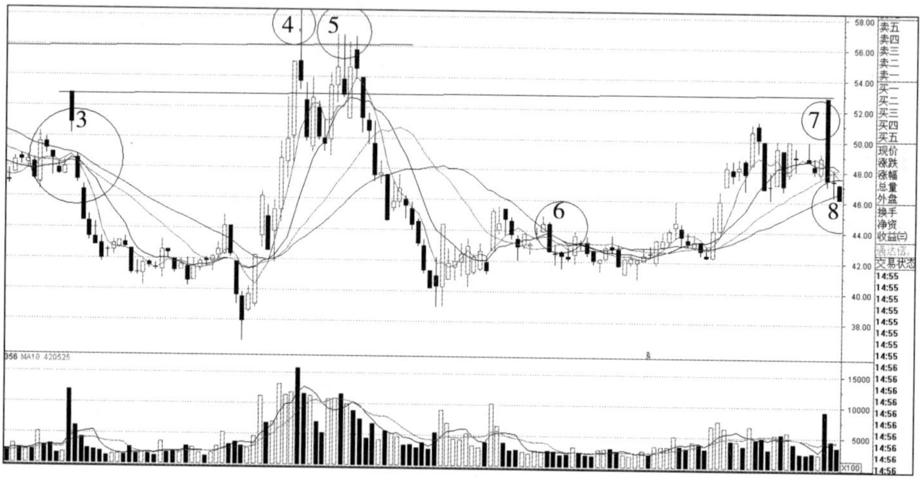

图 2-29　复星医药日 K 线图 3

图 2-30 圆圈 8 处一根光头光脚大阴线向下有效跌破 30 日均线，5 日、10 日、20 日和 30 日均线交叉后开始向下发散并呈空头排列，看跌。股价经过大幅下跌后处于相对低位区，市场需求增加了，于是在股价底部区域圆圈 9 处连续出现阳线（中间允许一两根缩量阴线）向上突破均线的压制，股价随成交量的增加而上涨，5 日均线和 10 日均线走多，20 日和 30 日均线也有呈多头排列的迹象。这些信息是否预示着股价将要上涨呢？

投资者继续跟踪股价运行态势发现，股价在图 2-31 圆圈 9 处出现上涨行情，直到圆圈 10 处。在圆圈 10 处股价受到前期向下跳空缺口所形成的压力制约，再次出现振荡下跌行情，说明前期向下跳空缺口所形成的压力较大。

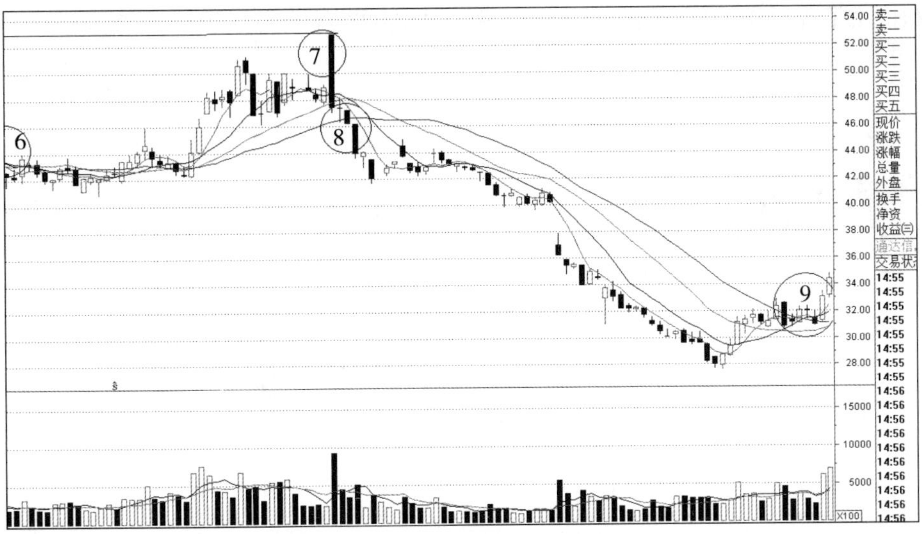

图 2-30　复星医药日 K 线图 4

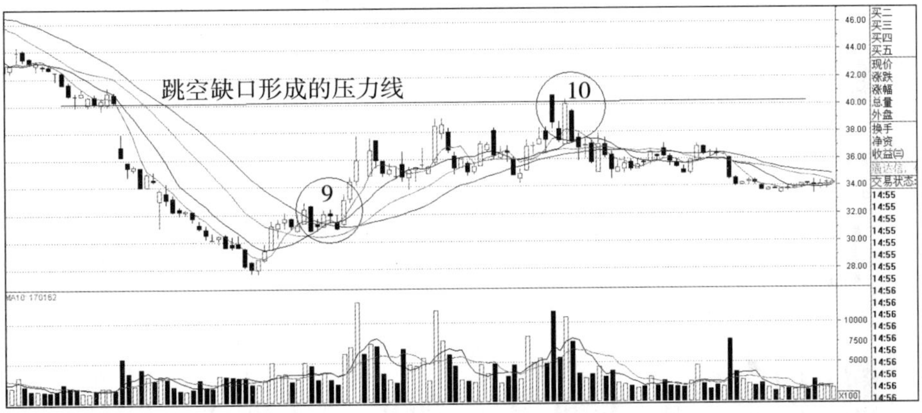

图 2-31　复星医药日 K 线图 5

【案例研究 2：力合科技】该股价经过前期大幅上涨之后，受前期高点形成的压力影响，形成短期头部。在图 2-32 圆圈 1 处均线黏合后开始向下发散，呈空头排列，股价一直处于下跌行情中。在圆圈 3 处股价以光头光脚大阴线的形式向下跌破支撑线。当股价有效跌破支撑线时，投资者应及时止损出局，认赔。在看盘时，投资者如果发现均线交叉后开始向下发散呈空头排列，股价一般会继续下跌，千万不要认为股价比较便宜而急着买入。

在圆圈 3 处出现光头光脚大阴线形式的下跌之后，股价处于相对低位且进入图 2-33 矩形处横盘整理阶段。由于市场需求增加，于是在矩形处出现许多阳线，阳线的数量多于阴线，但是因为前期光头光脚大阴线所形成的压力太大，供给方所抛售的股票得不到需求方的全部吸收，供给大于需求，说明此处股票的抛压沉重。在横盘整理阶段末端圆圈 4 处又出现了光头光脚大阴线形式的下跌，均线黏合后开始向下发散呈空头排列，继续看跌。

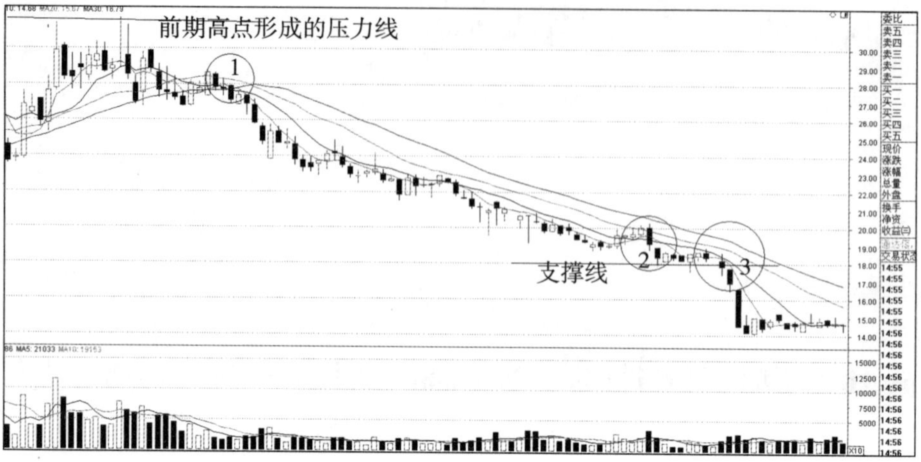

图 2-32　力合科技日 K 线图 1

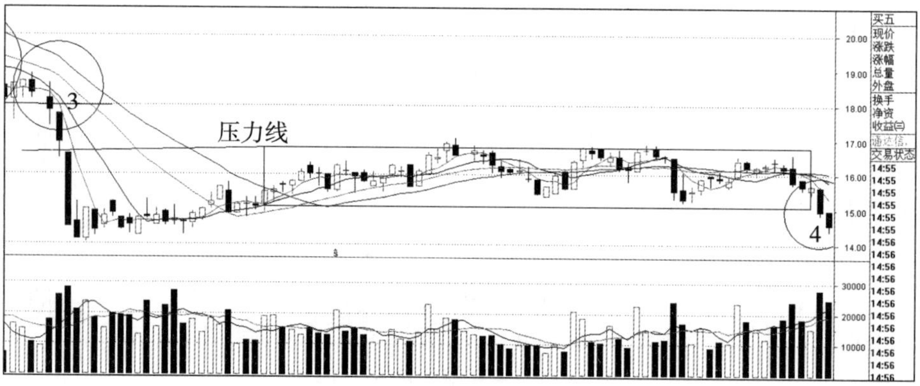

图 2-33　力合科技日 K 线图 2

如图 2-34 所示，不出所料，股价从圆圈 4 处再次出现大幅下跌行情，在股价低位形成一个双重底 K 形态。矩形 *A* 处出现一个“早晨之星”K 线形态，股价开始反弹，但是 20 日和 30 日均线仍然走空。圆圈 *C* 处出现“乌云盖顶”K 线形态，预示反弹行情将要结束了。在矩形 *B* 处股价受到前期低点所形成的支撑影响，出现了企稳回升态势，上涨到圆圈 5 处。

如图 2-35 所示，圆圈 5 处股价受到前期高点所形成的压力制约，开始振荡下行。之后由于受到前期双重底形态所形成的支撑作用，出现反弹上涨行情。圆圈 6 处连续阳线向上突破均线的压制，均线交叉后开始向上发散，呈多头排列，股价随成交量的温和增加而上涨。

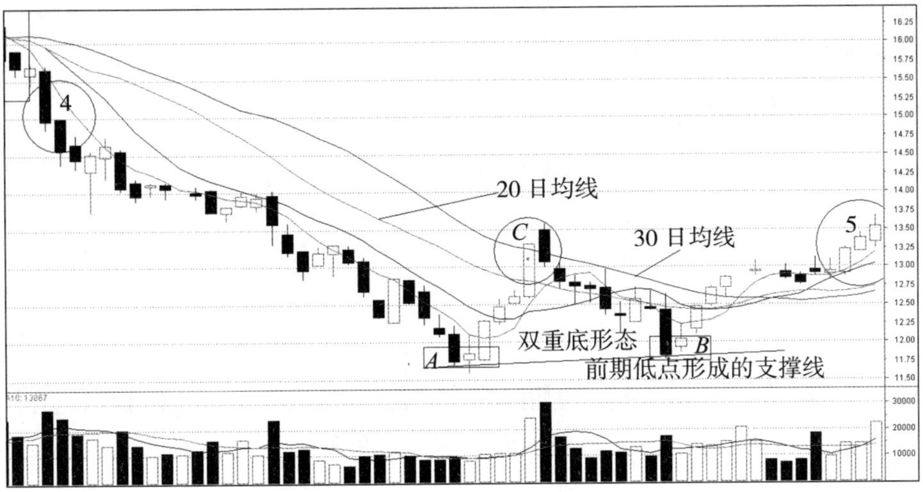

图 2-34 力合科技日 K 线图 3

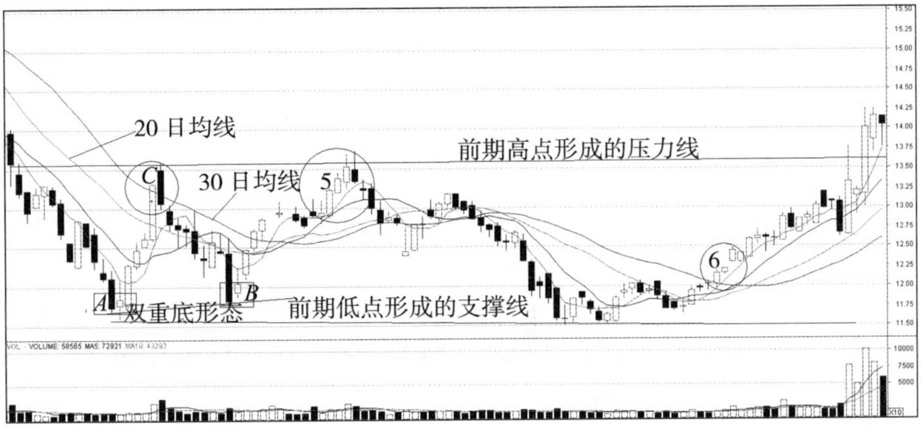

图 2-35 力合科技日 K 线图 4

【案例研究 3：正邦科技】该股经过前期上涨后，因受到前期高点所形成的压力制约，股价进入振荡下跌行情。在图 2-36 圆圈 1 处股价出现大阴线形式的下跌，向下有效跌破了前期大阳线所形成的支撑线，随后又向下跳空，形成跳空缺口。受此次向下跳空缺口所形成的压力制约，股价反弹至圆圈 2 处，再次下跌，均线交叉后开始向下发散并呈空头排列迹象，看跌。

投资者对股价运行态势进行跟踪发现，股价从圆圈 2 处下跌，然后反弹至图 2-37 圆圈 3 处，因受到前期缺口形成的压力制约，股价再次下跌，均线交叉后呈空头排列，看跌。因股价受到缺口所形成的压力制约，在圆圈 4 处再次下跌，均线黏合后开始向下发散，呈空头排列，继续看跌。股市中，股价跳空下跌是一种非常明显的趋势信号，投资者要认真对待。它所形成的压力，在后期股价反弹时受到的阻力一般来说比较大。

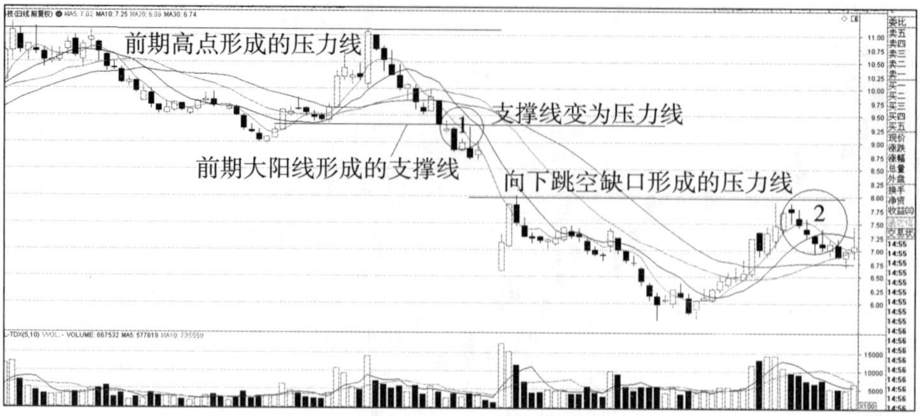

图 2-36　正邦科技日 K 线图 1

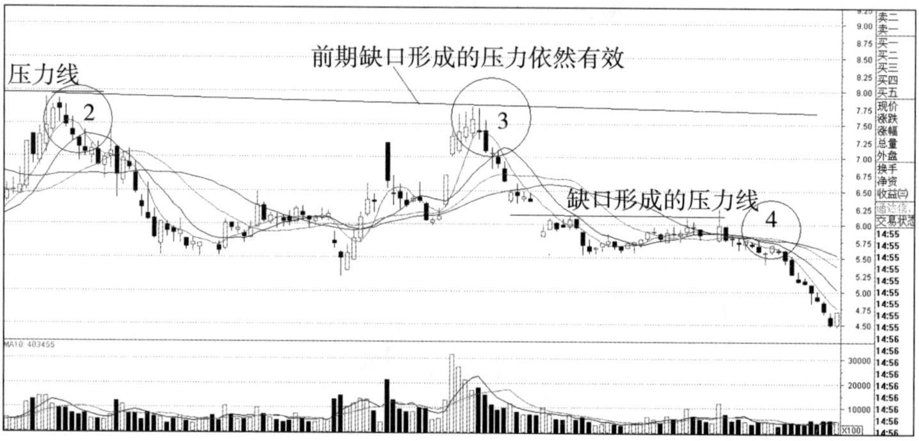

图 2-37　正邦科技日 K 线图 2

股价在下跌途中再次出现均线向下发散形态后，往往会有一波大幅的下跌行情，值得投资者警惕。均线向下发散，具有较强的助跌作用，是一种卖出信号。在圆圈 4 处投资者要抓住时机卖出，以免遭受重大损失。

股价在图 2-38 圆圈 5 处出现向下跳空的大阴线，预示着空方力量强劲。股价因超跌反弹进入横盘振荡整理行情，但受到前期向下跳空缺口的大阴线所形成的压力影响，在圆圈 6 处 5 日、10 日、20 日和 30 日均线再次黏合后向下发散并呈空头排列，继续看跌，说明圆圈 5 处向下跳空缺口形成的压力较大。

观察发现，圆圈 5 处一根向下跳空缺口的阴线跌破前期低点所形成的支撑线，这条支撑线在股价后期反弹中变为压力线。

通过前面几个案例的研究，相信投资者对均线黏合后向下发散技术形态及其买卖决策已经有所理解和掌握，下面我们来总结一下这种形态。

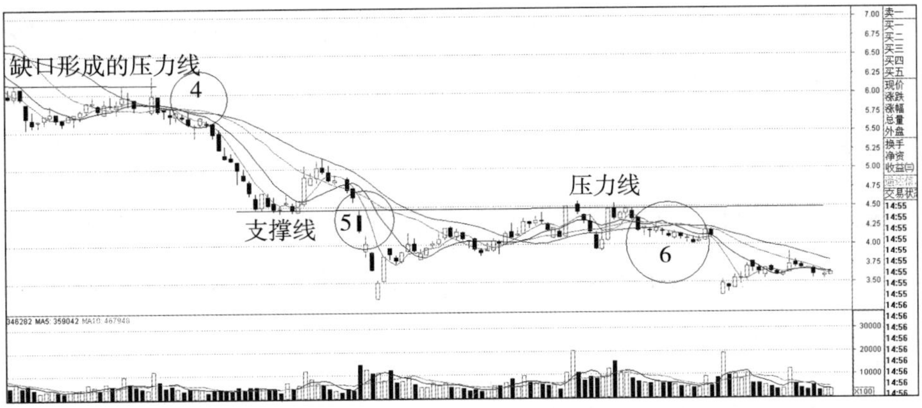

图 2-38　正邦科技日 K 线图 3

（1）当股价横盘整理时，5 日、10 日、20 日和 30 日均线黏合交织在一起，随着股价的重心逐步下移，5 日、10 日、20 日和 30 日均线慢慢向下发散，并且形成空头排列，我们把这种均线形态称为“均线黏合向下发散”技术形态。无论其出现在顶部横盘整理末期，还是下跌途中横盘整理末期，往往会有一波大幅下跌行情，投资者在股市实战中应顺势而为，止损出局，避免出现重大损失。

（2）在股价实际走势中，股价从相对高位振荡回调的开始，均线未必都是出现黏合向下发散的走势，也有可能形成短期头部，从相对高位回调时形成“死亡交叉”后向下发散的技术形态。所以，对于均线黏合向下发散技术形态及其买卖策略，同样也适合均线交叉向下发散的技术形态及其买卖策略。

（3）均线黏合后刚开始向下发散具有较强的助跌作用，但不一定需要较大的成交量。均线黏合后向下发散为卖出信号，当均线黏合后刚开始向下发散时，此时为卖出股票的最佳时机，越到后面卖出，投资者所承受的损失可能越大。

2.3　均线交叉发散技术及操作策略

2.3.1　均线交叉向上发散

1. 基本含义

当短期均线向上穿过中期均线和长期均线，并且三根均线交叉于一点，同时股价重心上移，三根均线慢慢向上散开，刚要形成多头排列时，这种均线形态称为“均线交叉向上发散”。一般出现在股价经过长时间大幅下跌的末期或上涨初期，这种均线形态一旦出现，往往意味着一波新的上涨行情即将启动。

2. 操作策略

当一只股票的股价经过长时间大幅下跌后均线趋于平缓，由走空转为走平甚至走多，均线交叉后开始向上发散，成交量巨大且拉出大阳线时，这只股票就是投资标的。当然，买入后要做好止损准备。

2.3.2 均线交叉向下发散

1. 基本含义

当股价在高位时，多条均线交叉在一起，随着股价的重心逐步下移，它们（通常指三条或三条以上不同周期的均线）也开始向下发散，形成空头排列走势，我们称为“均线交叉向下发散”。一般出现在股票短期头部横盘振荡下跌初期或下跌途中横盘整理的末期，这种均线形态一旦出现，往往会有一波大幅下跌行情，值得投资者警惕。

2. 操作策略

均线交叉向下发散，具有较强的助跌作用，是一种卖出信号。此时投资者要止损出局，以免遭受重大损失。

2.3.3 均线交叉发散综合应用

【案例研究 1：竞业达】该股经过前期一段时间的大幅上涨后，在图 2-39 圆圈 1 处出现一根放量大阴线，次日股价向下跳空低开，形成一个缺口。受到前期大阴线所形成的压力制约，股价随后一路下跌。这验证了圆圈 1 处出现的“乌云盖顶”K 线形态的有效性，预示股票短期头部形成了。

在图 2-39 圆圈 2 处股价再次出现大阴线形式的下跌，均线黏合或交叉后向下发散并呈空头排列。在圆圈 3 处股价出现反弹，但是受到前期股价向下跳空低开所形成的压力制约，出现一根成交量增大的“黄昏之星”K 线形态，说明上方抛压沉重，空方力量占有优势，股价继续下跌。在圆圈 4 处股价出现短暂反弹，但因股价再次受到前期股价向下跳空缺口所形成的压力制约，继续下跌。

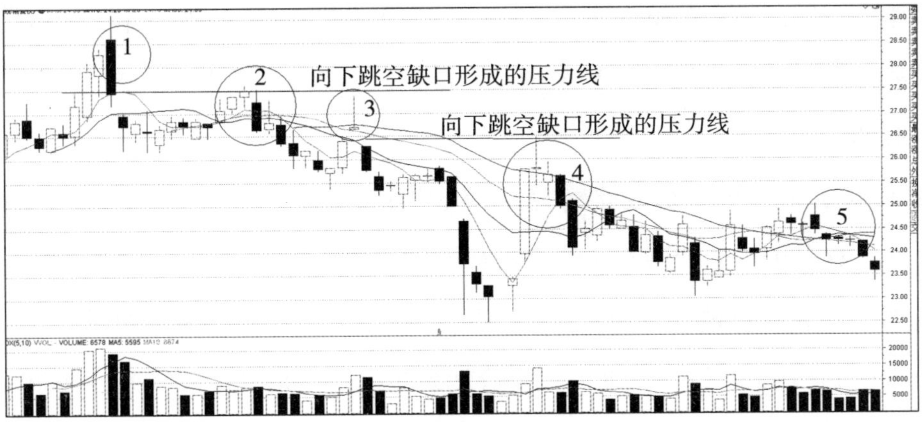

图 2-39　竞业达日 K 线图 1

观察发现，圆圈 2、3 和 4 处分别出现“黄昏之星”K 线形态，预示着股价在下跌途中短期头部形成。

圆圈 5 处连续阴线向下跌破均线，均线再次黏合或交叉后开始向下发散，呈空头排列，看跌。投资者在对股价进行跟踪时，如果发现均线黏合或交叉后开始向下发散且呈空头排列的话，千万不要急于买入股票，要耐心等待买入时机的到来。

后市股价态势如何，看图 2-40 所示便可知晓。股价在圆圈 5 处均线黏合后向下发散，呈空头排列，股价继续下跌。在圆圈 6 处均线再次黏合后向下发散，呈空头排列，股价跳空低开大幅下跌。

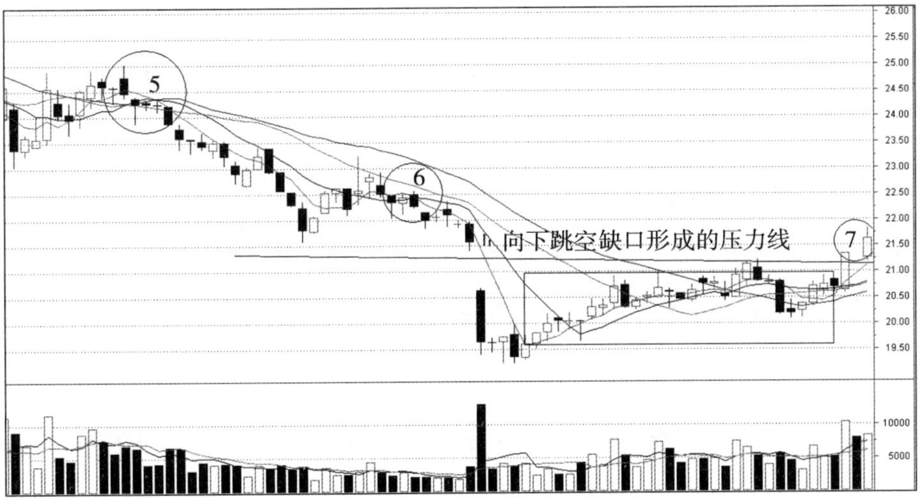

图 2-40　竞业达日 K 线图 2

股价经过大幅下跌后处于相对低位区，市场需求增加了，于是在底部区域矩形处出现连续阳线，股价随成交量的增加而上涨，阳线的数量多于阴线，均线趋于平缓，股价出现振荡整理行情。在振荡整理期间，股价上涨时成交量增加，股价下跌时成交量缩小，均线系统由原先的走空变为走平甚至走多，这些信息表明，在横盘整理期间主力可能在悄悄买入股票。

在图 2-40 圆圈 7 处一根成交量增大的大阳线向上突破前期股价向下跳空缺口所形成的压力线，这是否预示着圆圈 7 处是较好的买入时机？

在圆圈 7 处买入股票后发现，股价出现振荡上涨行情，如图 2-41 所示。只要股价在上涨过程中回挡至 20 日均线附近，股价就会被拉升起来。这表明该股把 20 日均线作为其生命线。

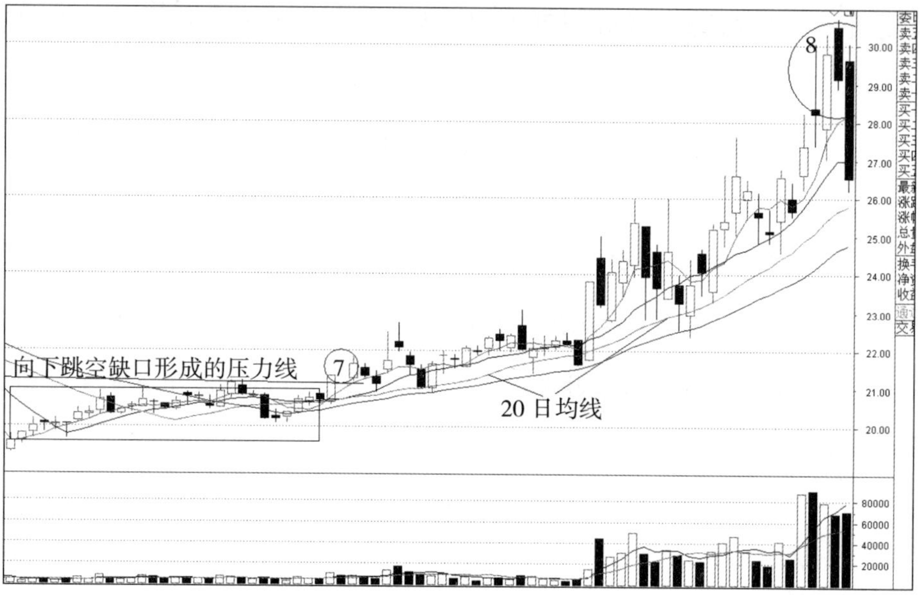

图 2-41　竞业达日 K 线图 3

股价从圆圈 7 处开始以 20 日均线为支撑振荡上行，直至圆圈 8 处。在圆圈 8 处出现成交量增大的大阴线，说明空方力量较强，此时换手率高达 18%，表明主力资金在股价大幅上涨后的高位区派发股票，投资者见此情形应抛售股票，落袋为安或者止损出局。

当股价经过长时间的大幅上涨后，日 K 线图上出现了股价高、成交量放大、换手率高等信息，表明主力资金在派发股票，这一预判是否正确呢？

图 2-42 所示的股价运行态势验证了此预判的正确性。在圆圈 8 处出现大阴线形式的下跌，随后均线逐渐交叉后向下发散，呈空头排列。在圆圈 9 处股价出现反弹，但

是受走空的 20 日、30 日均线助跌作用，出现了大阴线形式的下跌，均线系统继续走空。在圆圈 10 处、圆圈 11 处，5 日和 10 日均线黏合在一起，但是 20 日、30 日均线继续走空。

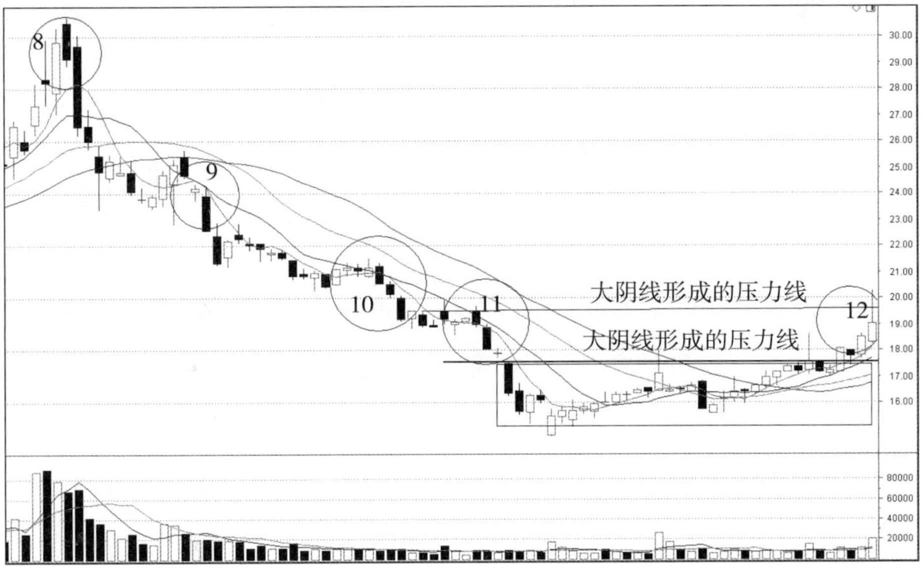

图 2-42　竞业达日 K 线图 4

股价经过前期大幅下跌之后处于相对低位区，市场需求增加了，于是在股价底部区域出现连续阳线，股价随成交量的温和增加而小幅上涨。在图 2-42 矩形处股价开始振荡整理行情。在振荡整理期间，股价上涨时成交量增加，下跌时成交量缩小，均线系统由原先的走空变为走平甚至走多，这些信息表明在横盘整理期间主力可能在悄悄买入股票。

在图 2-42 圆圈 12 处一根成交量增加的阳线向上突破前期大阴线所形成的压力线，但又受到圆圈 11 处大阴线所形成的压力制约。根据“股价低位时向上突破横盘整理平台的压力”买入原则，是否预示着在圆圈 12 处是一个良好的买入时机呢?

观察发现，在图 2-43 圆圈 12 处，股价因受到前期大阴线所形成的压力制约，没有上涨而是开始了下跌振荡整理行情，直到圆圈 13 处。这里，一个大阳线向上突破均线的压制，但是因受到前期大阴线所形成的压力制约，股价又出现下跌行情，均线逐渐交叉后向下发散，呈空头排列。圆圈 13 处出现大阳线形式的上涨是主力的诱多行为。*A* 处一根几乎光头光脚大阴线向下有效跌破 30 日均线且 30 日均线走空，看跌。

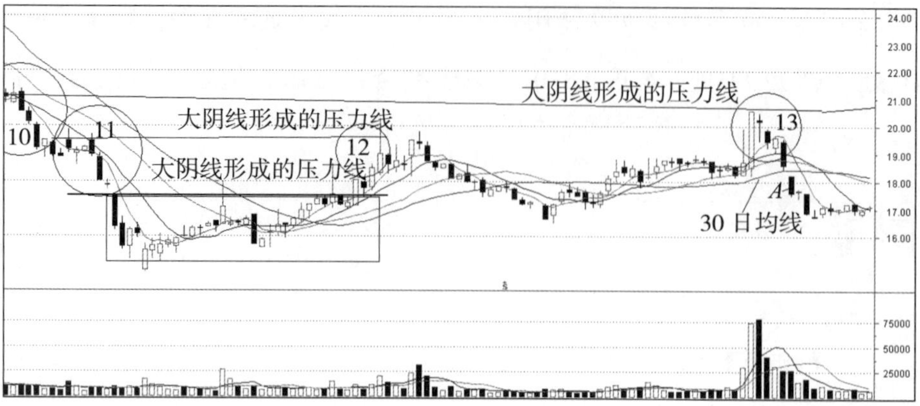

图 2-43　竞业达日 K 线图 5

投资者继续对股价运行态势进行跟踪发现，图 2-44 圆圈 14 处两根光头光脚大阳线向上突破均线的压制，股价站在 30 日均线之上，成交量大幅增加，均线系统逐渐交叉后向上发散，呈多头排列迹象。投资者应注意：30 日均线有较强的趋势性，无论是上升趋势还是下跌趋势，一旦形成均很难改变。对于短线投资者来说，上升趋势中股价回挡不破 30 日均线是较佳的买入时机，跌破 30 日均线后很快又重回 30 日均线上方是新的买入时机。

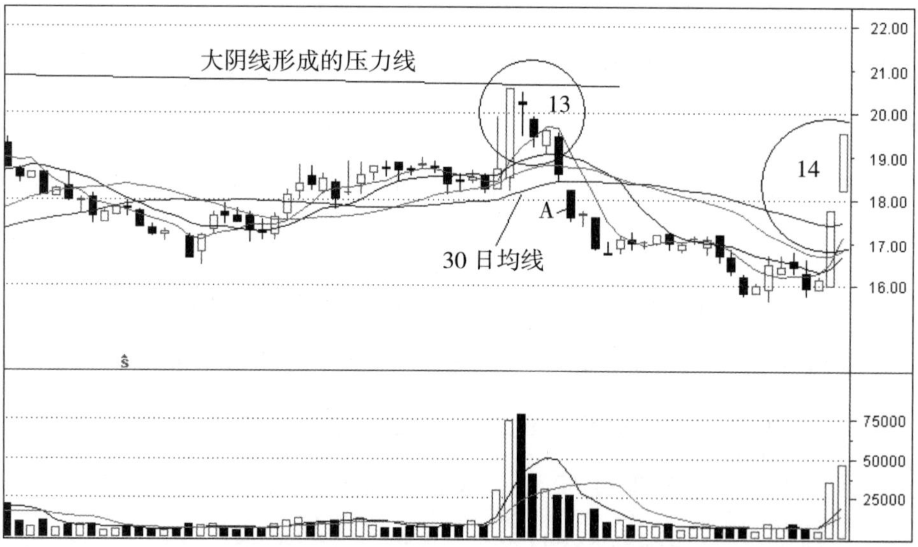

图 2-44　竞业达日 K 线图 6

股价经过长时间大幅下跌处于相对低位区时，一根放量大阳线向上一举突破 5 日、10 日、20 日和 30 日均线，且股价收盘价站稳在 30 日均线之上。这种情形大有怒发冲冠之气势，是比较典型的上升信号，我们称为“一阳冲天”买入法。当投资者注意到这一信息时要果断逢低积极买入。

果然不出所料，股价在图 2-45 圆圈 15 处又出现大阳线，向上突破前期高点所形成的压力线，此后股价出现了以 5 日均线为支撑的强劲上涨行情，投资者可以根据“5 日均线趋势交易策略”来做出买卖决策。直到圆圈 16 处，成交量放大，3 个交易日里换手率分别高达 48.26%、39.74% 和 34.69%，说明主力资金在此处派发股票，预示着股票短期头部不远了。

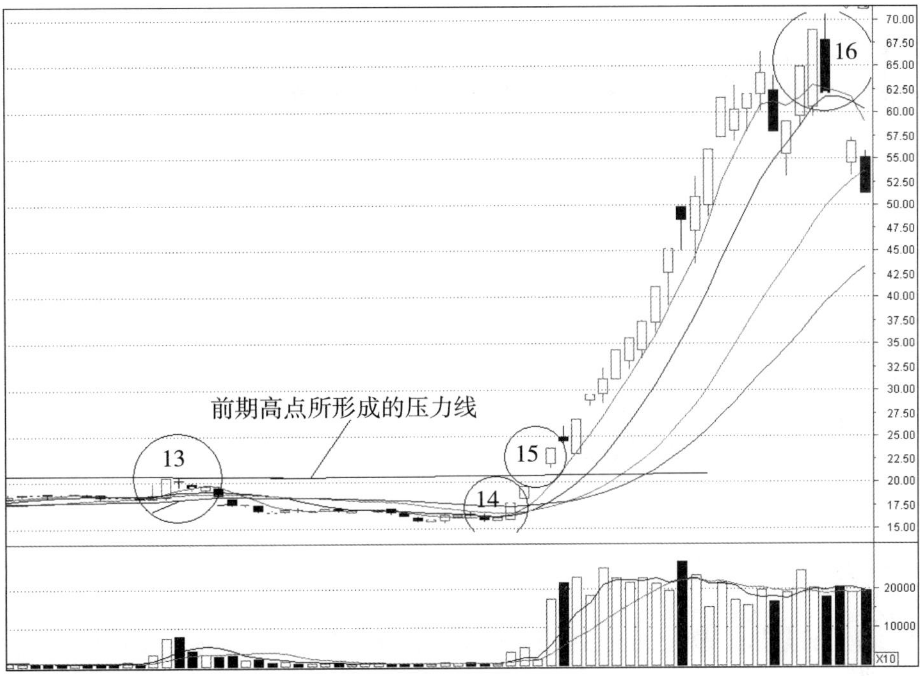

图 2-45 竞业达日 K 线图 7

主力在股价高位（即圆圈 16 处）抛售完股票后，股价一路下跌，在图 2-46 圆圈 17 处虽有反弹，但是股价仍在 30 日均线下运行且 30 日均线仍走空，股价再次选择了下跌行情，均线系统交叉后向下发散，呈空头排列，看跌。在圆圈 18 处股价再次受到前期向下跳空缺口所形成的压力制约，一根光头光脚大阴线向下有效跌破 30 日均线，股价收盘价在 30 日均线之下运行且均线系统交叉后向下发散，呈空头排列，看跌。这验证了 30 日均线一旦走空，股价下跌趋势就会持续一段时间。

【案例研究 2：浪潮信息】该股经过长时间的大幅下跌，直到图 2-47 圆圈 1 处才企稳回升。圆圈 1 处出现连续阳线，股价随成交量温和增加而上涨，均线黏合（交叉）

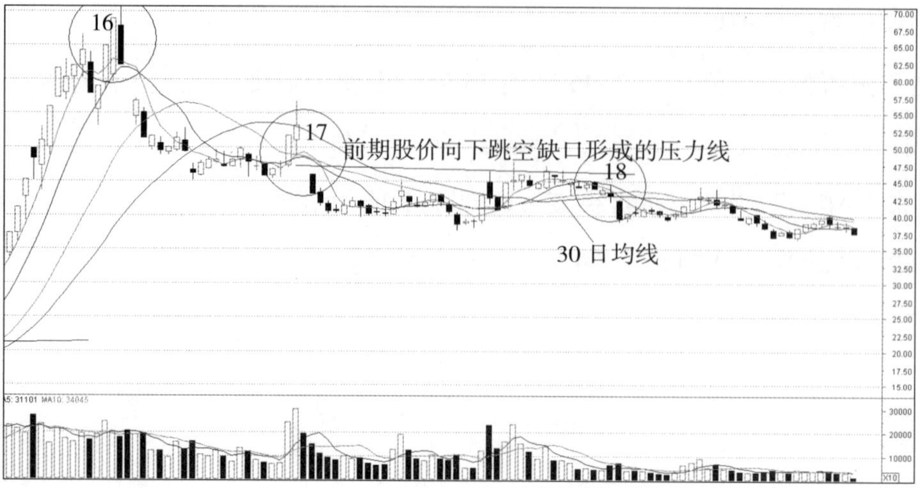

图 2-46　竞业达日 K 线图 8

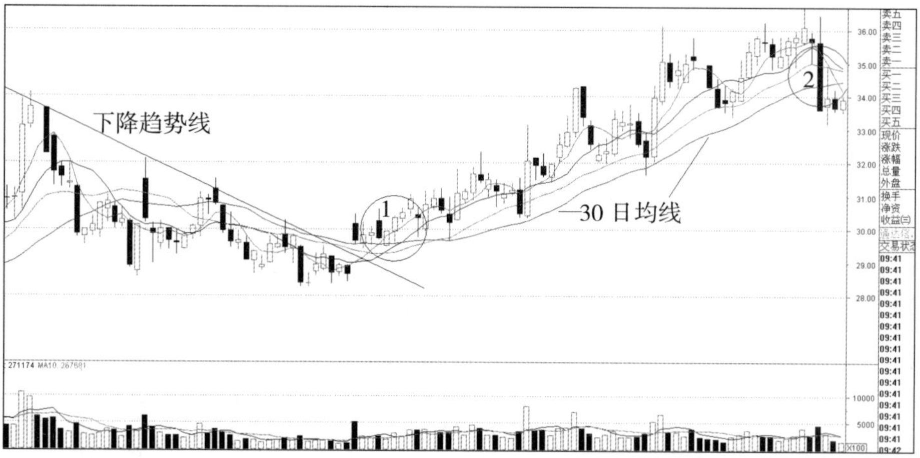

图 2-47　浪潮信息日 K 线图 1

后开始向上发散，呈多头排列，看涨。根据这些信息，稳健的投资者基本上可以判断该股上涨的概率比较大。这时投资者要做的事就是伺机逢低积极买入，同时做好止损准备。

观察发现，从圆圈 1 至圆圈 2 处，股价基本上以 30 日均线为生命线。投资者可以根据 30 日均线来追踪股价趋势。只要股价在 30 日均线下运行并且 30 日均线走空，投资者根据趋势交易法则可以抛售该股票。圆圈 2 处一根光脚大阴线向下有效跌破 30 日均线，股价收盘价在 30 日均线之下，且均线系统交叉后向下发散，呈空头排列，看跌，这样的预判是否正确呢？

跟踪股价发现，股价随后出现小幅反弹，但是因受到前期高点压力影响，在图 2-48

圆圈 3 处连续几天出现带长上影线的小阳线。上影线越长，说明上方抛压越重，空方的力量越强，预示着股票短期头部不远了。股价后面的走势也验证了这一点。

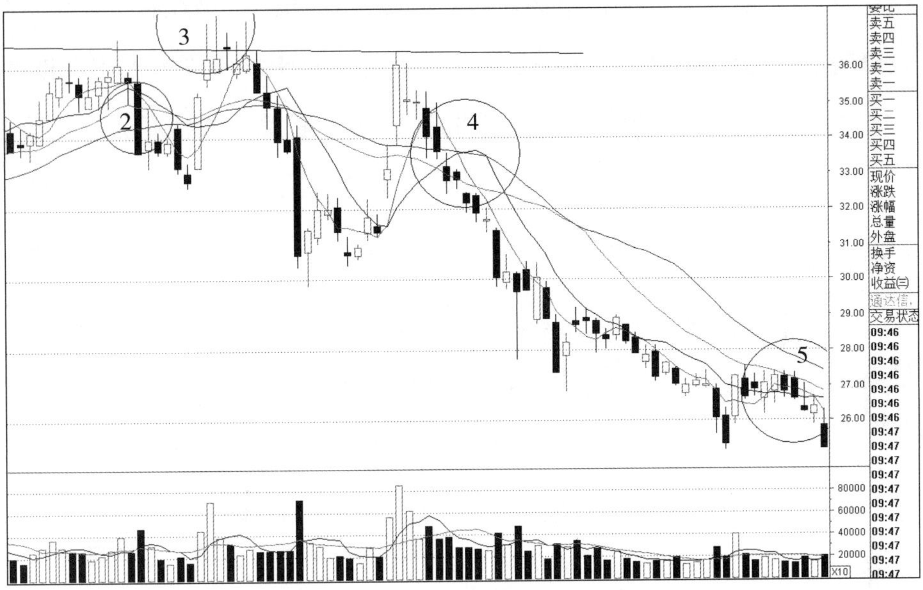

图 2-48　浪潮信息日 K 线图 2

图 2-49 圆圈 5 处股价继续下跌，之后进入横盘整理阶段。在这期间，股价上涨时成交量增加，股价下跌时成交量缩小，均线趋于平缓并逐渐黏合。圆圈 6 处一根阳线向上突破均线的压制，均线黏合后开始向上发散且有呈多头排列的迹象。但是，在圆圈 6 处股价因受到前期大阴线所形成压力影响，没有向上有效突破压力线。股价后期态势如何？股价会上涨还是下跌？此时投资者也很难做出判断。

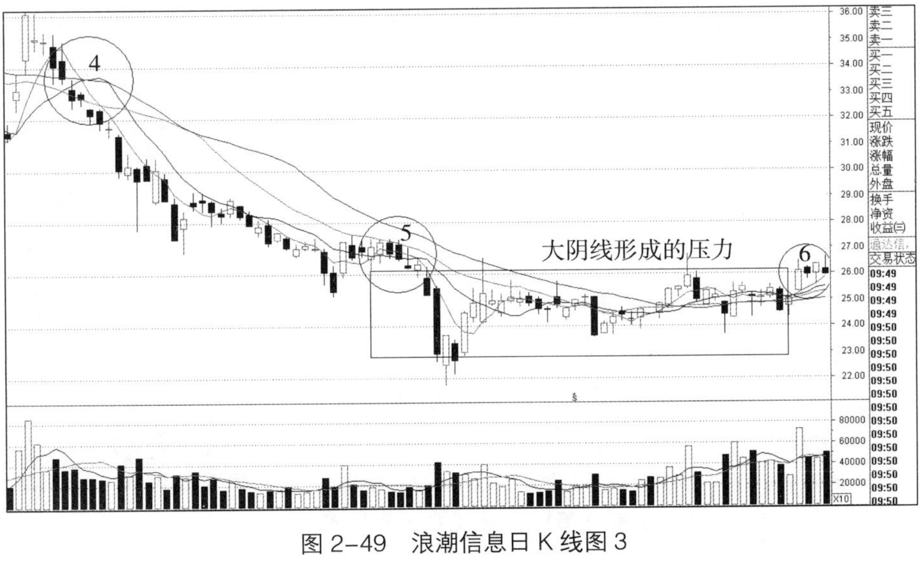

图 2-49　浪潮信息日 K 线图 3

投资者继续跟踪股价运行态势发现，股价继续下跌，在图 2-50 圆圈 7 处，股价受到前期大阴线所形成的压力制约，均线交叉后向下发散，呈空头排列，随后继续下跌。股价大幅下跌后处于相对低位区，市场对股票的需求增加，于是在股价低位区域出现连续阳线，股价随成交量温和增加而上涨，均线逐渐趋于平缓。圆圈 8 处出现连续大阳线，成交量增加，均线交叉后向上发散并呈多头排列迹象，看涨。股价是否如投资者所愿如期上涨呢？

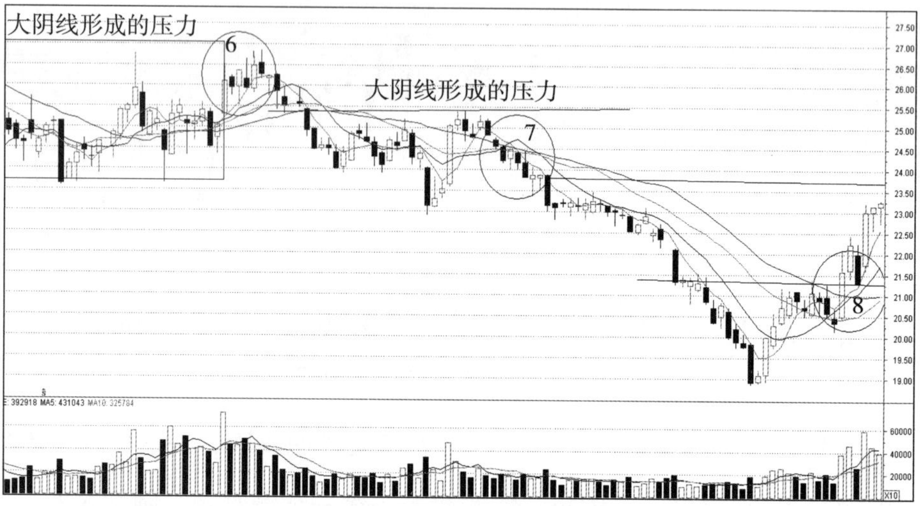

图 2-50　浪潮信息日 K 线图 4

从后市来看，股价并没有上涨，而是开始了横盘振荡整理行情，如图 2-51 所示。圆圈 9 处一根光头光脚大阳线向上突破均线压制，随后在矩形处开始横盘整理。圆圈 10 处伴随成交量增大的阳线向上突破压力线之后，股价出现以 5 日均线为支撑线而强势上涨的行情。

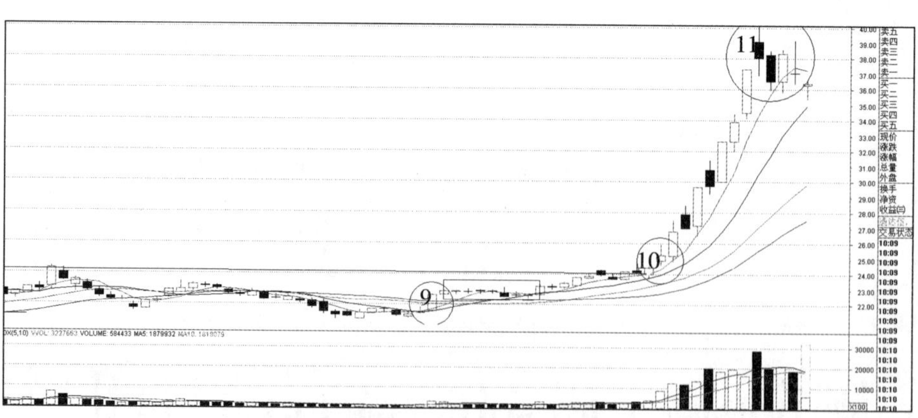

图 2-51　浪潮信息日 K 线图 5

在圆圈 11 处股价处于高位，出现“乌云盖顶”K 线形态，成交量放大，5 个交易日里换手率分别高达 11.17%、19.64%、13.70%、14.26% 和 12.70%，说明主力在圆圈 11 处派发股票，预示着股票短期头部可能形成。投资者在圆圈 11 处千万不要买入，以免股价下跌带来损失。

观察发现，矩形处出现了以大阳线为支撑的横盘整理行情，说明此处大阳线对股价起了重要的支撑作用，多方力量较强，均线逐渐黏合或交叉后开始向上发散，呈多头排列，这是主力资金运作的结果。

【案例研究 3：百亚股份】该股经过前期大幅上涨之后，在图 2-52 圆圈 1 处出现一根大阴线形式的下跌，均线交叉后开始向下发散，呈空头排列，看跌。投资者在圆圈 1 处千万不要买入，要坚决止损出局，否则会遭受重大损失。

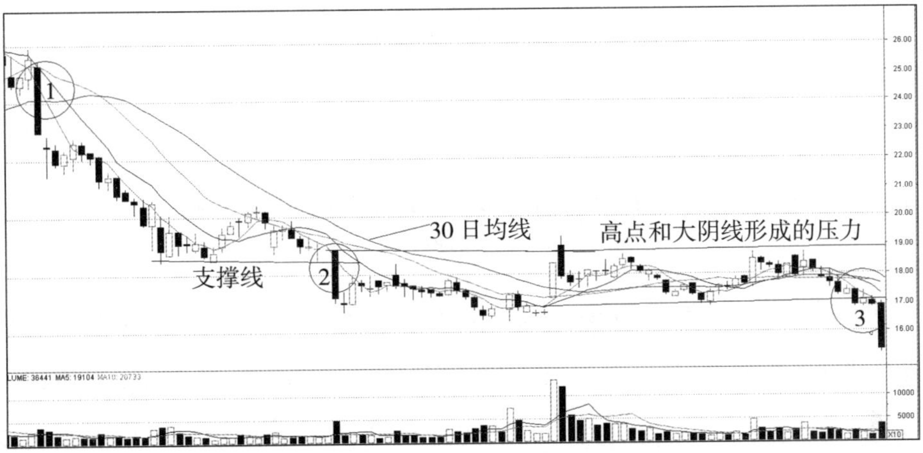

图 2-52　百亚股份日 K 线图 1

圆圈 2 处一根几乎光头光脚大阴线向下有效跌破支撑线，均线系统交叉后再次向下发散，呈空头排列。由于股价处于相对低位区域，市场逐渐增加了对股票的需求，一些抄底资金开始购买股票，故股价在前期高点及大阴线形成的压力线和前期低点形成的支撑线之间，横盘振荡整理长达 3 个月之久。

圆圈 3 处一根光头光脚大阴线向下有效跌破支撑线，均线交叉后开始向下发散，呈空头排列，继续看跌。阴线实体越长，说明空方力量越强。股价后面的走势也验证了这一点。大阴线有助跌作用。

图 2-53 圆圈 4 处一根大阳线向上突破均线的压制，收盘价站稳在 30 日均线之上，但 30 日均线仍然走空。此后几个交易日内出现连续阴线，在圆圈 5 处股价向下跌破了

支撑线，均线黏合或交叉后又开始向下发散并呈空头排列。在圆圈 6 处股价向下跌破了支撑线，均线黏合或交叉后又开始向下发散并呈空头排列。股价大幅下跌后，一些抄底资金会进入市场，试图抄底，市场对股票的需求增加了，在股价处于低位区域出现连续缩量的小阳线，股价也随成交量的温和增加而上涨。在圆圈 7 处均线逐渐交叉后开始向上发散，呈多头排列。在圆圈 8 处连续阳线向上突破前期高点形成的压力线，成交量增加，均线逐渐交叉后开始向上发散，呈多头排列，看涨。

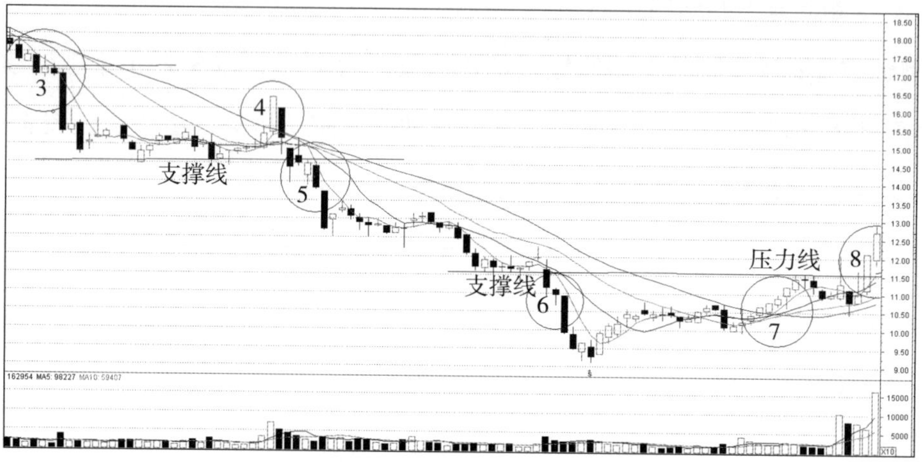

图 2-53 百亚股份日 K 线图 2

投资者跟踪股价运行态势发现，股价并没有上涨，而是转为横盘振荡行情。在图 2-54 圆圈 9 处连续阴线向下有效跌破支撑线和 30 日均线，股价在 30 日均线之下运行且均线系统呈空头排列，说明空方力量占绝对优势。在下跌途中，股价虽有反弹但是因为受到前期阴线和高点所形成的压力制约，在圆圈 10 处又出现一根光头光脚大阴

图 2-54 百亚股份日 K 线图 3

线，向下有效跌破 30 日均线，股价在 30 日均线之下运行且均线系统呈空头排列，继续看跌。

之后股价出现下跌行情，并在图 2-55 矩形 11 处创出阶段新低。矩形 12 处连续大阳线即“红三兵”K 线形态向上突破均线的压制，股价收盘价站稳在 30 日均线之上，5 日、10 日和 20 日均线交叉后开始向上发散，呈多头排列，30 日均线也有走多迹象。投资者应注意：30 日均线的趋势性较强，对于短线投资者来说，30 日均线是选择强势股的一个标准。上升趋势中股价回调不破 30 日均线是一个好的买入时机，跌破 30 日均线后很快又站稳在 30 日均线之上的时候，是新的买入时机。

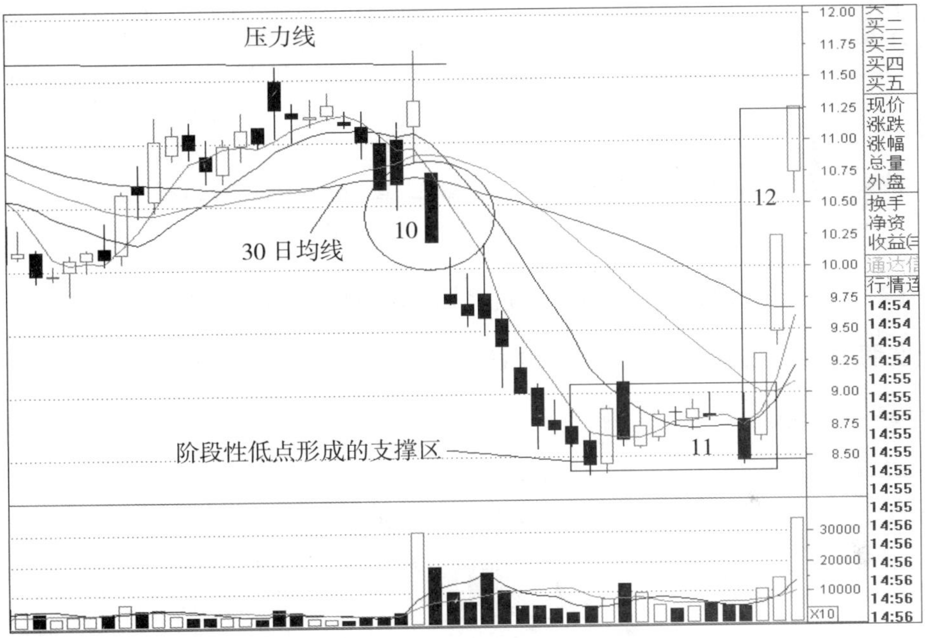

图 2-55　百亚股份日 K 线图 4

这些信息是否预示着股价短期底部的形成呢？

投资者对股价运行态势进行跟踪发现，矩形 12 处之后股价出现了以 5 日均线为支撑的强劲上涨行情，直到图 2-56 圆圈 13 处。股价在这里处于高位区，形成了一个平行顶。随后股价出现振荡行情，在圆圈 14、15 和 16 处，股价收盘价都没有超过圆圈 13 处平行顶的高点。说明圆圈 13 处股价高点所形成的压力非常有效并且比较强大。圆圈 18 处出现连续阳线，股价随成交量的增加而上涨且在均线系统上运行。在圆圈 17 处一根大阳线向上突破前期平行顶部高点所形成的压力区，均线交叉后开始向上发散，呈多头排列，看涨。

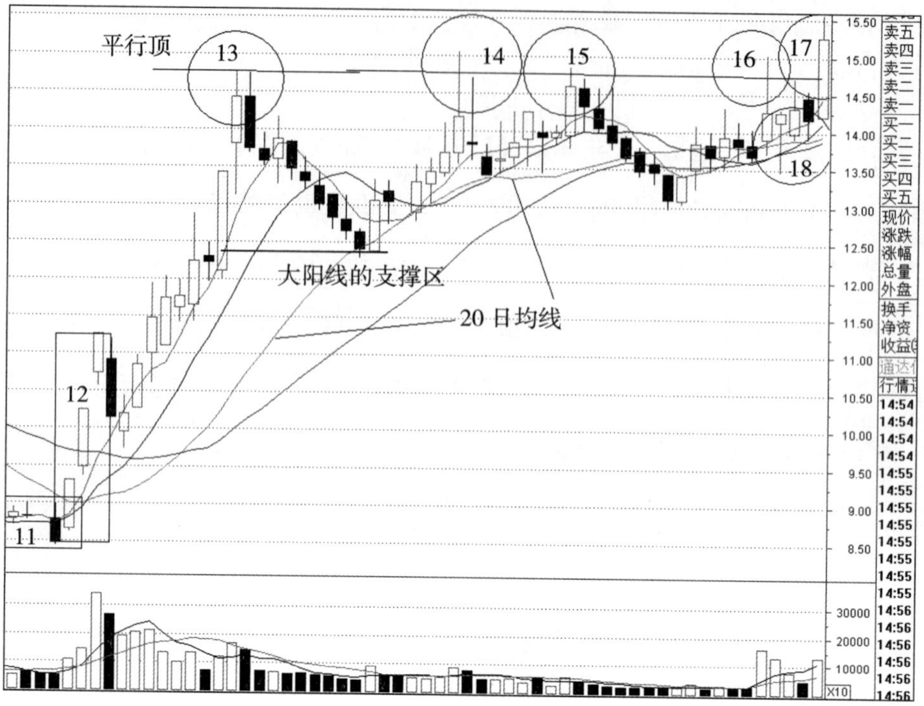

图 2-56 百亚股份日 K 线图 5

圆圈 17 处股价突破前期高点后，出现了以 20 日均线为支撑的上涨行情，如图 2-57 所示。只要股价在上涨过程中回挡至 20 日均线附近时，股价就被拉升起来，表明 20 日均线是该股的生命线。

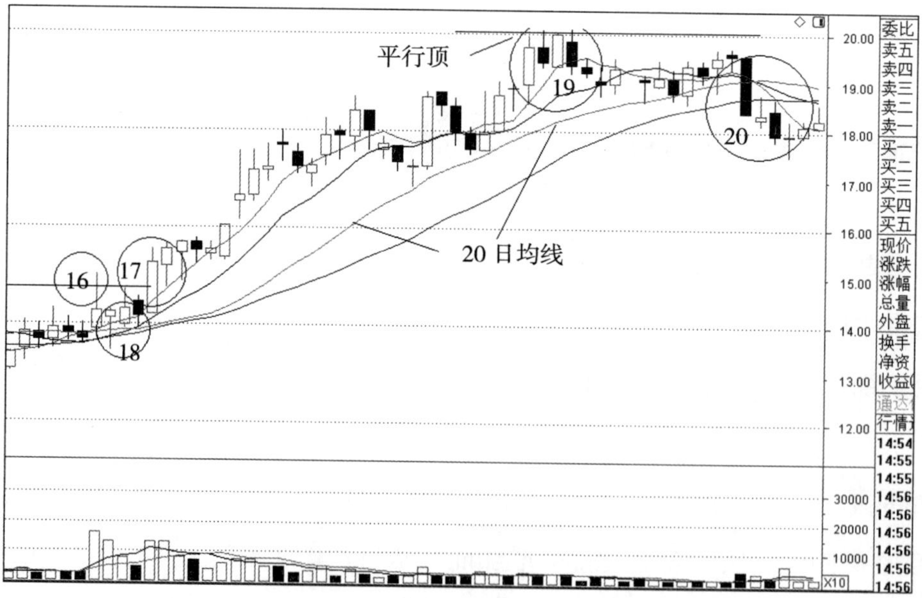

图 2-57 百亚股份日 K 线图 6

股价从圆圈 17 处开始以 20 日均线为支撑振荡上行，在圆圈 20 处一根光头光脚大阴线向下跌破 20 日均线，股价在 20 日均线之下运行且均线交叉后开始向下发散，呈空头排列。投资者在圆圈 20 处可以考虑卖出股票，落袋为安。也就是说，投资者可以根据“20 日均线趋势交易策略”来做出买卖决策。当股价在 20 日均线之下运行且 20 日均线走空时，投资者可以考虑卖出股票。

第 3 章

趋势线技术分析

股价短期波动主要受股票需求和供给关系的影响。在股市中如果买入股票的需求者（多方）多于卖出股票的供给者（空方），股价就会上升，此时投资者的情绪处于乐观之中，K 线图表现为上升趋势；如果买入股票的需求者（多方）少于卖出股票的供给者（空方），股价就会下跌，此时投资者的情绪处于悲观、恐惧之中，K 线图表现为下跌趋势；如果买入股票的需求者（多方）等于卖出股票的供给者（空方），股价就会基本保持均衡。也就是说，多方力量与空方力量处于势均力敌时，投资者对股价运行方向的把握上具有不确定性，K 线图表现为横盘整理。

在股市中，趋势线就是用来反映股价运行方向的技术线。实际上就是用划线的方法将股价波动中的低点与低点之间或高点与高点之间连接起来，利用曾经的股价运动轨迹来推测股价将来的大致运行趋势：上升趋势、下降趋势和横盘整理趋势。

3.1 上升趋势线技术及操作策略

1. 基本含义

股价处于上升趋势时，股价运行态势总体是向上发展的，但在上升趋势中会出现调整，我们将每次调整不断抬升的低点连接起来所形成的直线称为上升趋势线。这些回挡低点大多在这条线上，股价回调到上升趋势线附近时就会被拉升，直到股价连续向下有效跌破上升趋势线，此时投资者以卖出股票为宜。

2. 操作策略

上升趋势线是股价回调的支撑点，当上升趋势线被有效跌破时，形成卖出信号。在上升趋势中，如果某一天股价突然出现了垂直式的急速上升现象，说明离短期头部不远了，此时往往会出现一些短期头部标志性 K 线形态，是卖出股票的可靠信号。

如图 3-1 所示，圆圈 3 处一根大阳线向上突破整理平台的压力线，均线呈多头排列，此后股价一路上升至圆圈 1 处，出现股价高、成交量放大、换手率高达 10% 的情形，表明主力在圆圈 1 处拉升股价派发股票，预示股票短期头部可能形成。圆圈 1 处出现的“黄昏十字星”K 线形态，也可以看作变形的“乌云盖顶”K 线形态，它们都是股票短期头部标志性 K 线形态。圆圈 2 处股价连续几天有效跌破上升趋势线，此时是卖出股票的好时机。

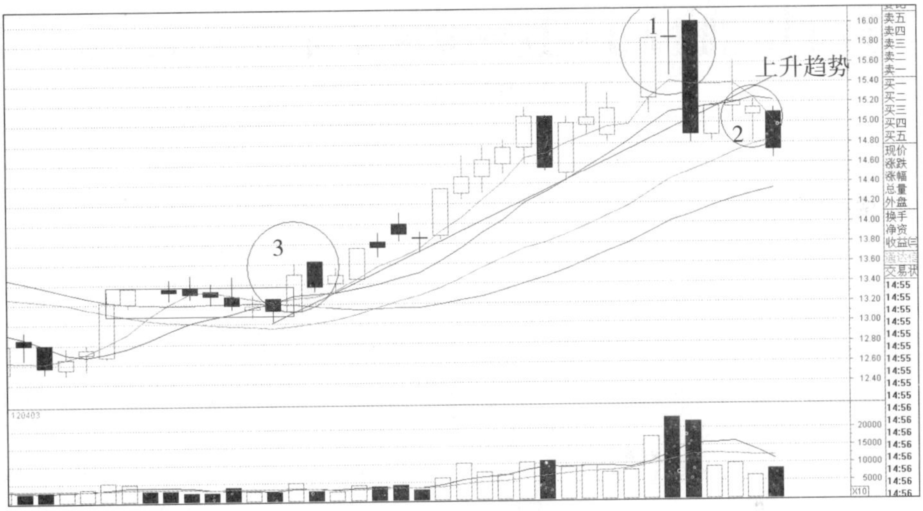

图 3-1　上升趋势

3. 案例研究

【案例研究 1：蒙草生态】该股经过前期一段时间的大幅上涨后进入下跌行情，直到图 3-2 圆圈 1 处，在相对低位区有企稳迹象。在圆圈 1 处一根光头光脚大阳线向上突破下降趋势线的压制，成交量增加，股价收盘价站稳在 30 日均线之上，均线黏合或交叉后开始向上发散且呈多头排列迹象。根据这些信息，投资者应伺机积极大胆买入。当然，要做好止损准备。

密切关注股价后市运行态势，看看是否跟自己判断的一致。利用移动止损原则跟踪趋势，图 3-3 圆圈 2 处出现连续大阴线形式的下跌，且有效跌破上升趋势线（即股价上涨途中回挡的低点 A、B、C 连接起来的一条趋势线），且均线也有走空迹象。这时投资者可以抓住时机卖出，落袋为安。

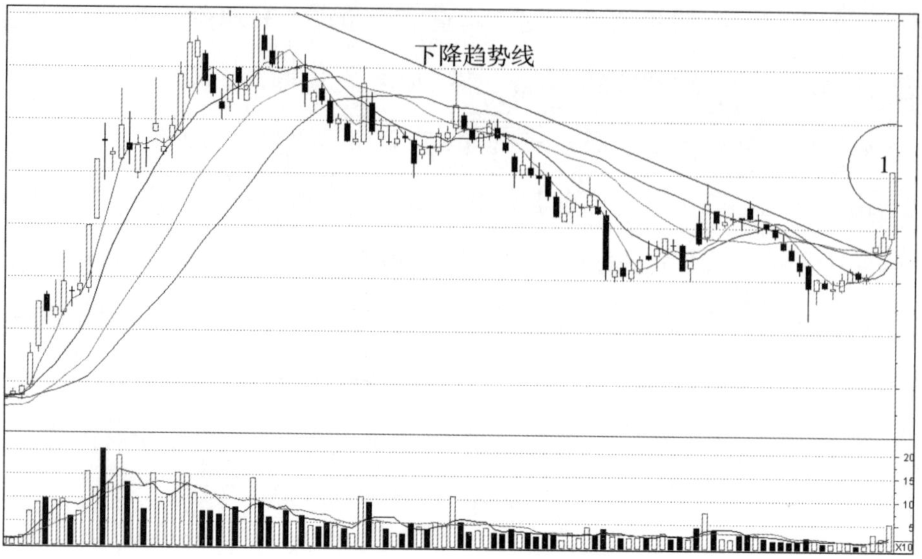

图 3–2　蒙草生态日 K 线图 1

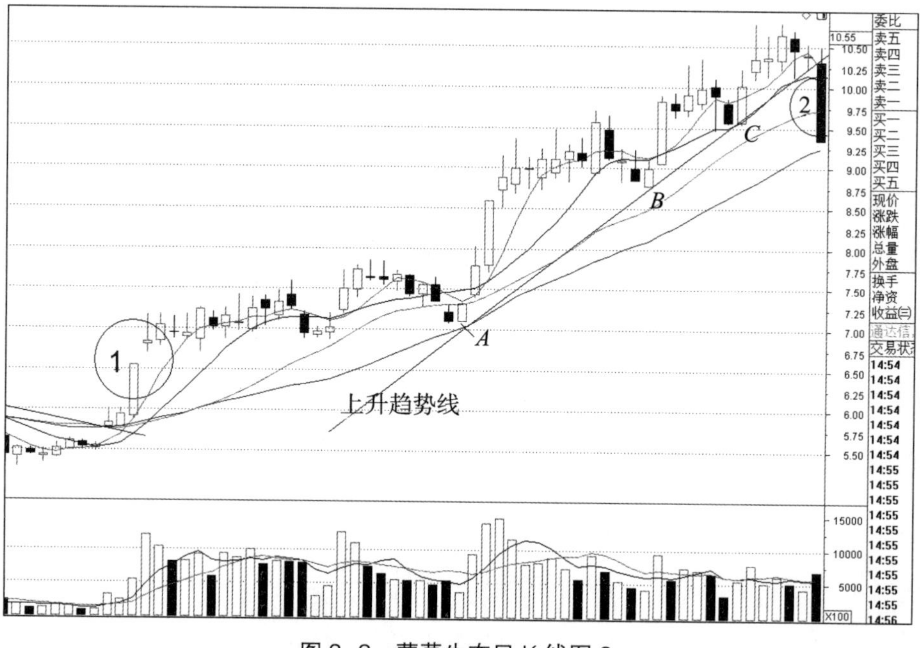

图 3–3　蒙草生态日 K 线图 2

我们来看一下投资者在跌破上升趋势线时卖出股票后的走势情形。从图 3–4 中可看出，卖出后的股价走势情形验证了“当上升趋势线被有效跌破时，卖出股票”这一操作策略的正确性。

观察发现，从 *A* 到 *C* 处股价以 10 日均线为支撑上行。投资者也可以根据“10 日均线趋势交易策略”来做出买卖决策。当股价在 10 日均线之下运行且 10 日均线走空之时，卖出股票，落袋为安。圆圈 2 处一根光脚大阴线向下有效跌破 10 日均线且 10 日均线走空，此时是卖出股票的好时机。

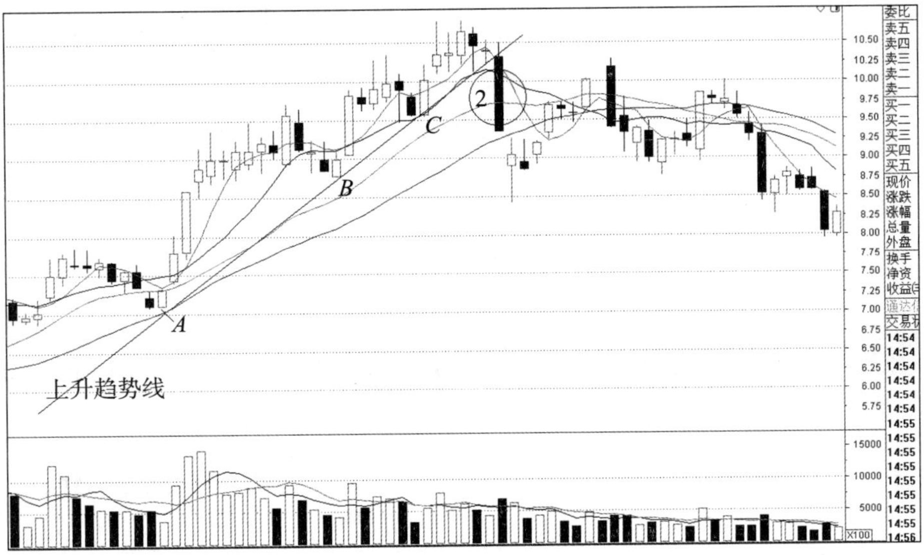

图 3-4　蒙草生态日 K 线图 3

如图 3-5 所示，在圆圈 2 处股价有效跌破上升趋势线之后，股价随后出现下跌行情。我们将每次反弹不断下降的高点连接起来形成的直线称为下降趋势线。这些反弹高点大多在这条线上。圆圈 3 处股价随成交量的增加而上涨，逐渐突破下降趋势线，均线交叉后开始向上发散且呈多头排列，看涨。

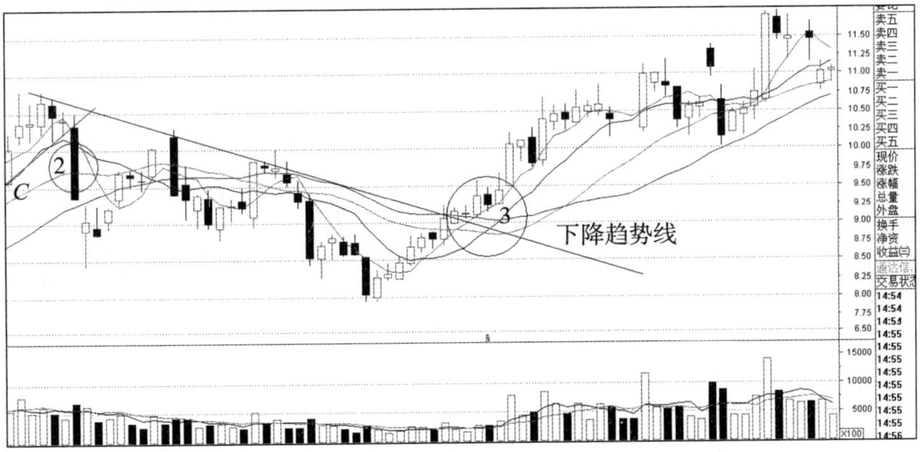

图 3-5　蒙草生态日 K 线图 4

【案例研究 2：亨通光电】该股在图 3-6 矩形 3 处进入了一段时间的横盘整理行情，之后圆圈 1 处一根光头光脚大阳线向上突破前期高点形成的压力，但是随后股价在矩形

4 处又出现了横盘整理行情。

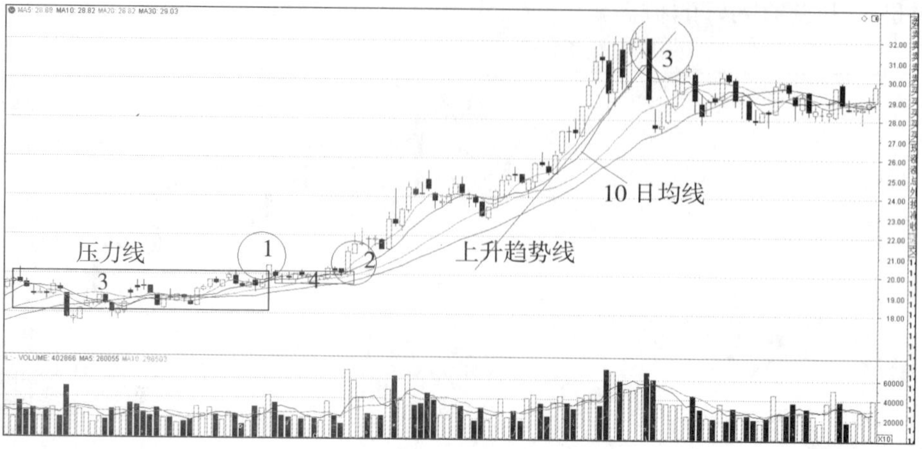

图 3-6　亨通光电日 K 线图 1

圆圈 2 处一根光头光脚大阳线向上突破矩形 4 处横盘整理平台的压力线，观察发现，圆圈 2 到圆圈 3 处股价出现了以 10 日均线为支撑的上涨行情，投资者可以根据“10 日均线趋势交易策略”来做出买卖决策。当股价在 10 日均线之下运行且 10 日均线走空时，卖出股票，落袋为安。圆圈 3 处一根光头光脚大阴线向下有效跌破了上升趋势线且均线有走空的迹象，这时投资者可以考虑抓住时机卖出。

股价在圆圈 3 处有效跌破上升趋势线之后，运行态势如图 3-7 所示。圆圈 3 处出现一根变形的“黄昏之星”K 线形态，预示股票短期头部形成。圆圈 3 处股价向下跌破下降趋势线后进入振荡下跌行情。圆圈 4 处一根光头光脚大阴线向下有效跌破整理平台的

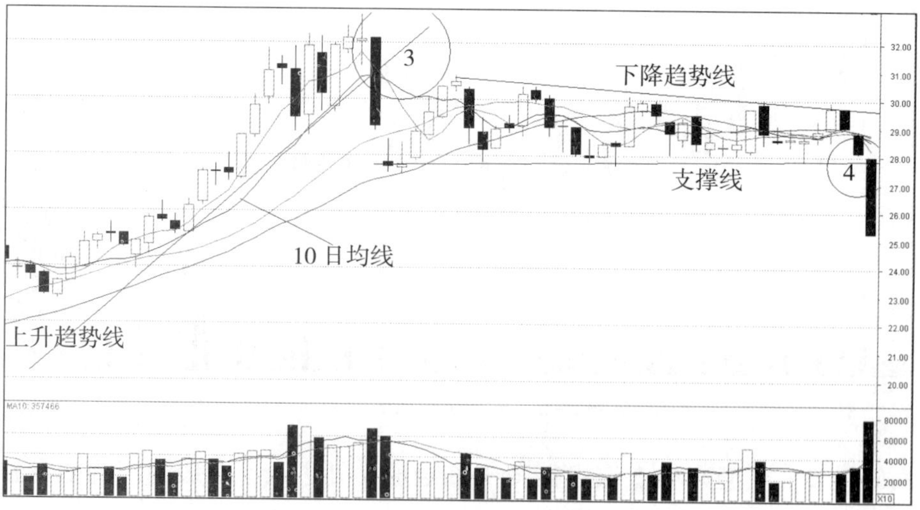

图 3-7　亨通光电日 K 线图 2

支撑线，成交量放大，均线系统逐渐黏合，开始向下发散并呈空头排列。当股价有效跌破整理平台的支撑线时，投资者应抓住时机卖出股票。

如图 3-8 所示，股价在圆圈 4 之后出现了大幅下跌行情，随后出现超跌反弹行情。但是因受前期大阴线所形成的压力制约，股价随后又开始下跌。

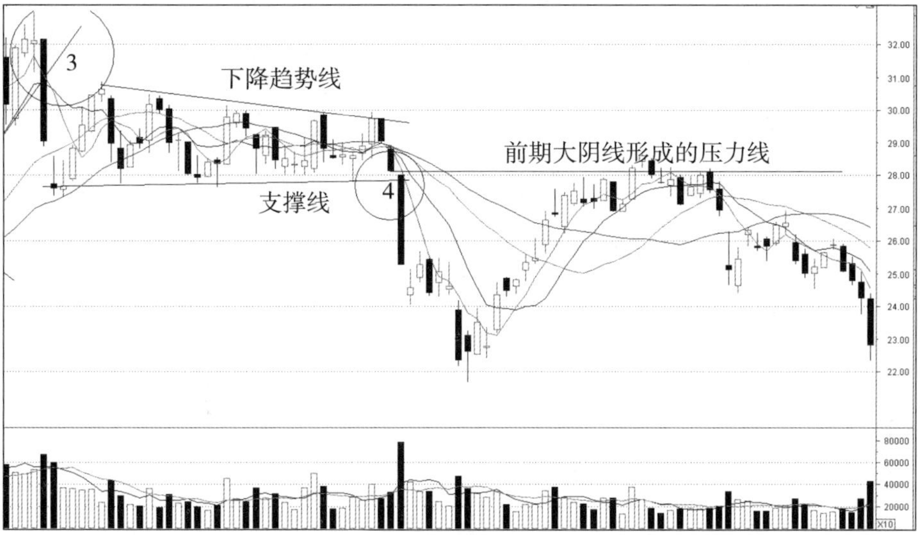

图 3-8　亨通光电日 K 线图 3

【案例研究 3：科达制造】该股经过前期大幅上涨后进入下跌行情，直到图 3-9 圆圈 1 处。圆圈 1 处出现一个阳包阴 K 线形态，此后股价出现连续阳线形式的上涨，股价向上突破下降趋势线，均线逐渐交叉后开始向上发散呈多头排列。

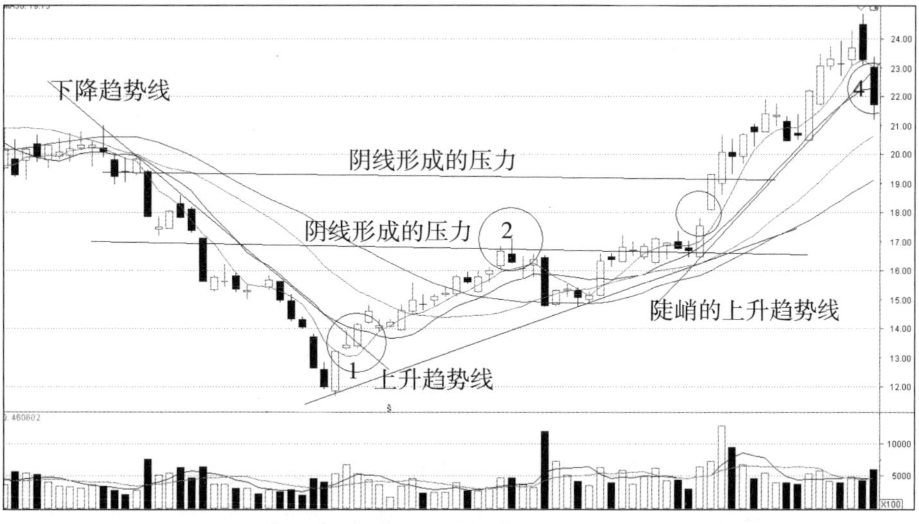

图 3-9　科达制造日 K 线图 1

在圆圈 2 处，因受到前期大阴线所形成的压力影响，股价再次向下调整。在圆圈 3 处两根几乎光头光脚的大阳线向上突破前期大阴线所形成的压力制约，随后股价开始加速上涨，上升趋势线变得陡峭，直到圆圈 4 处。

在圆圈 4 处一根大阴线向下有效跌破了上升趋势线且均线也有走空迹象，预示着股票短期头部可能要形成了。这时投资者可以考虑卖出股票，落袋为安。

如图 3-10 所示，圆圈 4 处出现一个“乌云盖顶”K 线形态和“三只乌鸦”K 线形态，预示着股票短期头部将要形成。圆圈 5 处也出现一个类似的“乌云盖顶”K 线形态，显示反弹行情已经结束，继续下跌。圆圈 6 处出现大阳线形式的上涨，均线黏合之后开始向上发散且呈多头排列，是否预示着股价短期底部即将形成？买入机会是否来临？

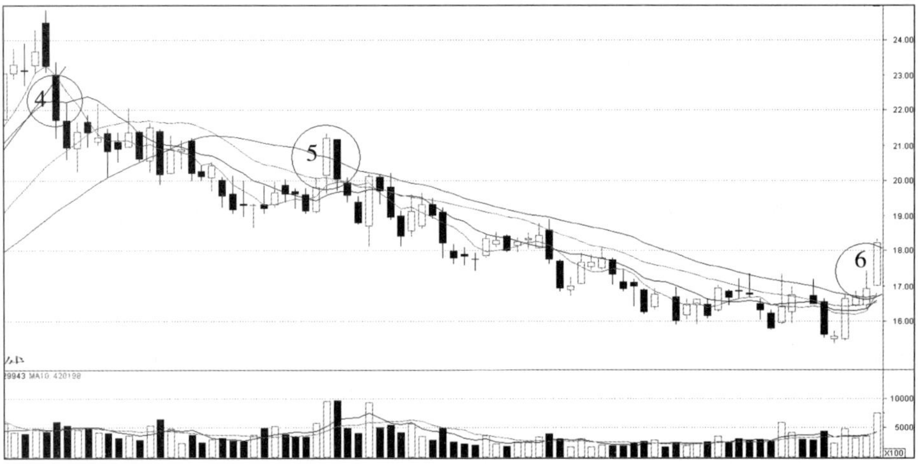

图 3-10　科达制造日 K 线图 2

股价经过一段时间的大幅下跌后，股价处于相对低位，大阳线形式的上涨向上突破均线压制，均线黏合后开始向上发散且呈多头排列，看涨。根据这些信息投资者可以在圆圈 6 处逢低买入股票，当然要做好止损准备。

买入股票后，投资者对股价运行态势进行跟踪发现，股价并没有上涨而是在图 3-11 圆圈 7 处出现连续阴线形式的下跌，即使出现反弹但因受到前期连续阴线所形成的压力制约，股价又开始了下跌行情。圆圈 7 处出现连续阴线形式的下跌，这也说明在圆圈 6 处买入股票后要随时做好止损准备的必要性，因为股市中不存在百分之百正确的买入方法。

观察发现，图 3-11 圆圈 5 和圆圈 6 处都出现大阳线向上突破均线压制的行情，但是 20 日和 30 日均线仍然走空，这说明圆圈 5 和圆圈 6 处的突破是假突破，是主力的一种诱多行为。

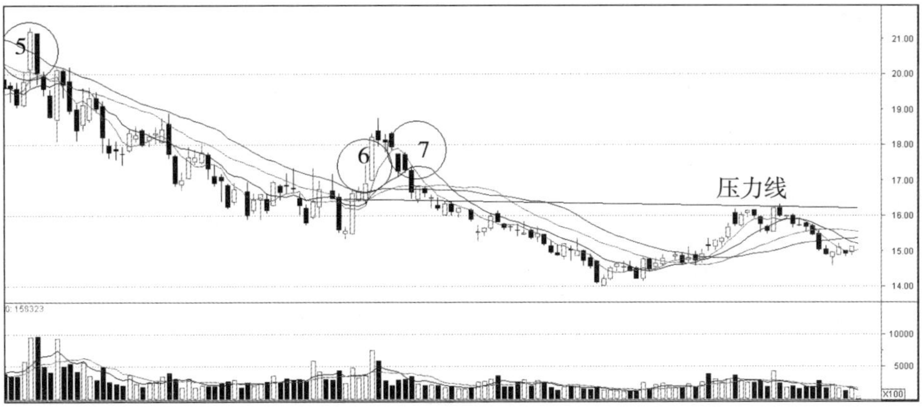

图 3-11　科达制造日 K 线图 3

3.2　下降趋势线技术及操作策略

1. 基本含义

若股价处于下降趋势，股价运行态势总体是向下发展的，但在下降趋势中会出现反弹，我们将每次不断下降的反弹高点连接起来所形成的直线称为下降趋势线。这些反弹高点大多在这条线上。图 3-12 圆圈 5、4 处股价高点连接起来所形成的直线就是下降趋势线。圆圈 3、2 处股价高点都在这条下降趋势线上。当股价向上突破这条下降趋势线后，若有成交量的配合，就可认为趋势可能正在反转。如圆圈 1 处股价以大阳线形式向上有效突破下降趋势线，均线呈多头排列，此时投资者可伺机逢低买入股票，并做好止损准备。

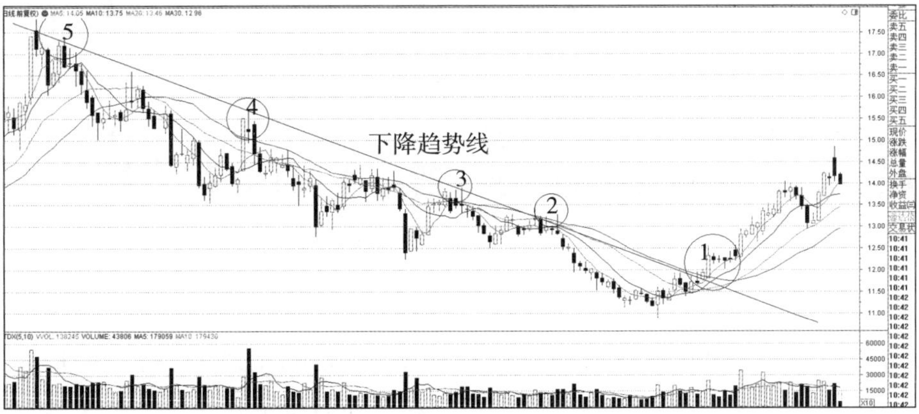

图 3-12　下降趋势线

2. 操作策略

（1）股价以大阳线的形式向上有效突破下降趋势线，成交量增大，均线呈多头排列。此时是投资者买入股票的最佳时机。如果股价向上突破以缺口形式出现且成交量放大的话，则突破是强劲有力的。

（2）股价下跌一段时间后突然出现垂直式的急速下跌现象，说明股票短期底部不远了。投资者要密切关注股价运行方向，耐心等待买入条件的出现再采取行动。

3. 案例研究

【案例研究 1：旗滨集团】该股经过前期上涨后，在图 3-13 圆圈 1 处出现一根成交量增大的光头光脚大阴线，随后股价开始了一波下跌行情，在矩形处进入横盘整理阶段。在这期间，5 日和 10 日均线基本走平，20 日和 30 日均线仍然走空，股价上涨时成交量增加，下跌时成交量减少。在横盘整理阶段末端圆圈 2 处，一根向下跳空缺口大阴线跌破整理平台的支撑线，预示着下跌趋势强烈。

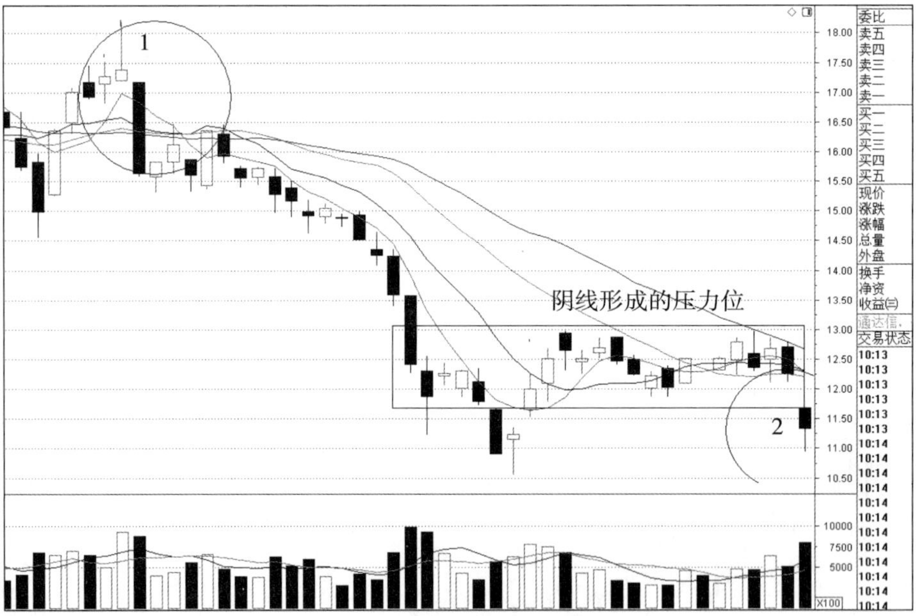

图 3-13 旗滨集团日 K 线图 1

之后股价一路下跌，直到在图 3-14 矩形 3 处进入横盘整理阶段。横盘整理约半个月后，股价再次以大阳线形式的上涨突破前期整理平台的压力线，进入矩形 4 处横盘整理阶段。在矩形 4 处横盘整理阶段末端出现一根光头光脚大阳线，向上突破前期整理平台的压力线。

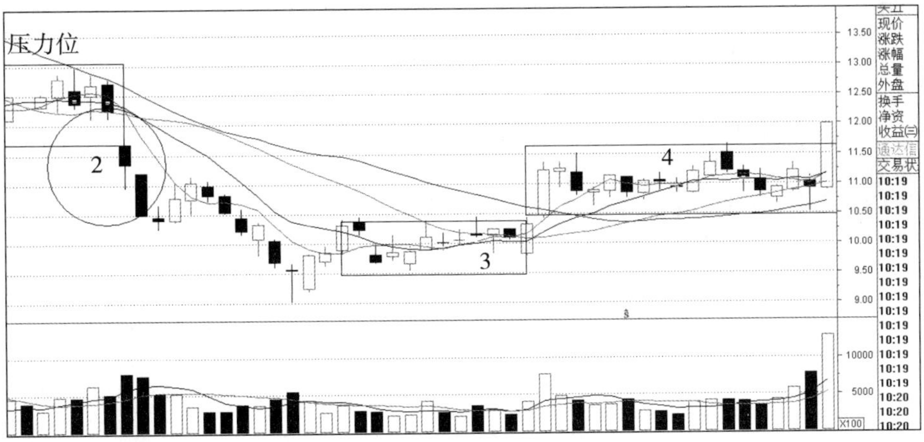

图 3–14　旗滨集团日 K 线图 2

观察发现，矩形 3、4 处股价分别出现了以大阳线为支撑的横盘整理行情，说明此处大阳线对股价起了重要的支撑作用，多方力量较强，这是主力资金运作的结果。

投资者跟踪股价运行态势发现，股价向上突破矩形 4 处横盘整理平台的压力线之后，并没有上涨多少就开始下跌，然后反弹至圆圈 5 处，如图 3–15 所示。在圆圈 5 处，股价因受前期高点所形成的压力制约，抛压严重，故出现一个带上影线的“黄昏十字星”K 线形态，预示股价短期头部形成了。

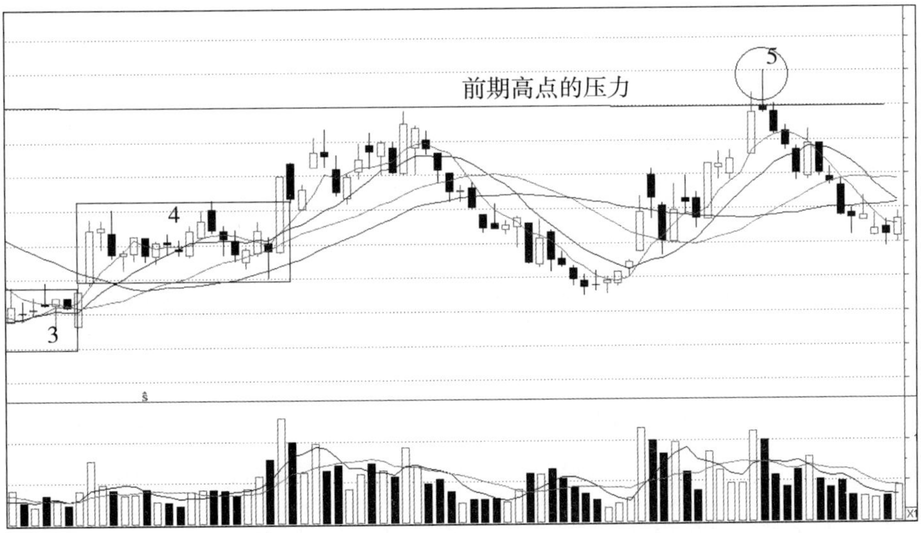

图 3–15　旗滨集团日 K 线图 3

之后，股价经过长时间大幅下跌，处于相对低位区，市场需求增加了，底部区域出现连续阳线，股价随成交量增加而上涨。图 3–16 圆圈 6 处连续阳线向上突破下降趋势线且成交量放大，均线交叉后开始向上发散并呈多头排列，看涨。

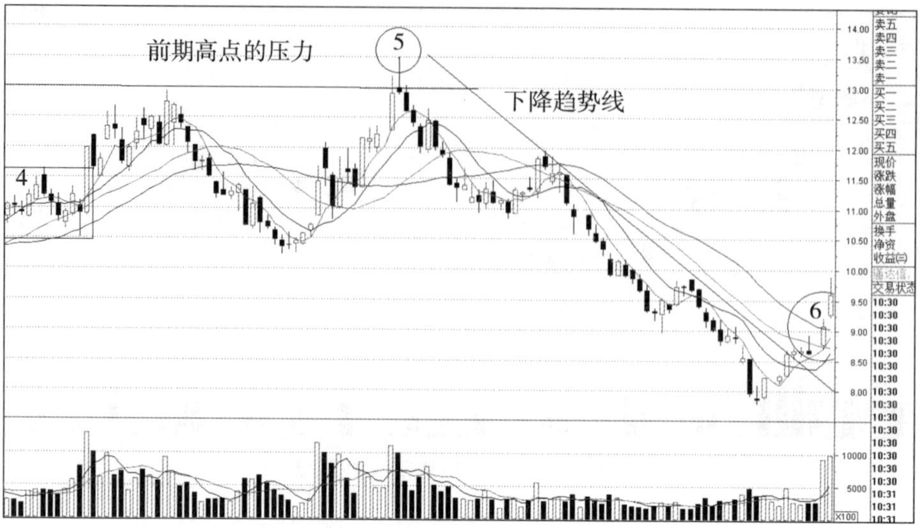

图 3-16　旗滨集团日 K 线图 4

这样的预判是否如投资者所愿呢？我们来看看该股后市运行态势，如图 3-17 所示。

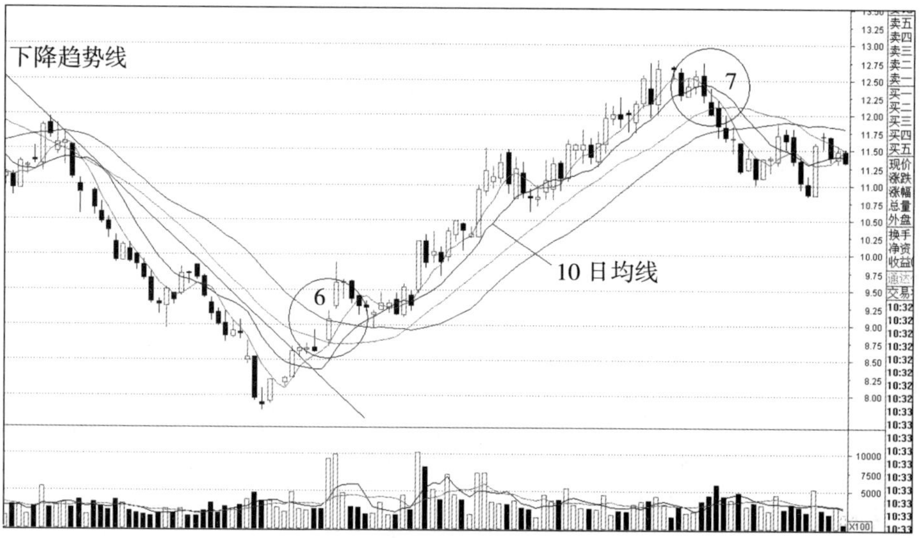

图 3-17　旗滨集团日 K 线图 5

果然不出所料，圆圈 6 处股价出现连续阳线形式的上涨后，股价以 10 日均线为支撑线向上发起进攻，一直上涨到圆圈 7 处。圆圈 7 处出现连续阴线形式的下跌，收盘价连续几天在 5 日、10 日均线下运行，5 日和 10 日均线出现“死亡交叉”，均线呈空头排列。投资者可以根据“10 日均线趋势交易策略”做出投资决策，考虑卖出股票。

【案例研究 2：浪潮软件】该股经过前期上涨后，股价出现下跌行情并创出阶段性新低。将图 3-18 圆圈 1、2 处的高点连接起来，就是下降趋势线。圆圈 3 处连续阳线向上突破均线压制，成交量放大，并且均线开始向上发散呈多头排列。

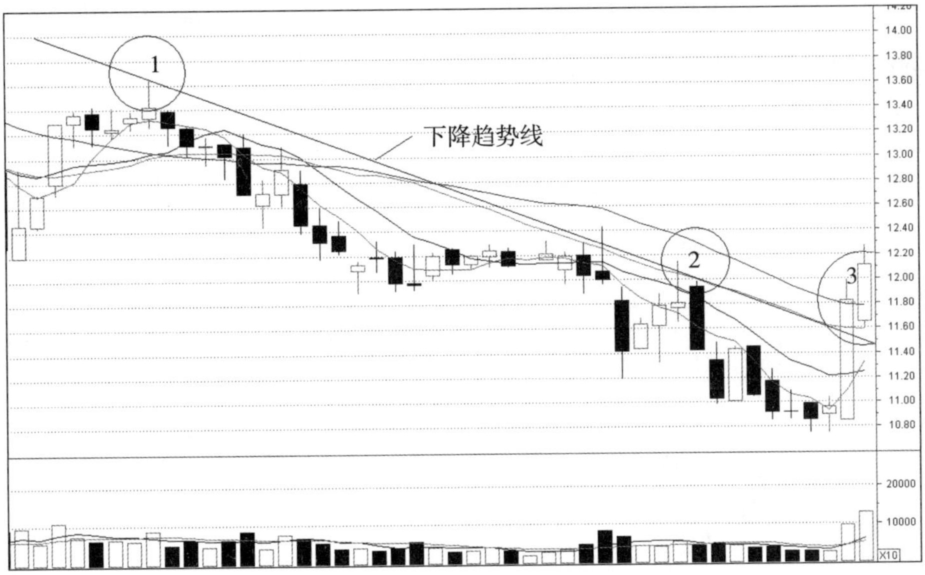

图 3-18　浪潮软件日 K 线图 1

图 3-19 圆圈 3 处连续大阳线向上突破下降趋势线，股价出现一波以 10 日均线为支撑的上涨行情。如果股价涨幅过大，可以将股价连续 3 天跌破 10 日均线且 10 日均线由走多转为走空作为卖出信号。这时投资者可以考虑卖出股票，落袋为安。

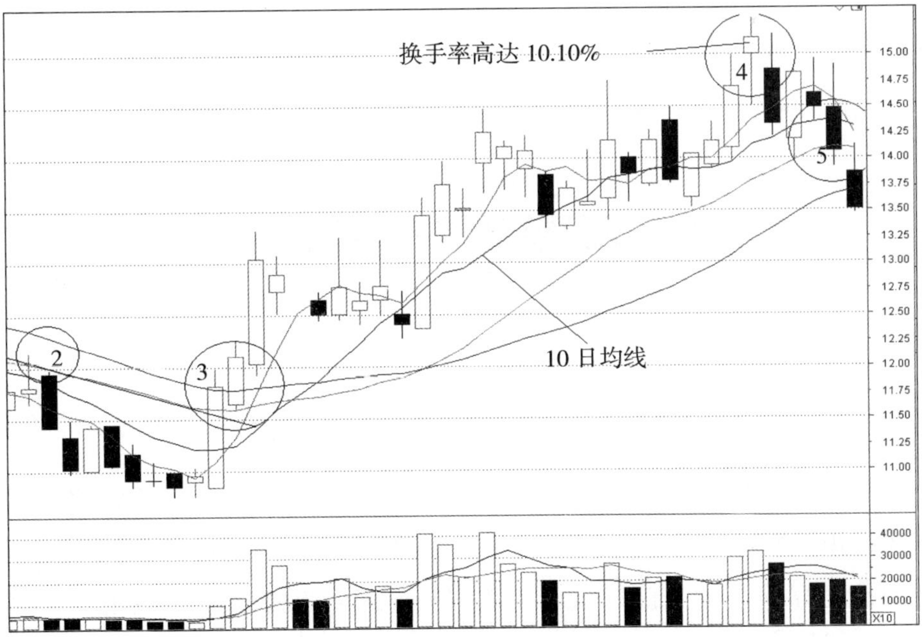

图 3-19　浪潮软件日 K 线图 2

观察发现，股价经过大幅上涨之后处于高价区时，在圆圈 4 处出现“黄昏之星”K 线形态，成交量增大，换手率高达 10.10%，说明主力在此处拉高出货，预示着股价短期顶部不远了，可能会出现反转行情。在圆圈 5 处出现连续阴线跌破 10 日均线，股价在 10 日均线下运行且 10 日均线走空，此时是卖出股票的好时机。

圆圈 5 处股价虽然出现了下跌，但在跌到图 3-20 圆圈 6 处开始反弹。圆圈 7 处一根大阳线向上突破下降趋势线，股价出现了连续阴线形式的下跌。股价受到圆圈 7 处大阳线的支撑后，开始了以 30 日均线为支撑的振荡上涨行情。

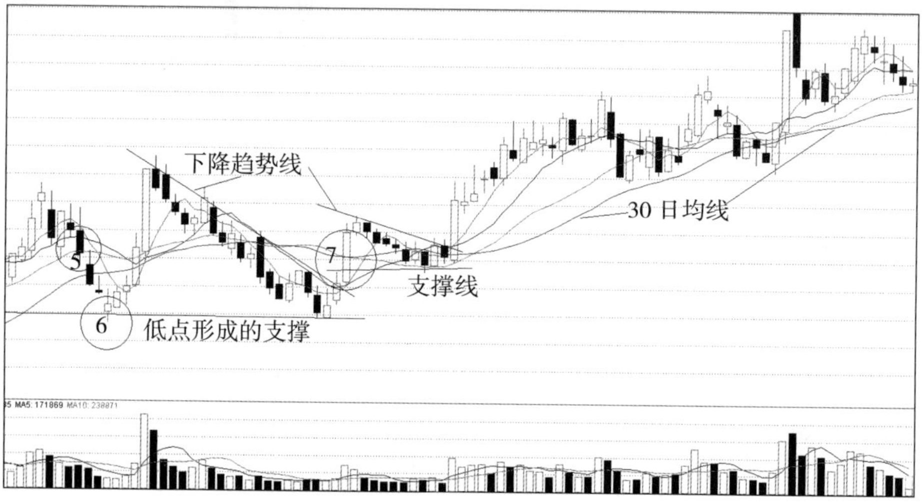

图 3-20 浪潮软件日 K 线图 3

观察发现，圆圈 7 处出现一个以大阳线为支撑的三角形整理形态，其末端一根大阳线向上突破三角形上边线的下降趋势线，均线交叉后开始向上发散，呈多头排列。

3.3 横盘整理技术及操作策略

1. 基本含义

在股价持续横盘整理过程中，低点和高点分别相连而形成的横向延伸线没有明显的上升和下降趋势，股价在这一区间波动。如图 3-21 矩形 1、3 处所示，股价在一定区间波动，属于横盘振荡整理阶段。在横盘整理阶段，尽管有的地方显示小幅上升阶段，有的地方显示小幅下降阶段，但是总体来看，股价是在一定区间内进行横向波动。

2. 操作策略

（1）股价经过长时间大幅下跌后，进入横盘振荡整理阶段，若某天股价以大阳线或者连续阳线向上突破横盘整理平台的压力线，成交量也增大，此时可能是股价将进入一波上升行情的信号。投资者在向上突破横盘整理平台压力线的当天，应伺机逢低买入，并做好止损准备。

（2）股价大幅上涨后，在高价区横盘振荡，成交量增大，换手率高，股价重心在逐渐下移，这些信息表明主力利用横盘振荡行情分批出货，预示着股票短期头部不远了。投资者要提高警惕。

图 3–21　横盘整理

3. 案例研究

【案例研究 1：长沙银行】该股经过长时间大幅上涨后，股价在高位区横盘振荡整理，如图 3–22 矩形 1 处。在横盘振荡整理末端圆圈 2 处一根光头光脚大阳线向下跌破横盘整理平台的支撑线，均线交叉后开始向下发散，呈空头排列，看跌。这是卖出股票的好时机，此时投资者千万不要买入，否则损失会很大。

图 3–22 圆圈 2 处股价跌破 30 日均线后，出现大幅下跌行情，并创出阶段新低。在处于相对低位区，市场需求增加，于是在股价底部区域出现连续阳线，股价随成交

量的增加而上涨。在矩形 3 处，股价以大阳线为支撑开始横盘整理行情，说明大阳线对股价起了重要的支撑作用，这应该是主力资金运作的结果。在横盘整理行情末端圆圈 4 处出现连续阳线，向上突破横盘整理平台的压力线，成交量也在逐渐增加，均线交叉后开始向上发散并有呈多头排列的迹象，看多。投资者应伺机逢低买入并做好止损准备。

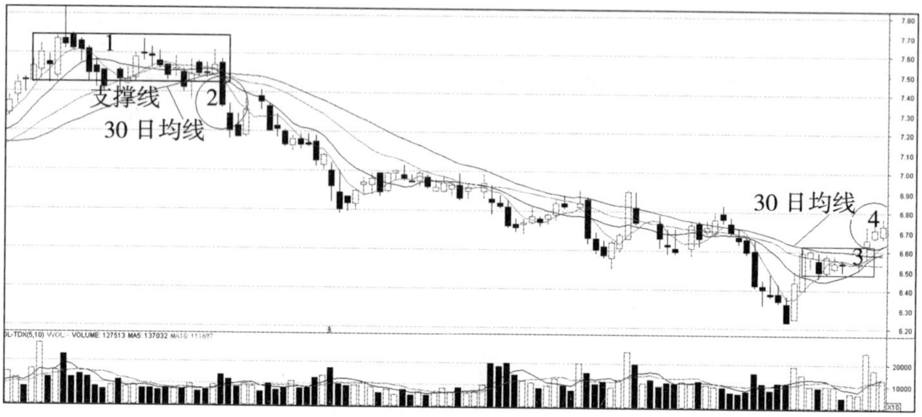

图 3-22　长沙银行日 K 线图 1

之后股价并没有上涨多少，而是进入图 3-23 矩形 5 处所示的横盘振荡行情。矩形 5 处股价以矩形 3 处大阳线顶部为支撑，开始横盘整理。这期间，股价上涨时成交量增加，下跌时成交量减少，5 日和 10 日多空走势变化大，但是 20 日和 30 日均线基本走平。事后来看，主力在横盘整理期间利用连续阴线猛烈打压股价进行洗盘，这是主力典型的洗盘手法之一。

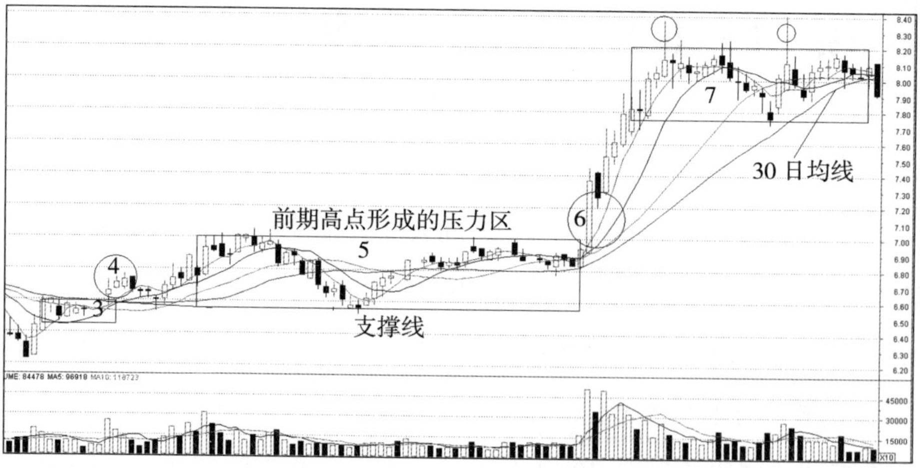

图 3-23　长沙银行日 K 线图 2

横盘振荡行情末端圆圈 6 处一根大阳线向上突破横盘整理平台的压力线，均线交叉后向上发散，呈多头排列，看涨。之后，股价以 5 日均线为支撑强劲上涨。在矩形 7 处股价进入相对高位区，开始横盘整理，其中收出两根带有长上影线的阳线即倒锤头阳线（又称“射击之星”），说明上方抛压沉重。横盘整理末端一根光头光脚大阴线向下跌破 30 日均线，均线交叉后有向下发散的迹象，对此投资者要提高警惕，股票短期头部可能要形成了。

【案例研究 2：建设机械】该股经过长时间大幅下跌后，股价处于相对低位，市场需求增加，于是在股票底部区域出现连续阳线，股价随成交量的增加而上涨。在图 3-24 圆圈 1 处一根大阳线向上突破下降趋势线，均线交叉后开始向上发散，呈多头排列。矩形 2 处股价出现了以圆圈 1 处大阳线为支撑的横盘整理行情，说明此处大阳线对股价起了重要的支撑作用，多方力量较强。这是主力资金运作的结果，应引起投资者的密切关注。

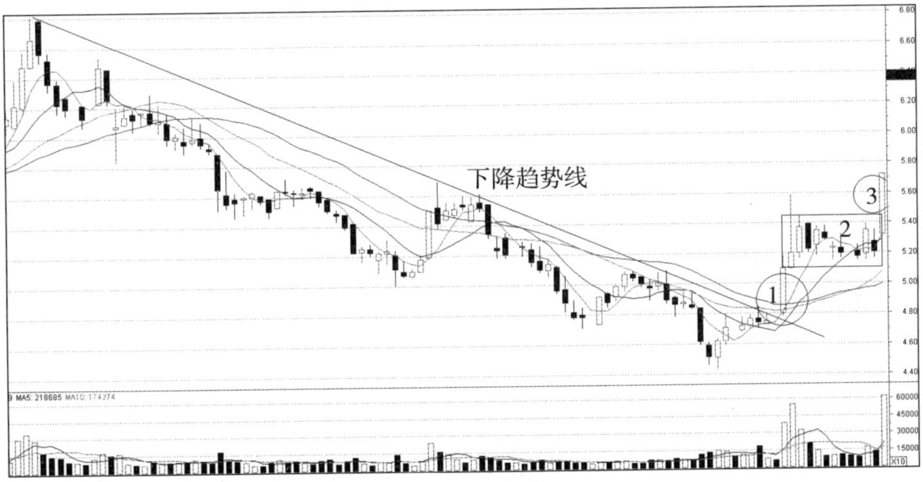

图 3-24　建设机械日 K 线图 1

矩形 2 处横盘振荡整理期间，股价上涨时成交量增加，股价下跌时成交量缩小，均线呈多头排列，股价重心没有下移，这些信息表明，主力在横盘振荡整理期间利用小阴线或十字星来洗盘。洗盘结束后，在圆圈 3 处一根大阳线向上突破整理平台的压力线，均线交叉后开始向上发散，呈多头排列。

之后，股价在图 3-25 矩形 4 处开始了横盘整理行情。矩形 4 处股价出现了以圆圈 3 处大阳线为支撑的横盘振荡行情，其末端连续阳线向上突破整理平台的压力，股价出现振荡上涨行情，直到矩形 5 处。

股价在高位区即矩形 5 处开始横盘振荡。振荡行情末端连续大阴线向下跌破横盘整理平台的支撑线，表明股价下跌趋势很强烈，预示着股票短期头部的形成。

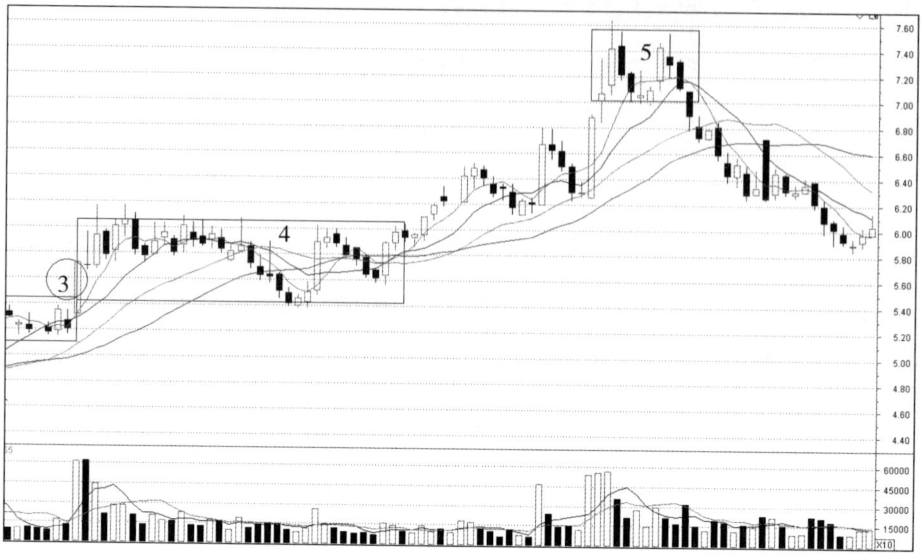

图 3-25 建设机械日 K 线图 2

在进行趋势分析时，投资者应明白以下几点。

第一，画趋势线时，必须有趋势（上升趋势或者下跌趋势）存在。画出直线后，还应得到第三个点的验证，才能确认这条趋势线是有效的。趋势线被触及的高点（或低点）越多，有效性越强，预测的准确性越高。上升趋势线对股价运行起支撑作用，下降趋势线对股价运行起压力作用，即上升趋势线是支撑线的一种，下降趋势线是压力线的一种。

第二，当股价处于横盘整理过程时，说明市场正处于供需平衡状态，下一步朝哪个方向运转是很难预测的。也就是说，投资者的情绪处于不确定之中。所以，当股价向上突破横盘整理压力线，并伴有成交量的放大，表明此时投资者的情绪开始处于乐观之中，看多；当股价向下跌破横盘整理支撑线时，不一定需要成交量的放大，表明此时投资者的情绪开始处于悲观之中，看跌。

如图 3-26 所示，该股经过长时间大幅下跌后股价处于相对低价区，市场需求增加，于是在股价底部区域出现连续阳线，股价随成交量的温和增加而上涨。在矩形 1 处，股价出现了以大阳线为支撑的横盘整理行情，说明此处大阳线对股价起了重要的支撑作用。在矩形 1 处横盘整理末端，一根大阳线向上突破横盘整理平台的压力线，成交量增加，均线交叉后开始向上发散呈多头排列，表明此时投资者的情绪开始处于乐观之中。

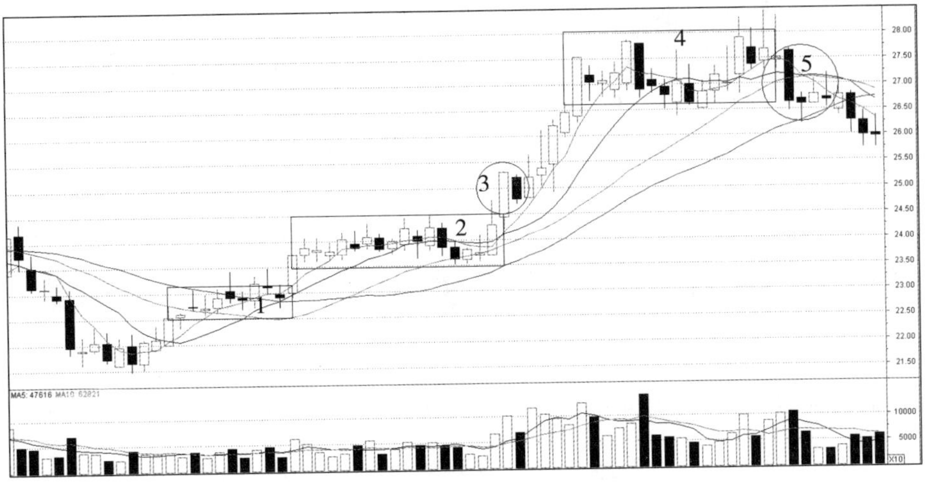

图 3-26　不同位置的横盘整理行情

在矩形 2 处横盘整理期间，股价上涨时成交量增加，下跌时成交量缩小，股价重心没有下移，均线系统呈多头排列，说明主力在横盘整理期间利用缩量的阴线进行洗盘。洗盘结束后，在圆圈 3 处一根大阳线向上突破横盘整理平台的压力线，成交量增加，均线交叉后开始向上发散，呈多头排列，表明此时投资者的情绪仍然处于乐观之中。

圆圈 3 处之后，股价随成交量大幅增加，出现了一波加速上涨行情，直到矩形 4 处。这里，股价处于高价区横盘整理阶段，圆圈 5 处连续大小阴线向下跌破横盘整理支撑线，均线交叉后开始向下发散，呈空头排列，表明此时投资者的情绪开始处于悲观之中，看跌。

3.4　上升趋势、下降趋势和横盘整理综合应用

【案例研究：胜华新材】该股经过前期上涨后进入下降阶段，在图 3-27 矩形 1 处，股价进入以大阳线为支撑的横盘整理行情。但是，股价因受到前期阴线所形成的压力制约，在圆圈 2 处，股价以连续阴线的形式向下跌破横盘整理平台的支撑线，均线交叉后开始向下发散，呈空头排列，看跌。

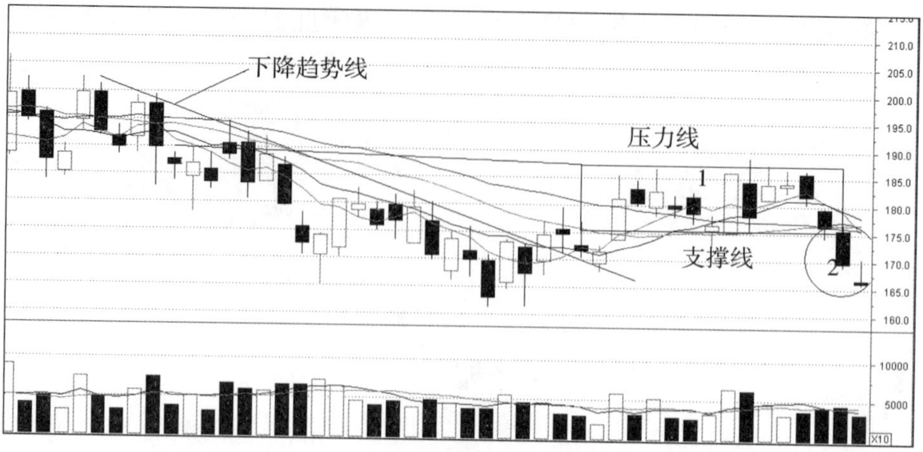

图 3-27 胜华新材日 K 线图 1

股价跌破矩形 1 处横盘整理平台的支撑线后，出现了大幅下跌行情，然后又进入横盘整理阶段，如图 3-28 矩形 3 处所示。在圆圈 4 处，一根阴线向下跌破矩形 3 处横盘整理平台的支撑线，均线向下发散，呈空头排列，看跌。

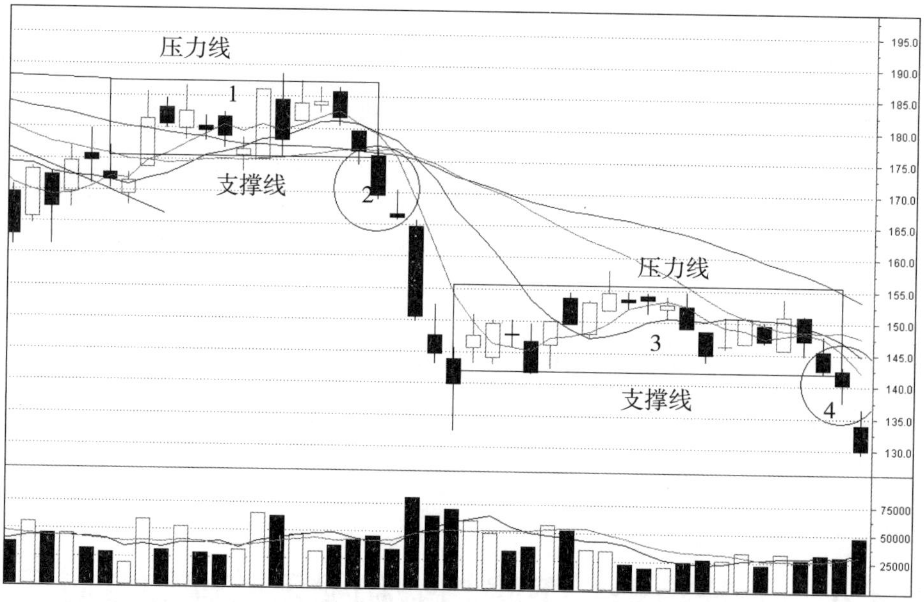

图 3-28 胜华新材日 K 线图 2

之后，股价又出现大幅下跌行情，如图 3-29 所示。因股价处于相对低位，市场需求增加，股价底部出现了连续阳线（中间允许一两根缩量的阴线），股价随成交量增加而上涨。矩形 5 处，股价出现了以大阳线为支撑的横盘整理行情，说明多方力量较强。在圆圈 6 处，出现两根大阳线，向上突破横盘整理平台的压力线，成交量放大，均线黏合后开始向上发散并呈多头排列，看涨。根据这些信息，投资者预测股价可能会上涨。

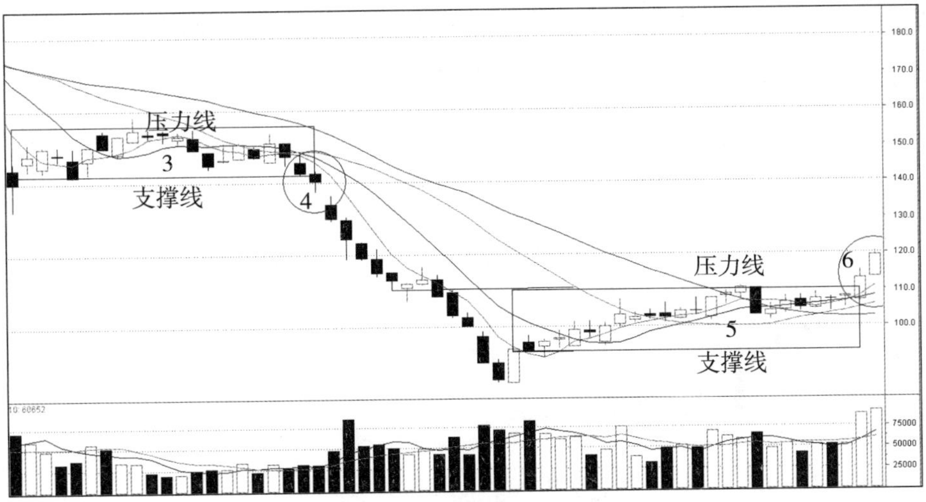

图 3-29　胜华新材日 K 线图 3

果然，股价随后以 10 日均线为支撑振荡上行，如图 3-30 圆圈 6 到圆圈 7 所示。直到圆圈 7 处出现“黄昏十字星”K 线形态，一根光头光脚大阴线向下跌破上升趋势线，预示着股票短期头部即将形成。之后，股价连续几天在 5 日和 10 日均线下运行，均线系统呈空头排列。此时，投资者需谨慎小心，时刻提醒自己目前的风险很大。当 5 日均线和 10 日均线出现“死亡交叉”时，或者股价向下有效跌破上升趋势线时，投资者可以获利了结，落袋为安。

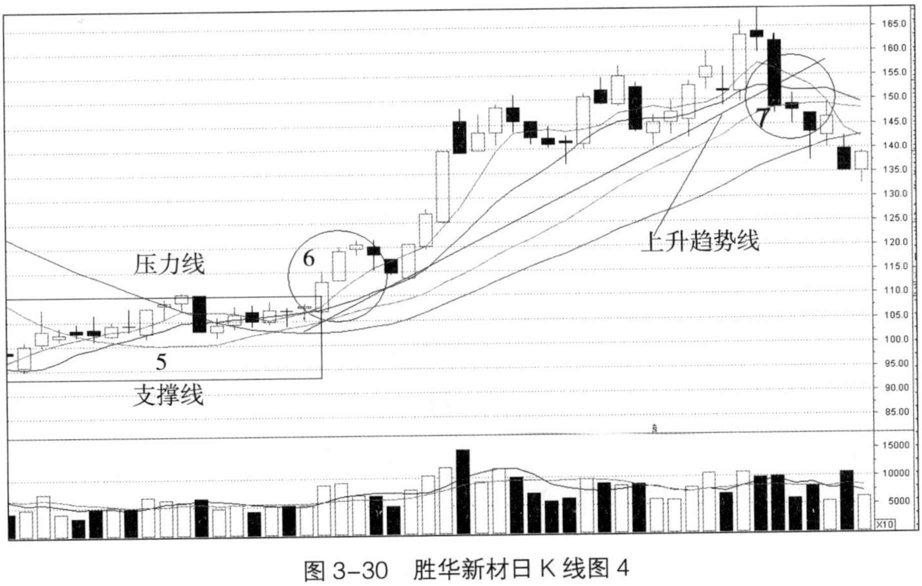

图 3-30　胜华新材日 K 线图 4

随后股价出现大幅下跌行情，直到图 3-31 矩形 8 处股价进入横盘整理阶段。股价处于相对低位，市场需求增加，需求方逐渐占有优势，股价也随成交量的增加而上升。

圆圈 9 处股价出现两个阳线形式的上涨，这是否预示着股价会出现一波上涨行情？股价处于相对低位，一根大阳线向上突破整理平台的压力线，此时成交量增加，均线交叉后向上发散，呈多头排列。根据这些信息，投资者如果在圆圈 9 处买入股票，那么股价是否会如期上涨呢？

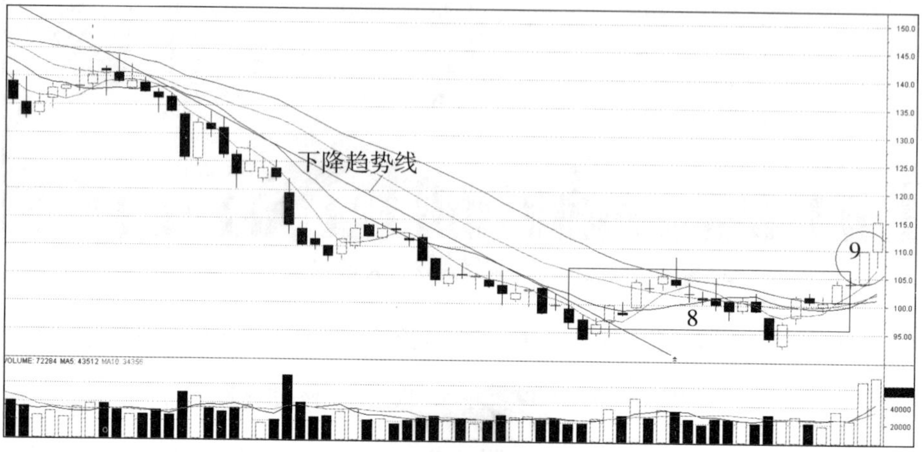

图 3-31　胜华新材日 K 线图 5

投资者对股价运行态势进行跟踪发现，股价没有如期上涨而是下跌了，如图 3-32 所示。这也验证了：投资者在买入股票后要随时做好止损准备的重要性。观察发现，圆圈 9 处股价虽然出现了上涨行情，但是随后股价开始下跌，说明圆圈 9 处两根阳线形式的上涨是主力为了拉高出货制造的一种诱多行为。

因受到前期阴线所形成的压力制约，在图 3-32 矩形 10 处进入横盘振荡行情。在圆圈 11 处连续阴线向下跌破横盘整理平台的支撑线，股价连续几天在均线系统下运行，均线黏合后向下发散，有呈空头排列的迹象，看跌。

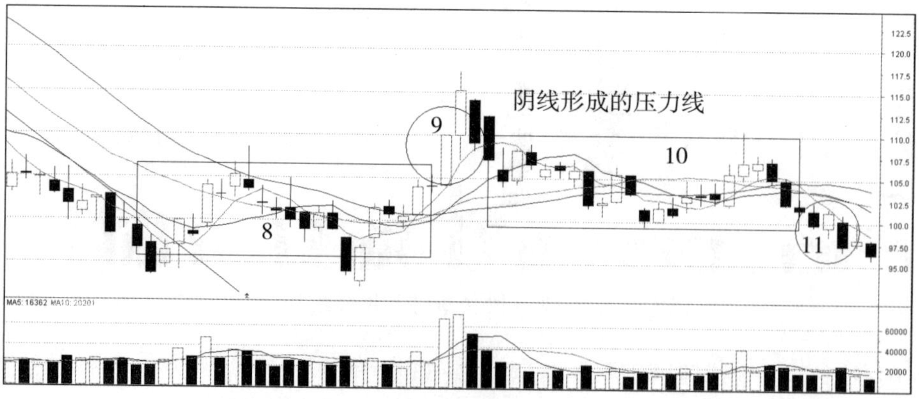

图 3-32　胜华新材日 K 线图 6

之后，股价出现下跌行情，在图 3-33 矩形 12 处开始了横盘振荡行情。当连续阳线向上突破矩形 12 处横盘整理平台的压力线后，股价出现了上涨行情，直到矩形 13 处又开始横盘整理。圆圈 14 处连续阴线向下有效跌破横盘整理平台的支撑线，均线交叉后开始向下发散，呈空头排列，表明此时投资者的情绪开始处于悲观之中，看跌。

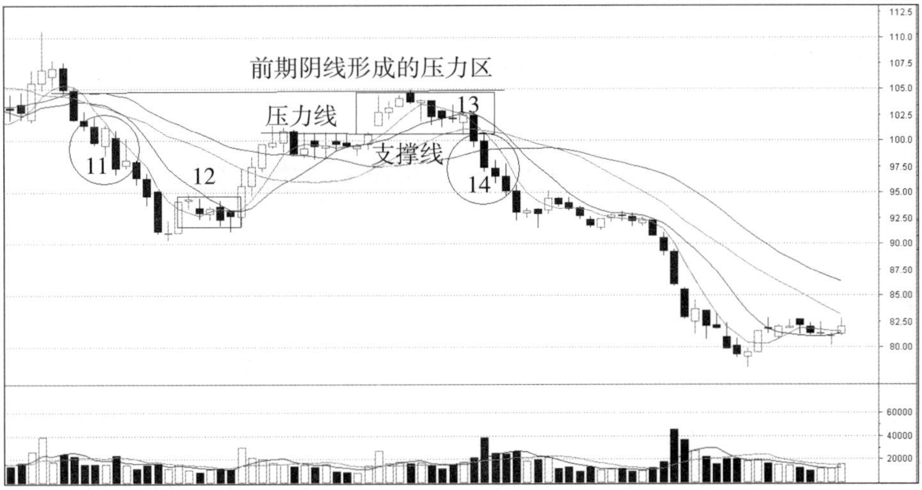

图 3-33　胜华新材日 K 线图 7

观察发现，根据趋势线进行交易时，投资者应注意以下原则：当股价向上突破下降趋势线（或者整理平台的压力线）时，需要有成交量大幅增加相配合；但股价向下跌破上升趋势线（或者整理平台的支撑线）则不必如此，通常突破当天的成交量并不增加。

通过前面案例的研究，我们相信投资者对上升、下跌和横盘趋势技术分析有所了解。最关键的问题是，要把所学的知识和股市相结合进行实践，并在实践中总结出适合自己的交易系统。在股市实战中，投资者不禁要问：当股价向上突破或向下跌破趋势线时，我们应如何判断其可信度呢？其实，可信度可遵循以下几条原则来判断。

（1）假如在一天的交易时间里，股价向上突破了下降趋势线，但其并没有在趋势线上方收盘，这并不算突破，可以忽略它，而这条趋势线仍然有用。

（2）收盘价向上突破下降趋势线，必须要超越趋势线的 3% 才可信赖，即我们所讲的向上有效突破下降趋势线的 3%，其在日 K 线图上往往表现为大阳线形式的上涨。如果收盘价向下跌破上升趋势线，必须要超越趋势线的 3% 才可信赖，即我们所讲的向下有效跌破上升趋势线的 3%，其在日 K 线图上往往表现为大阴线形式的下跌。

（3）当股价向上突破下降趋势线时，出现向上跳空缺口，这种突破将会是强而有力的，说明多方的力量将占有绝对优势。当股价向下跌破上升趋势线时，出现向下跳空缺口，这个跌破将是强有力的，说明空方的力量占有绝对优势。

（4）股价向上突破下降趋势线时，有较大的成交量相配合，并且均线也开始向上发散，有呈多头排列的迹象时，可信度很高。

（5）股价向下跌破上升趋势线时，不一定要有较大的成交量相配合，如果此时均线也开始向下发散，并且有呈空头排列的迹象，可信度也很高。

3.5 趋势交易策略及其应用

1. 理解和利用趋势

股价运行态势不外乎三种：上升趋势、下降趋势和横盘整理趋势。也就是说，在股市中存在三种基本的交易环境。

投资者必须根据不同的市场交易环境，采用不同的交易策略。在股市中一般遵循做多原则，寻找能够帮你赚钱的上升趋势，其他趋势可以空仓或轻仓。假如个股处于上升趋势中，那么投资者就要在上升趋势中做多，并且采用移动止损原则跟踪趋势，就有机会获得丰厚的收益。投资者可在上升趋势中寻找价格回调的机会做多，而不是随意选个价位就买入。

投资者应如何判断个股处于上升趋势还是下降趋势呢？方法有两种。

（1）使用移动平均线，观察它的适当次序。也就是说，在上升行情中，5 日、10 日、20 日和 30 日移动平均线从上而下依次顺序排列，向右上方移动，称为多头排列，股价处于上升行情中，预示股价将大幅上涨。在下跌行情中，5 日、10 日、20 日和 30 日移动平均线自下而上依次顺序排列，向右下方移动，称为空头排列，股价处于下跌行情中，预示股价将大幅下跌。

（2）使用趋势线来判断个股是否处于明显的趋势中。上升趋势线或者下降趋势线可以指出个股的大致趋势。

2. 趋势交易策略

假如投资者以 10 日均线进行趋势交易，那么一个完整的 10 日均线趋势交易策略可表述为：股价经过一段长时间的大幅下跌之后，股价处于相对低位区域时，连续几天（至少 3 天）高于 10 日均线，且 10 日、20 日和 30 日均线呈多头排列，表明股价处于上升趋势中，投资者可以伺机逢低买入，并做好止损准备。在上升趋势中采取买入的交易策略，盈利空间大。相反，股价经过一段长时间的大幅上涨之后，股价处于相对高位区域时，连续几天（至少 3 天）低于 10 日均线且 10 日均线走空，投资者可以考虑卖出股票，落袋为安。

现在，看一个股价以 10 日均线为支撑线而上涨的例子。在图 3-34 日 K 线图上，四条均线分别为 5 日、10 日、20 日和 30 日均线。圆圈 1 处出现一根光脚大阳线向上突破均线压制，5 日、10 日、20 日和 30 日均线呈多头排列，之后股价一路上涨，圆圈 2 处股价连续 3 天以上在 10 日均线之下运行，10 日均线也有走空迹象，可以考虑卖出。

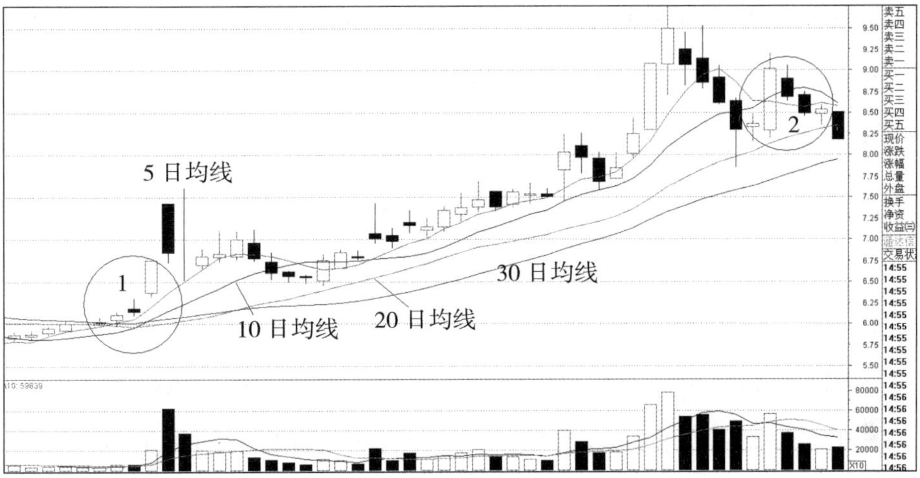

图 3-34　以 10 日均线为支撑上涨

若存在一个强劲的趋势，而股价也在 10 日均线上得到了支撑，我们就可以在股价到达 10 日均线时进场交易，并做好止损准备。止损价位可以设在低于 10 日均线的 3% 左右，即所谓的有效跌破 10 日均线。只要 10 日均线的支撑有效，就可以继续持有股票，并在趋势保持不变时，采用移动止损来追求更多收益。

3. 案例研究

【案例研究 1：天齐锂业】该股经过长达 6 个月的大幅下跌之后，股价处于相对低位区，市场需求增加，图 3-35 中 *B* 点附近一根光头光脚大阳线向上有效突破下降趋势线，即连接 *A*、*B* 两点形成的一条向右下方倾斜的直线。之后底部区域出现连续阳线，股价随成交量温和增加而上涨，均线逐渐趋于平缓甚至走多。

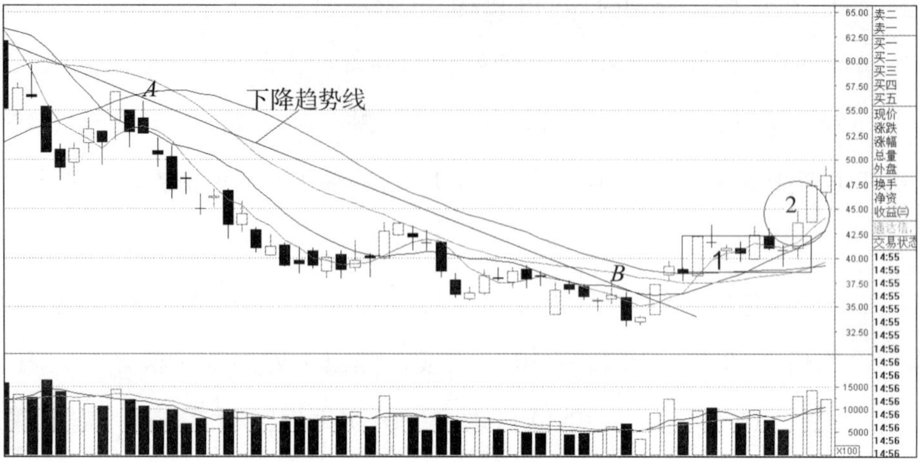

图 3-35　天齐锂业日 K 线图 1

矩形 1 处股价出现了以大阳线为支撑的横盘整理行情，对股价起到了重要的支撑作用，多方力量较强，说明主力在悄悄买入股票。横盘整理期间，出现连续小阳线（中间允许出现一两根缩量阴线），股价随成交量温和增加而上涨，5 日、10 日、20 日和 30 日均线逐渐靠拢黏合或交叉。圆圈 2 处出现两根成交量增大的大阳线，向上突破整理平台的压力线，均线交叉开始向上发散，呈多头排列，成交量放大，这是主力运作的结果。投资者应伺机逢低买入，并做好止损准备。

股价处于相对低位区时，主力会悄悄买入股票建仓，在建仓过程中主力不希望投资者跟风，以免股价被炒高，但是因资金量大，主力需要花较长时间来建仓，所以会在 K 线图上留下足迹。这些足迹就是资金的足迹，它可以通过均线、K 线图、成交量、换手率等指标表现出来。投资者要仔细观察这些指标的变化，若判断出主力在购买某股票的话，投资者唯一要做的事就是等待趋势交易策略买入时机的出现，然后伺机逢低买入，并做好止损准备。

投资者在圆圈 2 处买入股票之后，股价会如愿如期上涨吗？投资者运用移动止损原则对股价进行跟踪发现，在图 3-36 圆圈 2 到圆圈 3 处股价出现了以 10 日均线为支撑的上涨行情。股价的低点如 C、D 连接起来得到一条向右上方倾斜的直线，即上升趋势线。圆圈 3 处几根大小不同的阴线向下跌破上升趋势线，股价连续几天在 5 日、10 日均线下运行，并且 5 日、10 日均线走空。投资者可以考虑在此处卖出股票，落袋为安。

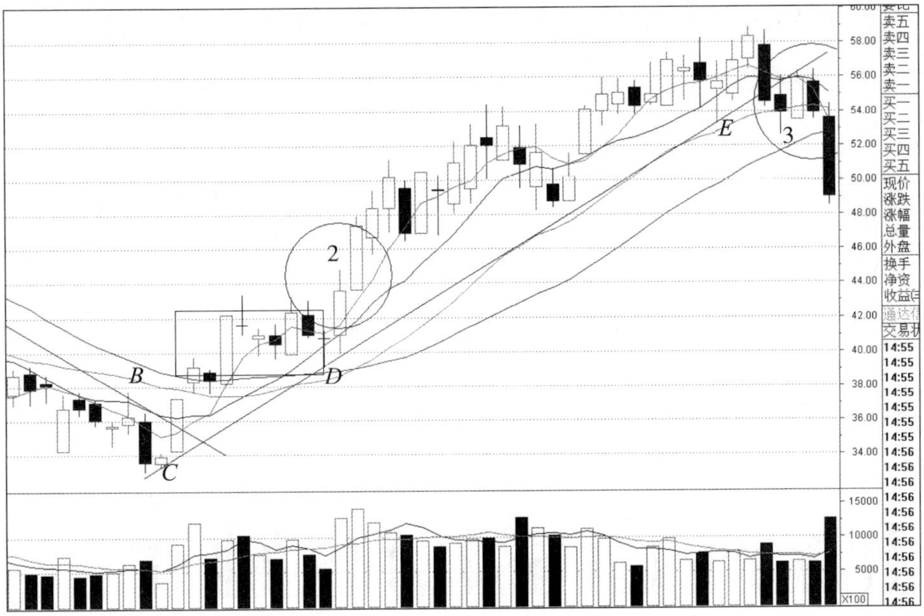

图 3-36　天齐锂业日 K 线图 2

投资者也可以根据趋势交易策略原则，在圆圈 3 处卖出股票。这一策略原则是：经过一段长时间的大幅上涨后，股价处于相对高位区，当连续几天（至少 3 天）低于 10 日均线且 10 日均线走空时，投资者可卖出股票，落袋为安。稳健的投资者积极寻找符合趋势交易策略买入条件的个股，当买入信号出现时，进入市场执行交易，哪怕判断失误，也可以通过止损来避免重大损失。如果趋势开始对自己有利，就一直持有股票，直到出现反转信号或触及止损位时果断退出，赚取一波行情的中间部分。

不过，投资者对股价进行跟踪发现，在圆圈 3 处向下跌破上升趋势线之后，股价并没有出现大幅下跌行情，而是在 30 日均线附近得到支撑后反弹，如图 3-37 所示。圆圈 4 处一根几乎光头光脚大阳线向上突破前期高点所形成的压力线，并且成交量增大，均线交叉后开始向上发散并呈多头排列，股价处于上涨趋势中，直到圆圈 5 处。从圆圈 4 到圆圈 5 处，股价以 10 日均线为其生命线向上进攻，投资者可以根据“10 日均线趋势交易策略”来买卖股票。圆圈 5 处股价连续几天在 5 日和 10 日均线下运行，5 日与 10 日均线出现“死亡交叉”，此时投资者可以卖出股票。

之后股价出现了小幅下跌，但是在 20 日均线附近得到支撑，出现了以 20 日均线为支撑线的振荡上涨行情，如图 3-38 所示。一直到圆圈 6 处，连续几根阴线向下跌破 20

日均线，股价连续几天（至少 3 天）低于 20 日均线，且 10 日、20 日和 30 日均线有呈空头排列迹象，表明股价下跌的趋势比较强烈，投资者应卖出股票，落袋为安。

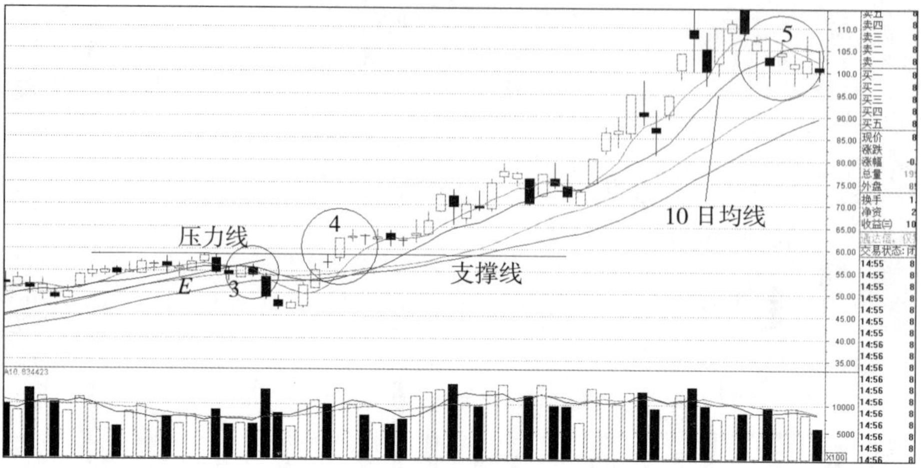

图 3-37　天齐锂业日 K 线图 3

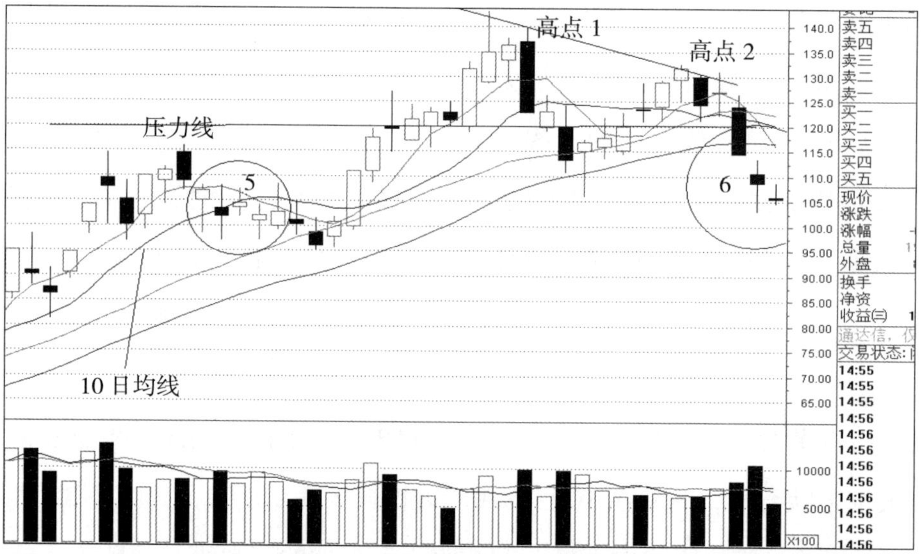

图 3-38　天齐锂业日 K 线图 4

从图 3-39 所示的股价运行态势可以看出，股价因受到前期大阴线所形成的压力制约，出现逐级下跌趋势。在圆圈 7 处一根光头光脚大阴线向下跳空跌破前期低点形成的支撑线，股价创出阶段新低。

不过，股价随后出现了一波以 10 日均线为其生命线的强劲上涨行情，如图 3-40 所示。在圆圈 8 处股价处于相对高位区域时，连续几天（至少 3 天）低于 10 日均线且 10 日均线走空，投资者可以根据“10 日均线趋势交易策略”卖出股票。

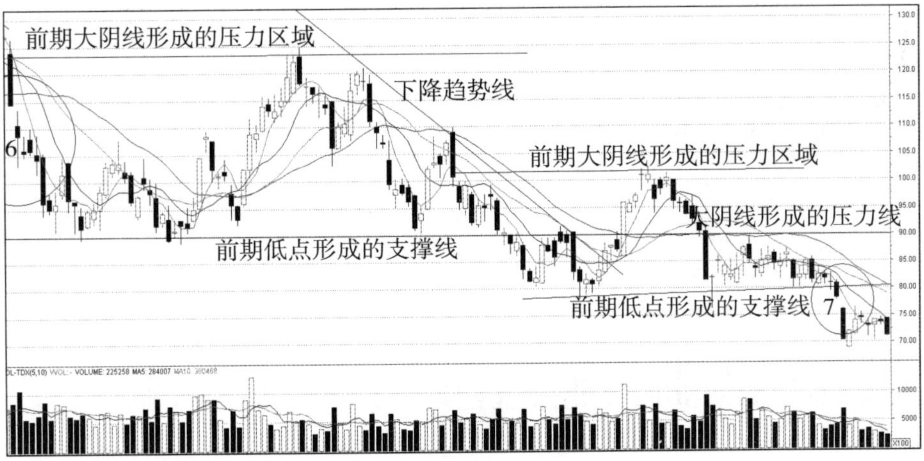

图 3-39　天齐锂业日 K 线图 5

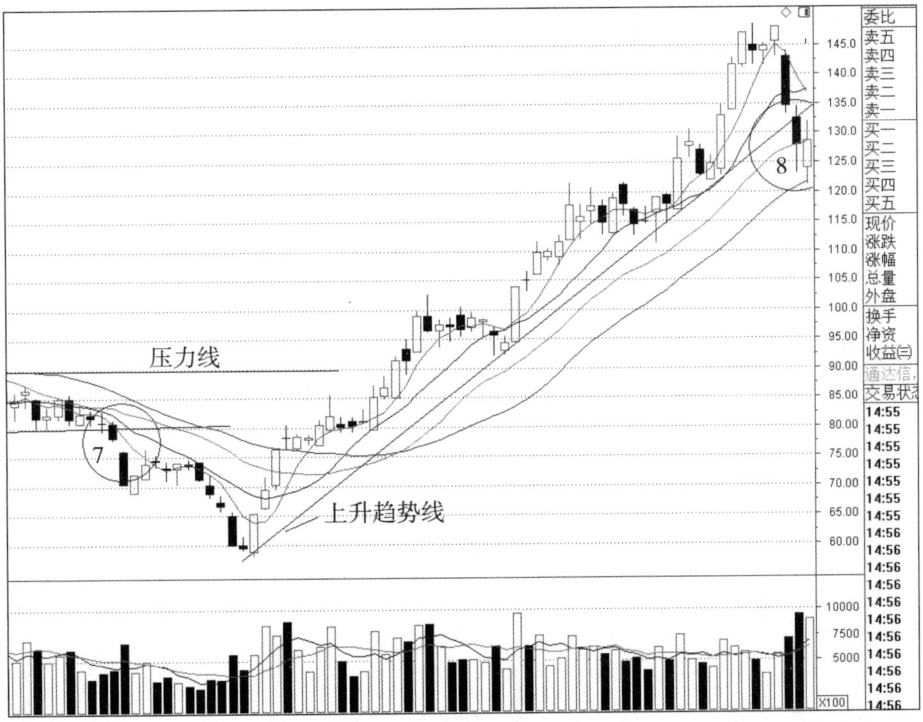

图 3-40　天齐锂业日 K 线图 6

根据“10 日均线趋势交易策略”，在图 3-41 圆圈 8 处卖出股票后，股价出现了下跌行情。圆圈 8 处连续几根阴线向下跌破 30 日均线，股价连续几天（至少 3 天）低于 30 日均线，且 10 日、20 日和 30 日均线有呈空头排列迹象，表明股价下跌的趋势比较强烈。随后股价运行态势也验证了这一点。

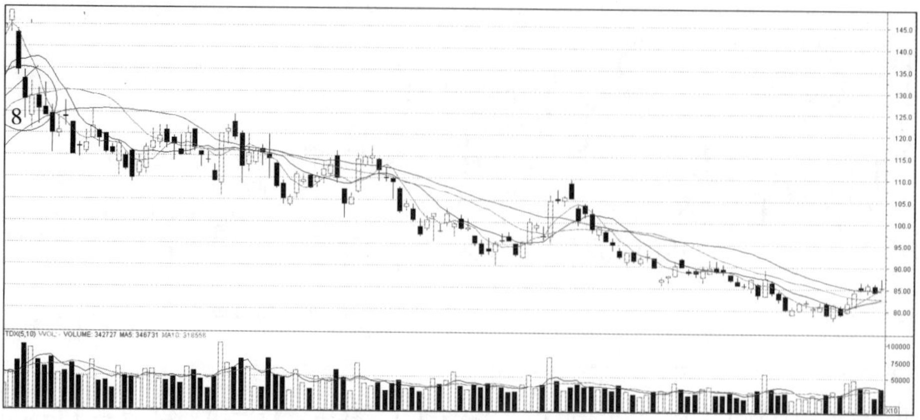

图 3-41 天齐锂业日 K 线图 7

【案例研究 2：运达科技】该股经过前期大幅上涨之后，在图 3-42 圆圈 1 处出现连续大阴线形式的下跌，直到矩形 2 处。这里出现了以大阳线为支撑的横盘整理行情，说明此处大阳线对股价起到了重要的支撑作用，多方力量较强，吸收了来自供给方抛售的股票，这应该是主力资金运作的结果。当股价处于横盘整理期间，投资者要耐心等待趋势露头，一旦确认上升趋势，就要及时逢低买入，并做好止损准备。

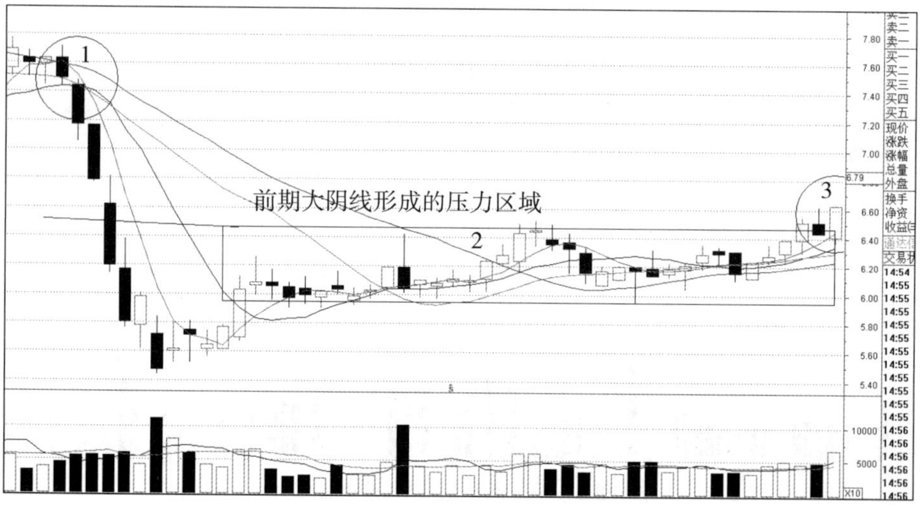

图 3-42 运达科技日 K 线图 1

在圆圈 3 处，一根阳包阴的 K 线形态向上突破前期大阴线和高点所形成的压力区，均线黏合（或交叉）后开始向上发散且均线呈多头排列，成交量也有所增加，这些信号表明股票短期底部即将形成，上升趋势行情可能要开启，投资者应伺机逢低买入，并做好止损准备。

果然，股价随后以 10 日均线为支撑而上升，直到图 3-43 圆圈 4 处。在圆圈 4 处因受到前期大阴线所形成的压力制约，股价冲高回落，出现一根带长上影线的阳线，说明上方的抛压很重。圆圈 4 处长上影线的阳线预示着股价短期头部将要形成，还是“仙人指路”K 线形态呢？当时看盘的投资者难以确定。

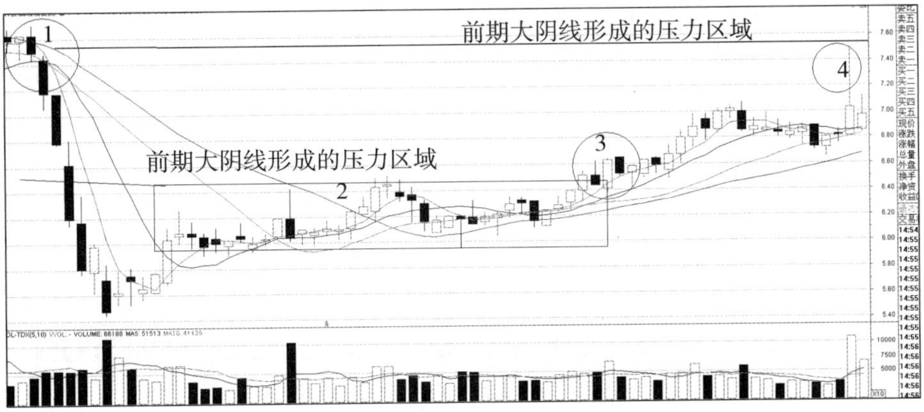

图 3-43　运达科技日 K 线图 2

投资者对股价进行跟踪发现，股价出现了下跌，但是在图 3-44 圆圈 5 处股价受到 30 日均线的支撑企稳回升。在圆圈 6 处股价跌破 30 日均线，5 日、10 日、20 日均线走空，30 日均线也有走空迹象，这些信息预示着股价可能要下跌。投资者要密切关注此时股价的运行态势，如果股价连续几天（至少 3 天）低于 30 日均线且 30 日均线走空，投资者可以根据“30 日均线趋势交易策略”卖出股票，止损出局。

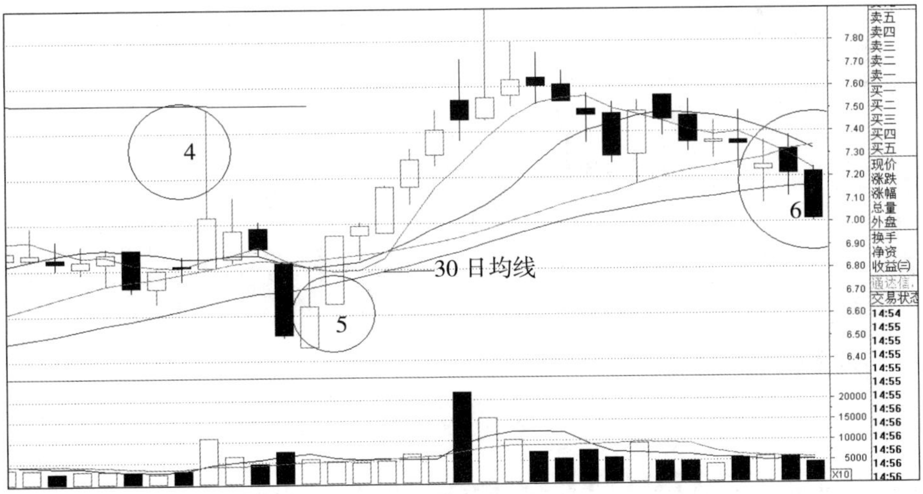

图 3-44　运达科技日 K 线图 3

投资者的预判是否正确呢？如图 3-45 所示，圆圈 7 处股价在前期低点所形成的支撑位企稳回升，之后股价以 5 日均线为支撑开始了强劲的上涨行情。上涨行情末端出现一根长上影线的阳线，成交量放大，换手率高达 17.9%，说明主力在拉高出货，股票的短期头部可能要形成了。此时投资者一定要十分谨慎，不要贸然介入。

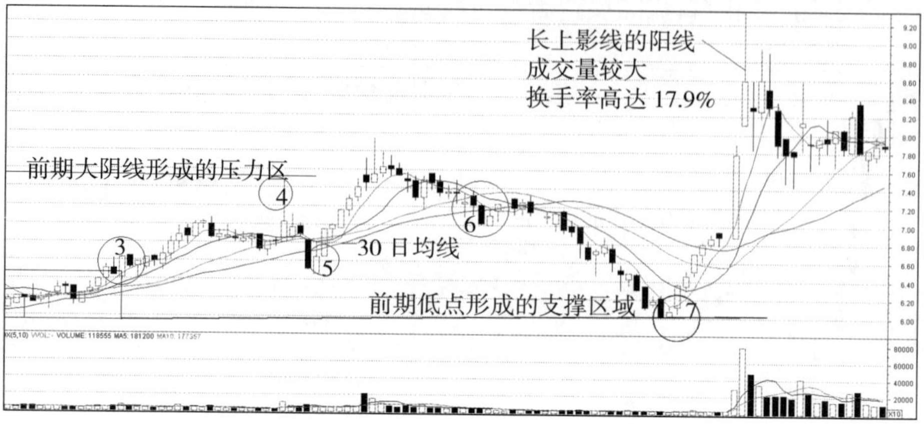

图 3-45 运达科技日 K 线图 4

在出现一根放量长上影线阳线之后，股价开启了一波下跌行情，如图 3-46 所示。我们把股价下跌途中形成的高点 *A*、*B*、*C* 连接起来，形成一条向右下方倾斜的直线，这就是下降趋势线。在矩形 8 处，股价出现了以大阳线为支撑的横盘整理行情，说明此处大阳线对股价的支撑起了重要作用，多方力量较强。在横盘整理阶段末端圆圈 9 处，一根大阳线向上突破横盘整理平台的压力线，均线黏合后开始向上发散，呈多头排列，看涨。

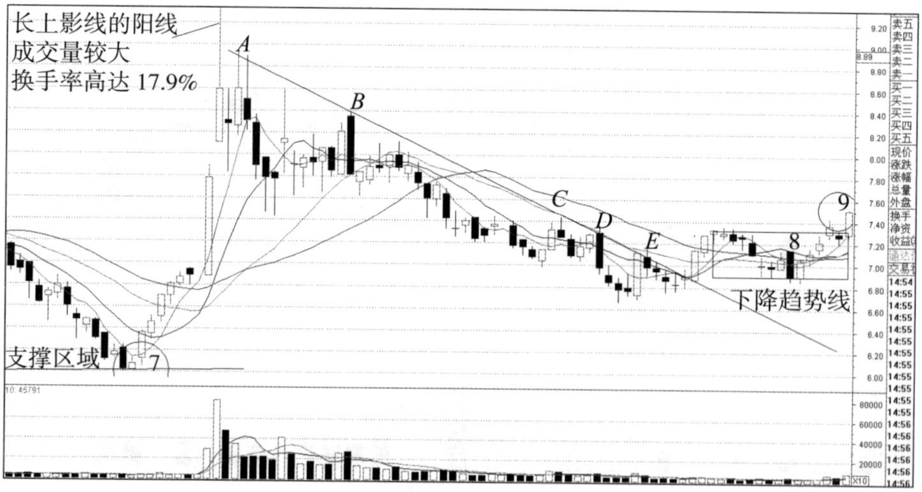

图 3-46 运达科技日 K 线图 5

股价向上突破压力线且成交量增加，表明行情要发生转变，增大的成交量是起关键作用的积极因素。但是因受到前期阴线形成的压力制约，股价又进入图 3-47 矩形处所示的横盘整理行情。矩形处股价出现了以圆圈 9 处大阳线为支撑的横盘整理行情，说明此处大阳线对股价的支撑起了重要作用，多方力量较强。

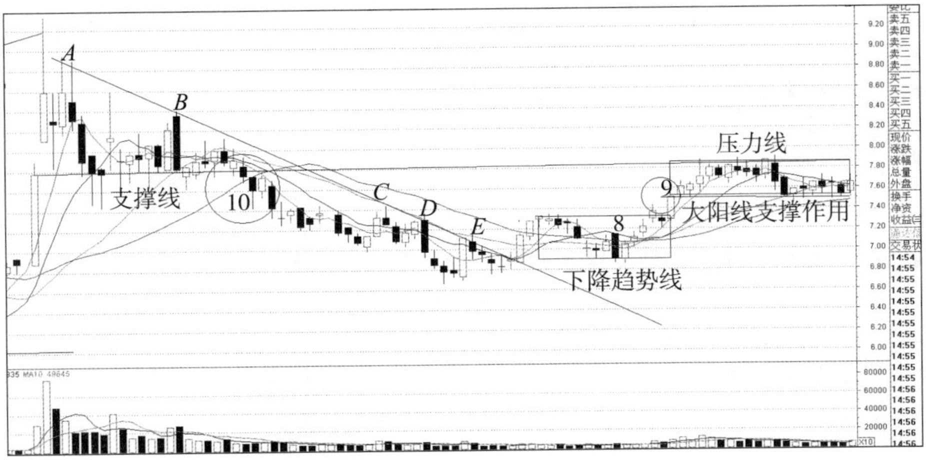

图 3-47　运达科技日 K 线图 6

但通过观察发现，圆圈 10 处的连续阴线向下跌破了之前的支撑线，这条支撑线对矩形处来说，如今演变成了压力线。在股市中，支撑线和压力线之间是可以相互转化的：一条支撑线如果被跌破，那么这个支撑线将成为压力线；一条压力线如果被突破，这个压力线将成为支撑线。

【案例研究 3：中天科技】该股经过前期一段时间的下跌之后，在图 3-48 圆圈 1 处连续阳线向上突破 30 日均线的压制，股价收盘价站稳在 30 日均线之上且 30 日均线走多，均线也向上发散并有呈多头排列的迹象，看涨。随后股价从圆圈 1 到圆圈 2 处以 10 日均线为支撑线而向上进攻，出现一波振荡上涨行情。投资者可以根据“10 日均线趋势交易策略”卖出股票。这一策略的原则是：经过一段大幅上涨之后，股价处于相对高位区域时连续几天（至少 3 天）低于 10 日均线且 10 日均线走空时，表明股价将处于下降趋势，投资者执行止盈或止损，卖出股票，落袋为安。

在圆圈 2 处股价处于大涨后的高位区域，此时出现“黄昏之星”K 线形态，换手率高达 9.69%，成交量增大，表明主力在圆圈 2 处拉高出货，投资者对此要提高警惕，因为此时离股票短期头部不远了。此后股价出现下跌行情，在圆圈 3、圆圈 4 处受到 30 日均线的支撑而出现反弹。在圆圈 5 处出现一根几乎光头光脚大阳线形式的上涨，此时换手率高达 10.69%，成交量增大，表明主力在圆圈 5 处拉高出货，并且股价最高点基本上与圆圈 2 处高点齐平，这预示着股票短期头部可能将要来临。

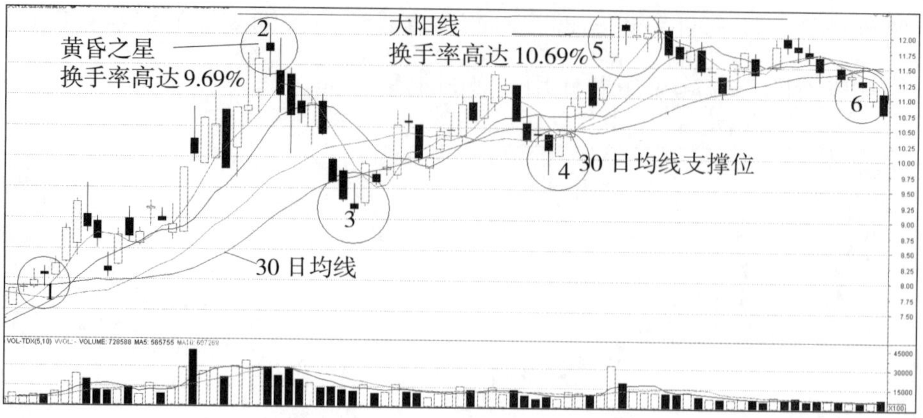

图 3-48　中天科技日 K 线图 1

圆圈 6 处股价在 30 日均线之下运行且 30 日走空，均线交叉后开始向下发散，呈空头排列，投资者可在圆圈 6 处考虑卖出，即根据“30 日均线趋势交易策略”来卖出股票。

总之，同一只股票在不同时期，股价会以不同的均线为支撑上行。圆圈 1 到圆圈 2 处可以根据“10 日均线趋势交易策略”进行交易。圆圈 3、4、6 处可以根据“30 日均线趋势交易策略”来进行交易。

不过，投资者对股价进行跟踪发现，在圆圈 6 处之后股价在 30 日均线下大约运行了半个月左右，股价出现了强劲的反弹行情，直到图 3-49 圆圈 7 处。这里出现变形的“乌云盖顶”K 线形态，标志着股票短期头部形成了，之后股价出现了长达 6 个多月的下跌行情。

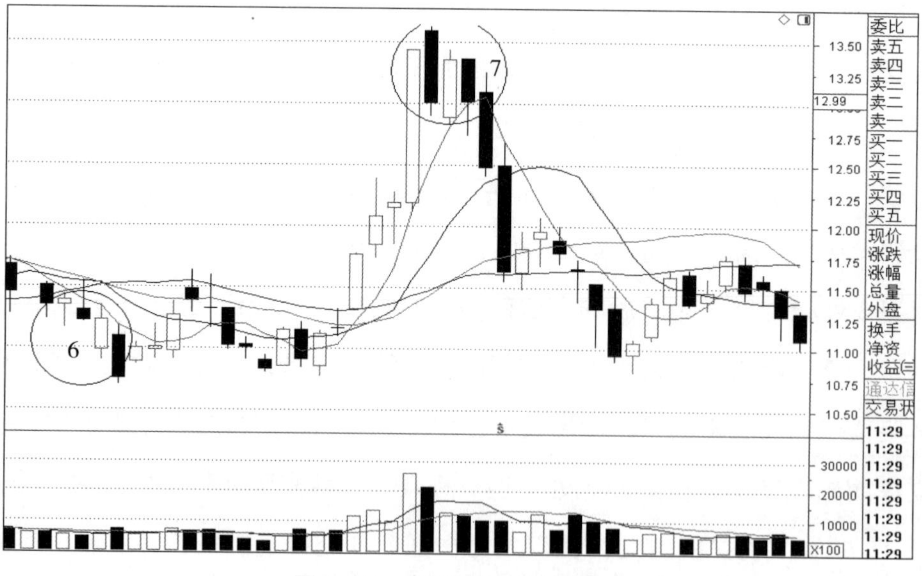

图 3-49　中天科技日 K 线图 2

在下跌过程中，股价出现了几次反弹，在圆圈 8、圆圈 9 处分别出现“乌云盖顶”K 线形态，且 20 日和 30 日均线仍然走空，预示着股票短期头部形成了，如图 3-50 所示。股价运行到圆圈 10 处，一根几乎光头光脚的大阳线一举向上突破 5 日、10 日、20 日和 30 日均线的压制，收盘站稳在 30 日均线之上，成交量增大，均线开始交叉向上发散并呈多头排列。

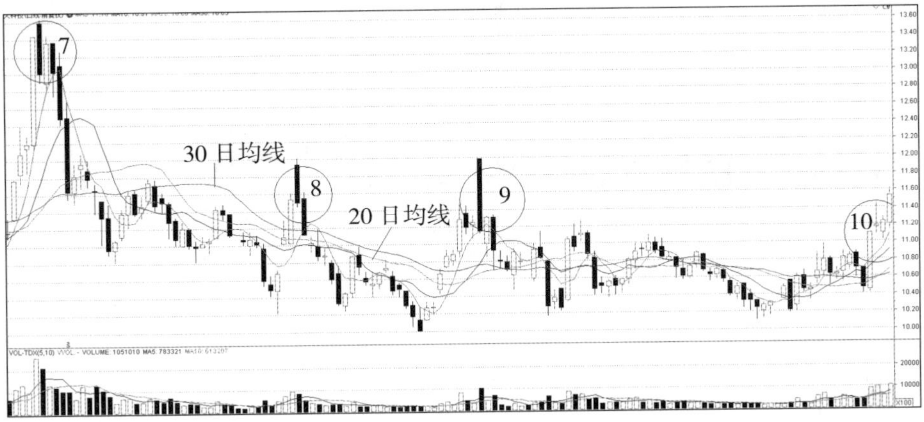

图 3-50　中天科技日 K 线图 3

但股价并没有上涨，而是在图 3-51 圆圈 11 处出现一个“乌云盖顶”K 线形态，标志着短期头部将要形成。此后，股价出现下跌行情，并且在圆圈 12 处创出阶段新低。之后，股价出现了一波以 10 日均线为生命线的强劲上涨行情，在圆圈 13 处出现了一根带长上影线的倒锤头阳线，圆圈 14 处出现了一根带长上影线的阳线，上影线越长，说明上方的抛压越重，空方力量越强大。在圆圈 15 处股价处于相对高位区域时，连续几天（至少 3 天）低于 10 日均线且 10 日均线走空，投资者可以根据“10 日均线趋势交易策略”卖出股票，落袋为安。

在圆圈 15 处股价出现大阴线形式的下跌，随后受到 30 日均线支撑而反弹，形成一个变形的“黄昏之星”K 线形态。此后，股价开始了 4 个多月的下跌行情。在图 3-52 圆圈 16 处一根大阴线向下有效跌破 30 日均线，均线交叉后开始向下发散，呈空头排列，看跌。在圆圈 17 处一根大阳线向上突破 30 日均线，股价收盘价站在 30 日均线之上，但是 30 日均线此时仍然走空。30 日均线有较强的趋势指示性，无论在上升趋势还是下跌趋势中，一旦形成就很难改变。

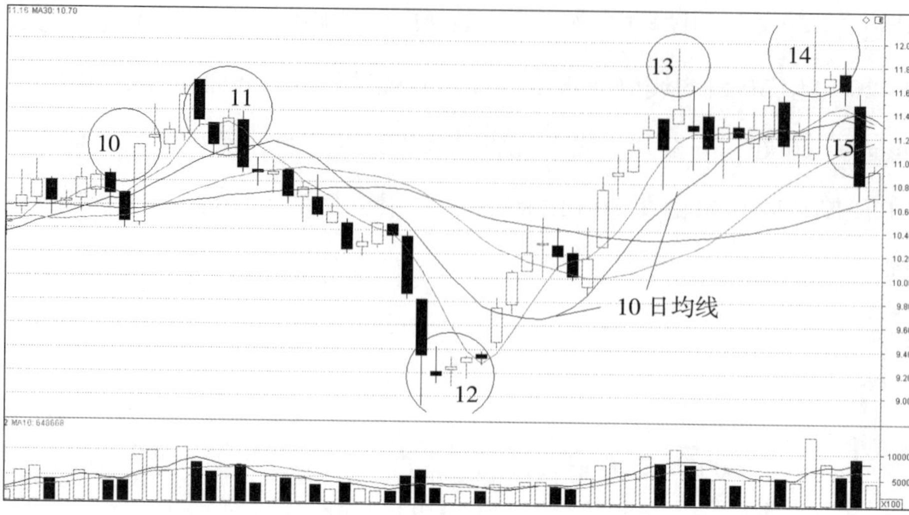

图 3-51　中天科技日 K 线图 4

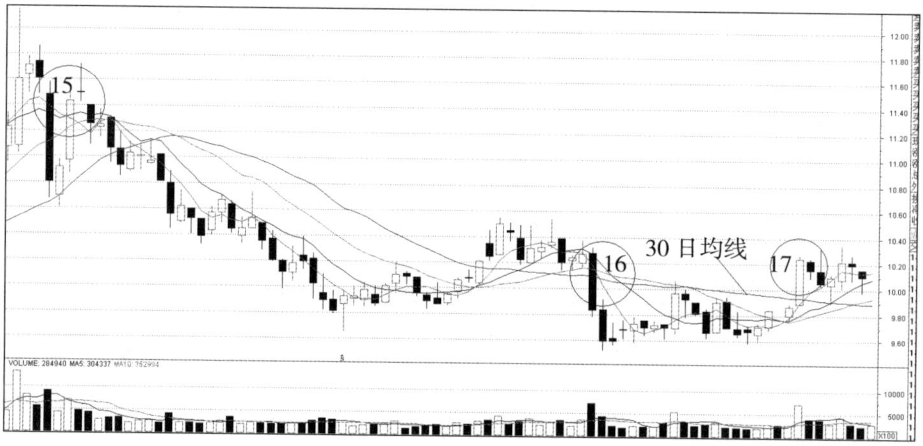

图 3-52　中天科技日 K 线图 5

调整几日后，在图 3-53 圆圈 18 处一根大阳线向上突破 5 日、10 日、20 日和 30 日均线的压制，股价收盘价站稳在 30 日均线之上，均线交叉后开始向上发散，呈多头排列，看涨。

从圆圈 18 到圆圈 19 处，股价以 30 日均线为支撑振荡上扬。在圆圈 19 处股价随成交量的温和增加而上涨，均线交叉后开始向上发散，呈多头排列，看涨。投资者可以根据“30 日均线趋势交易策略”做出投资决策。

“30 日均线趋势交易策略”的完整表述是：股价经过长时间的大幅下跌和调整后，若在调整末端出现一根放量大阳线向上突破 30 日均线，股价收盘价站稳在 30 日均线之上，且 5 日、10 日、20 日和 30 日均线呈多头排列，表明股价处于上升趋势中，投资者

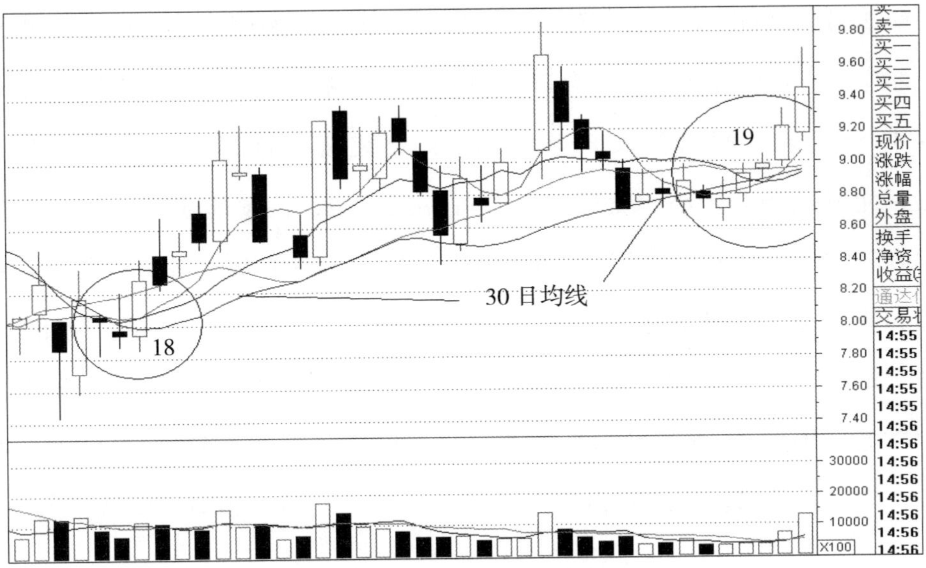

图 3-53　中天科技日 K 线图 6

可以伺机逢低买入，并做好止损准备。相反，股价经过长时间的大幅上涨和调整之后，股价处于相对高位区域时，连续至少 3 天低于 30 日均线，且 10 日、20 日和 30 日均线有呈空头排列迹象时，表明股价将处于下降趋势中，投资者应卖出股票，落袋为安。

投资者对股价进行跟踪发现，在图 3-54 圆圈 19 处之后股价以 5 日均线为其支撑线强劲上涨，直到圆圈 20 处。在这里，股价处于高位区域，成交量增大，两个交易日的换手率比较高，分别为 7.32% 和 6.75%，圆圈 20 处出现“乌云盖顶”K 线形态。这些信息表明主力可能在圆圈 20 处拉高出货，股票短期头部可能即将来临。投资者的预判是否正确呢？从之后的股价运行态势可以看出，股价短期头部确实形成了，股价开始了振荡下跌行情。

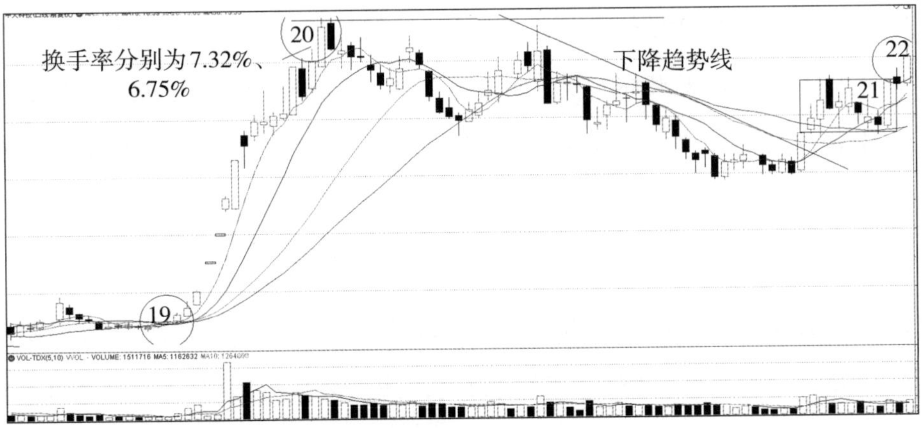

图 3-54　中天科技日 K 线图 7

在矩形 21 处股价出现了以大阳线顶部为支撑的横盘整理行情，说明此处大阳线有很好的支撑作用，这应该是主力资金运作的结果。投资者要密切关注这种情形。

如图 3-55 所示，圆圈 22 处一根大阳线向上突破矩形 21 处横盘整理平台的压力线，但股价上涨的幅度较小。随后出现振荡下跌行情，跌到前期股价低点所形成的支撑区处得到支撑，上涨到矩形 23 处。在这里，股价出现了以大阳线实体上半部分为支撑的横盘整理行情。在横盘整理期间，股价上涨时成交量增加，股价下跌时成交量减少，股价基本上在 5 日或 10 日均线之上运行，且 20 日和 30 日均线有走多迹象。这些信息表明主力在矩形 23 处利用横盘整理行情来洗盘。洗盘结束后，在圆圈 24 处出现连续阳线，向上突破横盘整理平台的压力线，均线交叉后开始向上发散，呈多头排列，看涨。

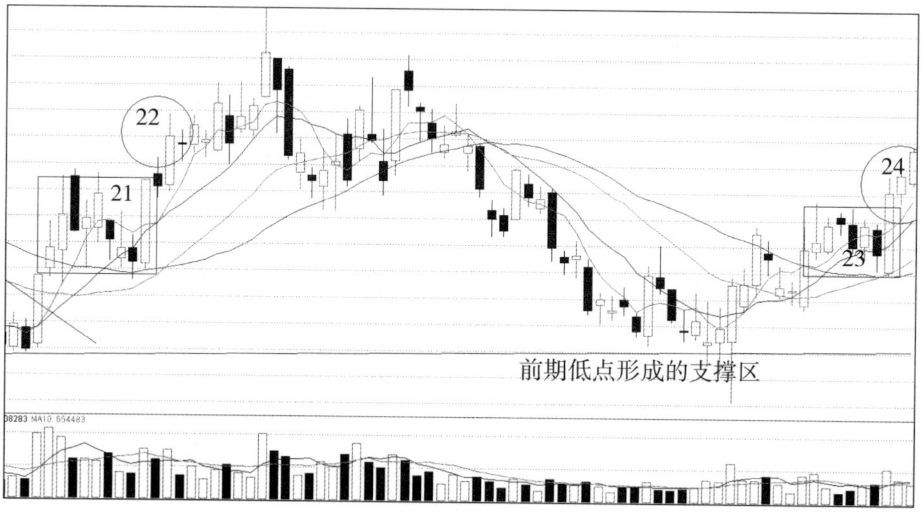

图 3-55　中天科技日 K 线图 8

观察发现，从图 3-56 矩形 23 到圆圈 25 处，股价以 20 日均线为支撑上涨。如果个股处于上升趋势时，投资者顺应趋势，耐心持有股票，直到个股发出上升趋势将要反转的信号，投资者再抛售股票。投资者可以把 20 日均线作为趋势交易的依据，按“20 日均线趋势交易策略”做出投资决策。在圆圈 25 处，连续阴线向下跌破 20 日和 30 日均线，成交量增大，均线交叉后逐渐呈空头排列，此时卖出股票为宜。

不过，投资者要明白的是：卖掉股票后，即使股价又上涨了，也千万不要为此痛心疾首，后悔莫及。只要投资者坚持一致性原则，即始终坚持自己制订的“均线趋势交易策略”，市场最终会给你奖励。

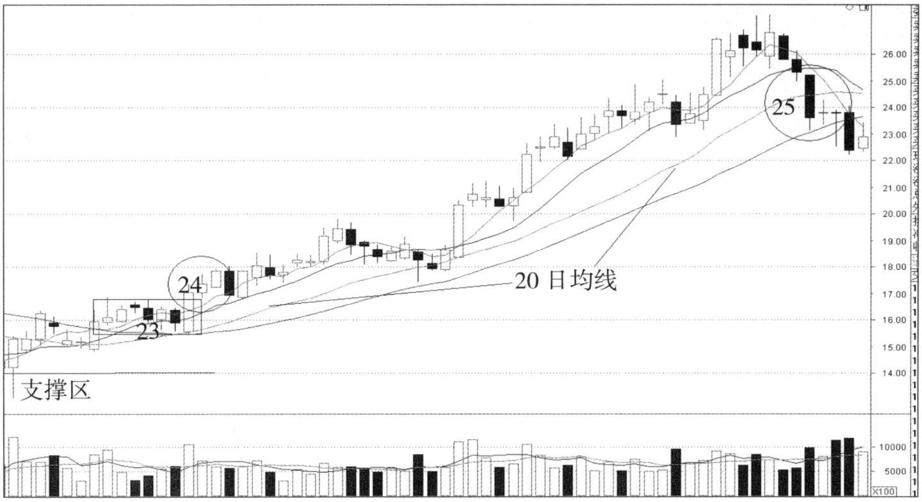

图 3–56　中天科技日 K 线图 9

股价在上升途中，有时会出现阴线形式的下跌，但是其对应的成交量都较小，股价重心没有明显下移，5 日、10 日、20 日和 30 日均线呈多头排列，说明是主力在上升趋势中利用缩量的阴线来洗盘。

在圆圈 25 处一根大阴线向下有效跌破 20 日均线，随后又出现一根大阴线向下跌破 30 日均线，均线交叉后向下发散，呈空头排列。随后股价在下降趋势线和支撑线之间横盘振荡整理。在图 3–57 圆圈 26 处，一根大阴线向下有效跌破 30 日均线，均线交叉后再次向下发散，呈空头排列。在圆圈 27 处，一根大阴线向下有效跌破横盘整理平台的支撑线，5 日、10 日、20 日和 30 日均线向下发散，呈空头排列，这表明股价下跌的趋势比较强烈。投资者在圆圈 27 处应止损出局，认赔，否则亏损会更大。

图 3–57　中天科技日 K 线图 10

圆圈 27 处股价跌破支撑线之后，股价出现了大幅下跌行情，直到圆圈 28 处出现“早晨之星”K 线形态，如图 3-58 所示。此后，股价以圆圈 28 处几乎光头光脚大阳线实体顶部为支撑进行横盘整理，如图 3-58 矩形 29 处所示，说明此处光头光脚大阳线发挥了很好的支撑作用，多方力量较强。

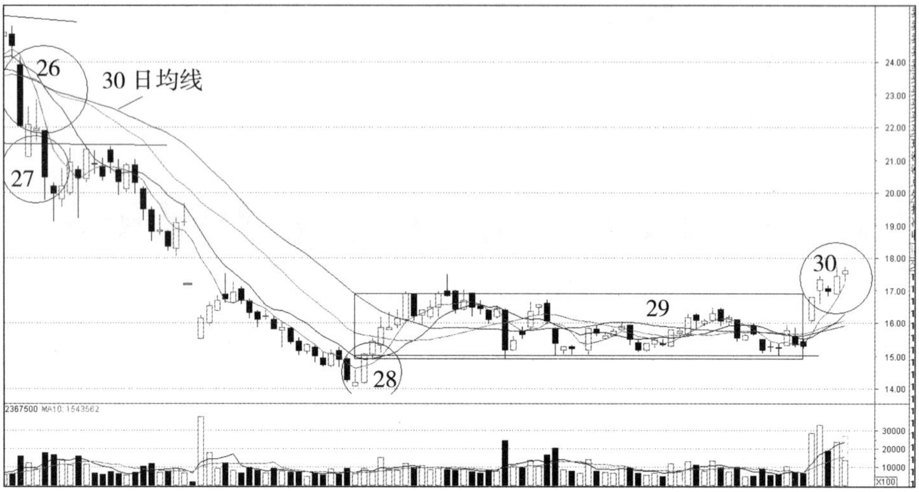

图 3-58　中天科技日 K 线图 11

在横盘整理期间，股价上涨时成交量增加，下跌时成交量总体来说小一些，阳线的数量比阴线的数量多一些，均线趋于平缓。这些信息表明主力在股价处于低位区域时在悄悄买入股票。圆圈 30 处的连续阳线向上突破均线压制和横盘整理平台的压力线，均线黏合（或交叉）后开始向上发散，呈多头排列，看涨。投资者可以在圆圈 30 处逢低积极买入，然后耐心持股待涨，同时要做好止损准备。

【案例研究 4：长园集团】该股经过长达 6 个多月的下跌行情之后，股价在图 3-59 圆圈 1 处创出阶段新低。在这里，出现一个阳包阴的 K 线组合形态，之后股价随成交量温和增加而上涨。在矩形 2 处由于股价大跌后处于相对低位区域，市场需求逐渐增加，供给方的抛压力量在减弱，股票的需求大于供给，股价逐渐在上涨。矩形 2 处股价出现了以大阳线为支撑的整理行情，说明此处大阳线对股价起到了重要的支撑作用，多方力量较强，这是主力资金运作的结果。

圆圈 3 处股价随成交量的温和增加而上涨，均线逐渐交叉后开始向上发散，呈多头排列，说明主力在股价低位区域悄悄买入股票。圆圈 3 处的连续阳线向上突破矩形 2 处的横盘整理平台，均线呈多头排列，看涨。

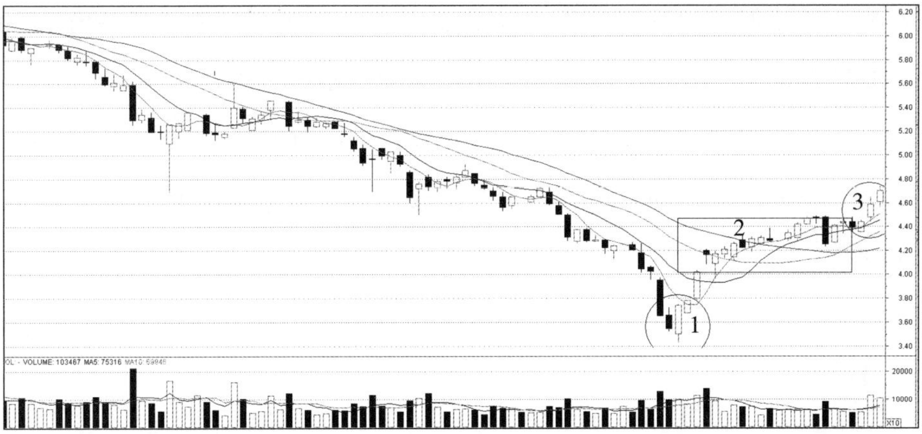

图 3-59　长园集团日 K 线图 1

投资者对股价运行态势进行跟踪，发现股价在图 3-60 圆圈 3 处之后出现了以 20 日均线为支撑的振荡上涨行情，因而投资者可以根据“20 日均线趋势交易策略”卖出股票。这一策略的原则是：股价经过一段时间的大幅上涨之后，处于相对高位区域时，连续几天（至少 3 天）低于 20 日均线且 20 日均线走空，表明股价将处于下降趋势中，投资者应卖出股票，落袋为安。

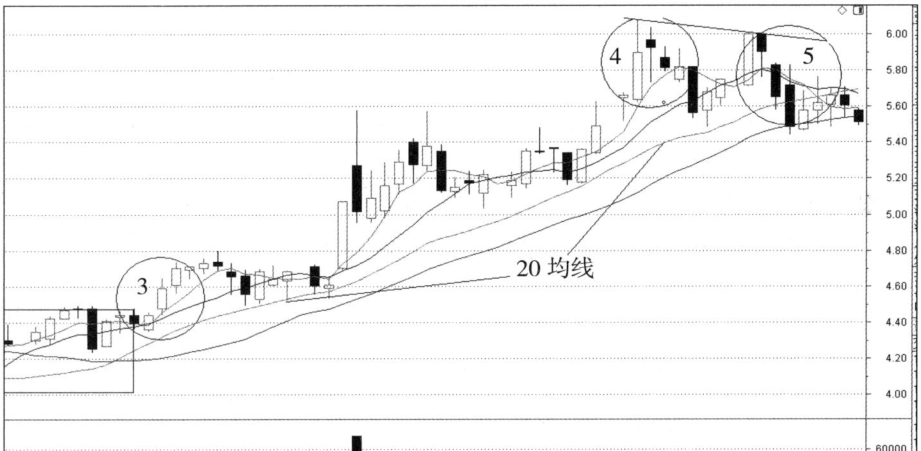

图 3-60　长园集团日 K 线图 2

在图 3-60 中，圆圈 4 处股价出现了股票短期头部标志性 K 线形态，即变形的“黄昏十字星”。在圆圈 5 处出现了变形的“乌云盖顶”或“三只乌鸦”K 线形态，圆圈 4 和圆圈 5 处股价高点依次下降，表明在圆圈 4 处股价短期头部形成了。投资者可在圆圈 5 处考虑卖出股票。

尽管在圆圈 5 处股价出现了下跌，但是股价受到 30 日均线的支撑后出现短暂上涨，直到图 3-61 圆圈 6 处。圆圈 6 处出现“乌云盖顶”K 线形态，预示着股票短期头部将要形成。圆圈 7 处股价向下有效跌破 30 日均线，均线交叉后呈空头排列，看跌。这种情形也验证了：股价高位出现“乌云盖顶”K 线形态，预示着股票短期头部可能形成的研判是正确的。

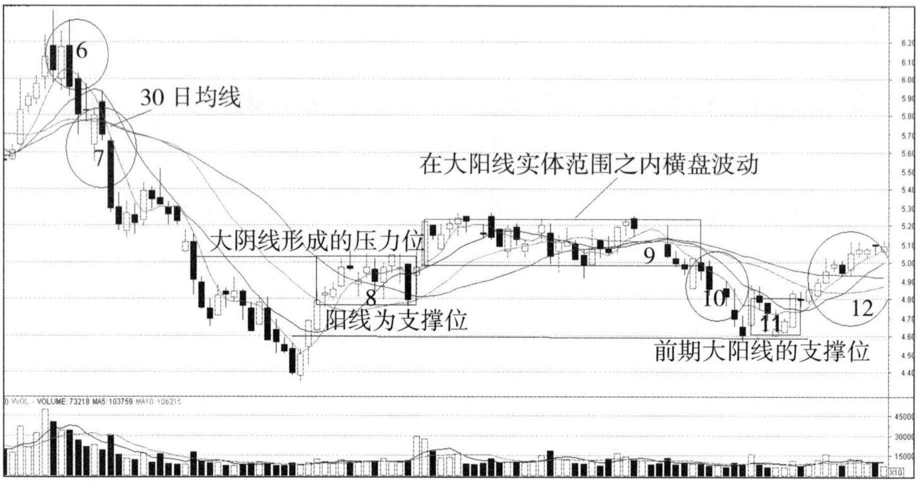

图 3-61 长园集团日 K 线图 3

之后股价创出了阶段新低，在图 3-61 矩形 8 处进入横盘整理行情。横盘整理末端，一根大阳线向上突破整理平台，随后股价在矩形 9 处又开始了在大阳线实体范围的横盘振荡行情。圆圈 10 处的连续阴线向下跌破横盘整理平台的支撑线，股价开始下跌。但是，因为股价受到前期低点和大阳线的支撑影响，在矩形 11 处才企稳。这里出现两根大阳线形式的上涨，说明此处多方对股票的承接能力较强。在圆圈 12 处股价随成交量温和增加而上涨，均线交叉后开始向上发散，呈多头排列，看涨。投资者可以考虑在圆圈 12 处逢低积极买入，并做好止损准备。

买入股票后投资者对股价进行跟踪发现，股价出现了一波以 10 日均线为生命线的强劲上涨行情，在图 3-62 圆圈 14 处股价处于相对高位区域时，连续几天（至少 3 天）低于 10 日均线且 10 日均线走空，投资者可以根据“10 日均线趋势交易策略”卖出股票，落袋为安。

当然，投资者也可根据股价大涨之后处于高位区域时，股价向下有效跌破上升趋势线（*A*、*B* 连接起来的一条直线）时，考虑卖出股票。不过，投资者应注意到，股价经过大幅上涨后在圆圈 13 处出现“射击之星”K 线形态，成交量增大，说明主力在此处拉高出货，预示着股票短期头部不远了，对此投资者要提高警惕。

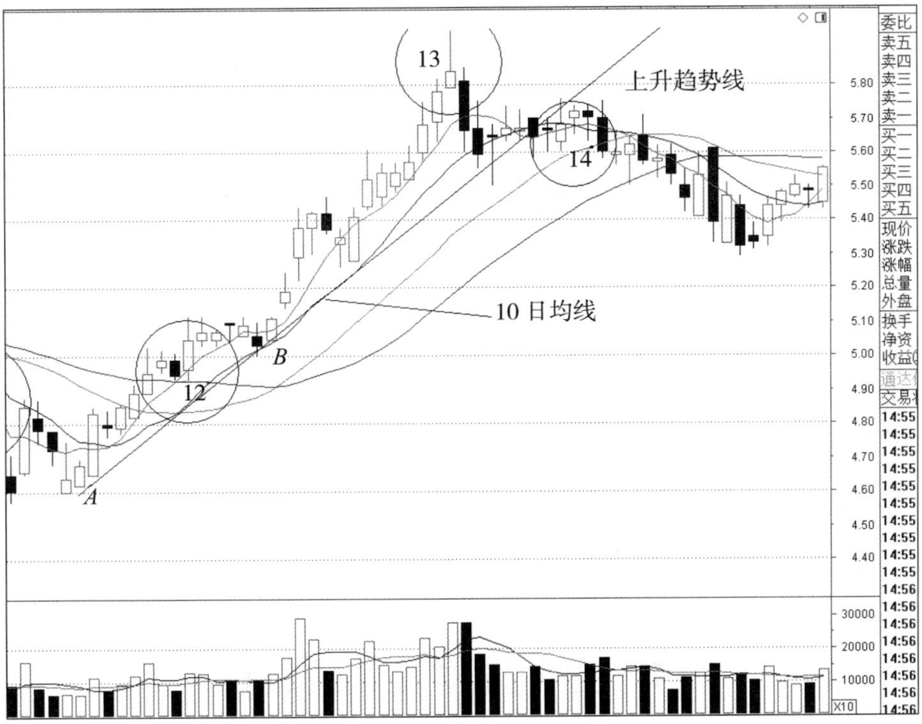

图 3-62　长园集团日 K 线图 4

总之，股价经过大幅上涨后处于高位区域时，投资者可以根据趋势交易策略来卖出股票，也可在股价有效跌破上升趋势线时卖出股票，还可以在出现短期头部标志性 K 线形态时抛售股票，落袋为安。

第 4 章

识别主力洗盘和出货行为

一般来说，主力操作一只股票，都会通过吸筹、洗盘、拉升、出货这四个步骤来实现获利。在实际操作过程中，投资者应通过哪些信息来识别主力的这些操作行为呢？这对投资者来说是至关重要的，因为一只股票的交易如果没有主力机构参与的话，很难有利可图。但是，吸筹、洗盘、出货这些主力操作行为是很隐蔽的，投资者有时很难辨识，往往是事后才发现。

4.1 主力操作股票的过程

4.1.1 吸筹

投资者购买股票的目的是为了获利，主力也一样。主力因为资金雄厚并且要严格执行买卖原则，所以要花很长时间来买入股票。也就是说，主力建仓时间比较长。主力在股价底部区域购买尽可能多的低价筹码，这样会增加对股票的需求，从而使得股价上涨。当然，主力在吸筹建仓的时候，并不想告诉其他投资者他们正在买入股票。但是，主力的购买行为会在 K 线图中表现出来。主力建仓时会在 K 线图上表现出哪些信息呢？我们可以通过技术分析手段，如 K 线形态、价格突破、成交量增加、换手率、移动平均线等指标来跟踪主力的买卖行为。

当股价经过长时间的大幅下跌之后，股价处于相对低位时，抄底资金就会试探性建仓，随着市场需求逐渐增加，这时一般会在股价底部区域出现连续缩量的阳线，但是整体成交量会有所增加，或者出现股价上涨时成交量增加、股价下跌时成交量缩小的情况，均线逐渐黏合（或交叉）之后开始向上发散，并且有呈多头排列的迹象。这些信息可能表明，主力正在悄悄地买入股票，股票的需求和供给关系发生了微妙的变化，投资者要密切关注 K 线图所表达出来的这些信息。

图 4-1 所示为东方财富的日 K 线图。圆圈 1 处出现连续阴线形式的下跌，均线黏合后开始向下发散且呈空头排列。股价一路下跌，直到矩形 3 处才企稳。股价经过长时间的大幅下跌后，处于相对低位，市场需求增加，于是在底部区域矩形 3 处出现连续阳线（中间允许一两根缩量的阴线）。股价上涨时成交量增加、下跌时成交量缩小，均线趋于平缓，股价以阳线形式上涨，突破下降趋势线和均线的压制，均线逐渐黏合（或者交叉）后开始向上发散并呈多头排列迹象，说明主力正在悄悄地买入股票，吸筹建仓。

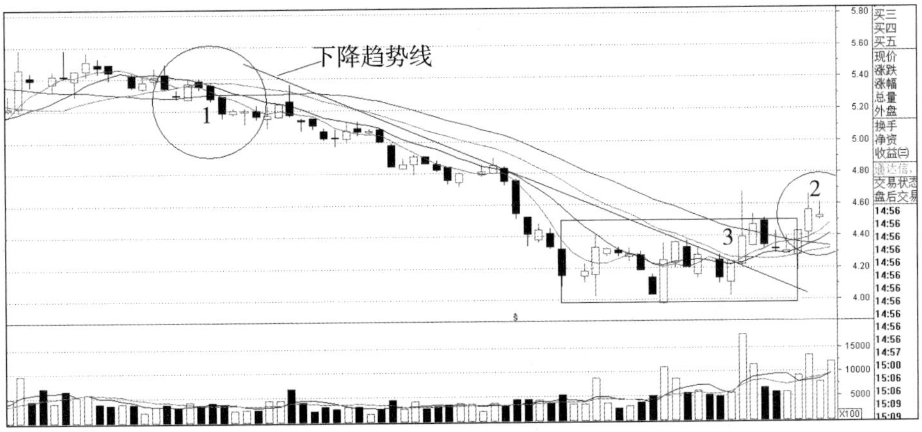

图 4-1　吸筹建仓

圆圈 2 处连续阳线向上突破整理平台的压力线，均线黏合后开始向上发散并呈多头排列。投资者可以在圆圈 2 处大胆买入，并且做好止损准备，耐心等待股价上涨。

4.1.2　洗盘

当主力在低价区域购买到足够的股票之后，就会拉抬股价来提高投资者的买入成本。但是，为了减轻股价拉升的压力，主力往往会在拉升之前进行洗盘。洗盘是指主力为拿到更多低价的筹码，清除浮筹，故意打压股价，直到信心不坚定的投资者抛售廉价的股票，这样日后拉升时阻力会减少。

那么，主力的洗盘行为会出现在什么时候呢？一般来说，会出现在拉升之前。当然，主力也可能为了吸纳到更多的廉价筹码，在建仓时边吸筹、边打压、边洗盘。

主力要达到洗盘的效果，必须要拿出一些筹码，但是他们又舍不得抛售这些廉价的筹码，所以在洗盘阶段，整体来看成交量已萎缩到一个较低的水平。因而洗盘的主要标志就是日 K 线图上成交量大幅萎缩，但股价重心基本上处于走平态势，并没有显著下移。

如图 4-2 所示，科新机电的股价经过一段时间的大幅下跌后，在圆圈 1 处一根光头光脚大阳线向上突破 5 日和 10 日均线，5 日和 10 日均线形成黄金交叉，此后又以连续阳线的形式向上突破 20 日和 30 日均线的压制，股价上涨时成交量有所增加，然后进入矩形 2 处横盘整理阶段。

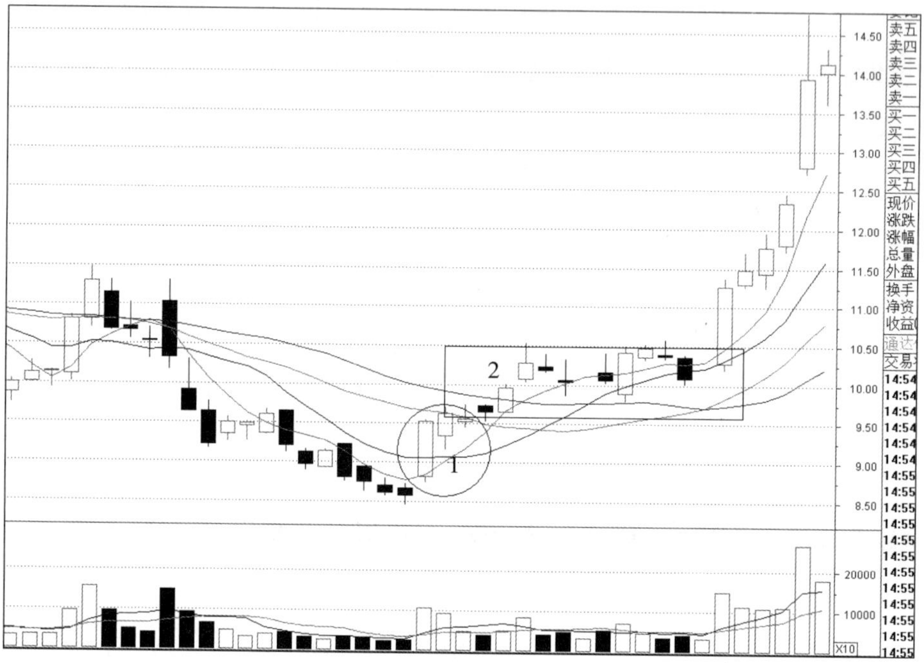

图 4-2　横盘整理洗盘

股价开始以圆圈 1 处大阳线为支撑进行整理，说明此处大阳线对股价起了重要的支撑作用，多方的力量较强。整体成交量较小，股价上涨时成交量大一些，股价下跌时成交量缩小，但股价重心基本上处于走平态势，并没有下移，说明主力在利用缩量的小阴线或十字星进行洗盘，使信心不坚定的投资者因恐惧股价下跌带来损失，或者担心失去利润而抛售廉价股票。洗盘结束后股价开始了急速上涨行情。

4.1.3　拉升和出货

洗盘结束后主力就会拉抬股价，洗盘过程中已出局的投资者会后悔不已。当他们看到股价又在上涨时，就可能会追涨，以比较高的价格买回股票，这样主力先前的低价筹码就有利可图了。

主力在图 4-3 矩形 2 处横盘整理阶段洗盘完毕后，在横盘整理阶段末端股价出现成交量增大的大阳线，均线黏合（或交叉）后向上发散，随后出现了一波上涨行情。因股价受到前期高点所形成的压力制约，在矩形 3 处进入高位横盘振荡行情。在横盘振荡行情末端圆圈 4 处，连续小阴线或十字星向下有效跌破横盘振荡整理平台的支撑线，均线交叉后向下发散，呈空头排列，看跌。

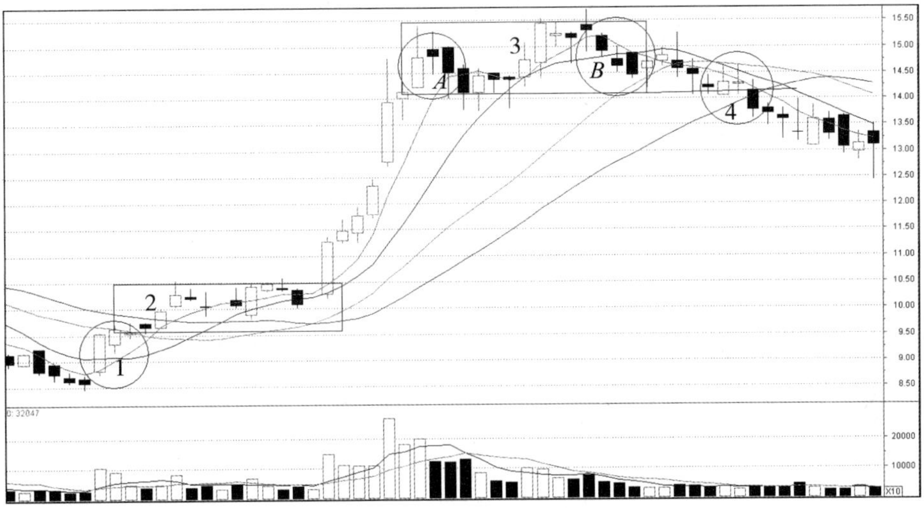

图 4-3　拉升和出货

观察发现，矩形 2 处主力利用横盘整理行情洗盘完毕后拉升股价，股价出现了以 5 日均线为支撑的急速上涨行情，在股价高位区圆圈 *A* 处出现了“三高”现象，即股价处于高位，成交量高，四个交易日换手率高，分别为 11.92%、7.43%、7.23% 和 7.73%。圆圈 *B* 处出现“四只乌鸦”K 线形态，这些信息预示着股票短期头部不远了。主力利用股价高位区矩形 3 处横盘振荡分批出货，成交量增加，股价重心逐渐下移。圆圈 4 处连续阴线向下跌破横盘整理平台的支撑线，均线交叉后向下发散，呈空头排列，预示着股票短期头部形成了。

主力在矩形 3 处利用横盘振荡整理行情来分批派发筹码，抛售股票，预示着股票短期头部不远了。投资者应切记：没有主力派发的股票，成交量不可能放大。主力出货的标志就是在股价高位区，日 K 线图上成交量大幅增加，股价重心在逐渐下移。

前面我们简单分析了主力吸筹、洗盘、拉升、出货等操作行为。现在我们把它们在 K 线图上的特征及买卖策略进行总结，如表 4-1 所示。这些行为在个股股价运行态势中会反复出现。

表 4-1　主力吸筹、洗盘、拉升、出货的行为特征

阶段	吸筹	洗盘	拉升	出货
行情	长时间大幅下跌后股价处于低位区	股价有一定程度的上涨	洗盘后股价出现强劲上涨行情	大幅上涨后股价处于高位区
K 线图特征	股价底部区域出现连续阳线，整体成交量有所增加，或者股价上涨时成交量增加，股价下跌时成交量缩小，均线由走空变为走平甚至走多，呈多头排列迹象	横盘整理期间，股价上涨时成交量增加，下跌时成交量缩小，股价重心没有下移，20 日和 30 日均线仍然走多。连续小阴线或十字星洗盘时，成交量缩小	洗盘结束后股价往往会出现一根大阳线形式的上涨，成交量增大，股价向上突破横盘整理平台的压力线，均线开始向上发散，呈多头排列	股价在高位区，波动幅度加大，换手率高，成交量增大，股价重心在逐渐下移，均线由走多变为走平甚至走空，呈空头排列迹象
买卖策略	大阳线向上有效突破下降趋势线或者均线的压制，均线黏合或交叉后开始向上发散，呈多头排列，此时是投资者买入股票的好时机	持股待涨，密切关注股价运行态势，做好止损准备	为获得更多利润，采用趋势交易策略或者移动止损策略	出现标志性顶部 K 线形态时卖出，或者股价突然加速垂直式上涨，换手率高，成交量增大，此时是卖出股票的好时机

主力吸筹、洗盘、拉升、出货四个阶段的行为特征如图 4-4 所示。该股经过长时间大幅下跌后股价处于相对低位区，一些抄底资金会试探性地买入股票，增加了对股票的需求，于是在矩形 1 处出现连续阳线（中间允许一两根缩量的阴线），均线趋向于靠拢和黏合。股价上涨时成交量增加，股价下跌时成交量缩小，均线由走空变为走平甚至走多，呈多头排列迹象。这些信息表明主力正在底部吸筹。

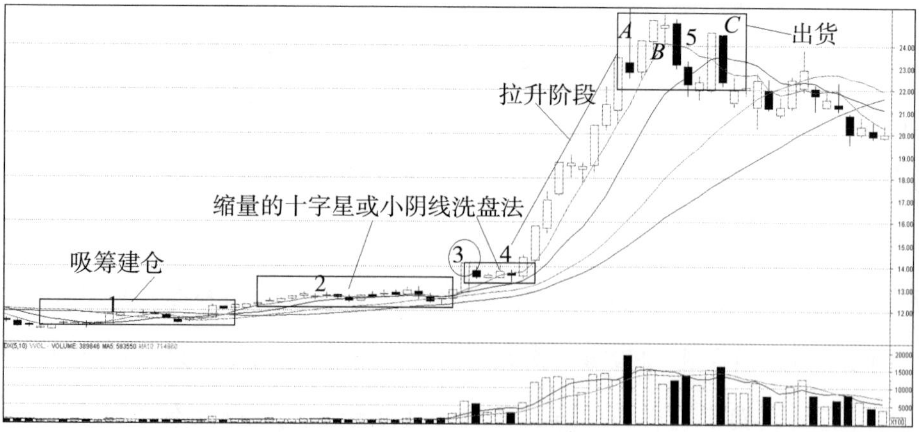

图 4-4　主力吸筹、洗盘、拉升、出货四个阶段的行为特征

矩形 2 处股价进入横盘整理行情。在横盘整理期间，股价上涨时成交量增加，下跌时成交量缩小，股价重心没有明显下移，20 日和 30 日均线仍然走多。这表明主力在此处利用十字星或小阴线进行洗盘。洗盘结束后，在圆圈 3 处一根大阳线向上突破横盘整理平台的压力线，均线交叉后开始向上发散呈多头排列。矩形 4 处出现一个"上升四法"K 线形态（一根大阳线之后紧跟着 4 根小实体 K 线，小实体 K 线基本上都局限在前面大阳线的价格范围之内），其间出现的缩量小阴线是主力的一种洗盘手法。之后股价以 5 日均线为支撑开始强劲上涨。

矩形 5 处股价处于大涨后的高位区，股价开始宽幅振荡行情，*A* 处出现一个"射击之星"，*B* 处出现一个类似"黄昏之星"的 K 线形态，*C* 处出现一根大阴线，它们对应的成交量都增大，股价重心在逐渐下移，预示着股票短期头部可能要形成了，这表明主力在矩形 5 处利用高位振荡行情来分批出货，对此投资者要提高警惕，此时千万不要买入股票，而是应该抛售，止损出局。

图 4-4 反映了主力吸筹、洗盘、拉升、出货四个阶段的完整过程，以便于投资者能更好地理解主力的投资行为。这样，投资者可以根据 K 线图反映出来的信息，做出买卖决策。

4.1.4　吸筹、洗盘、拉升和出货综合应用

【案例研究 1：同花顺】该股经过前期大幅下跌后，股价处于相对低位区，一些抄底资金增加了对股票的需求，于是出现连续阳线（中间允许一两根阴线），均线逐渐趋于靠拢和黏合在一起。但是，股价受到前期阴线所形成的压力制约，在图 4-5 矩形 1 处开始在支撑线和压力线之间横盘整理。在横盘整理期间，末端圆圈 2 处一根几乎光头光脚大阴线向下有效跌破支撑线，均线黏合后开始向下发散，5 日、10 日、20 日和 30 日均线呈空头排列，看跌。此时投资者千万不要买入股票，要立即采取止损操作，以免遭受重大损失。

圆圈 2 处一根大阴线向下跌破支撑线后，股价下跌到图 4-6 圆圈 3 处开始反弹。但是因受到前期高点及阴线所形成的压力制约，股价出现振荡下跌行情，直到矩形 5 处。这里，股价经过大幅下跌后处于相对低位区，市场需求增加，于是在股价低位区域出现连续阳线（中间允许有一两根阴线），股价随成交量的增加而上涨，均线逐渐趋于平缓，

并靠拢和交叉在一起。

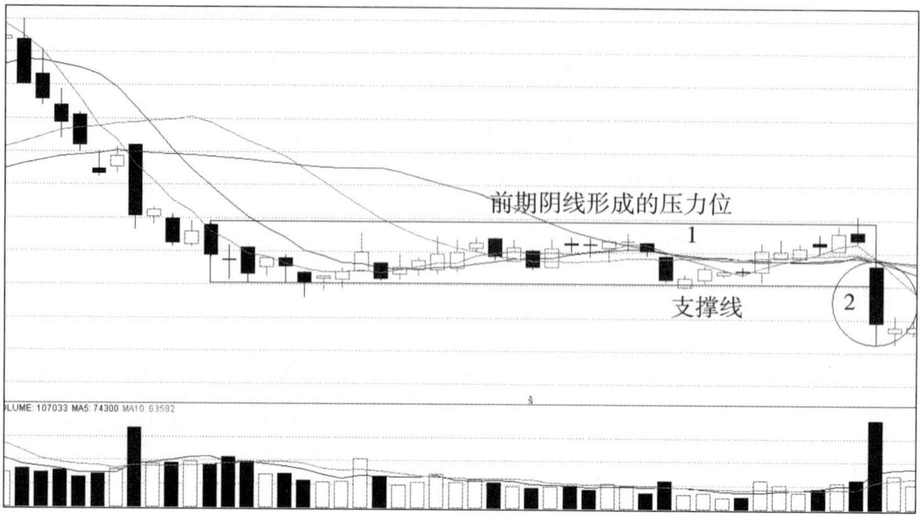

图 4-5　同花顺日 K 线图 1

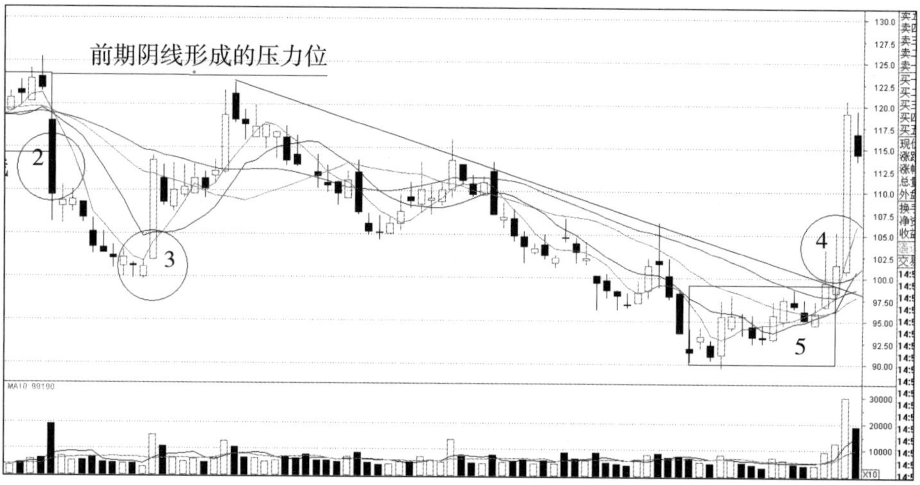

图 4-6　同花顺日 K 线图 2

在圆圈 4 处，一根大阳线向上突破均线的压制，成交量放大，均线系统呈多头排列，看涨。这说明此时需求方吸收了供给方所抛售的全部筹码（股票），需求方的力量超过了供给方的力量，多方占有绝对优势。这是主力在悄悄买入股票建仓。不过，次日股价出现一个小阴线，那么后期股价会上涨、下跌还是横盘？投资者难以做出判断。

图 4-7 圆圈 4 处出现大阳线形式的上涨，向上突破均线压制后，经过几个交易日的回挡整理，股价上涨时成交量增大，下跌时成交量缩小，股价在 5 日均线之上运行且均

线呈多头排列，说明主力资金在悄悄地洗盘吸筹。若投资者在此处买入的话，可采用移动止损原则跟踪股价运行态势。直到圆圈 5 处出现几根长上影线的小阳线或者十字星，说明空方抛售压力较沉重，股价上涨比较难。圆圈 6 处出现了 5 日和 10 日均线“死亡交叉”K 线形态，5 日和 10 日均线走空。这也验证了圆圈 5 处股票短期头部的形成。

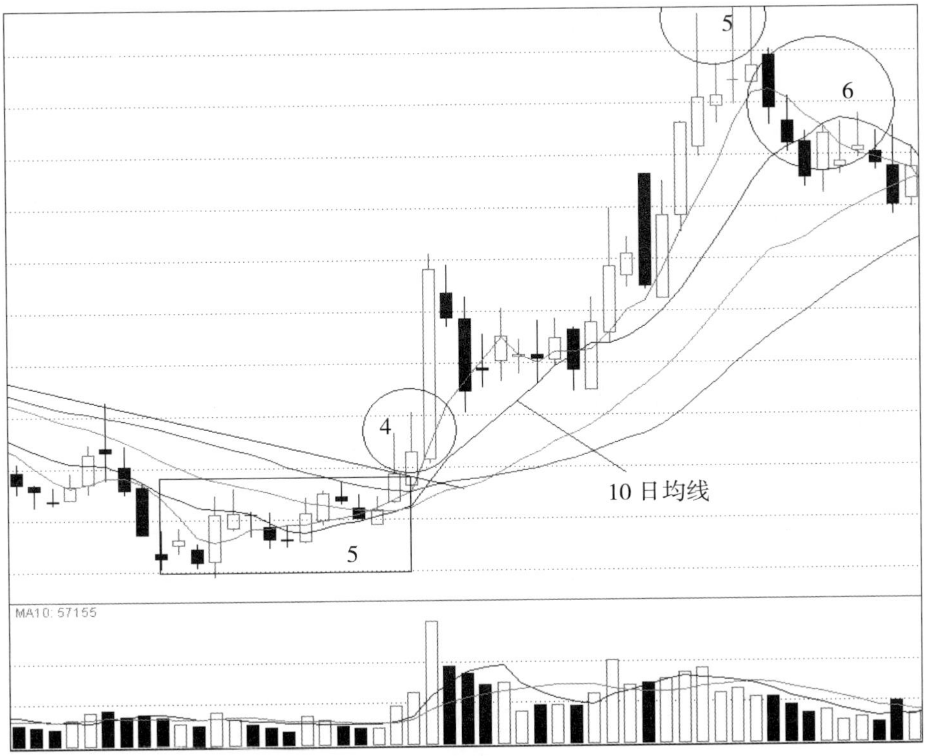

图 4-7　同花顺日 K 线图 3

圆圈 4 到圆圈 6 处股价是以 10 日均线为支撑在上涨，投资者可以根据“10 日均线趋势交易策略”做出投资决策。

图 4-8 圆圈 6 处出现阴线形式的下跌，5 日和 10 日均线出现“死亡交叉”，均线开始向下发散，走空。投资者根据止损或止盈原则，抛售股票。若投资者继续跟踪股价运行态势的话，会发现股价在矩形 7 处进入横盘整理行情，均线趋于平缓且逐渐靠拢和黏合交叉在一起。圆圈 8 处连续阳线向上突破均线的压制，均线黏合或交叉后开始向上发散，呈多头排列，股价有开始企稳回升的迹象。

投资者仔细观察矩形 7 至圆圈 8 处的股价运行态势，可以发现这样的迹象：在股价相对低位区域出现连续缩量的阳线（中间允许有一两根缩量阴线），成交量总体小幅增加，股价小幅上涨，同时均线向上发散，呈多头排列。这种信号表明有人在悄悄买入股票，可能是主力在吸筹建仓。此时，投资者应密切关注股价运行态势，伺机积极买入，并做好止损准备。

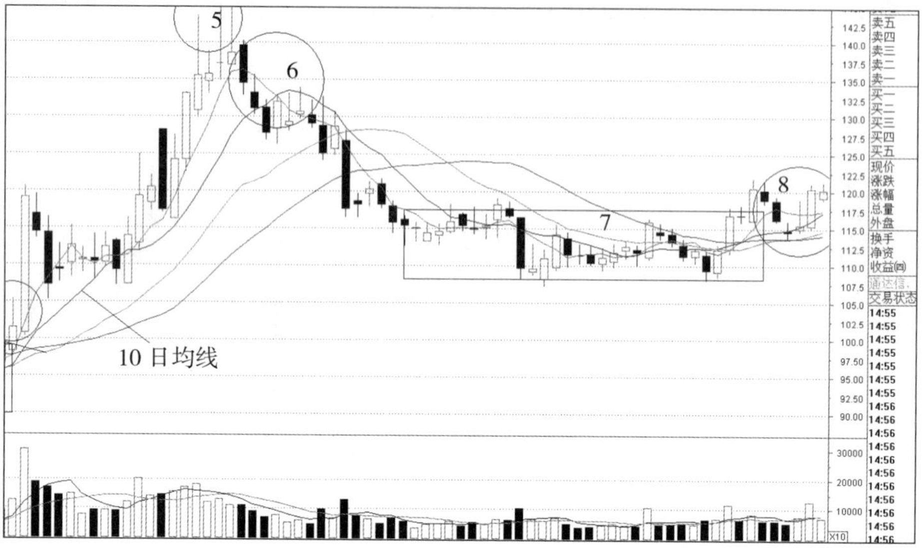

图 4-8　同花顺日 K 线图 4

股价随后出现上涨行情，直到图 4-9 圆圈 9 处。在圆圈 9、10 处分别出现类似“射击之星”的 K 线形态，股价形成双顶。在圆圈 11 处，两根大阴线向下有效相继跌破 20 日和 30 日均线，5 日和 10 日均线出现“死亡交叉”现象，均线系统呈空头排列，预示着股价将要出现下跌行情。这也验证了圆圈 9、10 处股票短期头部的形成。

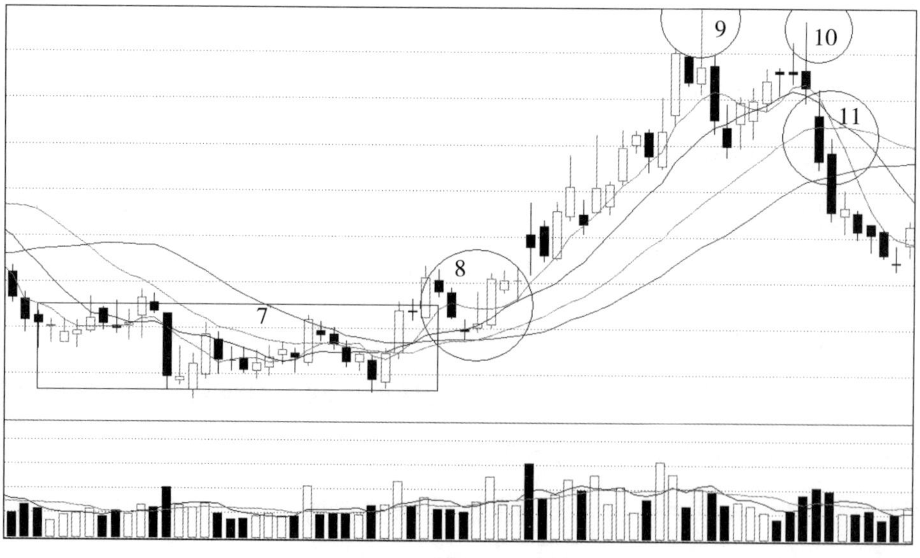

图 4-9　同花顺日 K 线图 5

观察发现，圆圈 8 到圆圈 11 处股价以 10 日均线为支撑上涨，投资者可以根据“10 日均线趋势交易策略”做出投资决策。

这里对于头部的预判非常正确。从圆圈 11 处之后，股价出现长时间的大幅下跌行情。在图 4-10 矩形 12 处，股价出现了以大阳线为支撑的横盘整理行情，说明此处大阳线对股价起了重要的支撑作用，多方力量较强。在横盘整理阶段，股价出现连续阳线，成交量温和增加，均线也由走空变为走平甚至走多，这是主力在股价低位区域悄悄买入股票的行为导致的，即主力在吸筹建仓。圆圈 13 处连续阳线向上突破均线的压制，均线黏合后向上发散，呈多头排列。

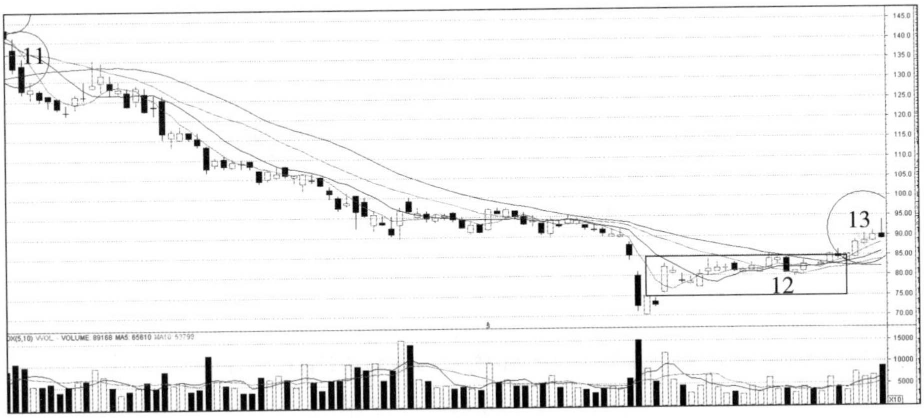

图 4-10　同花顺日 K 线图 6

主力在矩形 12 处吸收筹码后，股价就开始加速上涨。在图 4-11 圆圈 14 处，股价因受到前期阴线所形成的压力制约，出现一根带长上影线的阳线，随后股价再次出现下跌行情。这表明主力资金在圆圈 14 处拉高股价，派发股票。没有主力资金的支持，股价就会出现大幅下跌行情。

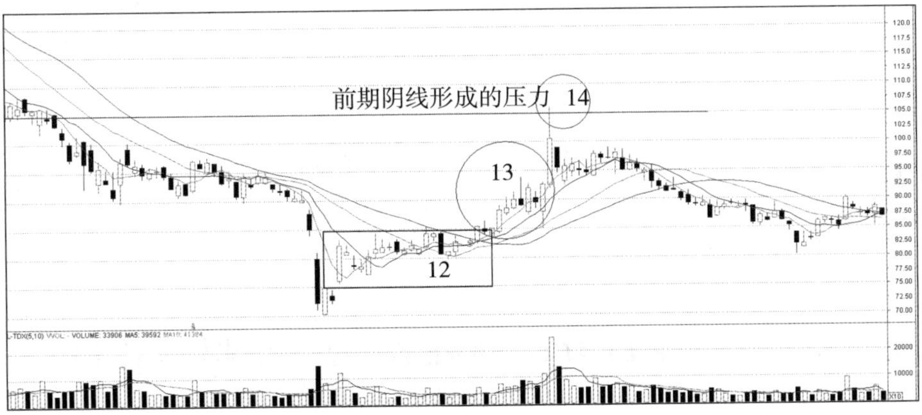

图 4-11　同花顺日 K 线图 7

果然，股价出现长时间的大幅下跌行情，直到图 4-12 圆圈 15 处出现两根大阳线形式的上涨。在圆圈 15 处一根放量大阳线向上突破下降趋势线和均线的压制，收盘价站稳在 30 日均线之上，均线交叉后开始向上发散，呈多头排列。这些信息是否预示着股票将要开启上涨行情呢？

根据股价大幅下跌后处于相对低位区，出现“大阳线 + 成交量放大 + 均线向上发散”的买入信号，投资者可以逢低买入股票，当然要做好止损准备。

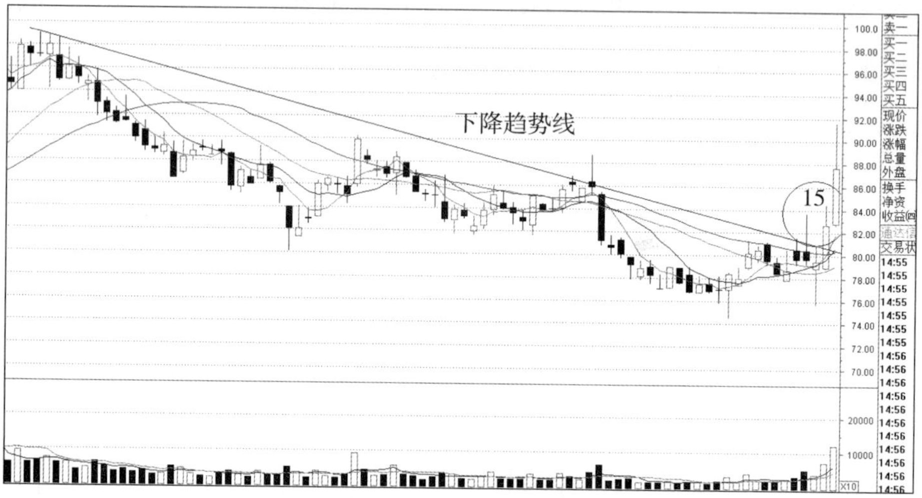

图 4-12　同花顺日 K 线图 8

股价随后出现一波振荡上涨行情。在图 4-13 矩形 16 处，股价向上跳空高开随后横盘整理。在矩形 17 处，因受到前期大阳线形成的支撑而出现强劲的上涨行情。在矩形 18 处股价处于高价区，出现宽幅振荡行情，股价重心有所下移，是否预示着主力资金在派发股票呢？是否预示着股票短期头部的形成呢？

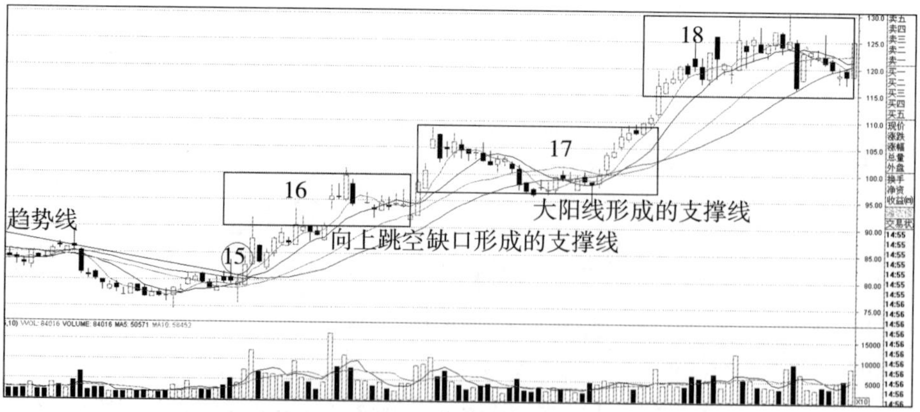

图 4-13　同花顺日 K 线图 9

观察发现，在矩形 18 处横盘整理态势末端，股价连续几天（至少 3 天）在 10 日均线以下运行，并且均线交叉后开始向下发散，有走空迹象。同时成交量有时也较大，股价重心在逐渐下移。根据这些信息，投资者基本上可以判断，股价处于高位时主力利用振荡横盘整理分批出货。投资者应卖出股票，落袋为安。

【案例研究 2：众生药业】该股经过前期振荡上涨之后，在图 4-14 圆圈 1 处出现“四只乌鸦”K 线形态，向下跌破 30 日均线，均线交叉后开始向下发散，呈空头排列，看跌。直到圆圈 2 处一根光头光脚大阳线向上突破 5 日、10 日、20 日和 30 日均线的压制，均线才有呈向上发散的迹象。

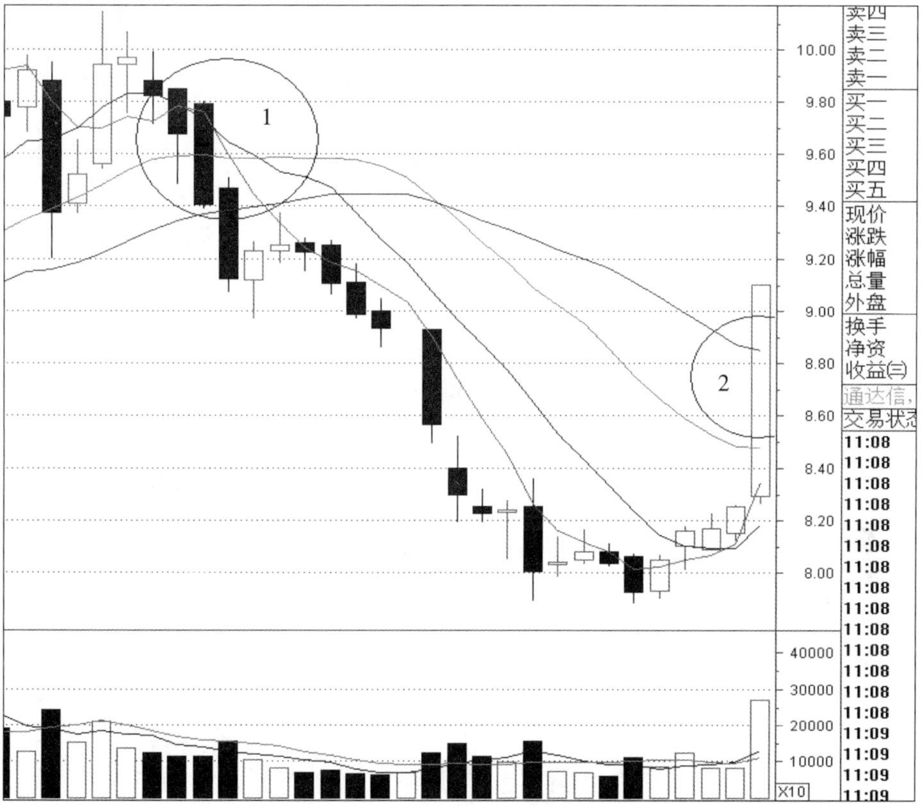

图 4-14　众生药业日 K 线图 1

股价处于相对低位时出现光头光脚大阳线，成交量放大，一般是主力资金运作的结果。投资者要密切关注这种现象。在这里有一个买入原则：“一阳冲天”买入法，即股价处于低位时一根放量的大阳线实体一口气穿过 5 日、10 日、20 日、30 日等均线，且收盘价站稳在 30 日均线之上，均线系统交叉后开始向上发散并呈多头排列迹象，次日投资者应伺机果断介入，并做好止损准备。

根据“一阳冲天”买入法，投资者应伺机逢低买入。我们来看看投资者在此处买入是否可行？投资者跟踪股价运行态势发现，图 4-15 圆圈 2 处光头光脚大阳线后的第 1 个交易日出现上涨的小阴线（其实是假阴真阳），随后几个交易日出现小幅下跌，但是成交量非常小，说明主力在此处洗盘。洗盘结束后，在圆圈 3 处又有一根光头光脚大阳线向上突破前期高点所形成的压力区，次日出现“一字形”K 线形态。在圆圈 4 处股价短时间大幅上涨，成交量放大，换手率高达 13.6%。这些信息表明主力资金在拉升股价，派发股票，预示着股票短期头部不远了。

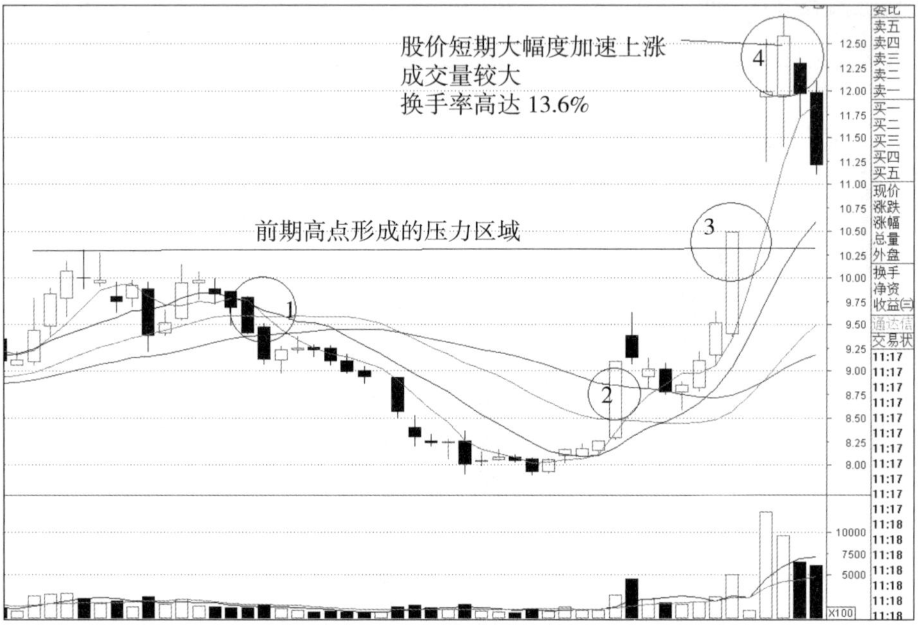

图 4-15　众生药业日 K 线图 2

观察发现，圆圈 2 到圆圈 4 处股价以 5 日均线为支撑强劲上涨，投资者可以根据“5 日均线趋势交易策略”做出投资决策。

主力资金卖出股票后，股价出现了大幅下跌行情，不过股价在 30 日均线处受到了支撑，企稳回升，如图 4-16 圆圈 5 处所示。之后股价从圆圈 5 到圆圈 6 处，以 10 日均线为支撑开始上涨。在圆圈 6 处一根大阴线向下跌破 10 日均线且 10 日均线走空。如果投资者根据“10 日均线趋势交易策略”做出投资决策的话，那么在圆圈 6 处就可以卖出股票，落袋为安。

股价在圆圈 6 处跌破 10 日均线后出现下跌行情，直到图 4-17 矩形 7 处开始横盘整理。在横盘整理期间，股价上涨时成交量增加，股价下跌时成交量缩小，5 日和 10 日均

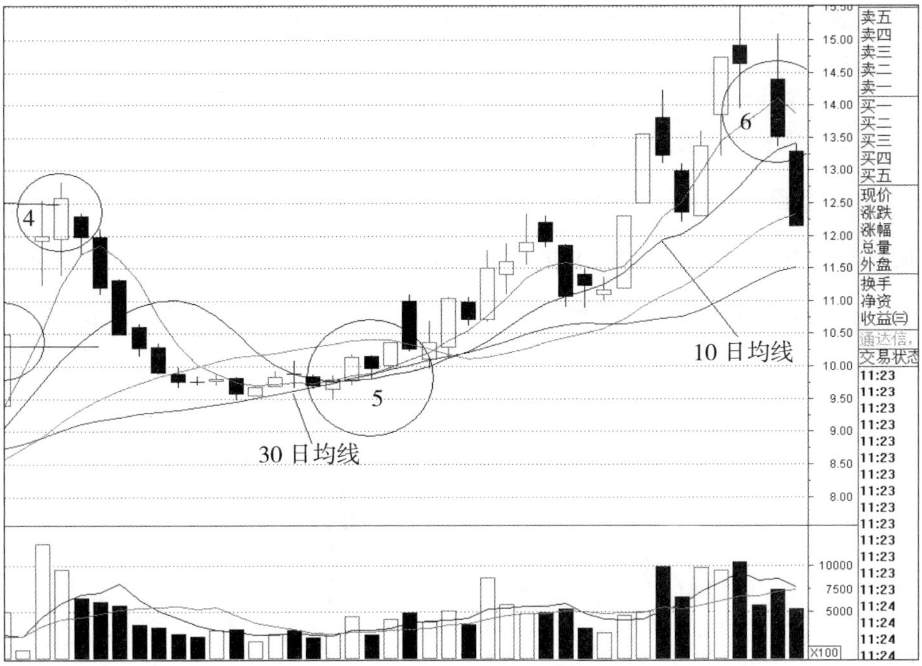

图 4-16 众生药业日 K 线图 3

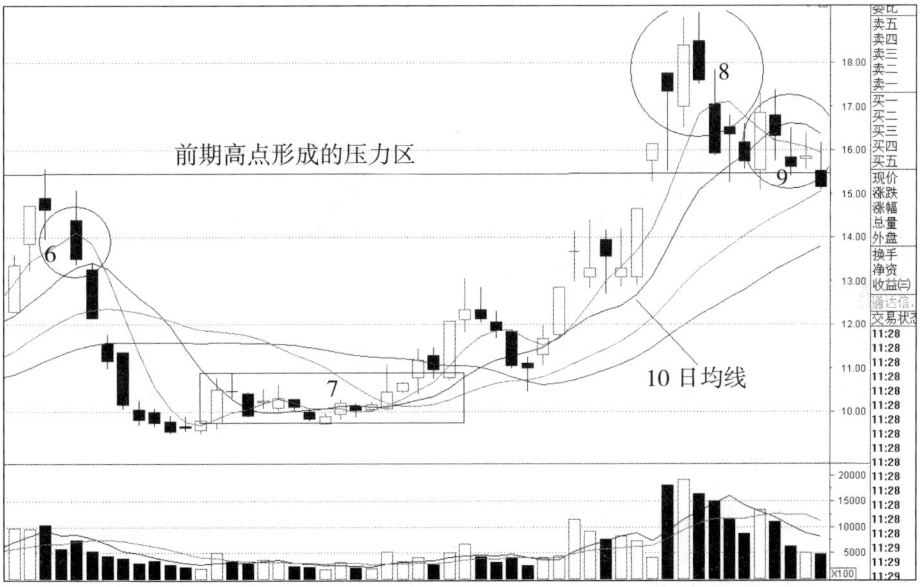

图 4-17 众生药业日 K 线图 4

线黏合且走平甚至走多，这预示着主力可能在悄悄买入股票，但是投资者难以确定，毕竟 20 日和 30 日均线还处于走空态势。在横盘整理末端出现大阳线，成交量也有所增加，5 日、10 日、20 日均线交叉后开始向上发散，呈多头排列。股价一直涨到圆圈 8 处，此时股价处于高位，之后连续几天大阴线下跌，成交量总体上也有所放大，这些信息预示着主力可能在此处出货，股票短期头部要形成了。对此投资者要提高警惕。

观察发现，矩形 7 到圆圈 8 处股价以 10 日均线为支撑在上涨，投资者可根据“10 日均线趋势交易策略”做出投资决策。圆圈 9 处 5 日和 10 日均线出现“死亡交叉”，且开始走空，这些是股价可能要下跌的信号，投资者应密切关注这些指标所显示的信息。

跟踪股价运行态势发现，圆圈 8 处之后股价开始下跌，随后振荡上行，直到图 4-18 圆圈 10 处。圆圈 8、10 处分别出现“乌云盖顶”K 线形态，圆圈 10 处股价因受到前期高点所形成的压力制约，开始下跌，标志着股票短期头部的成立。

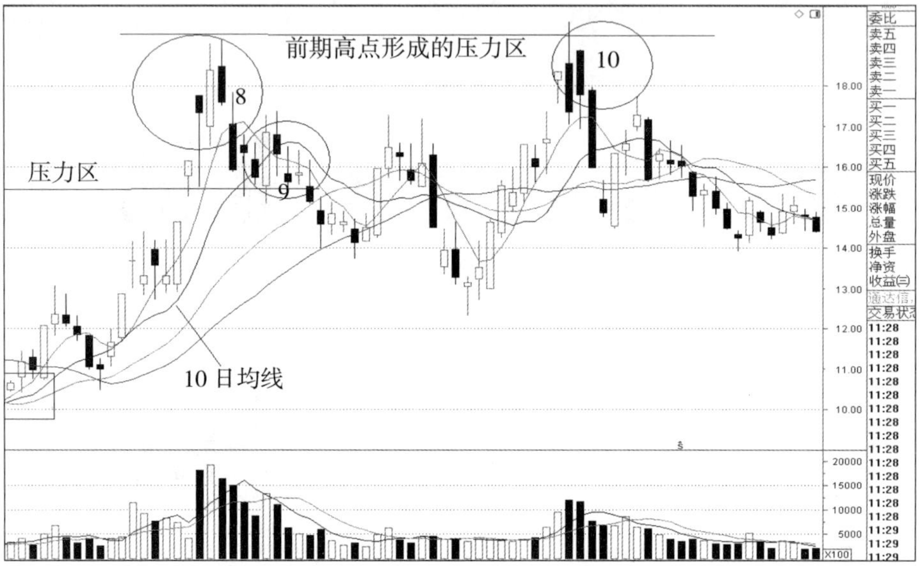

图 4-18　众生药业日 K 线图 5

此后股价一直处于振荡下跌行情中，直到图 4-19 圆圈 11 处。在这里，连续的阳线向上突破下降趋势线和均线的压制，均线交叉后也开始向上发散，看多。投资者是否可以在此处买入呢？根据股价处于低位时连续阳线向上突破均线压制且均线交叉后向上发散的买入原则，投资者可以在圆圈 11 处买入，并做好止损准备。

买入后投资者发现股价如期上涨，成交量也在增加，均线呈多头排列，股价上涨趋势良好。一直上涨到图 4-20 矩形 12 处，股价在高价区域横盘振荡，成交量放大，每天的换手率平均高达 15%，股价重心在逐渐下移，均线有走空迹象。这些信号表明主力在矩形 12 处派发筹码。投资者此时千万不要买入股票，而是要立即抛售或果断止损出局，否则亏损更大。

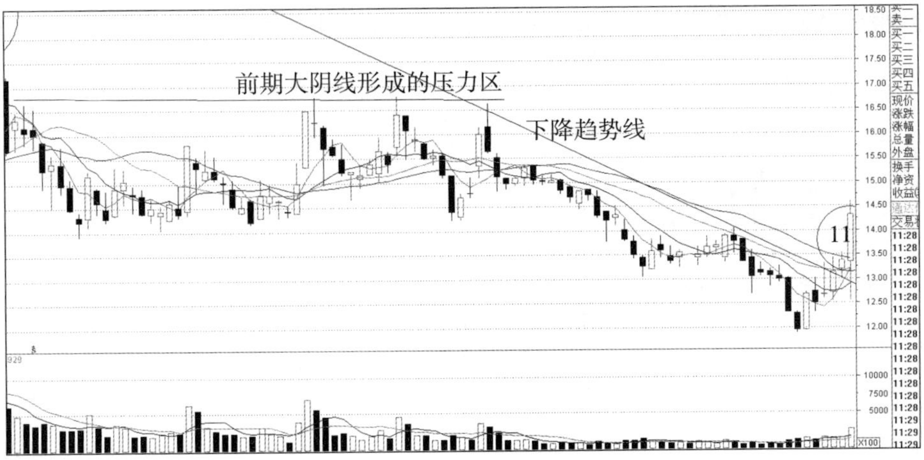

图 4-19　众生药业日 K 线图 6

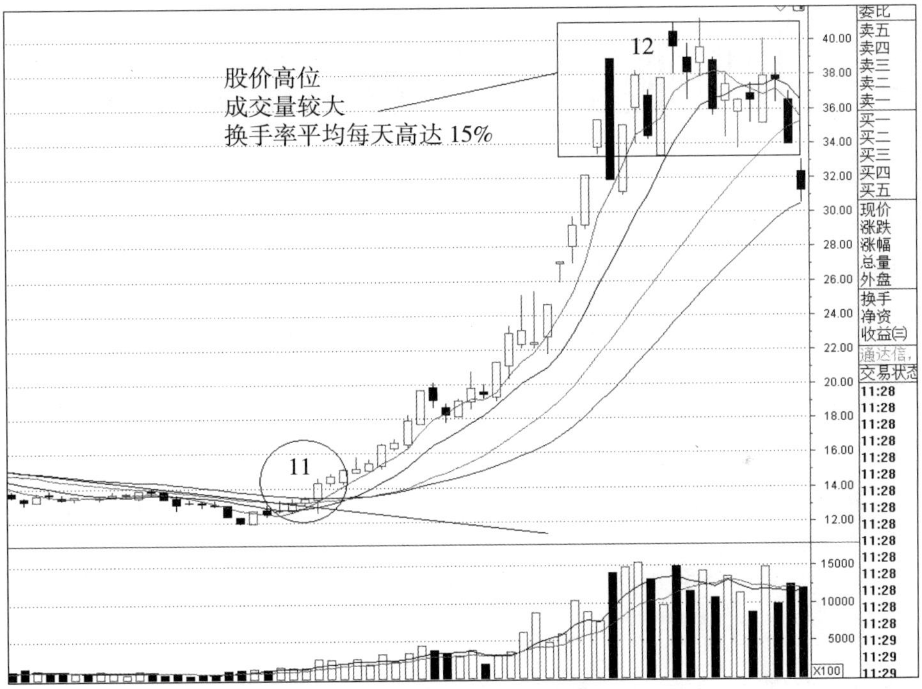

图 4-20　众生药业日 K 线图 7

观察发现，圆圈 11 到矩形 12 处股价以 5 日均线为支撑在上涨，投资者可根据“5 日均线趋势交易策略”做出投资决策。

投资者要注意区分洗盘和出货这两种操作行为。在高价区主力反复制造振荡，让投资者误以为是在整理，实则在振荡中慢慢分批出货。在高位横盘处，主力以出货为目的，成交量比较大；以洗盘为目的，成交量则很小。

之后股价出现了一波大幅下跌行情。下跌途中虽有反弹，但因股价受到前期高点形成的压力制约，股价在图 4-21 圆圈 13 处以“三只乌鸦”K 线形态向下有效跌破 30 日均线，5 日、10 日、20 日和 30 日均线交叉后开始向下发散，呈空头排列，看跌。

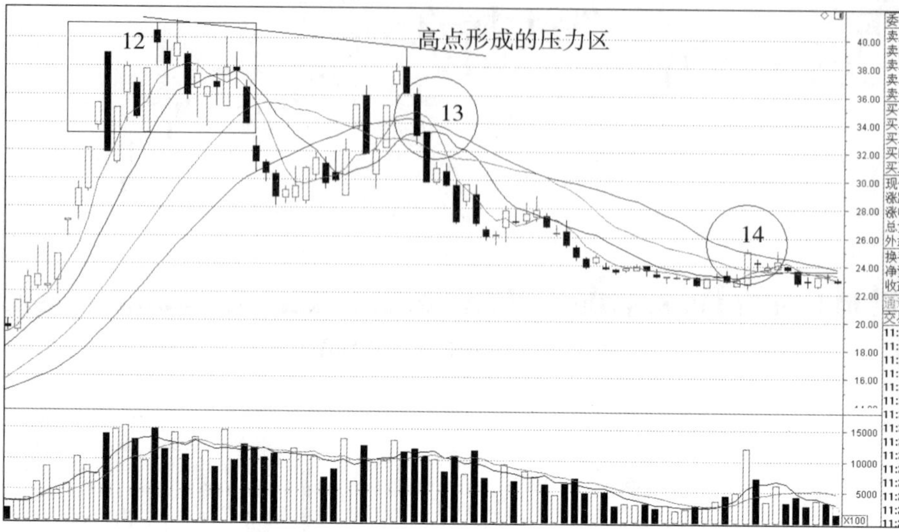

图 4-21　众生药业日 K 线图 8

股价在圆圈 14 处出现一根大阳线形式的上涨，但均线系统仍呈空头排列。圆圈 14 处放量的大阳线是主力的诱多行为。

【案例研究 3：伊利股份】该股经过长时间的振荡整理上涨行情后，在图 4-22 圆圈 3 处出现连续阴线形式的下跌，股价在 20 日均线下运行，且 5 日、10 日、20 日和 30 日均线逐渐交叉后开始向下发散，呈空头排列。在圆圈 1 至圆圈 3 处股价以 20 日均线为支撑在上涨，只要股价触及 20 日均线，主力就拉抬股价，因此我们把 20 日均线称为该股的生命线。圆圈 3 处股价收盘价在 20 日均线之下运行，所以投资者可以在此抛售股票。

观察发现，在图 4-22 每个三角形整理形态中，都是以连续阳线或大阳线为支撑在振荡整理，连续阳线或大阳线起到了很好的支撑作用，股价上涨时成交量增加，股价下跌回调时成交量缩小，但是 20 日均线、30 日均线仍然处于走多趋势。这说明主力在每个三角形整理形态中一边打压股价进行洗盘，一边吸收筹码。投资者要仔细观察 K 线图，把握主力资金操盘的规律。

若投资者以 20 日均线作为趋势交易线，那么在圆圈 3 处当股价有效跌破 20 日均线且 20 日均线走空时，可以考虑卖出股票。后面股价的运行态势如何呢？如图 4-23 所示，股价在圆圈 3 之后开始下跌，但是很快开始了短暂的反弹，因为受到前期高点所形成的压力制约，股价又开始下跌行情。圆圈 4 处的“乌云盖顶”K 线形态向下有效跌破 30 日均线，股价在均线系统下运行，均线系统交叉后开始向下发散，呈空头排列，看跌。

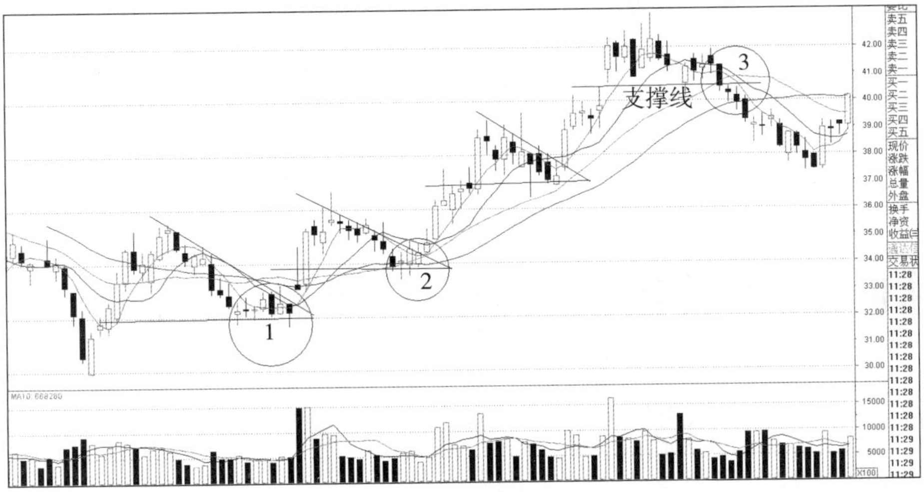

图 4-22　伊利股份日 K 线图 1

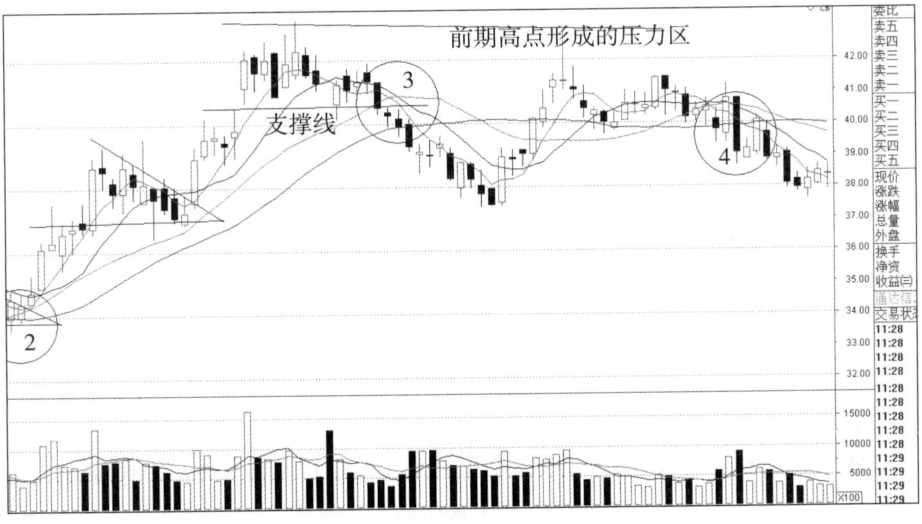

图 4-23　伊利股份日 K 线图 2

如图 4-24 所示，股价在圆圈 4 处之后开始了下跌行情，随后开始反弹，但因受到前期高点形成的压力制约，股价反弹后又开始下跌，在圆圈 5 处一根大阴线向下跌破支撑线，均线系统呈空头排列，继续看跌。在圆圈 6 处出现连续阳线，均线黏合后开始向上发散，呈多头排列。如果投资者在圆圈 6 处买入股票，股价是否会如投资者所愿如期上涨呢？

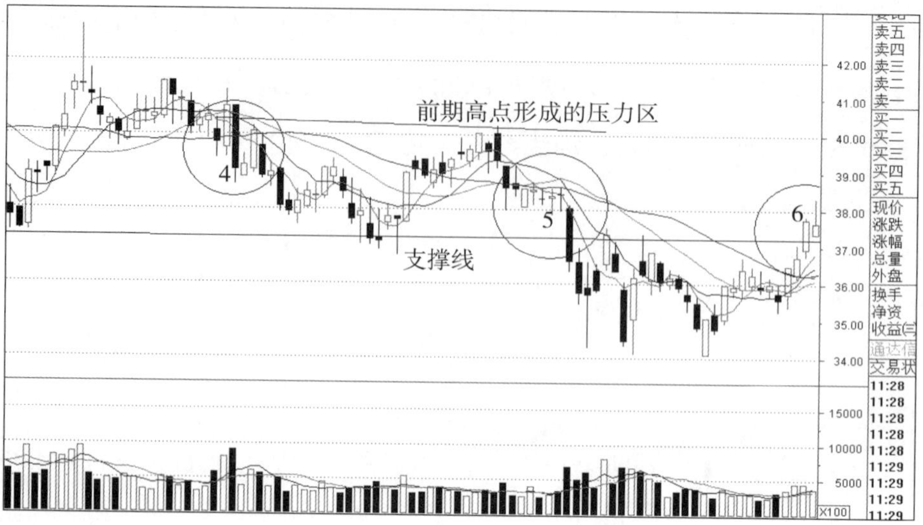

图 4-24　伊利股份日 K 线图 3

跟踪股价运行态势，发现股价没有上涨而是出现振荡下跌行情。在下跌过程中虽然出现了短暂的反弹，但均线黏合后又开始向下发散，走空，看跌。图 4-25 圆圈 7、8 处一根大阴线向下有效跌破前期低点所形成的支撑线，5 日、10 日、20 日和 30 日均线交叉后开始向下发散，呈空头排列，空方力量占有绝对优势，继续看跌。

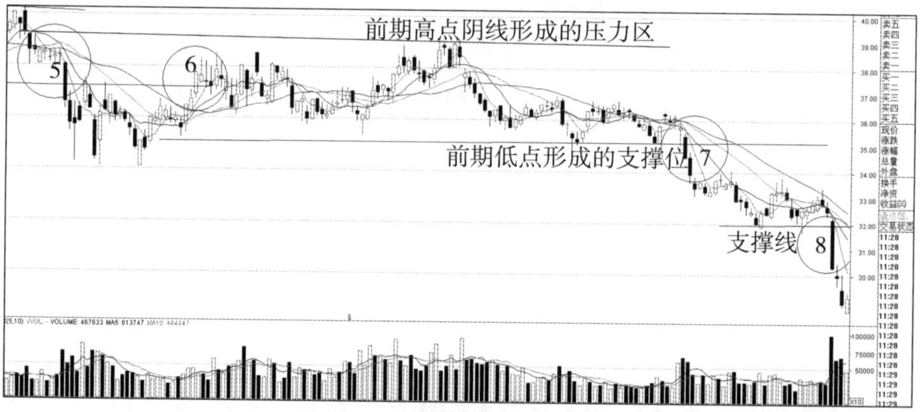

图 4-25　伊利股份日 K 线图 4

投资者应注意到：当股价以大阴线的形式向下有效跌破前期低点所形成的支撑线，且均线交叉后开始向下发散呈空头排列时，投资者一定要执行止损，此时千万不要买入股票。否则，损失会非常惨重。这也证明了投资者买入股票后，要随时做好止损准备的必要性。

股价在圆圈 8 处有效跌破支撑线后，大幅下跌至图 4-26 圆圈 9 处。圆圈 9 处出现十字星 K 线形态，这是见底回升的信号，随后股价开始反弹。

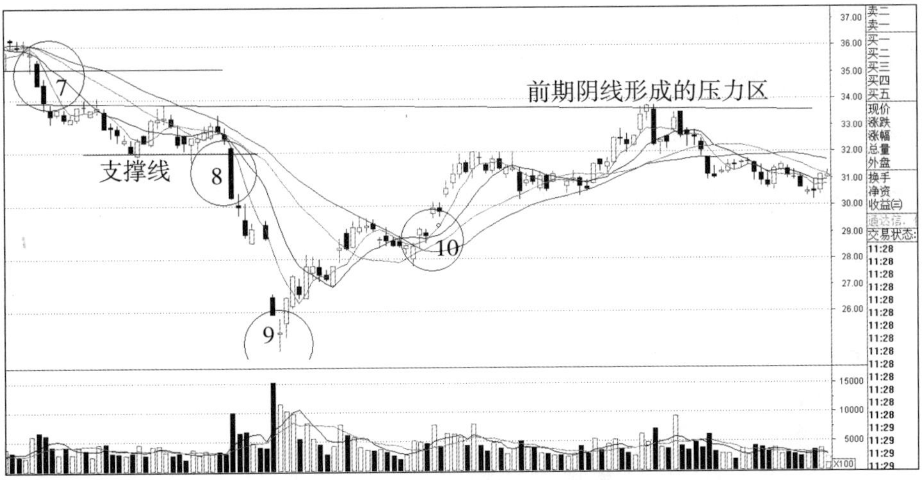

图 4-26　伊利股份日 K 线图 5

股价在图 4-27 圆圈 10 处调整几日后，继续上行，直到上涨到圆圈 11 处，因为受到前期阴线所形成的压力制约，形成了一个“黄昏之星”K 线形态，预示着股票短期头部形成了。圆圈 12 处连续阴线向下有效跌破支撑线，股价在均线系统下运行，且 5 日、10 日、20 日和 30 日均线呈空头排列，继续看跌。

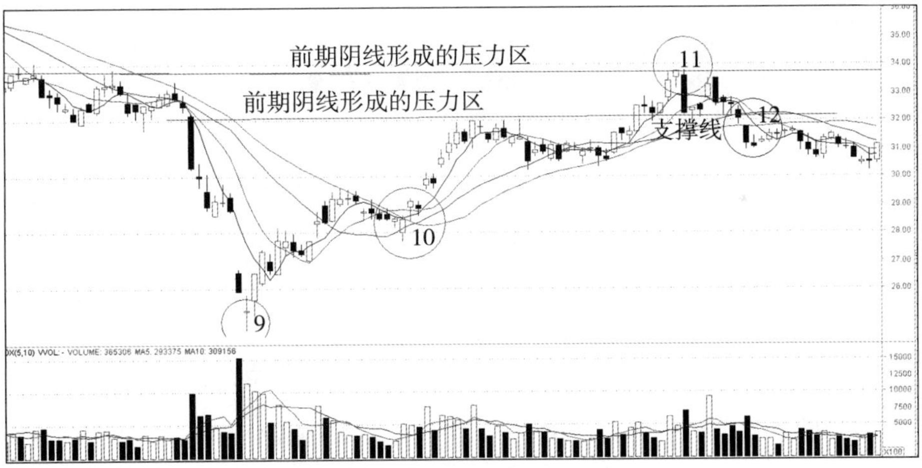

图 4-27　伊利股份日 K 线图 6

【案例研究 4：网宿科技】该股经过前期大幅下跌后，在图 4-28 圆圈 1 处出现一根几乎光头光脚大阳线，向上突破下降趋势线，随后在矩形 2 处进入横盘整理阶段。在这里，股价以圆圈 1 处大阳线顶部为支撑，开始横盘整理，说明此处大阳线对股价起了重要的支撑作用，多方力量较强，这是主力资金运作的结果。

圆圈 3 处大阳线向上突破横盘整理平台的压力线，均线逐渐交叉后开始向上发散，呈多头排列迹象。

在矩形 2 处横盘整理期间，出现多个十字星或小阴线，但是成交量较小，股价重心并没有下移，股价上涨时成交量增加，股价下跌时成交量缩小，这些信息表明，主力在横盘振荡期间利用缩量的十字星或小阴线进行洗盘。

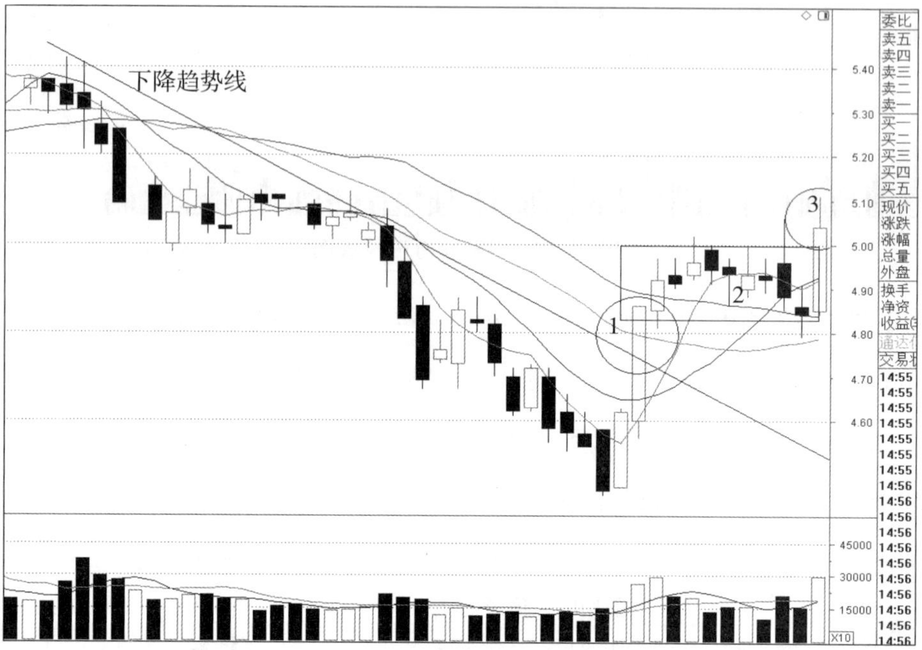

图 4-28　网宿科技日 K 线图 1

洗盘结束后，在圆圈 3 处股价以大阳线向上突破横盘整理平台的压力线，股价随成交量的温和增加而上涨，均线开始向上发散并有呈多头排列的迹象。投资者可以在此处伺机买入，并做好止损准备。

投资者买入股票后，股价是否如投资者所愿如期上涨呢？如图 4-29 所示，股价从圆圈 3 处之后开始上涨，直到矩形 5 处股价在高位宽幅振荡。圆圈 6 处以连续阴线下跌，均线黏合后开始向下发散，看跌。

在图 4-30 圆圈 6 处股价以连续阴线下跌后，并没有下跌多少就开始了上涨行情，但因受到前期高点形成的压力制约，股价在矩形 7 处进入横盘整理行情。在这期间，股价上涨时成交量增加，下跌时成交量缩小，虽然 5 日、10 日均线走空，但 20 日、30 日均线仍然走多，这些信息表明主力可能在悄悄地买入建仓。横盘整理期间，因主力舍不得用廉价筹码来打压股价，所以成交量都较小，且均线仍呈多头排列，表明主力在此利用连续缩量的小阴线进行洗盘。目的是为了让一些获利盘、意志不坚定的投资者抛售手中的股票，以减轻股价上涨时的压力。洗盘结束后，主力在圆圈 8 处拉升股价，向上突破整理平台的压力区，在矩形 9 处又进入横盘振荡行情。

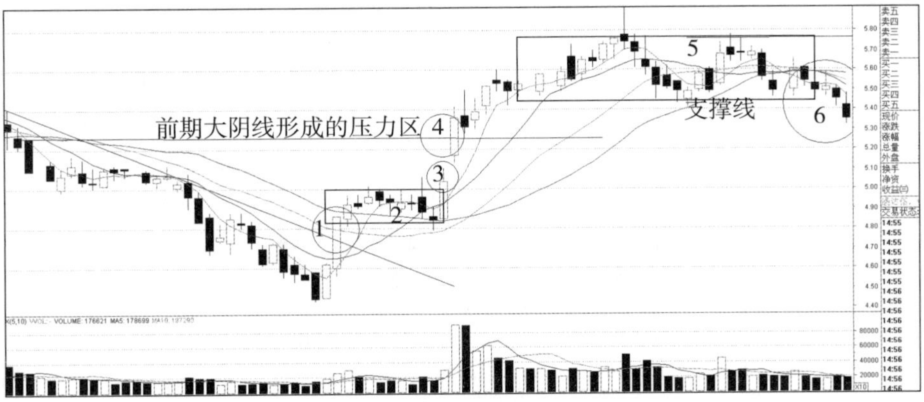

图 4-29　网宿科技日 K 线图 2

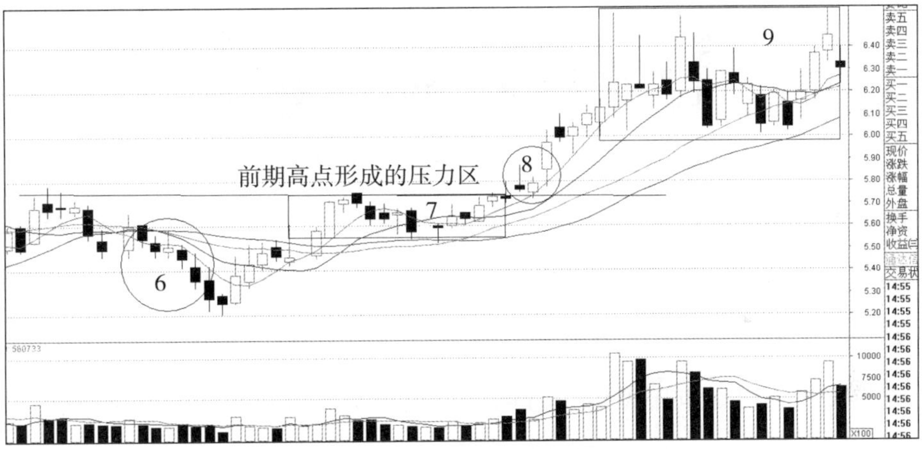

图 4-30　网宿科技日 K 线图 3

投资者观察发现，在矩形 9 处横盘振荡整理期间，5 日、10 日、20 日均线逐渐黏合在一起，开始向上发散，并有走多迹象。同时，成交量有时也较大，阳线的数量明显多于阴线，股价重心总体没有下移。根据这些信息，投资者基本上可以判断主力可能在洗盘。但是当股价处于高位时，主力也会利用横盘整理行情分批出货，让投资者误以为主力在洗盘，诱惑他们买入。在矩形 9 处，主力在洗盘还是出货，此时投资者难以判断，只能通过后期股价运行态势来验证。

如图 4-31 所示，股价在矩形 9 处横盘振荡期间以 30 日均线为支撑，运行到圆圈 10 处，一根大阳线向上突破整理平台的压力线，均线交叉后开始向上发散，呈多头排列。从圆圈

10 处之后的股价运行态势看，矩形 9 处的横盘振荡整理行情是主力的一种洗盘行为。

需要说明的是，主力洗盘和出货行为有时候难以识别，尤其是在股价高位区。投资者可以通过日 K 图表现出来的信息来综合研判。

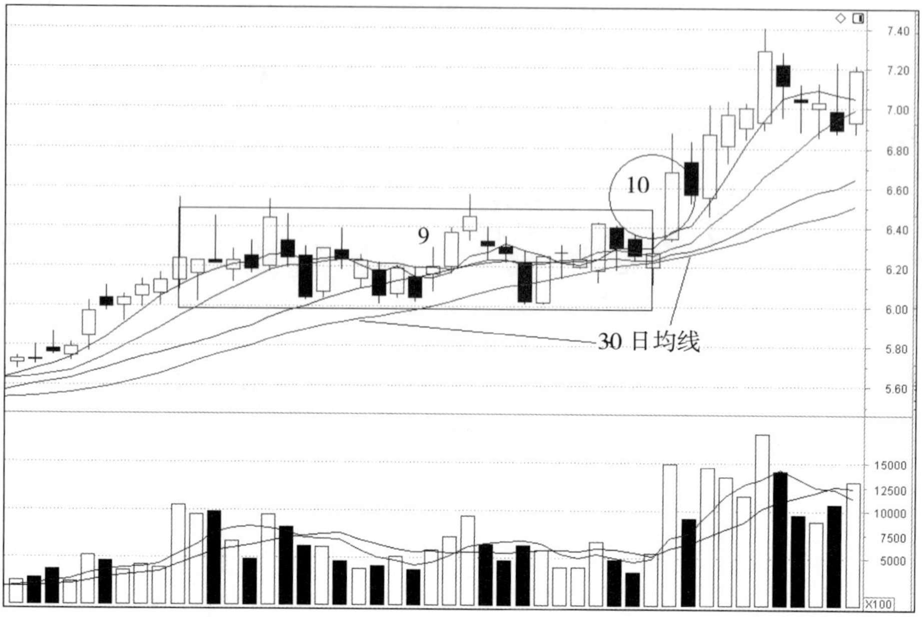

图 4-31　网宿科技日 K 线图 4

建议投资者购买这类股票：股价经过长时间下跌后进入横盘整理阶段，均线黏合（或交叉）后出现以放量的大阳线形式向上突破横盘整理平台的压力线，且均线系统呈多头排列；坚决卖出这类股票：股价经过长时间上涨，处于高位区域，以放量阴线下跌且均线黏合（或交叉）后开始向下发散，且均线系统呈空头排列。这一原则不能保证完全正确，但是可以提高投资者买卖决策的成功率。

为了保护资金安全，任何时候投资者都必须做好止损准备。投资者根据自己制订的买入原则买入后，耐心持有一段时间，只要触及止损价位，就坚决执行止损。其实，执行止损就等于投资者承认以前的买入决策是错误的，要抓住这个改正错误的机会。

在交易过程中，投资者犯错误是一件很正常的事情，关键在于要尽量少犯错误，并能吸取教训，积累经验，使自己不断地成熟和成长。可以说，错误是最好的老师。

4.2　典型头部标志性 K 线图

当股价经过一段时间的大幅上涨之后，主力经常在股价处于高位区域时出货。主力出货完毕后，因为没有主力资金的护盘，所以股价重心会逐渐下移，均线系统也逐渐呈现空头排列迹象，股票短期头部就形成了。股票短期头部形成时，往往会出现比较典型的标志性 K 线形态。本节主要讲解一些实用又比较典型的头部标志性 K 线图。

4.2.1　倒锤头

倒锤头的 K 线形态实体很小，没有下影线或者下影线非常短，却有很长的上影线，上影线的长度最少是实体长度的 2 到 3 倍。小实体可以是阴线，也可以是阳线。

上影线越长，表明空方力量越强。股价大涨之后，若出现倒锤头 K 线形态，并且成交量放大、换手率也较高，见顶信号较为准确，后市看跌。

【案例研究：紫光股份】该股经过长时间的大幅上涨之后，在图 4-32 圆圈 1 处出现十字星 K 线形态，预示股票短期头部形成了。因为受到前期高点大阴线所形成的压力制约，股价在圆圈 2 处被拉高后抛压严重，形成一根带长上影线的倒锤头阳线。此时，倒锤头阳线是否意味着股票短期头部的形成呢？

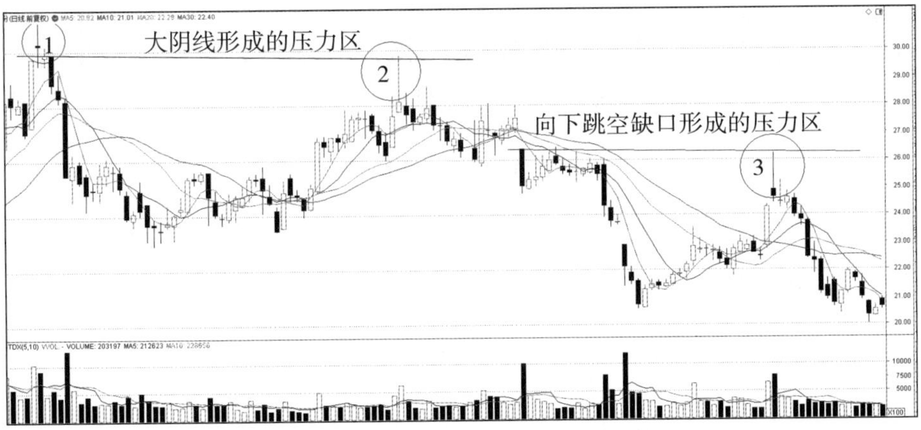

图 4-32　紫光股份日 K 线图

随后几个交易日里，股价出现了连续阴线，均线交叉后开始向下发散，看跌，股价不断下跌，短期头部成立。股价在下跌过程中出现了反弹，但是在圆圈 3 处又出现了一根带长上影线的倒锤头阴线，随后股价又开始了连续阴线形式的下跌，均线交叉后开始向下发散，呈空头排列，股票短期头部又形成了。

4.2.2 黄昏之星

股价经过长时间的大幅上涨之后，若出现“黄昏之星”K 线形态，此时成交量放大，换手率高，预示着股票短期头部形成的可能性很高。投资者要果断出局，坚决止损。

【案例研究：汤臣倍健】该股经过长时间大幅上涨之后，在图 4-33 圆圈 2 处出现了双“黄昏之星”K 线形态，这是否预示着股票短期头部要形成呢？在圆圈 3 处一根大阴线向下有效跌破上升趋势线以及 20 日均线和 30 日均线，5 日、10 日、20 日和 30 日均线交叉后开始向下发散，呈空头排列，这些信息表明股票短期头部要形成了。在圆圈 4 处再次出现“黄昏之星”K 线形态，均线系统又呈空头排列，看跌。

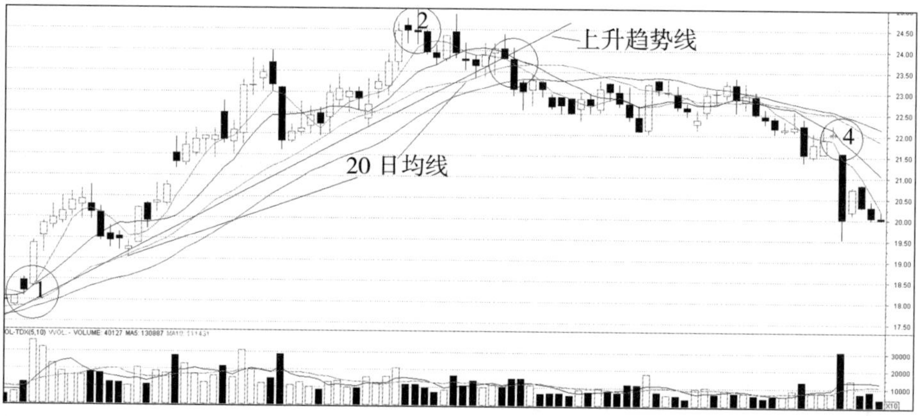

图 4-33　汤臣倍健日 K 线图

观察发现，从圆圈 1 到圆圈 3 股价以 20 日均线为支撑在上涨，投资者可根据“20 日均线趋势交易策略”做出投资决策。当圆圈 3 处股价收盘价至少连续 3 天在 20 日均线以下运行，且 20 日均线走空时，投资者可以卖出股票，落袋为安。

4.2.3 大阴线

大阴线出现在股价大涨后的高位区，此时成交量放大，换手率高，均线有呈空头排列的迹象，这些信息表明股价即将下跌，或者股票短期头部将要形成，此时卖出股票为宜。如果大阴线以跳空缺口的形式向下有效跌破支撑位、上升趋势线或者起支撑作用的均线，这时也应卖出股票。

【案例研究：众泰汽车】股价经过一段时间的大幅上涨创出阶段性新高之后，在图 4-34 圆圈 2 处出现了一个高开低走的大阴线，且成交量放大，次日又出现以一根大阴线，5 日、10 日均线有走空迹象，这些信息是否预示着股票短期头部将要形成呢？如果圆圈 1 处大阳线向上突破前期高点形成的压力线，投资者在这时买入股票，一直持有到圆圈 2 处，这样在短期内获利丰厚，可以考虑卖出股票，落袋为安。

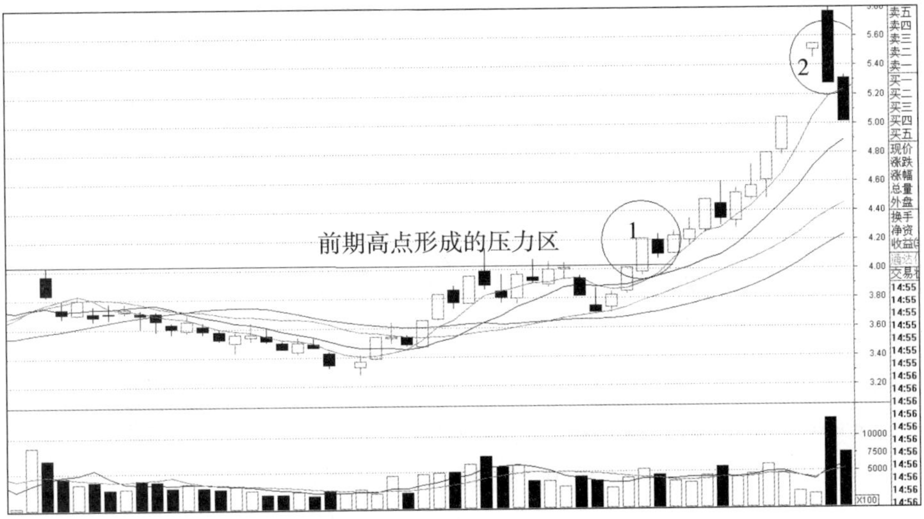

图 4-34　众泰汽车日 K 线图 1

股价在圆圈 2 处出现大阴线之后开始下跌，但在 20 日均线附近得到支撑，反弹到图 4-35 圆圈 3 处。因为大阴线可以起到压力作用，所以圆圈 3 处股价没有向上突破大阴线所形成的压力线，而是在圆圈 4 处出现“三只乌鸦”K 线形态，5 日、10 日、20 日

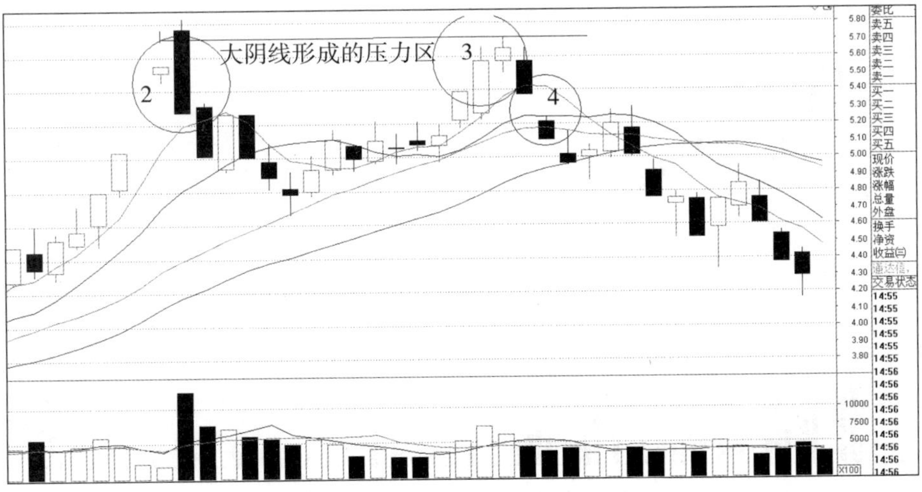

图 4-35　众泰汽车日 K 线图 2

和 30 日均线逐渐交叉后向下发散，呈空头排列。

圆圈 4 处股价一路下行至图 4-36 矩形 5 处。这里出现四个一字涨停板，向上相继突破前期大阴线所形成的压力区，之后股价加速上涨到圆圈 6 处。观察发现，从矩形 5 到圆圈 6 处股价以 5 日均线为支撑强劲上涨，投资者可根据“5 日均线趋势交易策略”做出投资决策。

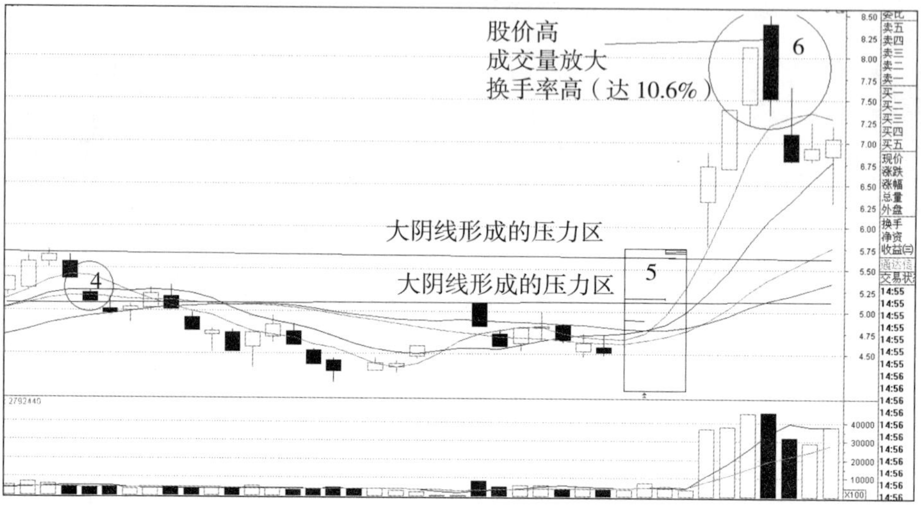

图 4-36　众泰汽车日 K 线图 3

圆圈 6 处因股价在短时间内上涨幅度较大，股价处于相对高位区，成交量放大，换手率高达 10.6%，说明主力在圆圈 6 处拉高出货，股票的短期头部可能不远了。这样的预判是否正确呢？请看图 4-37 所示的股价运行态势。股价经过大幅上涨后，在圆圈 6

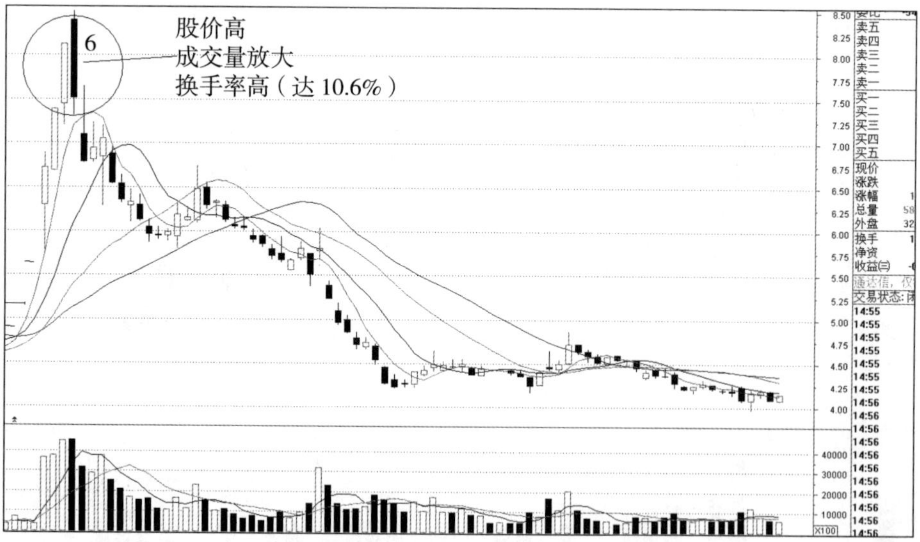

图 4-37　众泰汽车日 K 线图 4

处出现“乌云盖顶”K 线形态，股价随即开始下跌，均线逐渐交叉呈空头排列，空方力量非常强大，下跌行情持续了较长时间。

4.2.4 “乌云盖顶”和“三只乌鸦”

1. 乌云盖顶

“乌云盖顶”K 线形态经常在股价已经大幅上涨一段时间后，股价处于高价区时出现，若此时成交量放大，换手率高，则股票短期头部成立的可能性非常大，股价将要下跌。股价经过大幅上涨后处于高位时，若出现放大的成交量，不管是阴线还是阳线，都值得投资者高度警惕，一般都是主力出货的标志。

2. 三只乌鸦

股价经过一段时间的大幅上涨之后，出现“三只乌鸦”K 线形态，并且伴随成交量的放大，换手率较高，说明主力可能在出货，此时投资者要果断出局。如果在股价高位区，成交量仍然较小，可等待下降趋势确立之后再出局。

【案例研究 1：华润三九】经过一段时间的下跌调整后，股价逐渐回归上涨行情，在图 4-38 圆圈 1 处一根成交量增大的大阳线，向上突破前期高点所形成的压力区，股价开始了强劲的上涨行情，直到圆圈 2 处。这里出现“乌云盖顶”K 线形态，并且股价因受到圆圈 3 处高点所形成的压力制约，圆圈 2 处的股价高点没有超过前期高点，所以圆圈 2 处之后股价开始了连续阴线形式的下跌，均线交叉后呈空头排列，表明圆圈 2 处股

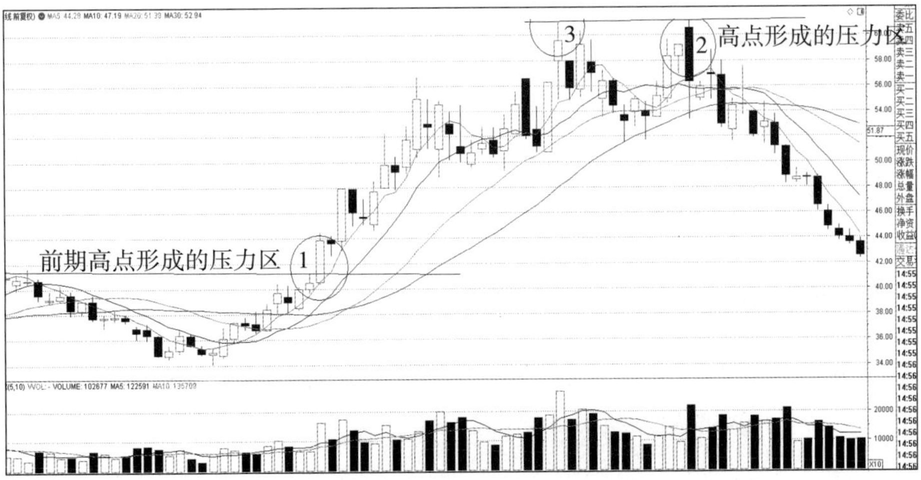

图 4-38　华润三九日 K 线图

票短期头部确立了。投资者在股价均线交叉后向下发散时，应立即卖出股票，以免遭受重大损失。

【案例研究 2：大中矿业】该股经过长时间大幅下跌之后，在图 4-39 圆圈 1 处出现一根光头光脚大阳线，向上突破均线的压制，均线呈多头排列。在矩形 2 处进入横盘整理阶段。在这期间，成交量缩小，阳线的数量明显多于阴线，股价重心总体没有下移，均线系统呈多头排列。根据这些信息，投资者基本上可以判断出，主力在矩形 2 处利用横盘振荡整理行情洗盘。

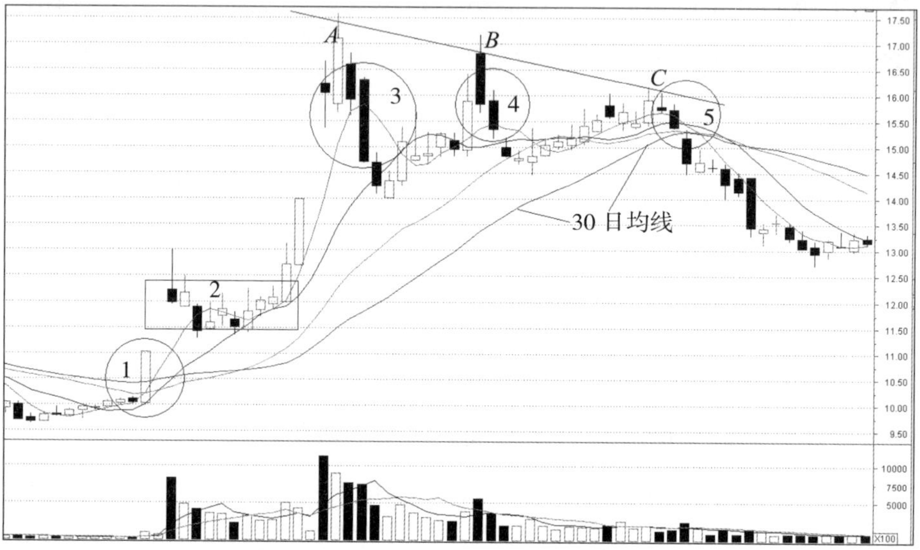

图 4-39　大中矿业日 K 线图

洗盘结束后股价出现加速上涨行情，直到圆圈 3 处。在圆圈 3 处出现“三只乌鸦”K 线形态，随后在圆圈 4 处出现“乌云盖顶”K 线形态，圆圈 5 处又出现“三只乌鸦”K 线形态，并且股价高点 *A*、*B*、*C* 依次降低，股价重心在逐渐下移。圆圈 5 处的“三只乌鸦”K 线形态向下跌破 30 日均线，5 日、10 日、20 日和 30 日均线交叉后开始向下发散，呈空头排列，表明圆圈 5 处的短期头部形成了。

4.2.5　光头光脚大阳线

股价大涨后处于高位区域，这时若出现光头光脚大阳线或者涨停板，成交量巨大，换手率也很高，可能是主力出货的标志。此时离股票短期头部不远了。

【案例研究 1：数源科技】该股经过长时间大幅下跌之后，出现一根光头光脚大阳线，向上突破均线的压制，均线呈多头排列。随后股价开始加速上涨，直到图 4-40 圆圈 1 处。

投资者发现这里出现了一根几乎光头光脚的大阳线，成交量放大，换手率高达 36.4%，说明主力资金在抛售股票，预示着股票短期头部将要形成了。圆圈 1 处之后股价出现下跌，然后在 20 日均线附近开始反弹，到圆圈 2 处时因受前期大阴线的压制，出现一根长上影阳线，说明上方抛压严重。随后股价出现振荡下跌行情。

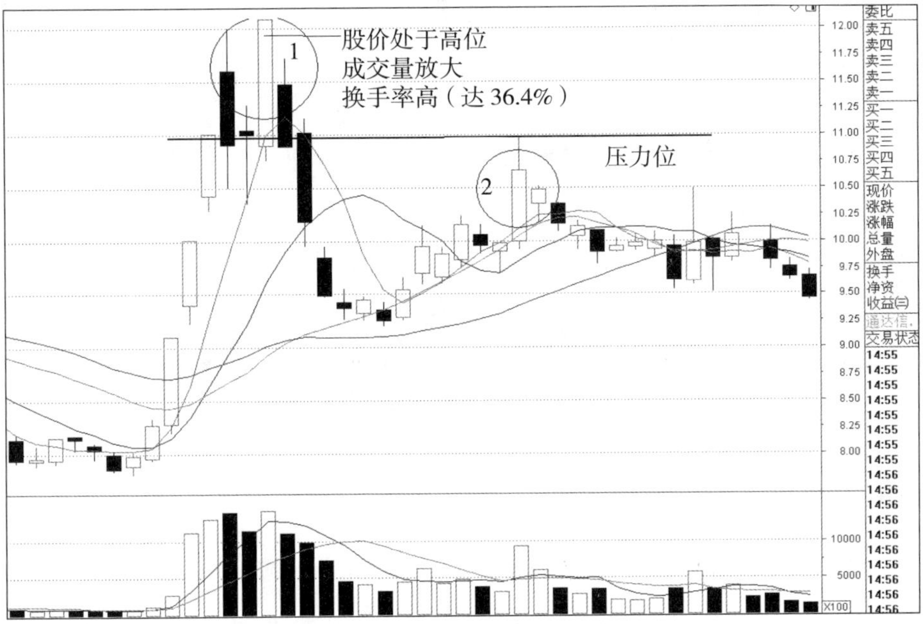

图 4-40　数源科技日 K 线图

【案例研究 2：金陵药业】该股经过长时间的大幅下跌之后，股价处于相对低位，市场需求增加，于是在股价底部区域出现连续阳线，均线系统逐渐由走空转为走平，且黏合在一起，股价进入横盘整理行情，如图 4-41 矩形 1 处所示。在横盘整理行情末端，如果出现光头光脚大阳线甚至涨停板，向上突破整理平台的压力线，成交量放大，则表明股价有见底回升的兆头，此时投资者可逢低适量买入。阳线实体越长，则多方力量越强，反之，则多方力量越弱。

圆圈 2 处一根光头光脚大阳线向上突破横盘整理平台的压力线，继而在矩形 3 处又进入横盘整理行情。在矩形 3 处，股价上涨时成交量增加，下跌时成交量较小，股价重心没有下移，这些信息表明，主力资金在横盘整理期间利用缩量阴线进行洗盘。洗盘结束后股价加速上涨，直到圆圈 4 处。

在圆圈 4 处股价处于大涨后的高价区，成交量放大，三个交易日里每天的换手率都超过 20%，说明主力资金在以大阳线形式的上涨拉高股价，抛售股票，这预示着股票短期头部将要形成了。在圆圈 5 处因为股价受到前期大阴线的压制，出现一根带长上影的阳线，说明上方抛压严重。随后股价出现“三只乌鸦”K 线形态，均线系统呈空头排列，股价开始下跌行情。

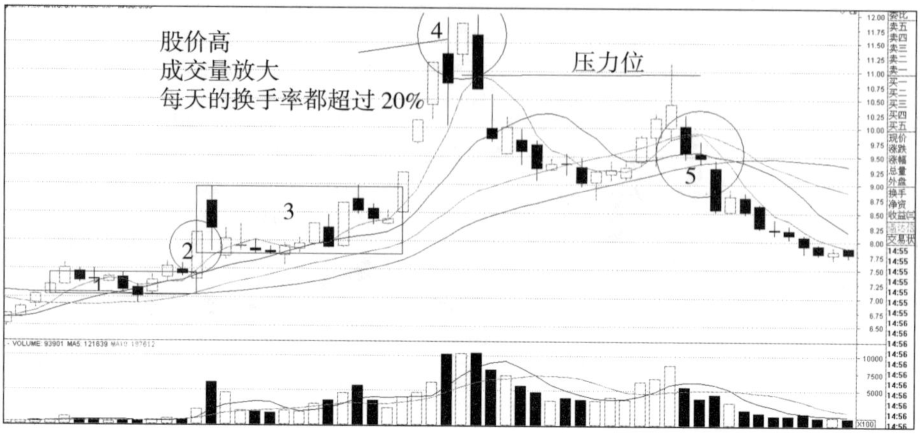

图 4-41　金陵药业日 K 线图

4.2.6　高位十字星

高位十字星代表的是股价在冲高受阻以后，回调的可能性加大。股价经过长时间的大幅上涨之后，出现“高位十字星”，成交量放大，换手率高，预示着股票短期头部形成的可能性较大。若均线开始向下扩散，短期头部可确立。

【案例研究 1：川大智胜】该股经过长时间的大幅下跌后，在图 4-42 矩形 1 处进入横盘整理阶段，股价基本上在大阳线实体范围内波动，说明大阳线的支撑作用较大，多方力量较强，这是主力资金运作的结果。不过，经过两个星期的横盘整理，在圆圈 2 处一根大阳线向上突破整理平台的压力线，股价开始加速上涨行情，直到圆圈 3 处。在圆圈 3 处出现一根“高位十字星”，成交量放大，换手率高达 38.2%，这些信息表明主力在此处拉高股价，派发股票，此后股价逐渐在均线系统之下运行，且均线逐渐交叉后开始向下扩散，股票短期头部确立了！

【案例研究 2：榕基软件】该股经过大幅上涨后，在图 4-43 圆圈 1 处出现一根几乎光头光脚的大阴线，随后股价大幅下跌。下跌途中股价出现反弹，在圆圈 2 处出现一根成交量放大的倒 T 十字星，说明股价受前期大阴线形成的压力影响较大。圆圈 3 处一根大阴线向下有效跌破 30 日均线，5 日、10 日、20 日和 30 日均线交叉后开始向下发散，呈空头排列，看跌。

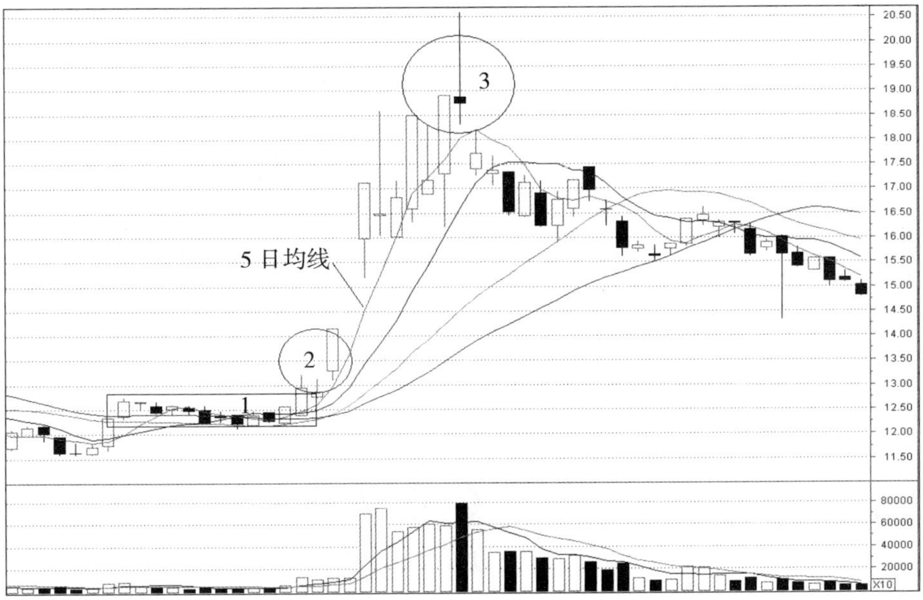

图 4-42　川大智胜日 K 线图

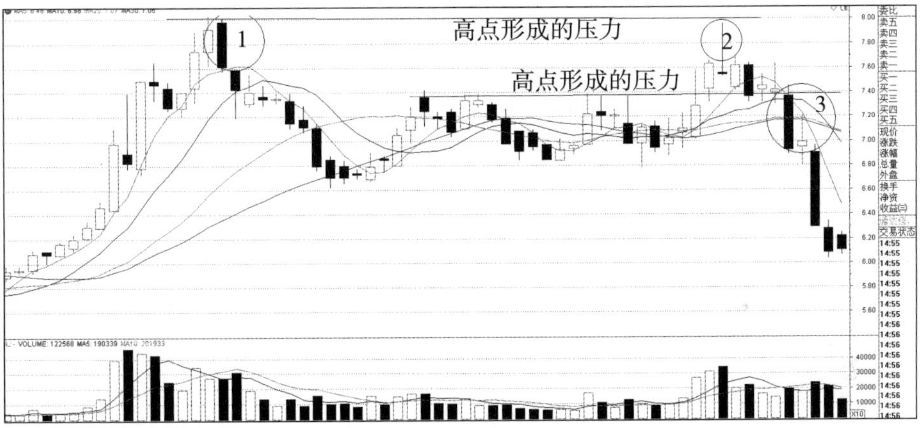

图 4-43　榕基软件日 K 线图 1

股价在圆圈 3 处开始下跌，随后出现反弹，在图 4-44 矩形 4 处横盘整理。在这期间，股价在大阳线实体范围内波动，说明大阳线的支撑作用较大，多方力量较强，股价上涨时成交量增加，股价下跌时成交量缩小，这是主力资金运作的结果。在横盘整理行情结束后，股价开始大幅上涨，直到圆圈 5 处。这里出现一根高开低走的大阴线，成交量放大，换手率高达 21.95%，说明主力在圆圈 5 处拉高股价，抛售股票，预示着股票短期头部形成了。

大阴线表示空方力量占有绝对优势。投资者应对此保持警惕，因为股价高位区出现大阴线，往往预示着离股票的短期头部不远了。

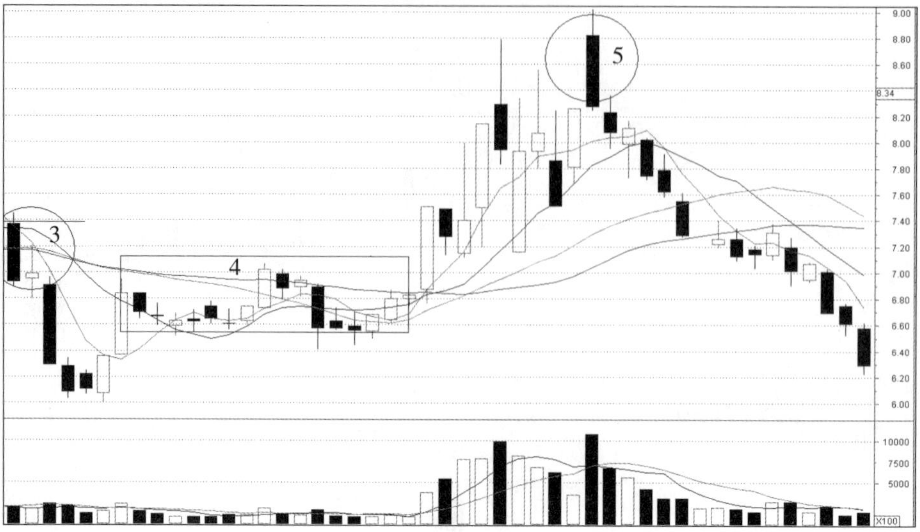

图 4-44　榕基软件日 K 线图 2

4.2.7　射击之星

“射击之星”的技术形态是一根带长上影线的 K 线（阴线或阳线均可），其位置主要出现在某只个股的顶部，是一种十分明显的见顶信号。其技术特征如下。

（1）此前存在一个明显的上升趋势。

（2）在股价上升过程中出现一根带上影线的小实体并向上跳空高开。

（3）上影线的长度至少是实体长度的两倍。

（4）下影线短到可以认为不存在。

“射击之星”形态如果在高位出现，行情下跌的可能性较大。

【案例研究：金石亚药】该股经过前期大幅下跌后，股价处于相对低位区，市场需求增加，连续出现小阳线，股价随成交量温和增加而上涨，5 日、10 日、20 日和 30 日均线交叉后向上发散，呈多头排列，看涨，如图 4-45 矩形 1 处所示。观察发现，从矩形 1 到圆圈 2 处股价以 5 日均线为支撑强劲上涨，投资者可以根据“5 日均线趋势交易策略”做出投资决策。

在圆圈 2 处出现一个成交量放大的“射击之星”K 线形态，换手率高达 17.49%，随后股价出现了连续阴线形式的下跌，预示着股票短期头部形成了。

在股市中，每位投资者都想在股价下跌之前抛售股票。因此，对于股票短期头部（顶部）形态的识别就显得尤为重要。一只股票经过长时间的大幅上涨或因利好信息短时间

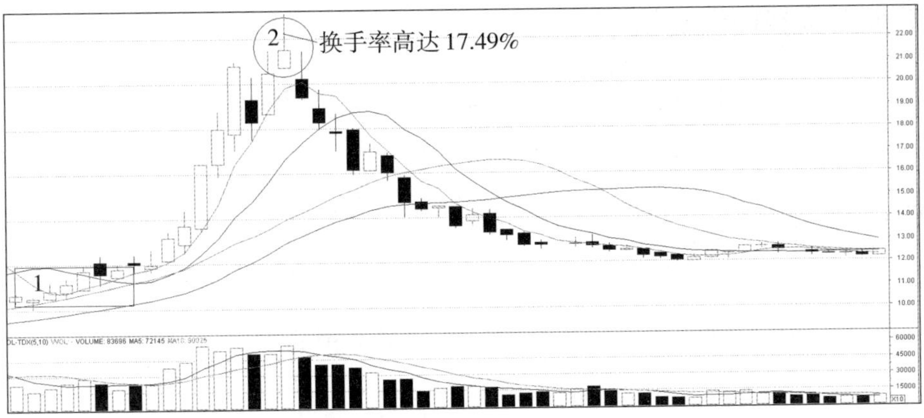

图 4-45　金石亚药日 K 线图

急速上涨，成交量大幅增加，换手率也很高，说明主力在逢高派发筹码，抛售股票，之后股价重心逐渐下移，均线系统黏合或交叉后向下发散，呈空头排列。这些信息是投资者预判股票短期头部形成的蛛丝马迹。当然，要准确预判股价短期头部几乎是不可能的。不过，投资者应从以下几点着手分析。

（1）短期头部形成前，股价要经过长时间的大幅上涨或者短期的加速上涨行情。

（2）因主力拉高出货，所以股价头部周围一定会伴随着放大的成交量和较高的换手率。

（3）如果一只股票在成交量增大的情况下，股价向下有效跌破支撑线（即股价向下跌破支撑线的 3%），那么股票短期头部形态就很可能成立了。

（4）在股价主要的压力区域出现了股票短期头部标志性 K 线图。

4.3　典型主力洗盘法

当主力资金在股价低位吸筹后，往往会利用各种手段来打压股价，进行洗盘。主力的洗盘方法可以归纳为以下几种：横盘振荡整理洗盘法、连续小阴线洗盘法、向下打压洗盘法、边拉边洗洗盘法和十字星洗盘法。根据过去的价格运行态势，解读主力洗盘时所表现出来的特征，以便日后在实际操作中，可以根据这些特征来研断主力行为是洗盘还是出货。

4.3.1 横盘振荡整理洗盘法

股价上涨到一定程度后，一般会进入横盘振荡整理行情。已盈利的投资者害怕失去到手的利润，会采取止盈策略抛售股票；没有获利的投资者担心亏损扩大，因此止损出局。这样，主力就可以用相对较低的价格获得更多筹码。在横盘振荡整理期间，往往有如下特征：成交量较小，股价重心没有下移或稍微下移，5 日均线或 10 日均线可能走平，但是 20 日均线和 30 日均线仍然呈多头排列。洗盘结束后主力就会拉升股价，投资者要以更高的价格买入股票，推升股价进一步上涨。

【案例研究：贵州百灵】该股在图 4-46 矩形 1 处进入横盘整理行情。在这期间，出现几根阴线形式的下跌，但成交量缩小，20 日均线和 30 日均线始终是走多的，均线逐渐黏合有呈多头排列的迹象，股价重心没有下移。这些特征是主力资金进行洗盘的结果。

洗盘结束后，圆圈 2 处连续阳线向上突破横盘整理平台的压力线，之后股价出现一波强劲的上涨行情，直到圆圈 3 处。此时，股价处于大幅上涨后的高位区，成交量放大，换手率高达 26.9%，这些信息表明主力在此派发股票，预示着股票短期头部将要形成了。

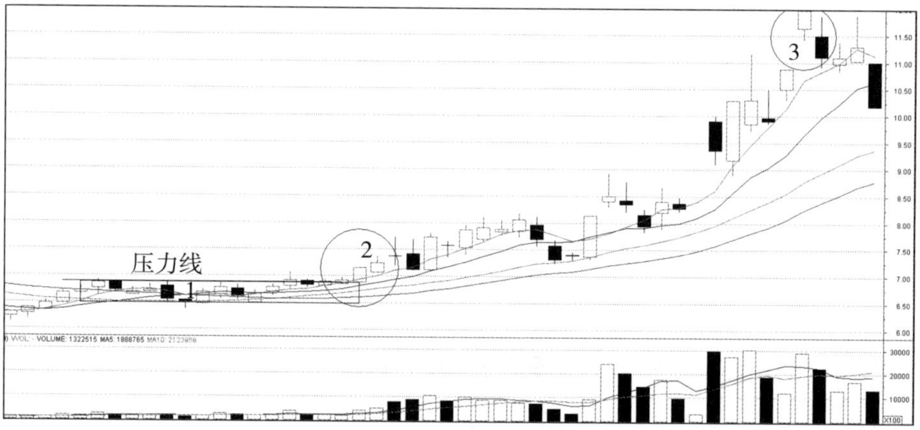

图 4-46 贵州百灵日 K 线图

4.3.2 连续小阴线洗盘法

当股票处于上涨初期或者慢涨了一段时间后进入横盘整理时，为了让获利的投资者抛售股票以减轻日后股价上涨的压力，主力会故意做出连续阴线（一般是 3 到 5 根）形式的下跌，不过成交量都比较小，股价重心只是稍微有点下移，但股价上升趋势并没有破坏，20 日均线和 30 日均线仍然是走多的。

股价处于上升趋势途中，主力往往采取连续阴线来洗盘，洗盘结束后突然出现一根放量大阳线向上突破均线压制，此情况往往是急速上涨的前兆。

【案例研究：凯撒文化】该股经过短暂上涨后，在图 4-47 矩形 1 处出现连续小阴线形式的下跌，成交量缩小，股价重心有点下移，但是 20 日均线和 30 日均线仍然走多，均线逐渐黏合后呈向上发散迹象，这些特征表明，矩形 1 处连续缩量的小阴线是主力洗盘所为。

洗盘结束后，股价开始上涨，直到圆圈 2 处。在这里又出现连续小阴线，但成交量缩小，均线系统仍呈多头排列，表明主力在圆圈 2 处利用连续小阴线洗盘。圆圈 2 处洗盘结束后，股价出现了急速上涨行情，直到圆圈 3 处。圆圈 3 处股价处于大幅上涨后的高位区，此时成交量放大，换手率高达 32.6%，这些信息表明主力在此处拉高股价，派发股票，预示着股票短期头部将要形成了。投资者对此要提高警惕！

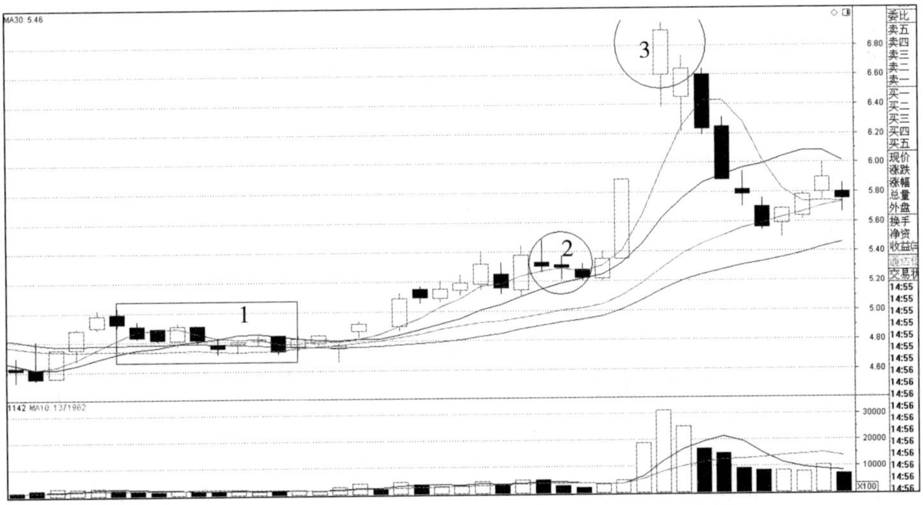

图 4-47　凯撒文化日 K 线图

观察发现，矩形 1 处和圆圈 2 处主力利用连续小阴线洗盘法进行洗盘。洗盘期间有如下共同特征：成交量较小，5 日均线有时走空，但是 10 日均线、20 日均线和 30 日均线仍然走多，均线系统呈多头排列，股价重心并没有下移。

观察还发现，从矩形 1 到圆圈 3 股价以 10 日均线为支撑上涨，投资者可根据“10 日均线趋势交易策略”做出投资决策。

4.3.3 向下打压洗盘法

股价经过短暂的上升之后，主力为了获得更多低价筹码往往会向下打压股价，促使股价快速下跌。已获利的投资者由于害怕股价下跌失去到手的利润，所以经常会恐慌性地抛出股票。但是总体来说，成交量缩小，股价重心稍微下移，但20日和30日均线仍然走多。

【案例研究：启明星辰】该股经过长时间大幅下跌之后，在图4-48圆圈1处，一根成交量放大的几乎光头光脚大阳线向上突破均线的压制，收盘价站稳在30日均线之上，随后股价在三角形2处开始以大阳线实体为支撑的窄幅整理形态，说明此处大阳线对股价起到了重要的支撑作用，多方力量较强，这是主力资金运作的结果。

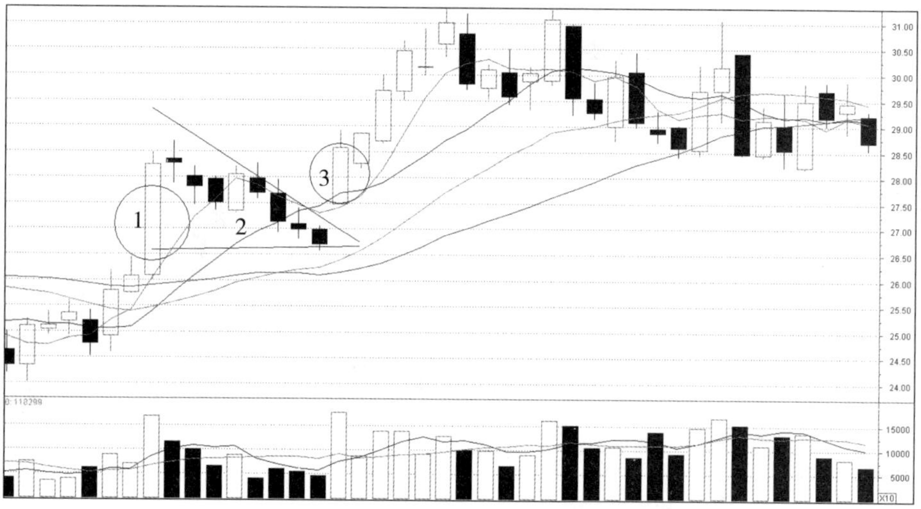

图4-48 启明星辰日K线图

在三角形2处，股价出现连续阴线形式的下跌，但是基本上是在大阳线实体范围内波动，成交量缩小，股价重心有所下移，但10日、20日和30日均线仍然走多，这些特征表明在三角形整理形态期间，主力利用连续阴线向下打压股价进行洗盘。

洗盘结束后，在圆圈3处出现了一根几乎光头光脚的大阳线，向上突破三角形上边的压力线，此时成交量放大，5日和10日均线交叉后开始向上发散，5日、10日、20日和30日均线呈多头排列，看涨。

4.3.4 边拉边洗洗盘法

边拉边洗洗盘法是指主力在股价上涨途中，一边吸筹一边洗盘所采用的一种洗盘方法。主力采用振荡方式使情绪化的投资者出局，股价底部不断提高，从而抬高了投资者买入股票的成本。其图形表现为，股价重心逐渐上移，均线系统向上发散呈多头排列，K 线阴阳交错，股价上涨时出现阳线且成交量增加，股价下跌时出现阴线且成交量缩小。

【案例研究：闰土股份】该股经过长时间大幅下跌之后，股价处于低位区，市场需求增加，股价随成交量增加而上涨，均线逐渐交叉后呈多头排列，看涨。在图 4-49 圆圈 1、2、3 和 4 处都出现了阴线形式的下跌，但是它们的成交量较小，股价上涨时成交量增大，股价在 10 日均线附近得到很好的支撑，重心向上移动，均线系统呈多头排列。这说明主力在股价上升时采用一边吸筹一边洗盘的手法来掌控股价运行态势。

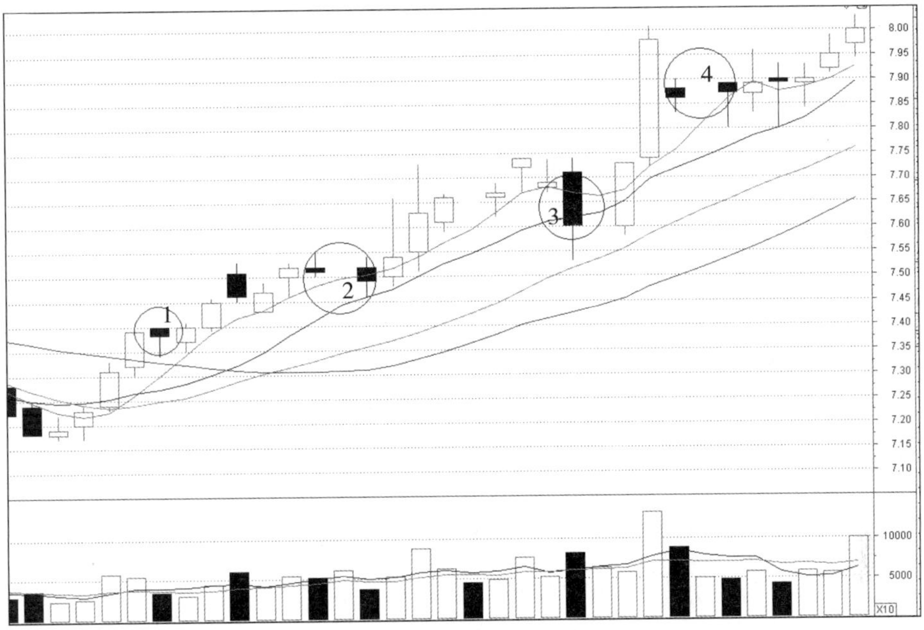

图 4-49　闰土股份日 K 线图

观察发现，股价从圆圈 1 处开始以 10 日均线为支撑在上涨，投资者可以根据“10 日均线趋势交易策略”做出投资决策。

4.3.5　十字星洗盘法

为了减轻股价上涨的压力，主力通常会在股价上涨初期或上涨一段时间之后，利用上升趋势中的十字星具有反转信号这一特点来诱使投资者卖出股票，以达到洗盘的目的。洗盘期间，成交量缩小，股价重心没有下移，20 日和 30 日均线仍然走多。洗盘结束后，股价一般会出现大幅上涨行情。

【案例研究：沪电股份】该股经过长时间大幅下跌后，在图 4-50 矩形 1 处，一根成交量增大的光头光脚大阳线向上突破均线压制，随后股价在大阳线实体范围内横盘振荡。在横盘振荡整理期间，出现多个十字星，成交量缩小，股价重心没有下移，5 日、10 日、20 日和 30 日均线逐渐交叉后向上发散，呈多头排列。这表明主力在矩形 1 处利用十字星来洗盘。在矩形 2 处又出现几个十字星，但成交量缩小，均线系统仍呈多头排列，此时十字星是主力洗盘的标志。洗盘结束后，股价出现一波上涨行情。

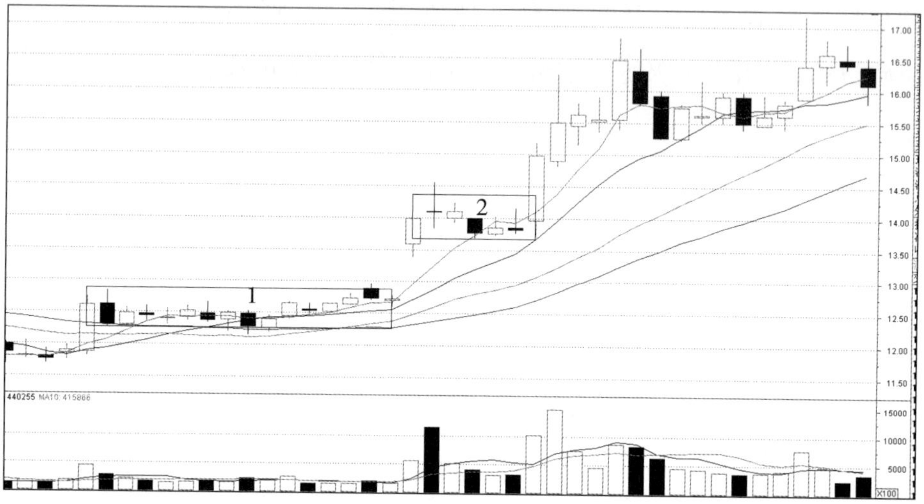

图 4-50　沪电股份日 K 线图

本节主要讲解了五种比较典型的洗盘方法。其实，主力洗盘是投资者逢低买入的大好时机，但是要准确判断主力行为是出货还是洗盘，对于投资者来说是很难的，往往是事后才知道。投资者对主力出货和洗盘行为要认真甄别。

一般来说，股价经过长时间的大幅上涨之后，主力获得了满意的利润时，就会不动声色地出货。一旦主力出货完毕，股价就会因为没有主力资金的护盘而出现大幅下跌行情，股票短期头部也就形成了。

观察发现，主力出货有共同特征：股票头部形成之前，股价一定要有足够的上涨空间，也就是说，股价处于大涨后的高位区域；因为主力出货，所以股票头部周围一定伴随着较大的成交量；换手率通常比较高；股价重心逐渐下移；5 日、10 日、20 日和 30 日均线逐渐黏合（或交叉）后向下发散，开始由走多转为走空，均线系统呈空头排列。投资者要认真识别 K 线图所表现出来的这些特征，这将有助于投资者研判当下股价是否处于主力出货阶段，以便做出正确的投资决策。

4.4　头部标志性 K 线图及洗盘方法综合应用

【案例研究 1：琏升科技】该股经过前期大幅下跌后，股价处于相对低位区域，市场需求逐渐增强，供给力量在减弱，需求方吸收了来自供给方抛售的股票，于是在图 4-51 圆圈 1 处一根光头光脚大阳线向上突破均线的压制，收盘价站稳在 30 日均线之上，均线趋于平缓甚至走多。随后股价在矩形 2 处开始横盘振荡整理。

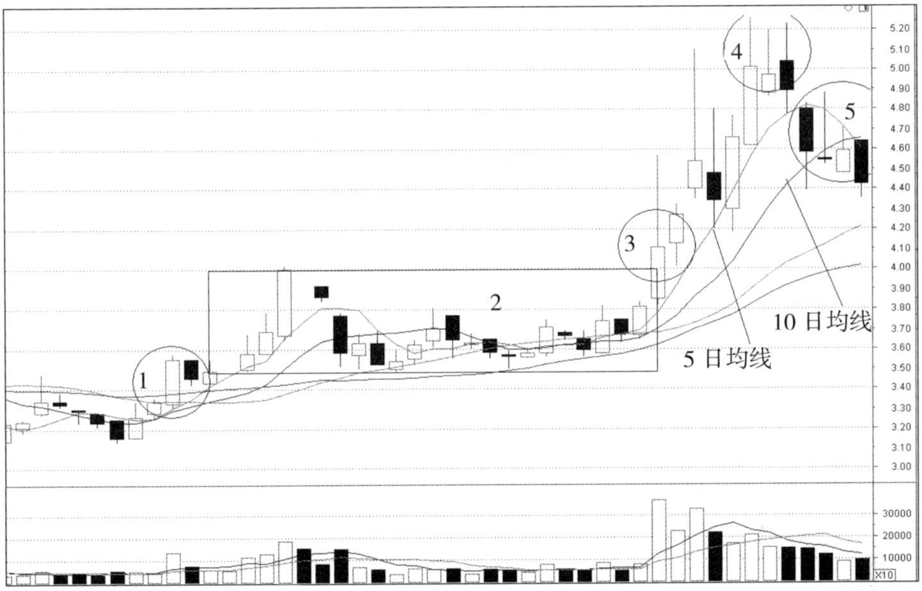

图 4-51　琏升科技日 K 线图 1

在横盘振荡整理期间，底部出现连续阳线（中间允许有一两根缩量阴线），整体来说成交量有所增加，或者上涨时成交量增加，下跌时成交量缩小，股价重心没有下移，均线逐渐黏合（或交叉）之后开始向上发散，且呈多头排列迹象。这些信息表明，主力在矩形 2 处利用连续阴线洗盘，达到在股价低位区域吸筹的目的，股票需求和供给关系发生了微妙的变化，投资者要密切关注 K 线图所表达出来的这些信息。

洗盘吸筹结束后，在圆圈 3 处一根放量大阳线突破整理平台的压力线，股价出现以 5 日均线为支撑而强劲上涨的行情，直到圆圈 4 处。在这里，出现三根带长上影线的阳线或阴线。上影线越长，说明上方抛压越重，空方力量越强。这是否预示着股票短期头部将要形成呢？

圆圈 5 处出现连续阴线形式的下跌，股价在 5 日和 10 日均线之下运行，5 日和 10 日均线出现“死亡交叉”，验证了圆圈 4 处股票短期头部成立了。

如图 4-52 所示，股价在圆圈 5 处“死亡交叉”之后出现了下跌行情。不过，股价在 30 日均线附近得到支撑而出现反弹。随后，股价在前期高点所形成的压力区和前期低点所形成的支撑线之间振荡整理。在矩形 6 处出现连续阴阳相间的横盘整理行情，均线趋于平缓且逐渐黏合在一起。在圆圈 7 处一根大阳线向上突破矩形 6 处横盘整理平台的压力线和均线的压制，均线开始向上发散呈多头排列，看多。这时投资者可以在圆圈 7 处大胆买入，并且做好止损准备，耐心等待股价上涨。

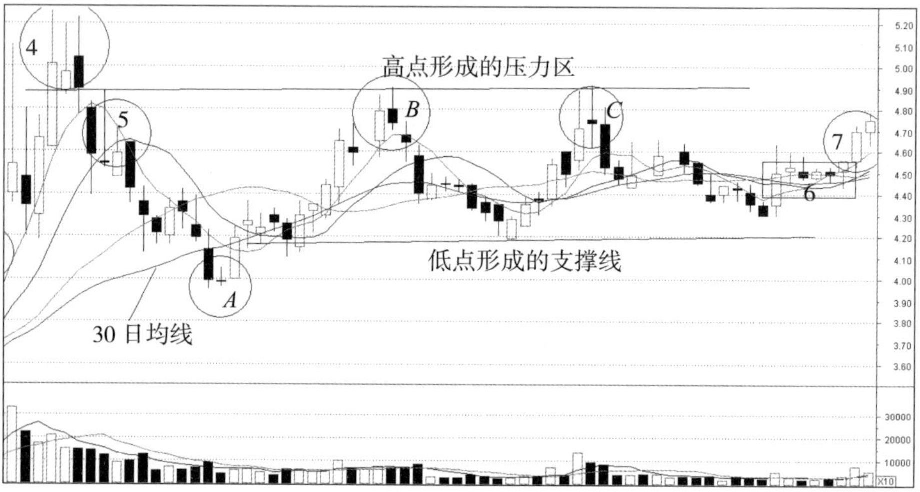

图 4-52　琏升科技日 K 线图 2

观察发现，圆圈 4 处股票短期头部形成后股价出现了下跌，直到圆圈 *A* 处。这里出现“早晨十字星”K 线形态，预示着股票短期底部可能形成了。在圆圈 *B* 处出现变形的“乌云盖顶”K 线形态，圆圈 *C* 处出现“黄昏十字星”K 线形态，它们都预示着股票短期头部可能形成了。

圆圈 7 处一根大阳线向上突破横盘整理平台的压力线后，股价出现了加速上涨行情，直到图 4-53 圆圈 8 处。在这里出现了几根带有长上影线的阳线和阴线，说明上方抛压严重。上影线越长，说明上方抛压越重，空方力量越强。这是否预示着股票短期头部将要形成呢？

圆圈 8 到圆圈 9 处的股价运行态势验证了圆圈 8 处股票短期头部成立了。圆圈 8 处之后股价出现振荡下跌行情，但是在 30 日均线处得到支撑。因为受到前期高点及阴线所形成的压力制约，股价反弹高点没有超过圆圈 8 处高点。在圆圈 9 处股价向下有效跌破 30 日均线，股价在 30 日均线之下运行且 30 日均线走空，均线交叉后开始向下发散，呈空头排列，看跌。

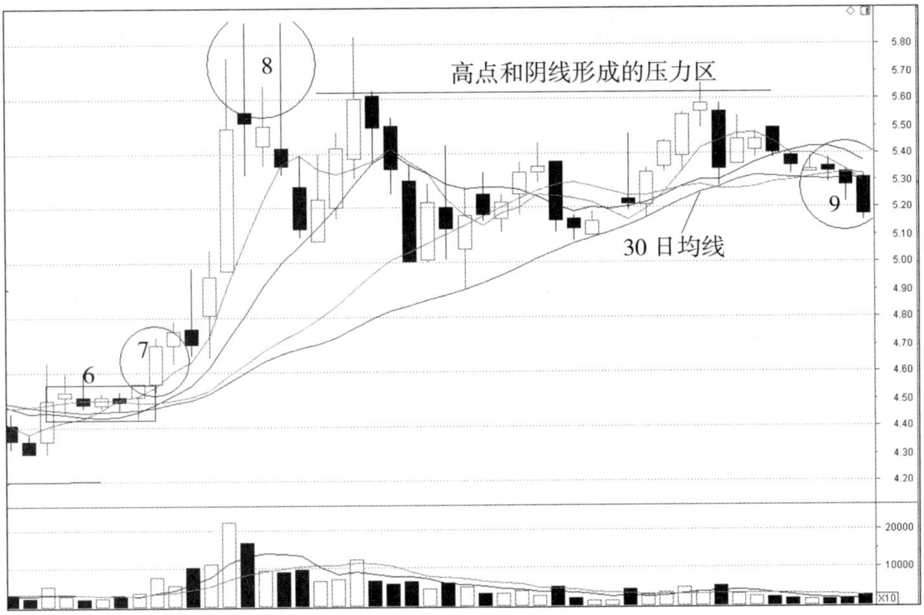

图 4-53　琏升科技日 K 线图 3

股价在圆圈 9 处向下跌破 30 日均线且 30 日均线走空，看跌。圆圈 10 处出现了一根“黄昏之星”K 线形态，预示股票短期头部可能要形成了。随后股价出现的振荡下跌行情也验证了这一点。

图 4-54 圆圈 10、11、12 股价高点依次下降，在圆圈 13 处连续阴线向下有效跌破均线，均线交叉后开始向下发散，呈空头排列，之后股价出现加速下跌行情，直到圆圈 14 处。在圆圈 14 处出现一根成交量放大的十字星，此处的十字星是否是“早晨之星”，是否预示着股价会发生反转呢？

一般来说，股价经过长时间的大幅下跌之后，出现一个低位十字星，成交量放大，有见底的可能！

投资者对股价运行态势进行跟踪发现，在圆圈 14 处出现十字星之后，股价出现了一波强劲的上涨行情，直到图 4-55 圆圈 15 处。在圆圈 15 处出现一根带有上下影线、实体部分较短的 K 线图，成交量放大，换手率高达 14.45%，说明主力在圆圈 15 处拉高股价，派发股票，预示着股票短期头部要形成了，毕竟从圆圈 14 到圆圈 15 处股价几乎

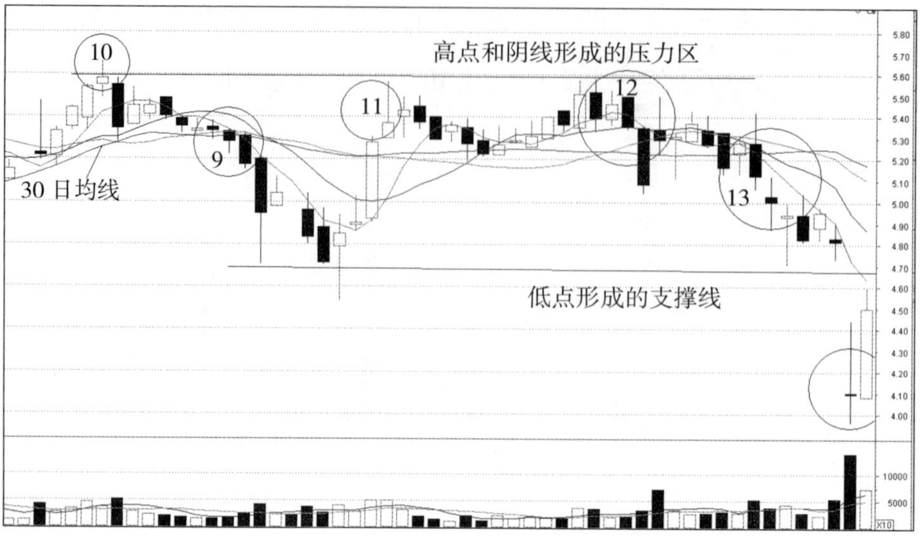

图 4-54 琏升科技日 K 线图 4

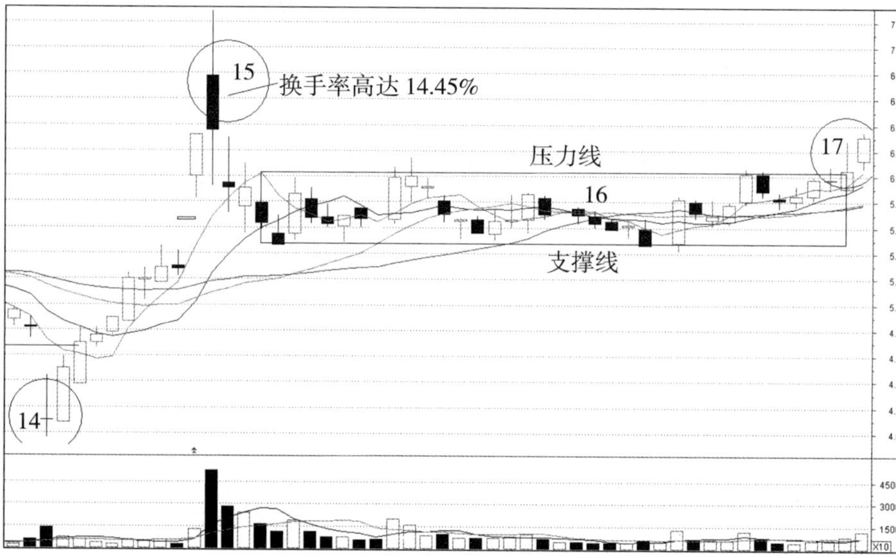

图 4-55 琏升科技日 K 线图 5

翻番。主力出货后股价出现下跌行情，在矩形 16 处进入横盘整理行情。在横盘整理期间，股价上涨时成交量较大，下跌时成交量较小，均线基本趋于走平。经过两个月的横盘整理后，在圆圈 17 处连续阳线向上突破整理平台压力线和均线的压制，均线交叉后开始向上发散，呈多头排列，看多。

投资者如果在圆圈 17 处伺机买入股票，并且做好止损准备，股价是否会如投资者所愿如期上涨呢？请看图 4-56 所示的股价运行态势。投资者买入股票后发现，股价并没有上涨而是出现下跌行情。不过，股价在前期低点所形成的支撑线附近得到支撑，出现了反弹行情。反弹到圆圈 18 处时，出现一个“乌云盖顶”K 线形态，此后股价一路下跌。这验证了“乌云盖顶”K 线形态预示股票短期头部形成的正确性。圆圈 19 处一根大阴线向下有效跌破 30 日均线，股价在 30 日均线之下运行，且均线系统呈空头排列，继续看跌。

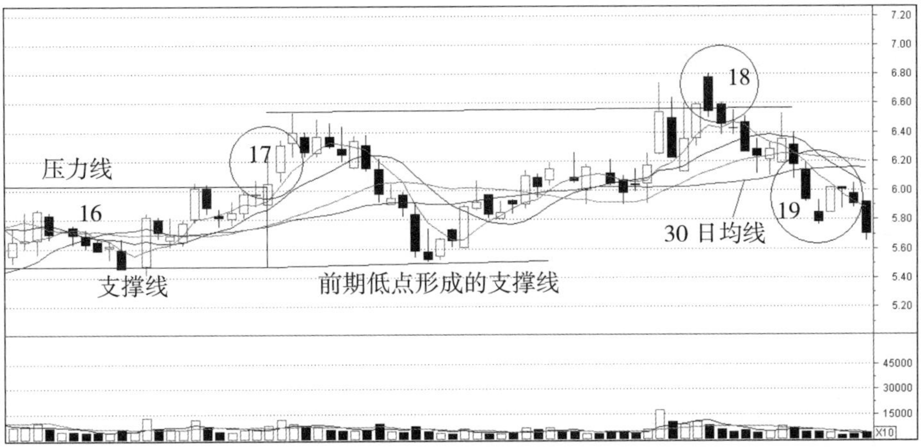

图 4-56　琏升科技日 K 线图 6

之后股价出现约一个多月的下跌行情，直到图 4-57 圆圈 20 处。在圆圈 20 处出现一根大阳线，向上突破下降趋势线，次日又出现一根成交量放大的大阳线，向上突破均线的压制，收盘价站稳在 30 日均线之上，均线交叉后有向上发散迹象。

图 4-57　琏升科技日 K 线图 7

如图 4-58 所示，投资者跟踪股价运行态势发现，从圆圈 20 处到矩形 25 处，股价以 20 日均线为支撑振荡上行。股价只要触及 20 日均线，如图中 *A*、*B*、*C* 点，主力就会拉升股价，因此可以把 20 日均线称为该股票的生命线。投资者可以根据“20 日均线趋势交易策略”做出买卖决策。

股价在矩形 21 处出现连续阴线形式的下跌，但成交量较小，5 日、10 日均线走空，20 日和 30 日均线仍然走多。这是主力在矩形 21 处利用连续缩量的阴线打压股价，达到洗盘的目的。洗盘结束后，股价开始上涨，随后在矩形 22 处横盘振荡，股价基本上是在大阳线实体范围内波动，这说明大阳线在此处发挥了很好的支撑作用，主力在矩形 22 处利用连续缩量的阴线进行洗盘。

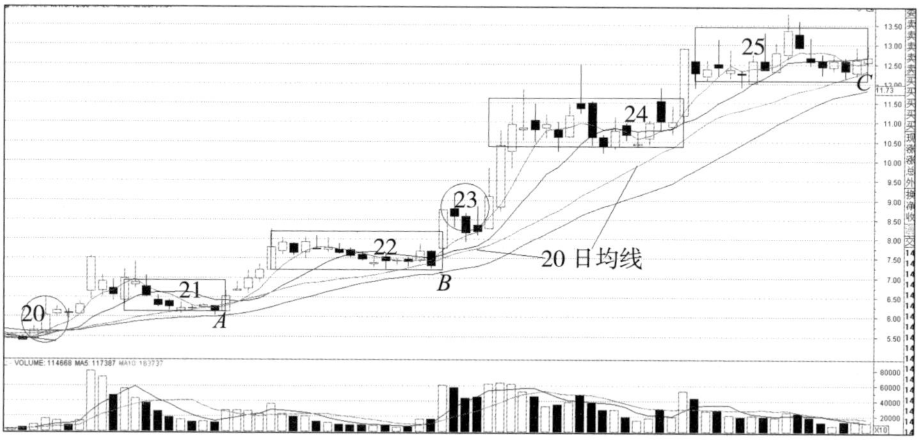

图 4-58　琏升科技日 K 线图 8

洗盘结束后，一根大阳线向上突破矩形 22 处横盘整理平台的压力线，然后又在圆圈 23 处出现“三只乌鸦”K 线形态，主力利用它进行洗盘，股价仍然在 5 日均线上运行，均线呈多头排列。在圆圈 23 处主力洗盘结束后，股价出现连续大阳线形式的加速上涨行情，之后进入矩形 24 处开始横盘整理。

在矩形 24 处横盘整理期间，成交量有时较大，但是股价重心没有下移，5 日和 10 日均线走平，20 日和 30 日均线仍然走多。根据这些信息，投资者基本上可以判断，主力在利用横盘整理行情继续洗盘。洗盘结束后股价又出现了上涨行情，直到矩形 25 处。

在矩形 25 处，股价又在横盘振荡整理，虽然股价重心并没有明显下移，但股价从圆圈 20 处一直涨到矩形 25 处已经翻番了，此时股价处于高位区域，风险越来越大，对此投资者要提高警惕。

主力会不会在矩形 25 处利用横盘振荡整理行情分批出货呢？只有通过后面股价运行态势来验证了。矩形 25 处横盘振荡整理末期即图 4-59 圆圈 26 处，连续阴线向下跌破 20 日和 30 日均线，股价在 20 日和 30 日均线之下运行，且 5 日、10 日、20 日和 30 日均线逐渐黏合在一起开始向下发散，有呈空头排列的迹象。这些 K 线图所表达出来的信息表明，主力在矩形 25 处利用横盘振荡整理行情分批出货，尽管成交量较小，但股价重心逐渐下移。对此投资者要提高警惕，以免遭受重大损失。

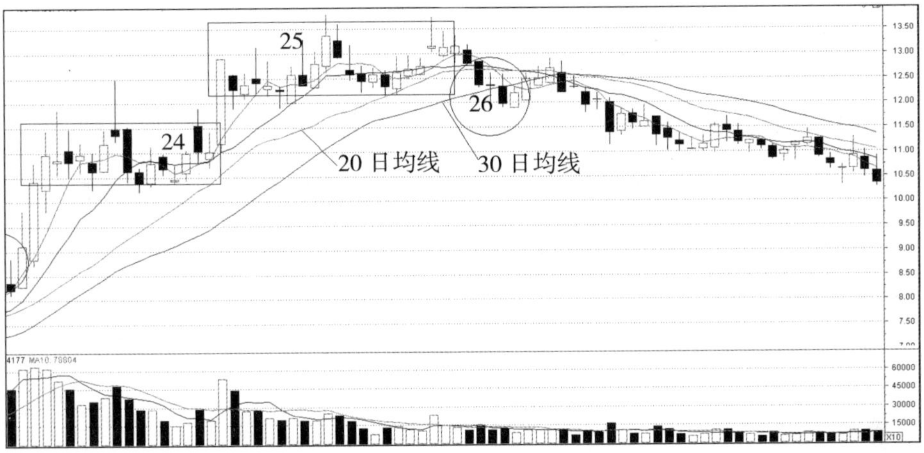

图 4-59　琏升科技日 K 线图 9

【案例研究 2：万顺新材】该股经过前期上涨后，在图 4-60 矩形 1 处出现以大阳线为支撑的横盘整理行情，说明此处大阳线对股价起了重要的支撑作用，多方力量较强，这是主力资金运作的结果。在横盘整理期间，股价上涨时成交量增加，股价下跌时成交量缩小，呈多头排列迹象。这些信息表明主力可能在矩形 1 处利用横盘整理行情进行洗盘。

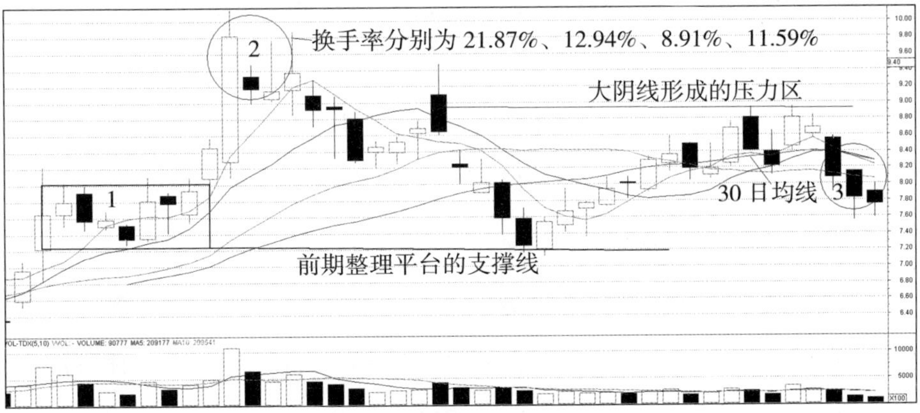

图 4-60　万顺新材日 K 线图 1

洗盘结束后，股价出现加速上涨行情，直到圆圈 2 处，4 个交易日的换手率分别高达 21.87%、12.94%、8.91% 和 11.59%，表明主力在拉高出货，预示着股票短期头部可能不远了。股票需求和供给关系发生了微妙的变化，供给大于需求，股价将会下跌。

圆圈 2 处大阳线成为短期头部标志性 K 线形态后，股价出现了下跌，但是在前期整理平台的支撑线附近得到了支撑。随后股价出现反弹行情，但是因为受到大阴线所形成的压力制约，圆圈 3 处股价以“三只乌鸦”K 线形态向下跌破 30 日均线，且均线系统呈空头排列，看跌。

之后，股价下跌后开始反弹，如图 4-61 矩形 4 处所示。观察发现，在相对低位区的矩形 4 处，股价企稳回升，上涨时成交量增加，下跌时成交量较小，5 日和 10 日均线走多，20 日和 30 日均线也开始逐渐呈多头排列，这些信息表明主力可能在悄悄买入股票建仓。圆圈 5 处连续阳线向上突破均线的压制，5 日、10 日、20 日和 30 日均线呈多头排列，看涨。

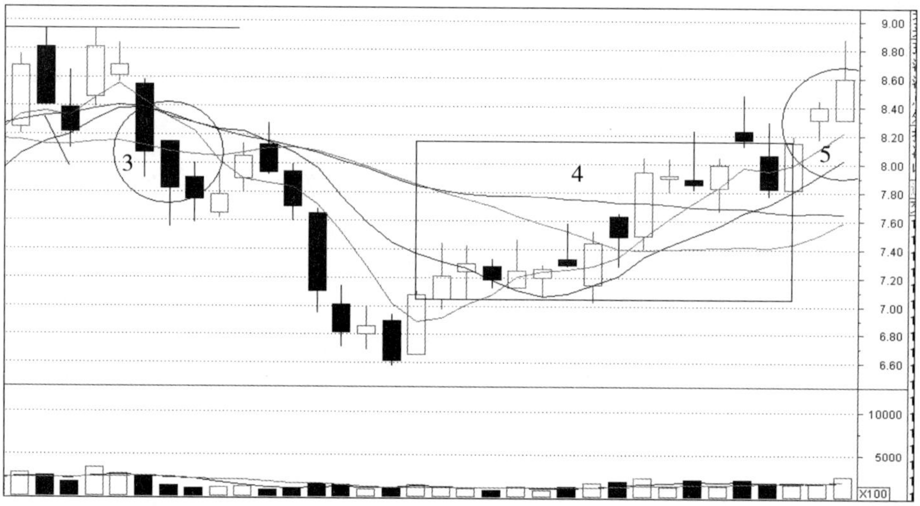

图 4-61　万顺新材日 K 线图 2

股价在圆圈 5 处之后出现了上涨行情，直到图 4-62 圆圈 6 处。圆圈 6 处出现一根带长上影线的倒锤头阳线，即“射击之星”，此时换手率为 10.3%，成交量放大，表明主力在圆圈 6 处拉高股价，抛售股票，这是否预示着股票短期头部形成呢？

从后面股价运行态势看，圆圈 6 处股价高点是近期最高点。在圆圈 7 处股价收盘价成了次高点，两根几乎光头光脚大阴线说明空方力量占有绝对优势。在圆圈 8 处，股价在 30 日均线之下运行且 5 日、10 日、20 日和 30 日均线呈空头排列，看跌。

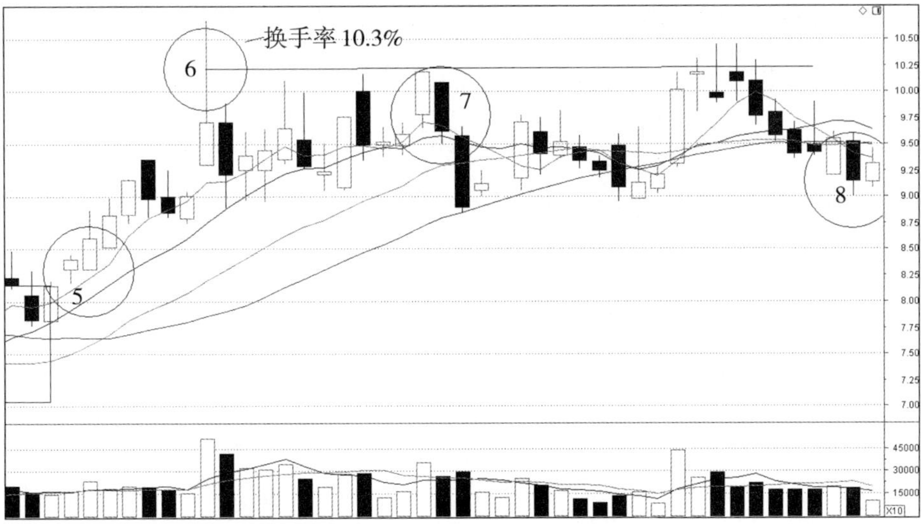

图 4-62　万顺新材日 K 线图 3

之后，股价出现下跌行情。在下跌途中，股价在图 4-63 矩形 9 处开始反弹，但是因受到前期高点和阴线所形成的压力制约，20 日和 30 日均线走空，说明空方力量很强大。

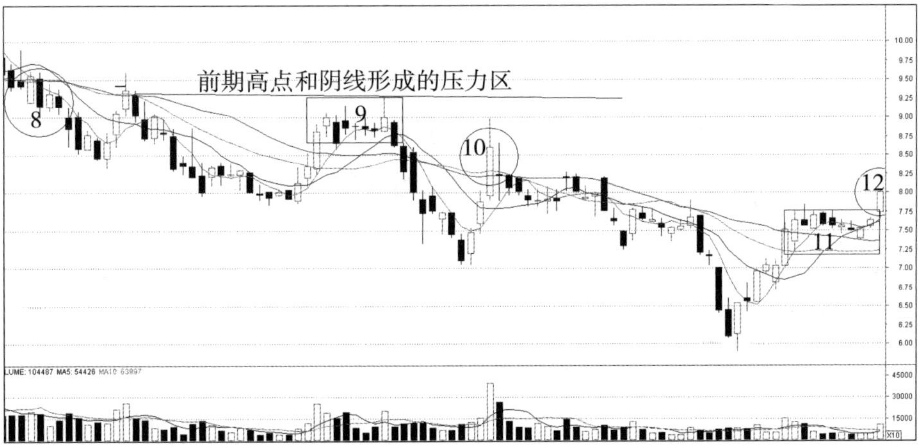

图 4-63　万顺新材日 K 线图 4

在圆圈 10 处出现连续阳线，向上突破均线的压制，但是 20 日和 30 日均线仍然走空。在矩形 11 处，股价出现了以大阳线为支撑的横盘波动行情，说明大阳线在此处发挥了很好的支撑作用，多方力量较强。在横盘波动期间，出现连续缩量的阳线，股价上涨时成交量增加，股价下跌时成交量较小，5 日和 10 日均线走多，20 日和 30 日均线也有逐渐走多的迹象。这是主力资金运作的结果。圆圈 12 处一根大阳线向上突破横盘整理平台的压力线，均线逐渐交叉后呈多头排列迹象。

投资者对股价运行态势跟踪发现，如图 4-64 所示，从圆圈 12 处到圆圈 16 处，股价以 10 日均线为支撑上涨，只要股价触及 10 日均线，主力就会拉升股价，因此可以把 10 日均线称为该股票的生命线。投资者可以根据“10 日均线趋势交易策略”做出投资决策。在圆圈 16 处，股价出现了连续阴线形式的下跌，股价收盘价在 10 日均线下运行，且 10 日均线有走空迹象，投资者可以在此抛售股票。

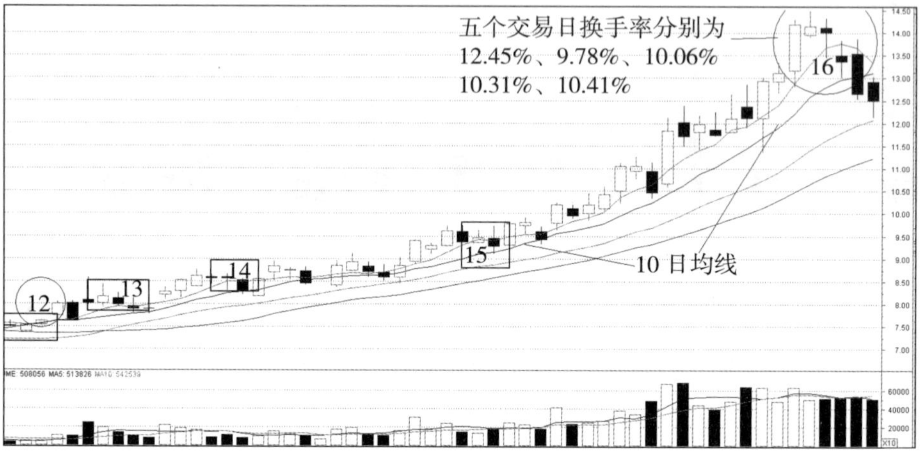

图 4-64　万顺新材日 K 线图 5

观察发现，在矩形 13、14 和 15 处横盘整理行情中，出现连续阴线形式的下跌，成交量都比较小，股价都在 5 日、10 日均线之上运行且均线呈多头排列，表明主力在矩形 13、14 和 15 处利用连续阴线洗盘。洗盘结束后，股价出现了一波大幅上涨行情，直到圆圈 16 处，股价一直处于高位，5 个交易日内换手率分别高达 12.45%、9.78%、10.06%、10.31% 和 10.41%，成交量都较大，这些信息表明主力在圆圈 16 处拉高股价，派发股票，预示着股票短期头部不远了。

短期头部形成后，股价出现了长达 3 个多月的大幅下跌行情，直到图 4-65 圆圈 17 处才企稳回升。圆圈 17 处一根大阳线向上有效突破下降趋势线，成交量增大，此时是投资者买入的好时机。不过，要做好止损准备。

在圆圈 17 处买入该股票后，股价并没有上涨，而是开始了以大阳线为支撑的横盘整理行情，如图 4-66 矩形 18 处所示，说明此处大阳线对股价支撑起了重要的作用，多方力量较强。

在横盘整理期间，出现连续缩量阴线，股价上涨时成交量增加，股价下跌时成交量较小，5 日、10 日、20 日和 30 日均线向上发散，呈多头排列。说明主力资金在横盘整理期间利用连续缩量的阴线来洗盘。洗盘结束后，股价开始急速上涨，直到圆圈 19 处。此时股价处于高位，3 个交易日内换手率分别高达 14.52%、15.35% 和 16.94%，成交量都较大，这些信息表明主力在圆圈 19 处拉高股价，派发股票，预示着股票短期头部不远了。

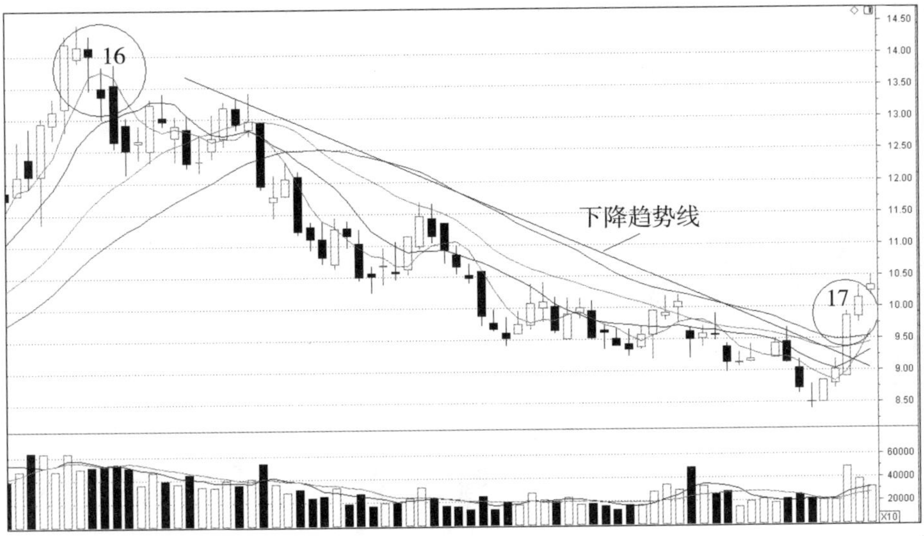

图 4-65　万顺新材日 K 线图 6

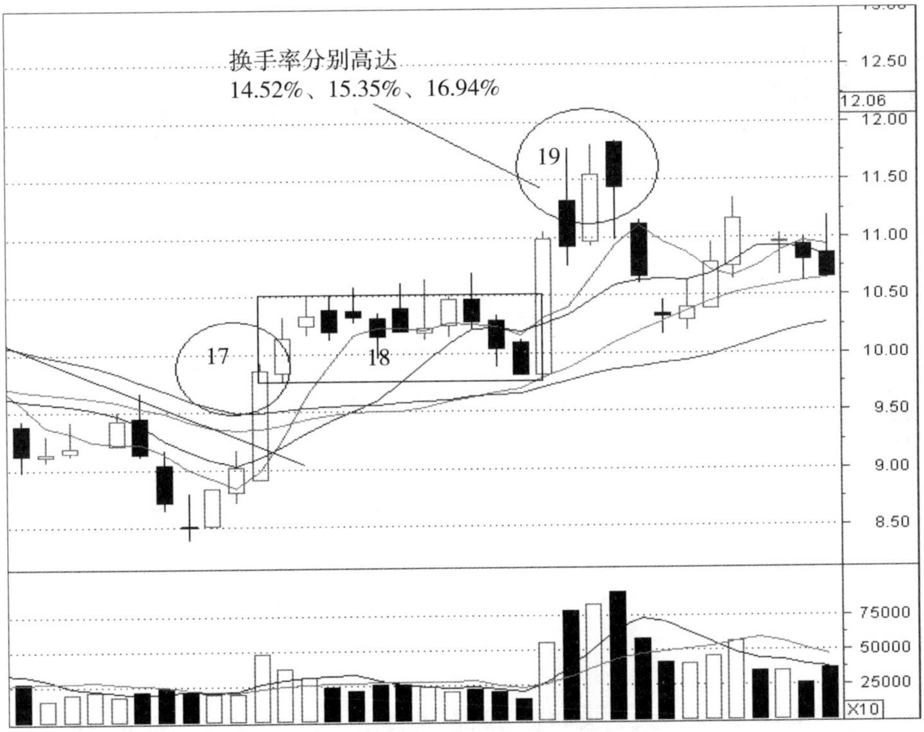

图 4-66　万顺新材日 K 线图 7

短期头部形成后，股价出现了两个多月的下跌行情，直到图 4-67 圆圈 20 处才有企稳迹象。在圆圈 20 处出现连续阳线，成交量小幅增加，股价小幅上涨，同时均线黏合（交叉），开始向上发散，呈多头排列。这是主力资金运作的结果。此时投资者密切关注股价运行态势，伺机积极买入，并做好止损准备。

如图 4-68 所示，股价在圆圈 20 处之后没有上涨而是开始下跌。这说明圆圈 20 处是主力的诱多行为。在圆圈 20 处，连续阳线向上突破均线压制，但是股价在此之后一

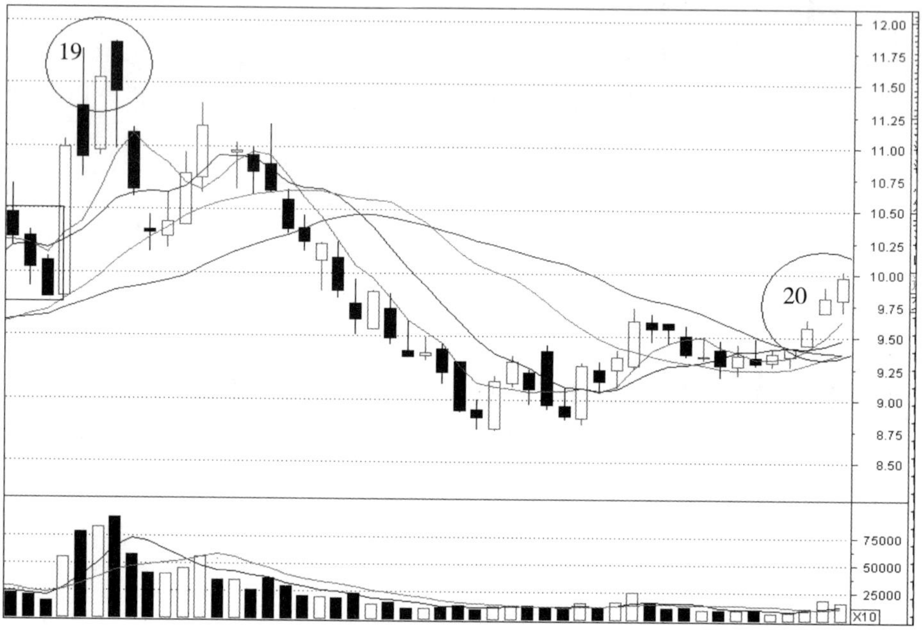

图 4-67　万顺新材日 K 线图 8

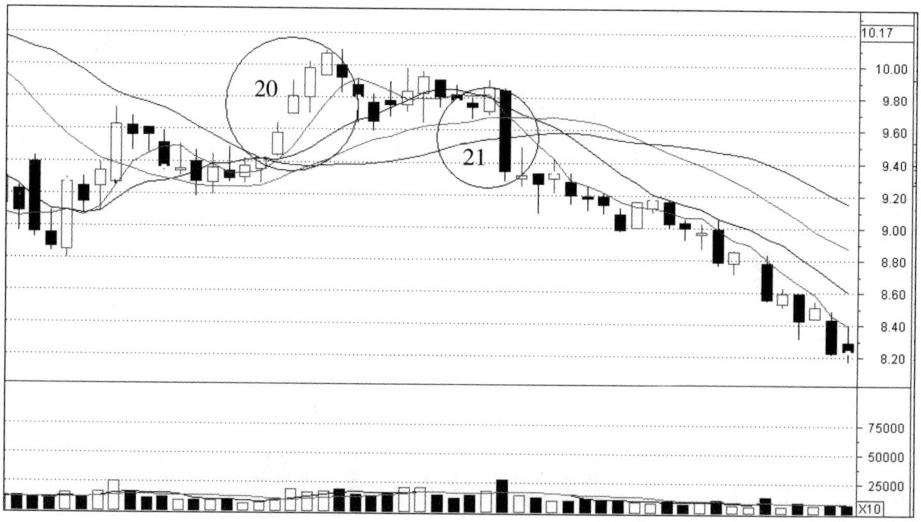

图 4-68　万顺新材日 K 线图 9

路下跌，散户蒙受损失后才发现这是主力的诱多行为。在圆圈 21 处一根光头光脚大阴线向下有效跌破 30 日均线，股价在 30 日均线之下运行，且均线系统交叉后开始向下发散，呈空头排列，看跌。

【案例研究 3：国药一致】该股经过前期上涨后，在图 4-69 圆圈 1 处出现一根“黄昏之星”K 线形态，成交量放大，预示着股价上涨的趋势可能要反转。此后几个交易日的股价运行验证了“带有长上影线的十字星预示股票短期头部形成了”这一预判的正确性。

该股经过 1 个多月的振荡下跌后进入横盘整理阶段，如图 4-69 矩形 2、3 处所示。在矩形 2 处，出现了成交量较小的连续阳线，5 日和 10 日均线走平，但是 20 日和 30 日均线仍然走空。在矩形 3 处，也出现了成交量较小的连续阳线，5 日和 10 日均线由走平变为走多，20 日和 30 日均线也开始逐渐走多，说明需求在增强，这是主力资金运作的结果，投资者应密切关注。在圆圈 4 处，该股以阳线的形式向上突破整理平台的压力线。

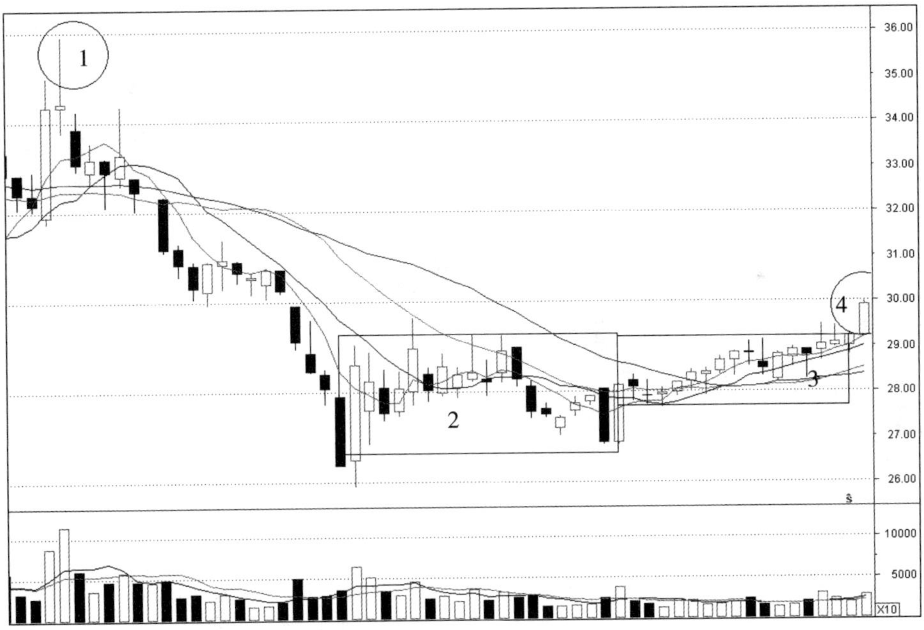

图 4-69　国药一致日 K 线图 1

投资者跟踪股价运行态势发现，圆圈 4 处之后股价虽然出现大阳线形式的上涨，但是随后进入了长达 4 个月的横盘振荡行情，如图 4-70 矩形 5 处所示。在圆圈 6 处，一根大阳线向上冲破 5 日、10 日、20 日和 30 日均线的压制，股价收盘价站稳在 30 日均线之上，5 日、10 日、20 日和 30 日均线呈多头排列，看多。

图 4-70　国药一致日 K 线图 2

之后，股价以大阳线为支撑开始横盘整理，说明此处大阳线对股价起了重要的支撑作用，多方力量较强，这是主力资金运作的结果，如图 4-71 矩形 7 处所示。

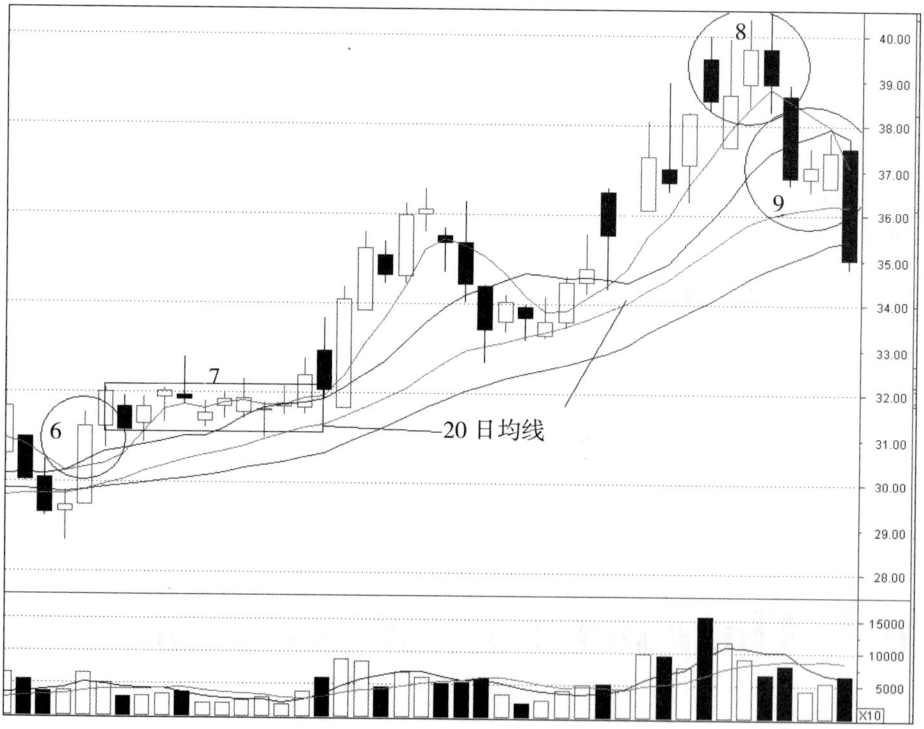

图 4-71　国药一致日 K 线图 3

在横盘整理期间，出现连续缩量十字星或小阴线，10 日、20 日和 30 日均线呈多头排列，股价重心没有下移，说明主力在矩形 7 处利用连续缩量十字星或小阴线进行洗盘。洗盘结束后，主力就开始拉抬股价，股价出现了振荡上涨行情，直到圆圈 8 处。在圆圈

8 处出现一个平行顶的阳阴 K 线组合形态，圆圈 9 处又出现两根大阴线，说明圆圈 8 处股票短期头部形成了。

观察发现，从圆圈 6 到圆圈 9 处，股价以 20 日均线为支撑开始上涨行情。投资者可根据“20 日均线趋势交易策略”做出投资决策。

圆圈 8 处股票短期头部成立后，股价出现了下跌行情。由于股价处于相对低位，市场需求增加，所以下跌趋势逐渐趋于平缓，股价在前期大阴线及高点所形成的压力区和前期阳线实体部分所形成的支撑区之间横盘振荡整理。

在横盘振荡整理末端，一根向上跳空缺口的十字星向上突破大阴线及高点所形成的压力线，均线交叉后开始向上发散，呈多头排列，看多，如图 4-72 圆圈 10 处所示。

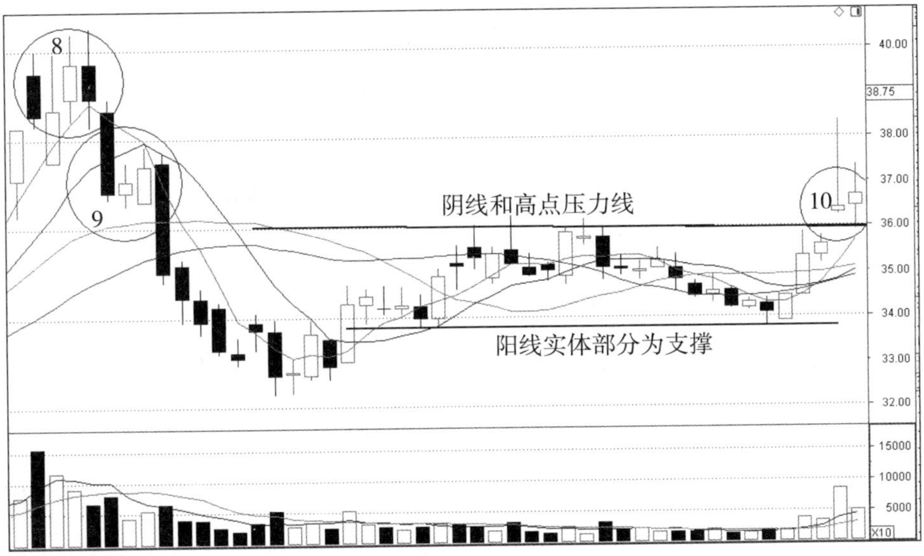

图 4-72　国药一致日 K 线图 4

投资者跟踪该股运行态势发现，在图 4-73 矩形 11 处股价出现了以向上跳空缺口为支撑的横盘整理行情，说明此处突破性缺口发挥了很好的支撑作用，多方力量强大。矩形 11 处股价在振荡上行过程中出现许多缩量十字星，5 日、10 日、20 日和 30 日均线仍然呈多头排列，股价重心并没有下移，这是主力资金运作的结果，表明主力在此处采用十字星洗盘法进行洗盘。洗盘结束后，股价出现加速上涨行情，直到矩形 12 处，股价又进入横盘整理行情。

横盘整理期间出现十字星或小阴线，但是成交量缩小，股价重心没有下移，均线系统仍然呈多头排列，这表明主力在矩形 12 处利用横盘整理行情进行洗盘。洗盘结束后，股价又开始加速上涨，直到圆圈 13 处。此时股价处于大涨后的高价区，成交量放大，换手率为 5.47%，这些信息表明主力在圆圈 13 处拉高股价，抛售股票，预示着股票短期头部不远了。

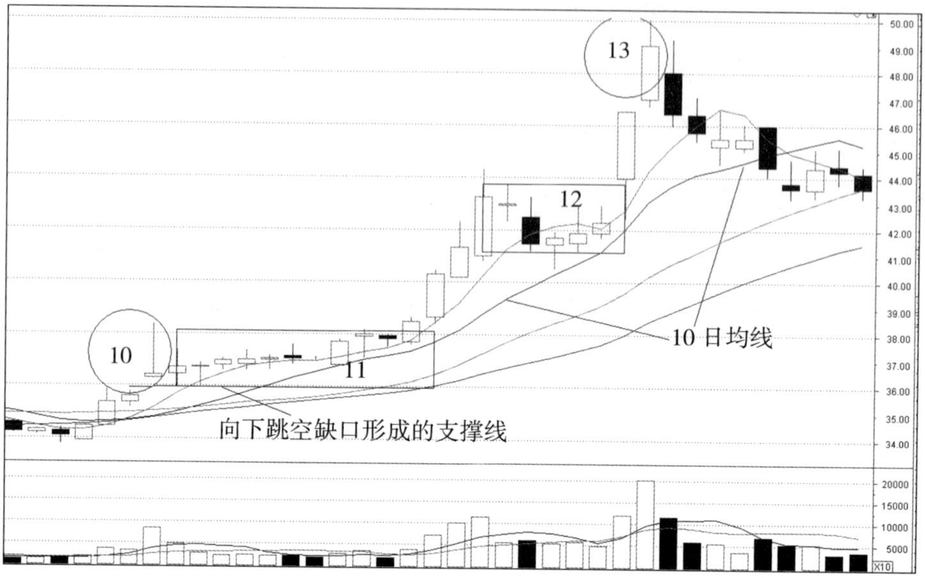

图 4-73　国药一致日 K 线图 5

观察发现，在圆圈 10 处之后，股价以 10 日均线为支撑开始上涨，投资者可以根据“10 日均线趋势交易策略”做出投资决策。

【案例研究 4：北方国际】该股经过一段时间的上涨后出现下跌行情，直到图 4-74 矩形 2 处。由于股价处于相对低位区，一些抄底资金会悄悄买入股票，对股票的需求增加，于是在矩形 2 处出现连续阳线。圆圈 1 处两根大阳线向上突破下降趋势线，并向上突破 5 日、10 日、20 日和 30 日均线的压制，均线有呈向上发散的迹象。

股价处于相对低位时出现大阳线，成交量增加，一般是主力资金运作的结果。投资者要密切关注这种现象。这里可以应用“一阳冲天”买入法，买入原则：股价处于低位时，一根放量大阳线实体一口气穿过 5 日、10 日、20 日、30 日等均线，且股价收盘价站稳在 30 日均线之上时，伺机买入。均线系统交叉后开始向上发散并呈多头排列迹象。次日投资者应果断介入，并做好止损准备。

投资者逢低买入股票后，股价是否如投资者所愿上涨呢？投资者跟踪股价运行态势发现，股价出现了以 5 日均线为支撑的强劲上涨行情，直到图 4-75 矩形 3 处。在矩形 3 处，股价处于短时间大幅上涨后的高位区，此时出现“三只乌鸦”K 线形态，成交量增大，换手率分别高达 14.72%、9.92%、8.35%，这些信息表明主力在拉抬股价，派发股票，预示着股票短期头部不远了。投资者此时千万不要买入，而应卖出股票止盈或者止损出局。

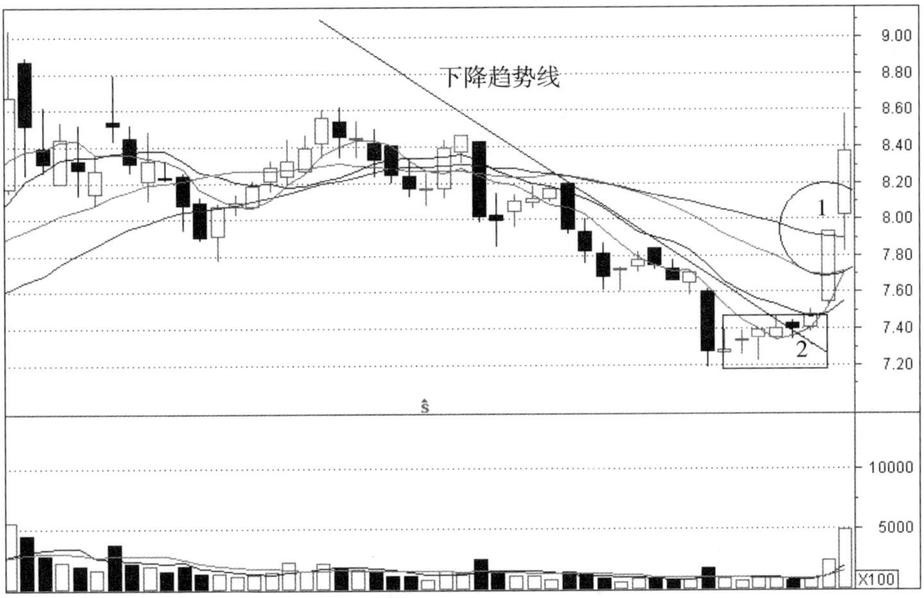

图 4-74　北方国际日 K 线图 1

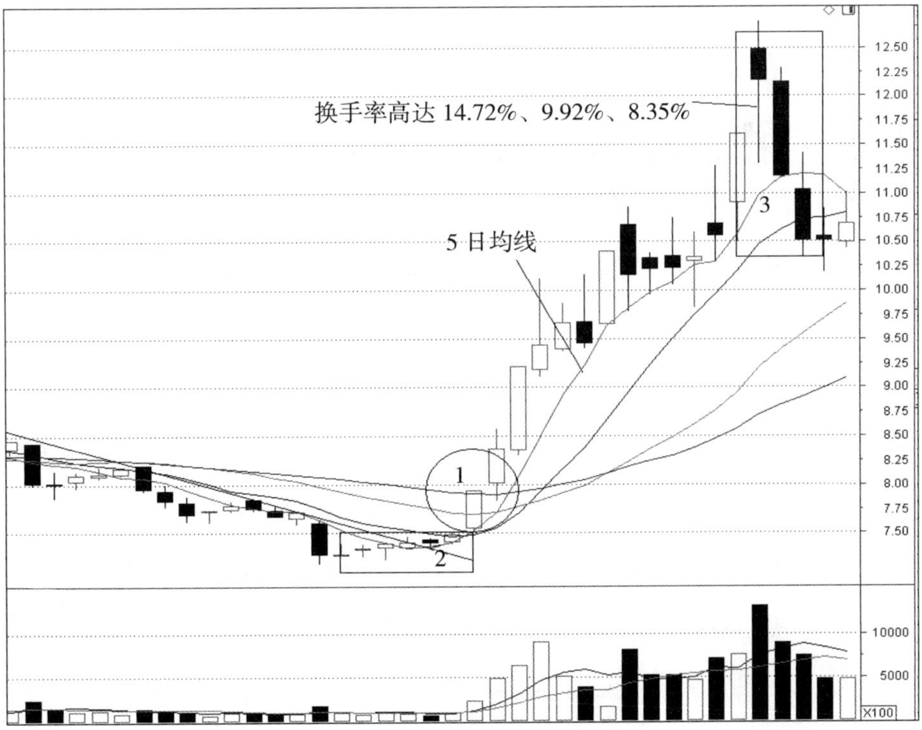

图 4-75　北方国际日 K 线图 2

观察发现，从圆圈 1 处到矩形 3 处，股价以 5 日均线为支撑向上进攻，投资者可以根据“5 日均线趋势交易策略”做出投资决策。当股价处于相对高位区域时，收盘价在 5 日均线下运行 3 到 5 个交易日，且股价 5 日均线走空时，投资者应卖出股票，落袋为安。

投资者对矩形 3 处股票短期头部的研判是否准确呢？从图 4-76 所示的后市运行情况发现，矩形 3 处确实是股票短期头部。此后股价出现了长达 3 个月的下跌行情，直到圆圈 5 处。此时股价处于相对低位区，市场需求增加，于是圆圈 5 处出现了连续阳线（中间会有一两根缩量阴线），5 日、10 日、20 日和 30 日均线逐渐交叉后开始向上发散，呈多头排列，看涨。投资者可以逢低在圆圈 5 处买入股票，并做好止损准备。

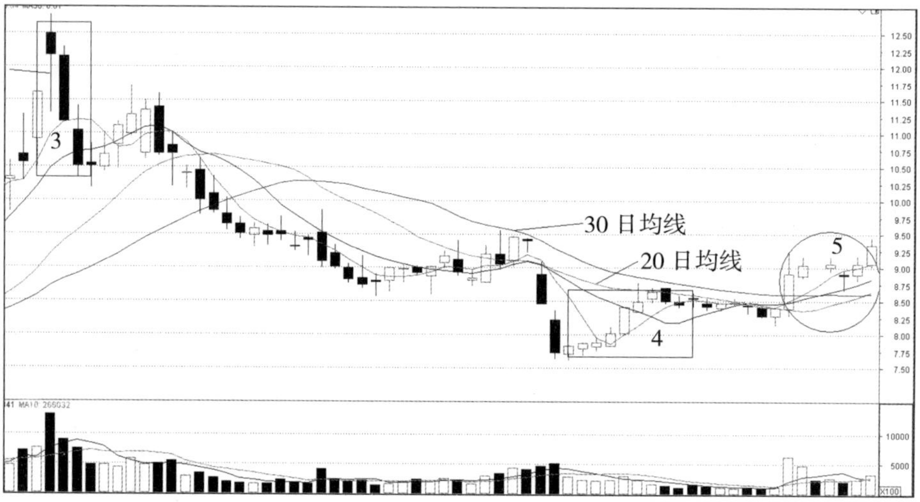

图 4-76　北方国际日 K 线图 3

观察发现，矩形 4 处也出现连续阳线，但是 20 日和 30 日均线呈空头排列。而在圆圈 5 处 5 日、10 日和 20 日均线呈多头排列，30 日均线也有走多迹象。矩形 4 和圆圈 5 处，连续阳线 K 线图所揭示出来的信息含义是不同的，投资者要加以识别。

投资者对股价运行态势跟踪发现，圆圈 5 处之后股价出现了小幅上涨，直到图 4-77 矩形 6 处。矩形 6 处出现一个“三只乌鸦”K 线形态，次日又收出一根光头光脚大阴线，表明空方力量较强，随后股价出现了大幅下跌行情。股价大幅下跌后处于相对低位区，市场对股票的需求在逐渐增加，于是在矩形 7 处出现了以大阳线为支撑的横盘整理行情，说明此处大阳线对股价起到了重要的支撑作用，多方力量较强，这是主力资金运作的结果。

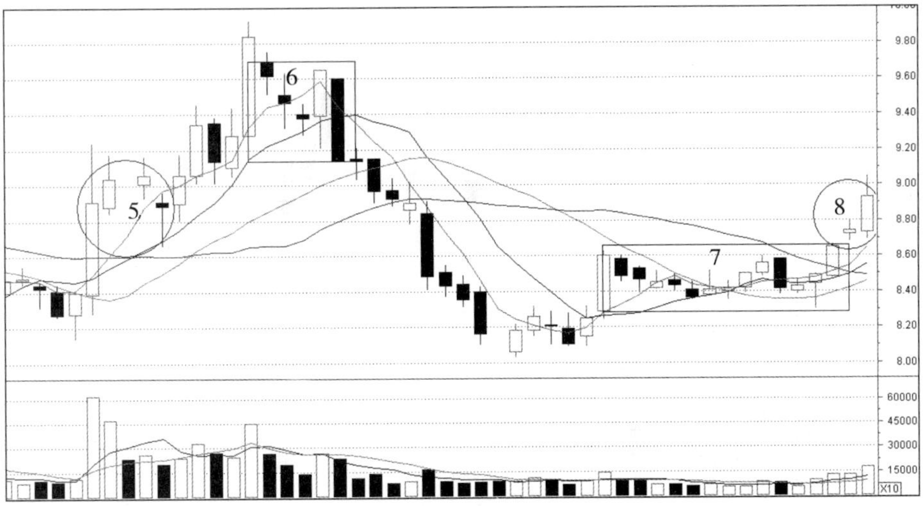

图 4-77　北方国际日 K 线图 4

横盘整理期间，出现连续阳线（中间会有一两根缩量阴线），阳线数量明显多于阴线，股价上涨时成交量增加，下跌时成交量缩小，均线趋向于平缓，5 日、10 日和 20 日均线逐渐交叉后向上发散，呈多头排列。根据这些信息，投资者基本上可以判断，主力在矩形 7 处利用缩量小阴线或十字星洗盘法进行洗盘，以吸收更多低廉筹码。圆圈 8 处一根大阳线向上突破横盘整理平台的压力线，均线交叉后开始向上发散，呈多头排列，看涨。投资者可以在此积极买入，并做好止损准备。

投资者对股价运行态势进行跟踪发现，图 4-78 圆圈 8 处之后收出一根光头光脚大阳线，说明多方力量占有绝对优势。矩形 9 处股价出现了以光头光脚大阳线为支撑的横盘振荡整理行情。

在横盘整理期间，成交量相对较小，阳线的数量明显多于阴线，股价重心总体没有下移，5 日和 10 日均线走平，但是 20 日和 30 日均线仍然走多。根据这些信息，投资者基本上可以判断主力在矩形 9 处利用横盘整理形态进行洗盘。

投资者做出这样判断是否正确呢？观察图 4-79 便可知晓。主力利用矩形 9 处横盘整理形态洗盘结束后，股价以 5 日均线为支撑强劲上涨，直到矩形 10 处。此时股价处于大涨后的高位区，矩形 10 处出现“三只乌鸦”K 线形态，此时成交量放大，换手率分别高达 16.11%、16.67% 和 13.49%，说明主力在拉高股价，派发股票，毕竟从矩形 9 到矩形 10 处股价几乎翻番，这预示着股票短期头部将要形成了，对此投资者要提高警惕。

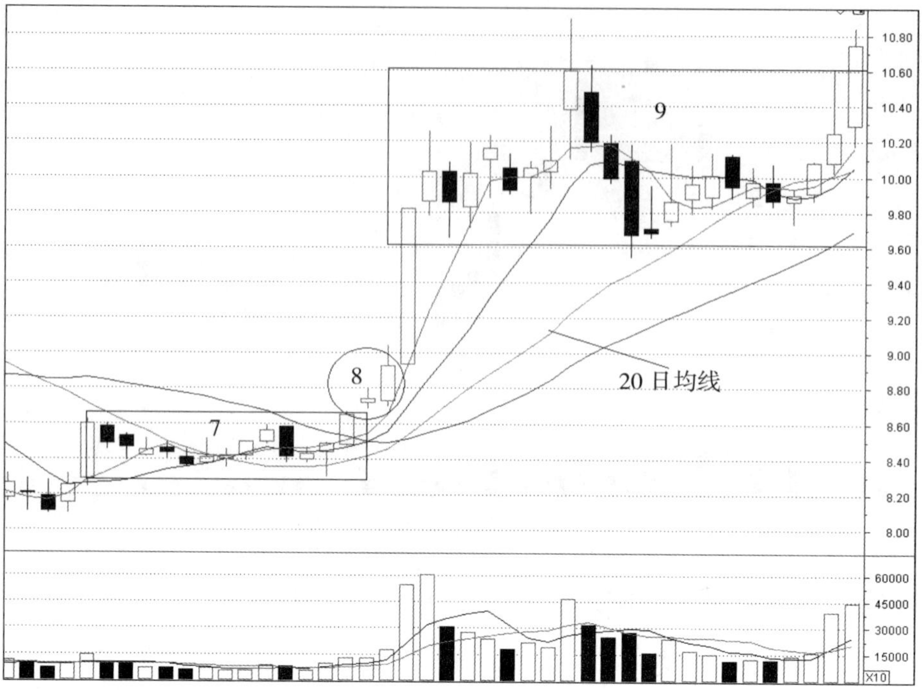

图 4-78　北方国际日 K 线图 5

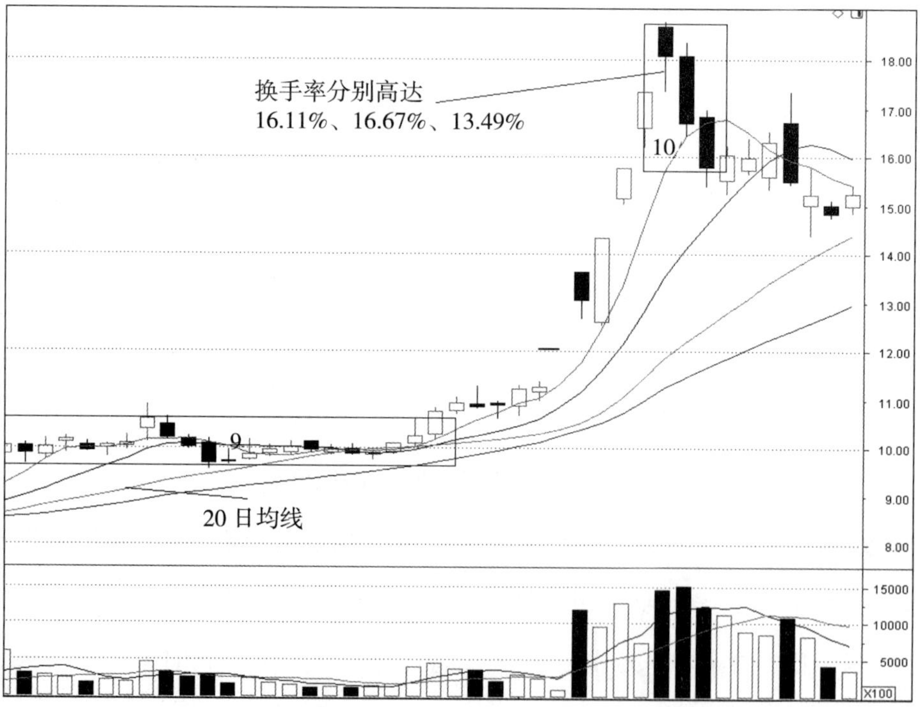

图 4-79　北方国际日 K 线图 6

主力在矩形 10 处出货后，股价开始了下跌行情，在图 4-80 矩形 11 处进入横盘振荡整理行情。在横盘整理期间，股价上涨时成交量较大，下跌时成交量较小，5 日、10

日和 20 日均线基本上趋于走空或走平。经过一个多月的横盘整理，在 30 日均线和前期向上跳空缺口形成的支撑线附近，股价得到了支撑。圆圈 12 处连续阳线向上突破整理平台的压力线和均线的压制，均线交叉后开始向上发散，呈多头排列，看多。

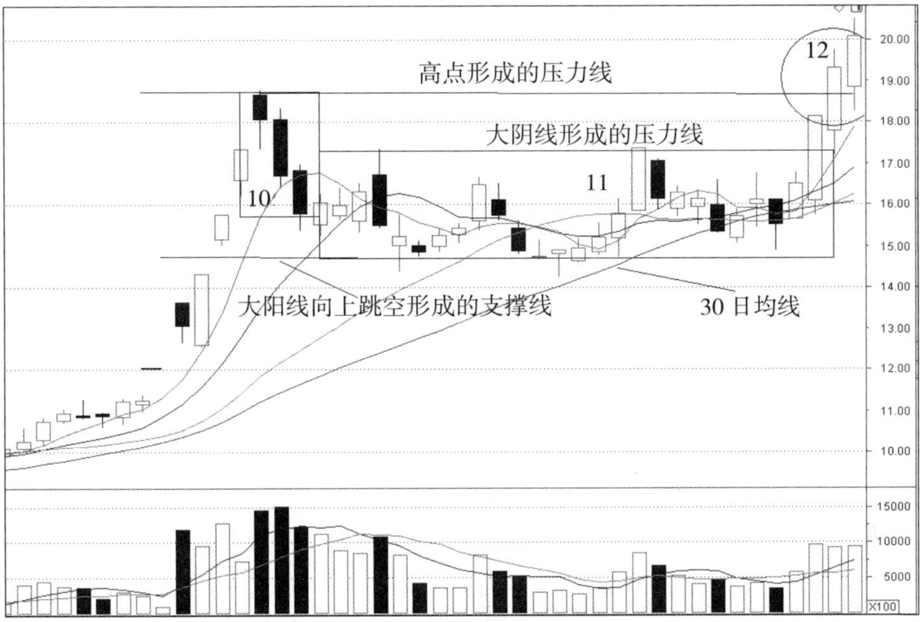

图 4-80　北方国际日 K 线图 7

【案例研究 5：南京银行】该股经过前段时间大幅上涨后，在图 4-81 圆圈 1 处出现长上影线十字星 K 线形态，预示着股票短期头部将要形成。随后股价出现下跌行情，验证了“高价区长上影线十字星预示着股票短期头部的形成”的正确性。

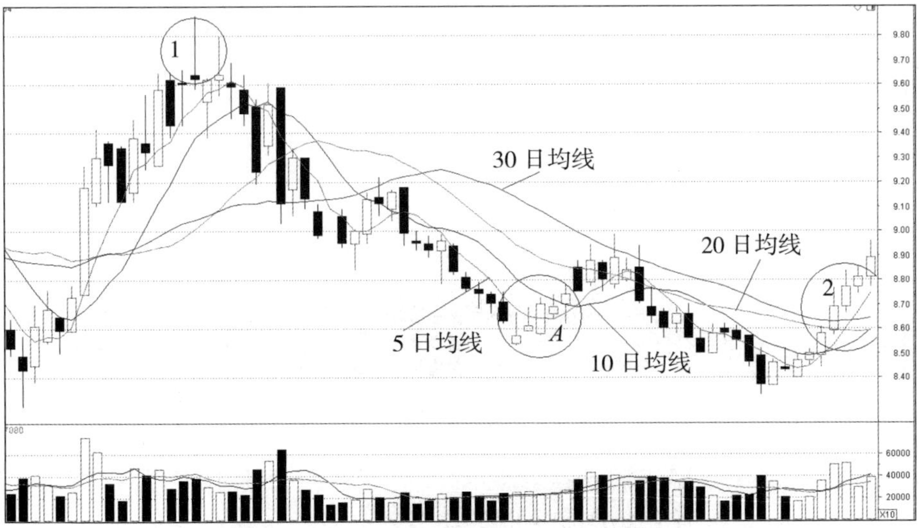

图 4-81　南京银行日 K 线图 1

股票短期头部形成后，股价开始了下跌行情，直到圆圈 2 处。由于股价大幅下跌后处于相对低价区，一些抄底资金悄悄地买入股票，这样市场需求增加，于是在圆圈 2 处出现了连续阳线，股价随成交量的增加而上涨，5 日、10 日、20 日和 30 日均线逐渐交叉后开始向上发散，呈多头排列。这些信息表明主力在圆圈 2 处悄悄买入股票建仓。此时也是稳健的投资者买入股票的好时机。

观察发现，圆圈 *A* 处也出现了连续阳线，但是 10 日、20 日和 30 日仍然呈空头排列，这里不是投资者买入股票的好时机。对圆圈 2 和圆圈 *A* 处出现的连续阳线所表达出来的信息，投资者应加以识别，以便为自己的投资决策提供买卖依据。

投资者对股价运行态势进行跟踪发现，之后股价以 10 日均线为支撑开始上涨，直到图 4-82 矩形 4 处。投资者可以根据“10 日均线趋势交易策略”做出投资决策。当股价收盘价连续几天（至少 3 天）在 10 日均线以下运行，且 10 日均线走空时，投资者可考虑卖出股票，落袋为安。

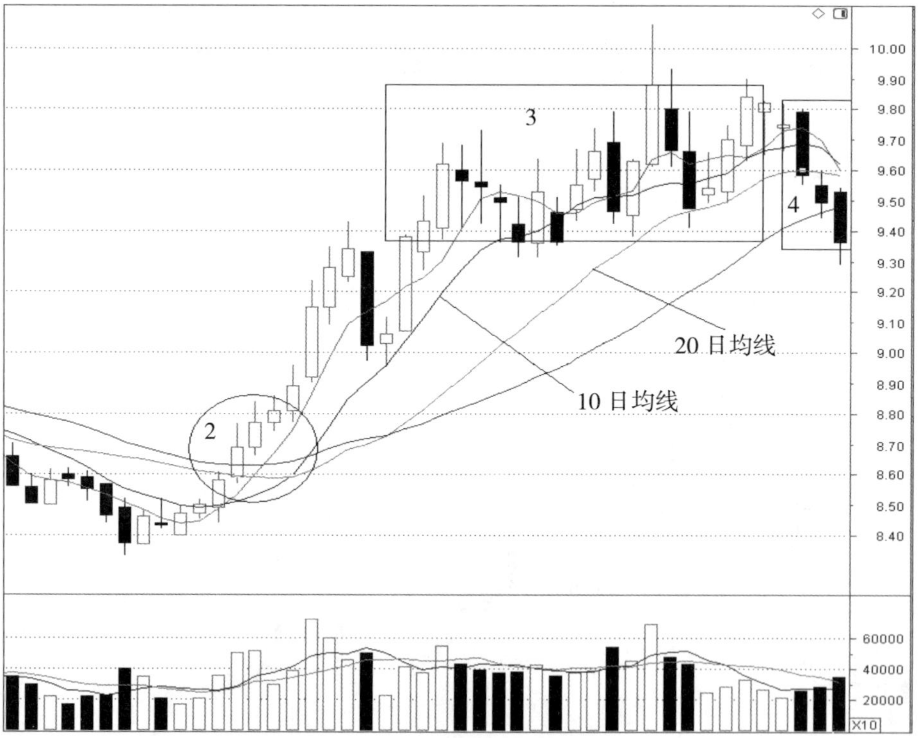

图 4-82　南京银行日 K 线图 2

观察发现，矩形 3 处属于股价大涨后的高价区，股价出现了以大阳线为支撑的横盘整理行情。在这期间，股价上涨时成交量增加，股价下跌时成交量较小，均线系统仍呈多头排列。根据这些信息，投资者认为主力在矩形 3 处横盘整理期间利用阴线洗盘法进行洗盘。但是，在横盘整理末端矩形 4 处一个“三只乌鸦”K 线形态向下跌破了 20 日和 30 日均线，均线有做空迹象，这是不是预示着股票短期头部将要来临呢？是不是表明主力在横盘整理期间利用振荡行情分批出货呢？此时投资者难以做出准确判断。

从后市来看，矩形 3 处股票短期头部确实成立了！股价出现振荡下跌行情，直到图 4-83 圆圈 5 处。圆圈 5 处出现一个“穿刺线”K 线形态之后，股价开始了强劲的反弹行情，之后在矩形 6 处进入横盘整理行情。矩形 6 处股价出现了以大阳线为支撑的横盘整理行情，说明此处大阳线对股价的支撑起了重要的作用，这是主力资金运作的结果。

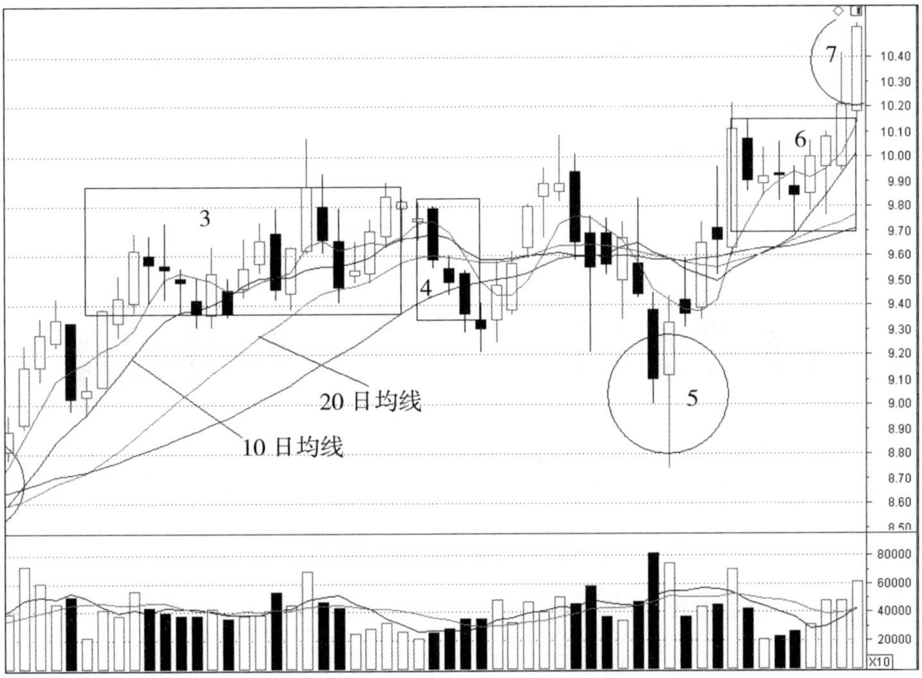

图 4-83　南京银行日 K 线图 3

在横盘整理期间，股价上涨时成交量增加，下跌时成交量缩小，5 日、10 日、20 日和 30 日均线逐渐交叉后向上发散，呈多头排列。根据这些信息，投资者基本上可以判断，主力在矩形 6 处利用缩量阴线或十字星进行洗盘，以吸收更多低廉筹码。洗盘结束后，在圆圈 7 处一根大阳线向上突破横盘整理平台的压力线，均线交叉后开始向上发散，呈多头排列，看涨。投资者可以在此积极买入股票，并做好止损准备。

如图 4-84 所示，从矩形 6 到矩形 8 处股价以 10 日均线为支撑开始上涨。投资者可以根据“10 日均线趋势交易策略”做出投资决策。当收盘价连续几天（至少 3 天）在 10 日均线以下运行，且 10 日均线走空时，投资者可以考虑卖出股票，落袋为安。

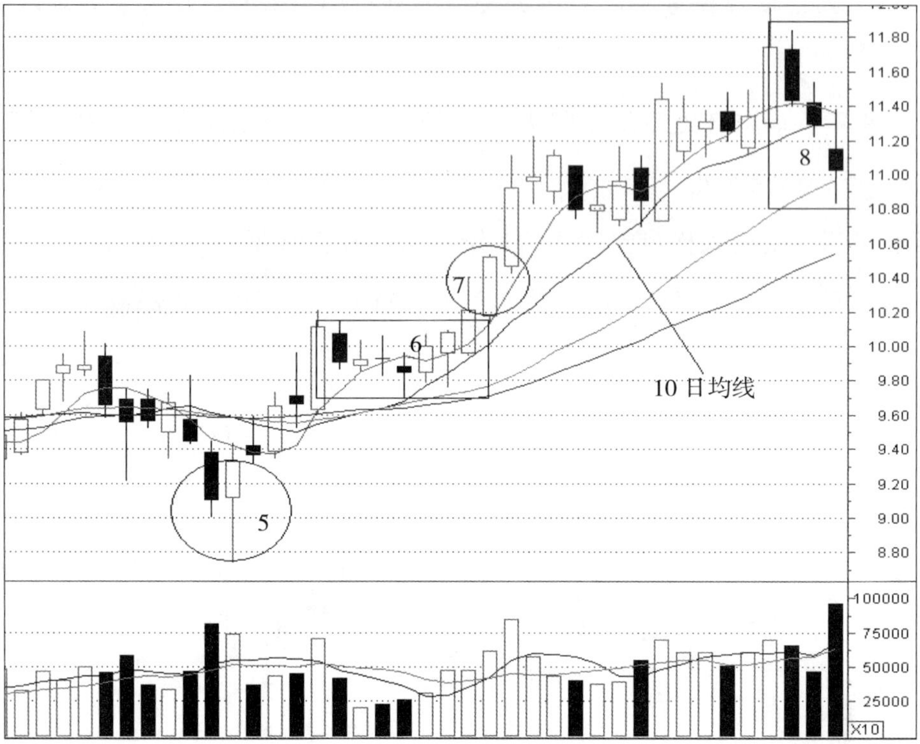

图 4-84　南京银行日 K 线图 4

矩形 8 处的“三只乌鸦”K 线形态向下跌破了 10 日均线，且 10 日均线走空，这是不是预示着股票短期头部将要来临呢？这要通过股价后面的运行态势来验证。

跟踪股价运行态势发现，矩形 8 处形成了股票短期头部。股票头部形成后，股价出现振荡下跌行情，直到图 4-85 圆圈 9 处。圆圈 9 处出现一根带长下影线的阳线，下影线越长，说明多方承接的力量越强，股价上涨的欲望越强烈。之后股价开始振荡上涨行情，但是因为股价受到前期向下跳空缺口所形成的压力制约，圆圈 10 处出现了大阴线形式的下跌，并且跌破了上升趋势线，均线呈空头排列。此时是卖出股票的好时机。

之后股价出现了大幅下跌行情，直到图 4-86 圆圈 11 处出现一个变形的“早晨之星”K 线形态，预示着股票短期底部形成了。在三角形 12 处，股价以大阳线为支撑做三角形横盘整理，在整理末端连续阳线向上突破三角形上边的压力线（下降趋势线具有压力线作用），股价上涨到圆圈 13 处。这说明主力在三角形整理形态中利用阴线对股价进行打压洗盘，股价重心下移了。

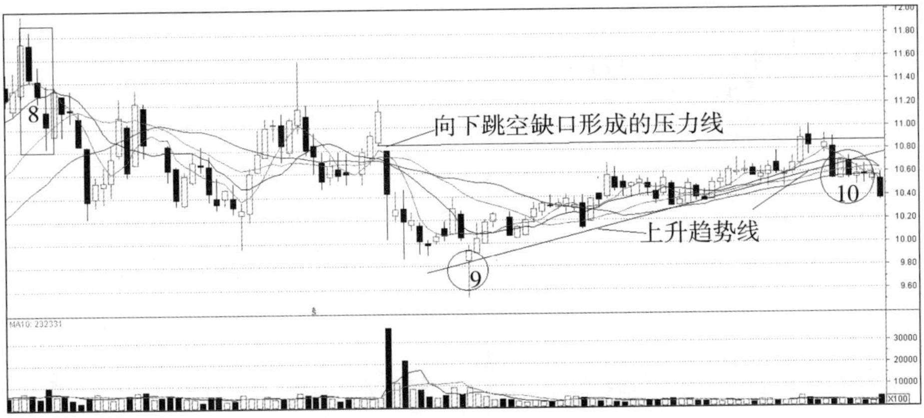

图 4–85　南京银行日 K 线图 5

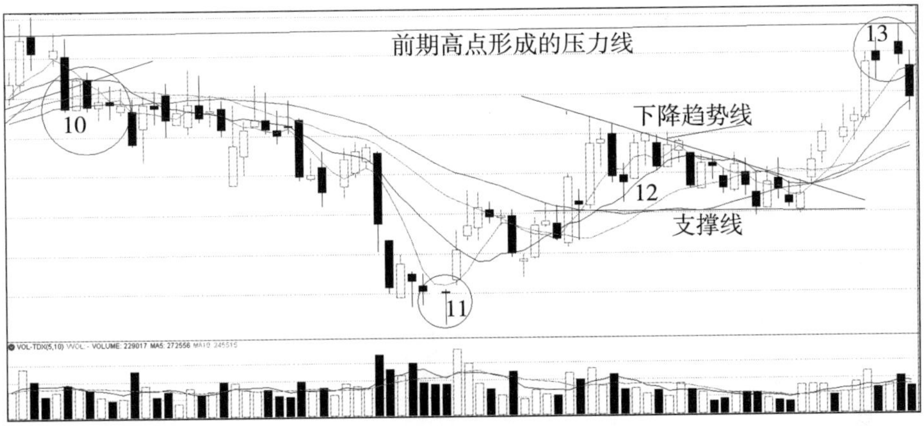

图 4–86　南京银行日 K 线图 6

因受到前期高点所形成的压力的影响，股价在圆圈 13 处出现了一根变形的“黄昏之星”K 线形态，是否预示着股票短期头部形成呢？投资者难以做出判断。

投资者对股价运行态势进行跟踪发现，圆圈 13 处的“黄昏之星”标志着股票短期头部形成了。在图 4–87 矩形 14 处一个“五只乌鸦”K 线形态向下有效跌破 30 日均线，5 日、10 日、20 日和 30 日均线交叉后向下发散，呈空头排列，看跌。此后股价出现了长达两个多月的下跌行情，直到矩形 16 处股价才企稳回升。

观察发现，圆圈 15 处出现一个阳包阴的 K 线形态，随后股价开始在矩形 16 处横盘整理。横盘整理期间，股价上涨时成交量增加，下跌时成交量缩小，股价重心在逐渐上移，5 日、10 日、20 日均线呈多头排列，30 日均线也呈走多迹象。这些信息表明主力在矩形 16 处采用边拉边洗盘的方法进行洗盘。洗盘结束后，圆圈 17 处一根大阳线向上突破横盘整理平台的压力线，均线呈多头排列，看涨。

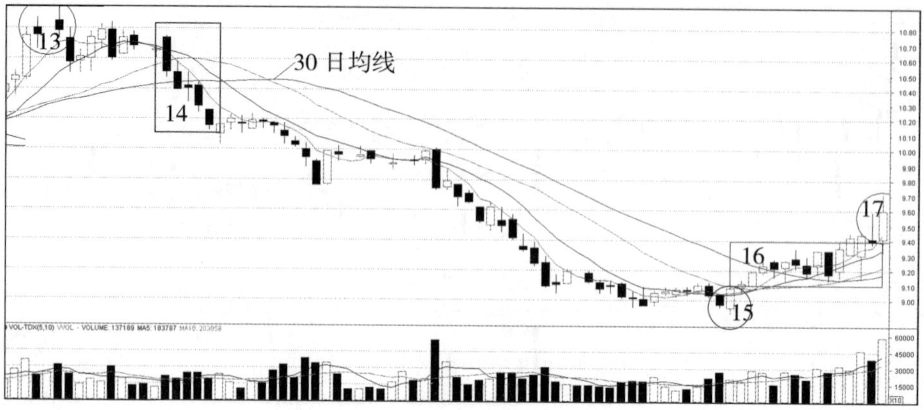

图 4-87　南京银行日 K 线图 7

第 5 章

K 线图选股

在股市中，投资者都需要选股。那么是否有比较好的选股技巧，帮助投资者对股票进行研判呢？

其实选股方法有很多，但不可能面面俱到，这里讲解以下几种比较实用的选股法：①底部连续阳线且均线向上发散买入法；②“一阳冲天”买入法；③股价低位向上突破买入法；④股价低位连续小阳线买入法。这些选股方法都经过实战检验，有较高的成功率，但不可能保证百分之百正确，尤其是在熊市。因此投资者买入股票后要做好止损准备。

股票介入时机很重要，介入时机比较好的话就等于投资成功了一半。比如投资者千万不要买入“股价大涨后从高位下跌，且均线刚开始向下发散呈空头排列”的股票，而应该买入“股价经过长时间的下跌和调整之后，刚开始上涨且均线呈多头排列”的股票。为了成功，投资者在股市中必须学会保护自己，学会在股市中生存下来。要做到这一点，唯一的办法就是任何时候都要有风险意识，当风险来临时，要坚决执行止损操作，这样才可以避免重大损失。

5.1　底部连续阳线且均线向上发散买入法

股价的短期波动实质上是由供需关系变化引起的。当股价处于下跌阶段时，供给方占有优势，需求很弱，均线基本上处于空头排列，日 K 线图中阴线数量明显多于阳线。股价大幅下跌一段时间之后，就会在一定价格范围内横盘整理或波动，并且均线开始由走空变为走平或走多，说明需求方和供给方的力量基本上势均力敌，多方（需求方）在试探性买入（也就是抄底资金在买入），这可能是主力正在悄悄吸筹。当需求方的力量大于供给方的力量时，需求方占有优势，这时股价处于上升阶段并且均线基本上处于多头排列，日 K 线图中阳线数量明显多于阴线数量。

这样，我们就可以总结出一种比较实用的股票买入方法，即“底部连续阳线且均线向上发散买入法”。

1. 买入条件

股价经过长时间的大幅下跌之后，进入底部横盘整理行情。在横盘整理期间，由于股价处于相对低位区，市场需求逐渐增加，于是在股价底部出现连续缩量的阳线（中间允许出现一两根缩量阴线），股价上涨时成交量增加，股价下跌时成交量缩小，并且均线逐渐黏合（或者交叉）后开始向上发散，呈多头排列迹象。当突然出现成交量增大的大阳线时，投资者可以逢低果断介入。

2. 止损原则

股价低于整个大阳线实体部分或者低于买入价的 6% 到 8% 才考虑止损。

3. 卖出条件

在连续上涨后出现“三高”现象（股价处于高位区、成交量高、换手率高）或者标志性见顶 K 线形态等卖出信号时，卖出。

【案例研究 1：桂林旅游】该股经过前期大幅上涨后，在图 5-1 圆圈 1 处出现大阳线形式的加速上涨，股价处于高位区，成交量放大，每天换手率都超过 15.6%，这些信息表明主力在圆圈 1 处拉高股价，派发股票，预示着股票短期头部要形成了。主力在高位派发完股票后，股价随即出现下跌行情，股价大跌后处于相对低位区，市场需求增加，于是在矩形 2 处出现连续缩量的红色量柱，股价随成交量温和增加而上涨，均线逐渐黏合（或交叉后）开始向上发散，且呈多头排列。

股价在矩形 2 处开始横盘整理，在整理后期出现了连续缩量的小阳线，并且均线黏合（或交叉）后有向上发散的迹象，说明需求力量在增强，这是主力资金运作的结果，投资者应密切关注。圆圈 3 处该股以大阳线的形式向上突破整理平台的压力线，第二天投资者可以伺机积极买入，并做好止损准备。

投资者买入该股票后，股价如期上涨了，可以一直持有到图 5-2 圆圈 4 处再卖出。圆圈 4 处有三根阳线 A、B、C，它们的换手率分别高达 21.3%、20.6%、10.9%，成交量增大，这些信息表明主力在此处拉高股价，派发股票，股票短期头部不远了。投资者此时千万不要买入该股票，因为主力抛售完股票之后，没有主力资金的护盘，股价会出现大幅下跌行情。

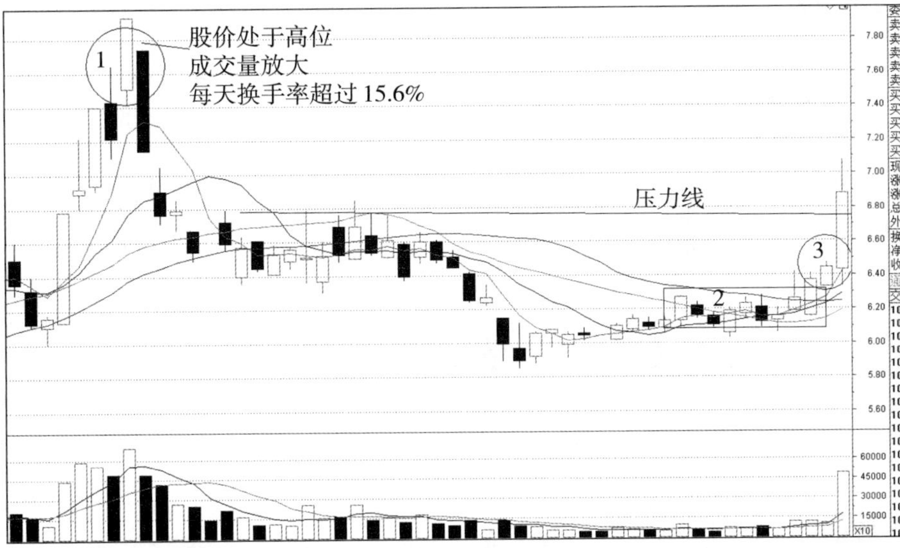

图 5-1　桂林旅游日 K 线图 1

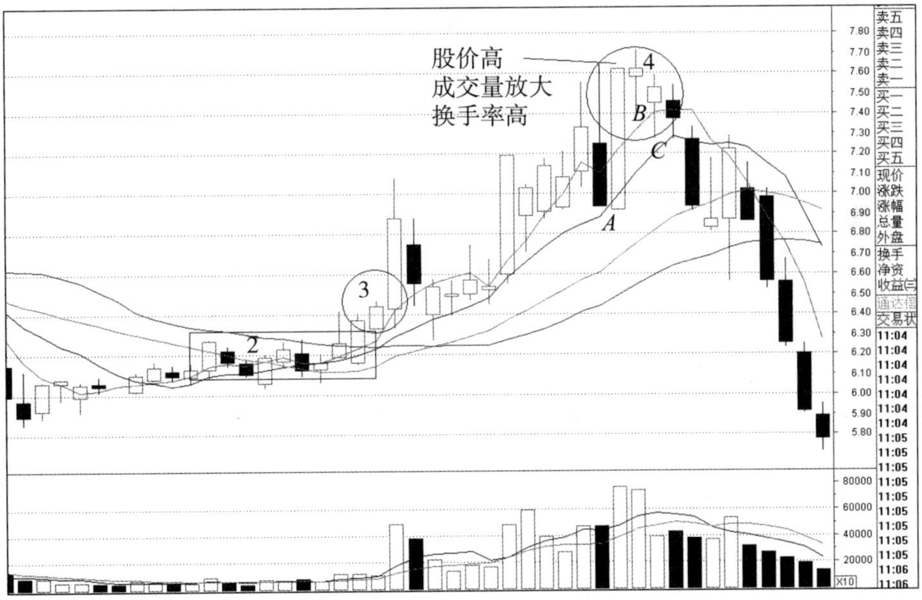

图 5-2　桂林旅游日 K 线图 2

之后股价运行态势如何呢？如图 5-3 所示，股价开始下跌，下跌到矩形 5 处，开始横盘振荡整理行情。整理期间，出现连续阳线（中间允许一两根缩量阴线），股价上涨时成交量增加，股价下跌时成交量缩小，股价重心正在逐渐上移，5 日和 10 日均线由走空变为走平甚至走多，这是主力在悄悄买入股票的结果。投资者要密切关注此行情，随时做好买入准备。整理结束后，股价开始了连续上涨行情，直到圆圈 6 处。因受到前期高点所形成的压力制约，股价在圆圈 6 处又形成一个短期头部。

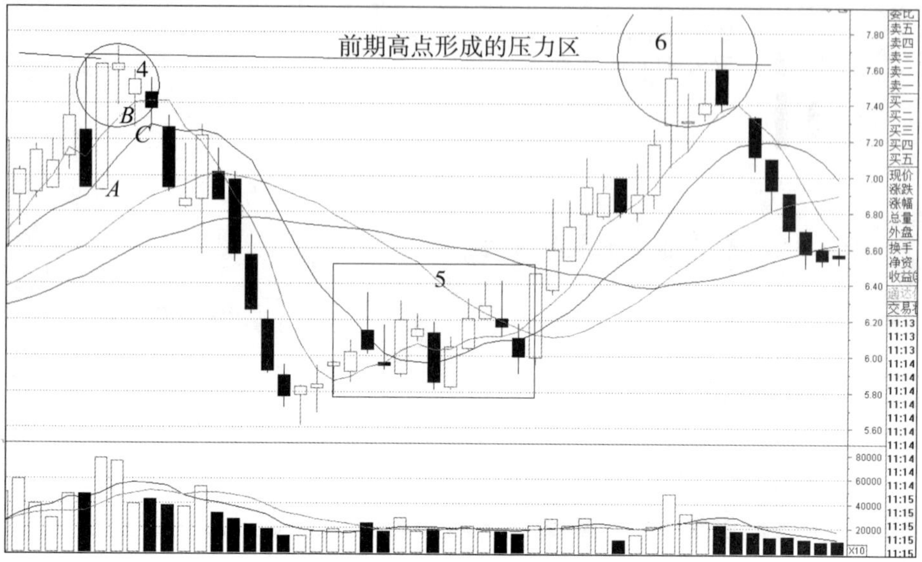

图 5–3　桂林旅游日 K 线图 3

股价下跌到 30 日均线附近得到支撑，开始反弹，在图 5–4 圆圈 7 处，股价以大阳线的形式向上突破了圆圈 6 处短期头部形成的压力线之后，开始加速上行，直到圆圈 8 处。在圆圈 8 处收出一根大阳线，成交量放大，换手率高达 26.9%，这些信息表明主力

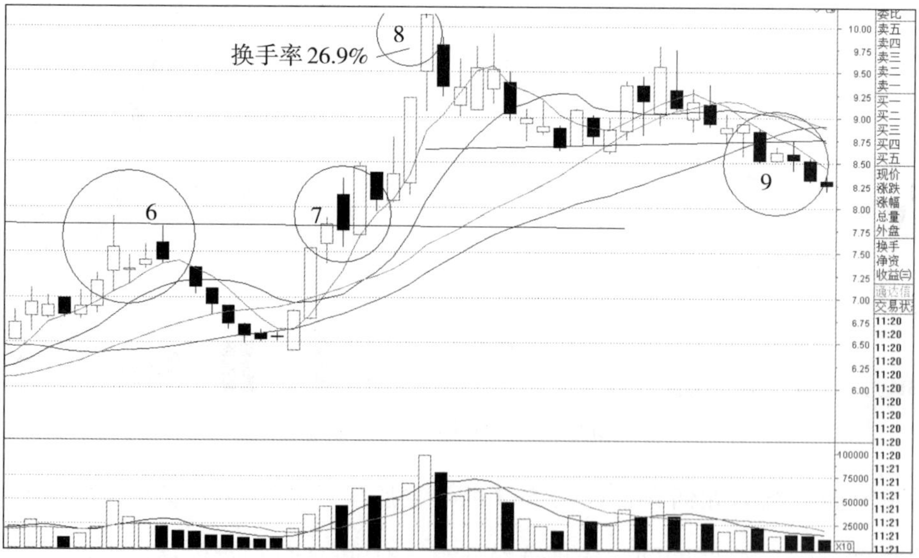

图 5–4　桂林旅游日 K 线图 4

在圆圈 8 处拉高股价，派发股票，预示着股票短期头部将要形成了。股价后面的运行态势也验证了这一预判的正确性。

主力在高位派发完股票后，股价随即出现下跌行情，5 日、10 日、20 日和 30 日均线开始依次由走多转为走空。在圆圈 9 处，一根光头光脚大阴线向下有效跌破支撑线，股价在 30 日均线下运行，均线系统呈空头排列，看跌。

之后股价出现振荡下跌行情，直到图 5-5 矩形 10 处才有企稳迹象。在矩形 10 处连续阳线向上突破均线压制，均线黏合后开始向上发散呈多头排列，这是否预示着买入良机的到来？

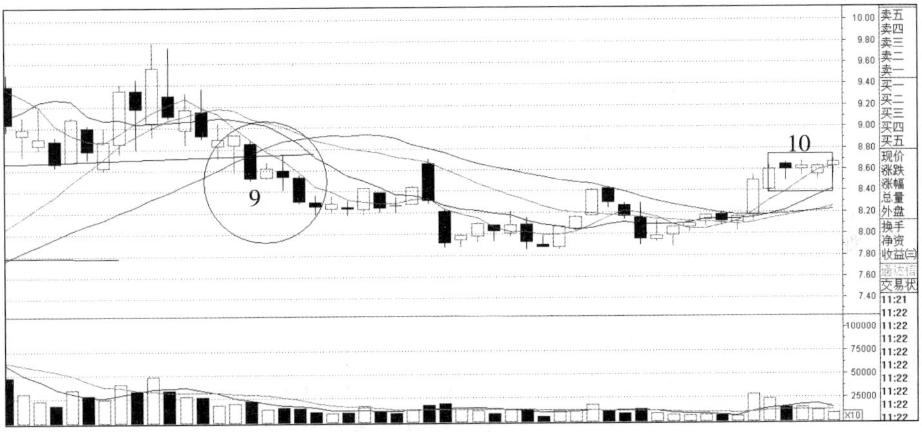

图 5-5　桂林旅游日 K 线图 5

观察发现，在图 5-6 矩形 10 处，股价因为受到前期高点和大阴线所形成的压力的制约，出现连续阴线形式的下跌。这说明主力在矩形 10 处故意拉升股价，实际上是主

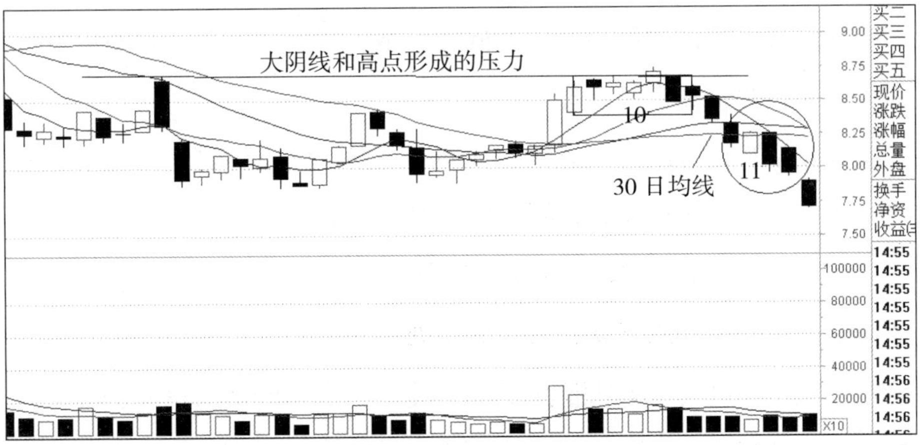

图 5-6　桂林旅游日 K 线图 6

力的诱多行为。因此买入股票后做好止损准备非常必要。在圆圈 11 处股价向下跌破了 30 日均线，均线交叉后开始向下发散，呈空头排列。

【案例研究 2：维远股份】该股经过一段时间的上涨后出现一根大阴线，形成短期头部，后因受到大阴线所形成的压力制约，在图 5-7 圆圈 1 处一根光头光脚大阴线向下有效跌破支撑线，均线交叉后向下发散呈空头排列。此后股价出现了下跌行情，直到圆圈 2 处股价才企稳回升。

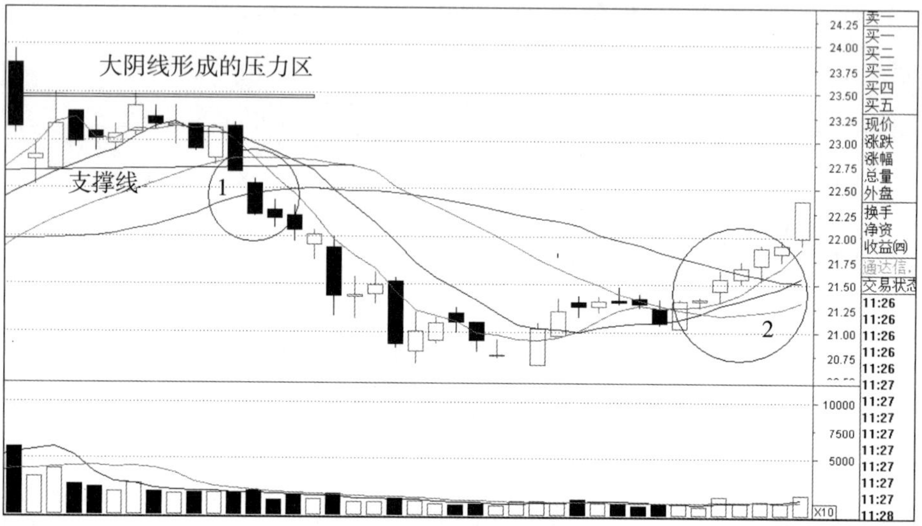

图 5-7　维远股份日 K 线图 1

圆圈 2 处股价处于相对低位区，市场逐渐增加了对股票的需求，股价出现了连续缩量小阳线，均线逐渐黏合（或交叉）后开始向上发散呈多头排列，股价随成交量的增加而上涨，多方力量正在聚集。这表明主力正在吸筹，投资者应密切关注。圆圈 2 处连续阳线向上突破均线压制，均线黏合后开始向上发散，呈多头排列，看多。投资者第二天可以伺机积极买入，并做好止损准备。

投资者买入股票后，可以根据运行态势移动止损。该股在图 5-8 圆圈 3 处出现一根带长上影线的大阴线，这是短期头部标志性 K 线形态，从圆圈 2 至圆圈 3 处以 5 日均线为其生命线。投资者可以根据“5 日均线趋势交易策略”做出投资决策。

之后该股从圆圈 3 处开始下跌，在圆圈 4 处一个“四只乌鸦”K 线形态向下有效跌破 30 日均线，5 日、10 日、20 日和 30 日均线交叉后向下发散，呈空头排列，看跌。投资者要密切关注这种情形，因为 30 日均线是一条非常重要的支撑线。

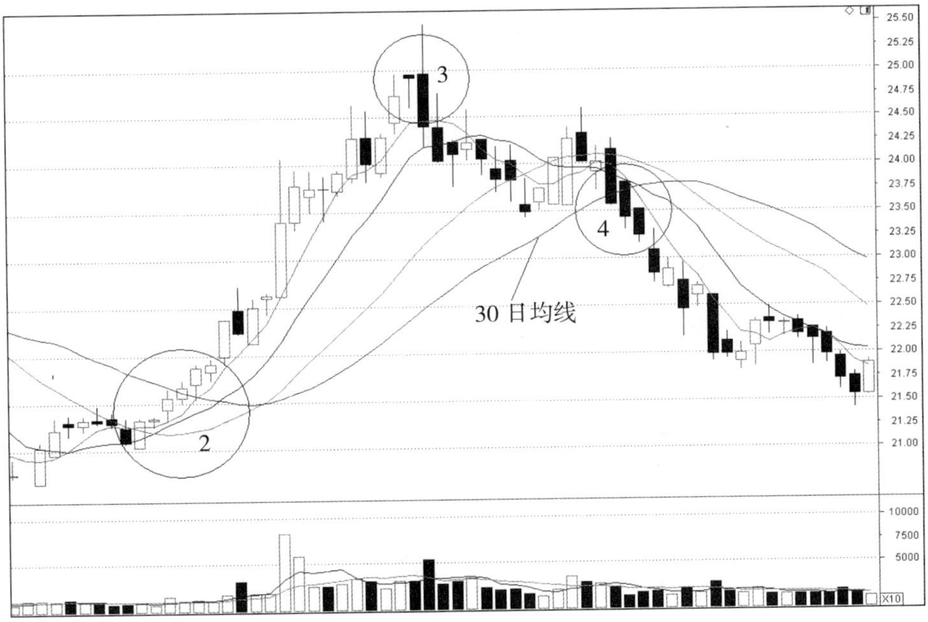

图 5-8　维远股份日 K 线图 2

【案例研究 3：福成股份】该股经过前期大幅下跌后股价处于低位，在图 5-9 圆圈 1 处出现了连续缩量小阳线，股价随成交量温和增加而上涨，并且均线黏合（或交叉）后有向上发散迹象，需求方略占优势，表明主力正在吸筹。在圆圈 1 处连续阳线向上突破 30 日均线，均线黏合（或交叉）后开始向上发散呈多头排列。投资者可以伺机积极买入，并做好止损准备。

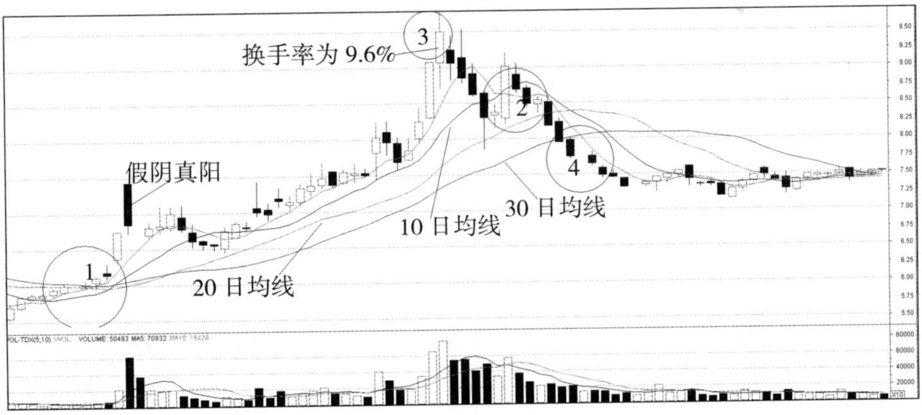

图 5-9　福成股份日 K 线图

投资者采用移动止损原则跟踪股价运行态势。观察图 5-9 圆圈 1 至圆圈 2 处可以发现，股价在振荡上行过程中有时会出现一些阴线，但与阴线相对应的成交量都比较小，与阳线相对应的成交量都比较大，而且总体来说阳线数量多于阴线数量，股价基本上都在 10 日均线之上，这是主力资金运作的结果，表明主力有时采用阴线形式来洗盘，直到圆圈 3 处股价出现垂直式的加速上涨行情，此时成交量放大，换手率为 9.6%，说明股价离顶部不远了！此时投资者要提高警惕，做好随时离场的准备。

观察发现，股价从圆圈 1 到圆圈 2 处基本上以 10 日均线为支撑而上涨，所以圆圈 2 处股价跌破 10 日均线且 10 日均线走空时，投资者可以考虑卖出股票，落袋为安。圆圈 4 处连续阴线向下有效跌破 30 日均线，5 日、10 日、20 日和 30 日均线交叉后向下发散，呈空头排列，看跌。

【案例研究 4：海得控制】该股经过前期大幅上涨后，在图 5-10 圆圈 1 处出现了“乌云盖顶”K 线形态，成交量放大，换手率高达 22.5%，这些信息说明主力在圆圈 1 处拉高股价，抛售股票，预示着股票短期头部的形成。股价下跌后进入矩形 2 处横盘整理阶段。

图 5-10 海得控制日 K 线图 1

观察发现，股价以大阳线实体底部为支撑进入横盘整理行情，说明大阳线在此处发挥了支撑作用。在整理行情末端圆圈 3 处，股价出现阳线形式的上涨，成交量温和增加，均线向上发散并呈多头排列。当股价突破横盘整理平台上方的压力线时，投资者可伺机逢低买入。

从后市走势来看，股价并没有如投资者所愿上涨，而是出现振荡行情，因此买入股票后要随时做好止损准备，并严格执行止损。股价在运行到图5-11圆圈4处得到30日均线的强烈支撑。圆圈5处一根光头光脚大阳线向上突破均线压制后，股价出现了加速上涨行情，直到圆圈7处。

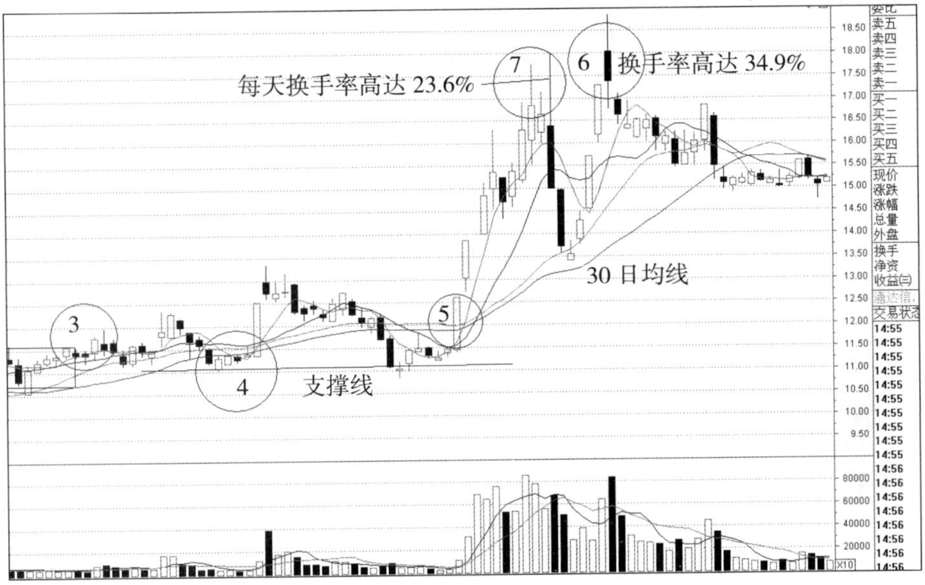

图5-11 海得控制日K线图2

圆圈7处股价处于高位区，成交量放大，几个交易日里每天的换手率都超过了23.6%，这些信息表明主力在此处拉高出货。随后股价出现急速下跌，但是在30日均线附近得到支撑后开始大幅拉升，在圆圈6处出现高开低走的阴线，此时成交量放大，换手率高达34.9%，这些信息表明主力在圆圈6处拉高出货。主力派发完股票后，股价随即出现下跌行情。

【案例研究5：久其软件】该股经过前期大幅上涨后，股价处于相对高位区。在图5-12圆圈1处出现一根高开低走的光头大阴线，成交量放大，换手率高达13.8%。在圆圈2处受到前期大阴线所形成的压力的影响，股价没有超过前期高点，这预示着股票短期头部形成了，随后股价出现大幅下跌行情。

股价处于低位区域时，出现连续阳线形式的小幅上涨，在矩形3处横盘整理阶段，该股以连续阳线的形式向上突破前期股价向下跳空缺口所形成的压力线，股价随成交量小幅增加而上涨，5日、10日、20日和30日均线逐渐交叉后呈多头排列。根据这些信息可知，这是主力资金运作的结果。投资者可以采用“底部连续阳线且均线向上发散买入法”，在此处逢低买入股票，并做好止损准备。

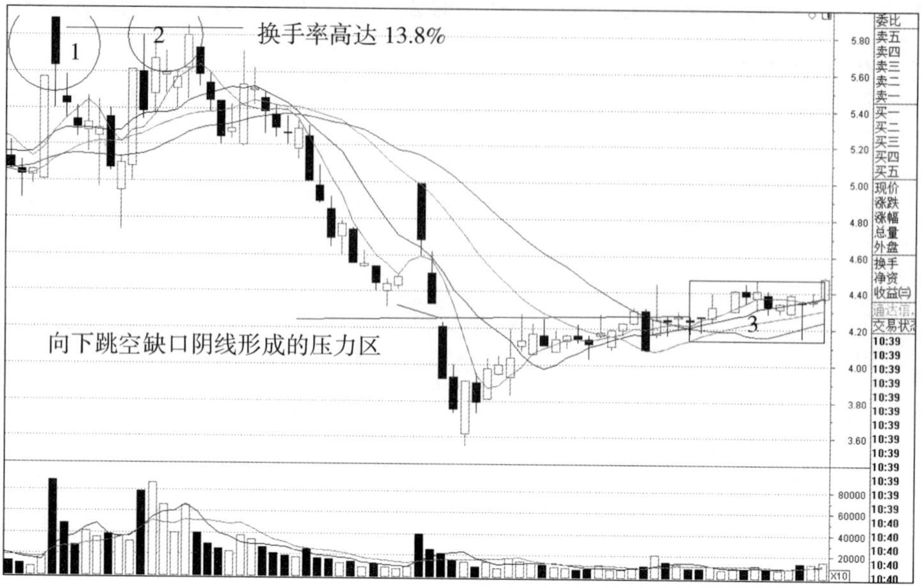

图 5-12　久其软件日 K 线图 1

买入后投资者跟踪股价运行态势发现，股价并没有出现大幅上涨，而是开始了振荡下跌行情。在图 5-13 圆圈 4 处受到矩形 3 处横盘整理平台的支撑而反弹，圆圈 4 处出现一个“穿刺线”K 线形态之后，股价以大阳线形式上涨，向上突破均线压制，站稳在 30 日均线之上，开始在矩形 5 处横盘整理。横盘整理期间，出现连续缩量阳线，股价随成交量小幅增加而上涨，均线黏合（或交叉）后开始向上发散，呈多头排列，看多。投资者可以在此处再次买入该股，并做好止损准备。

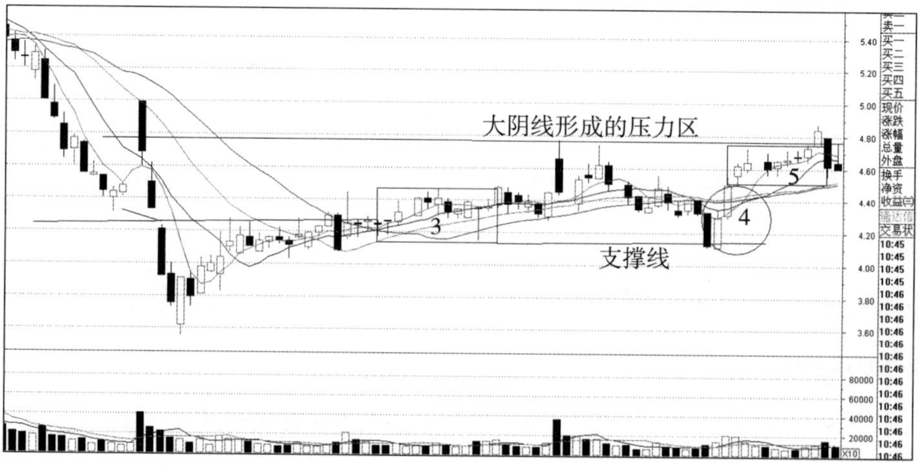

图 5-13　久其软件日 K 线图 2

在矩形 5 处买入股票后，投资者再次跟踪股价运行态势发现，股价涨幅很小，随后又开始小幅下跌行情。不过，在图 5-14 圆圈 6 处一根光头光脚大阳线向上突破均线的压制，随后出现一根阴线 *A* 和阳线 *B*。成交量放大的阴线 *A* 换手率高达 11.49%，成交量放大的阳线 *B* 换手率高达 17.17%，股价在均线上运行且均线系统呈多头排列。这些信息预示着主力在此处是大量吸筹还是出货呢？此时投资者很难做出研判。但是考虑到股价经过前期大幅下跌后，横盘整理的时间长达 5 个月之久，难道是主力想洗盘，用时间换空间？

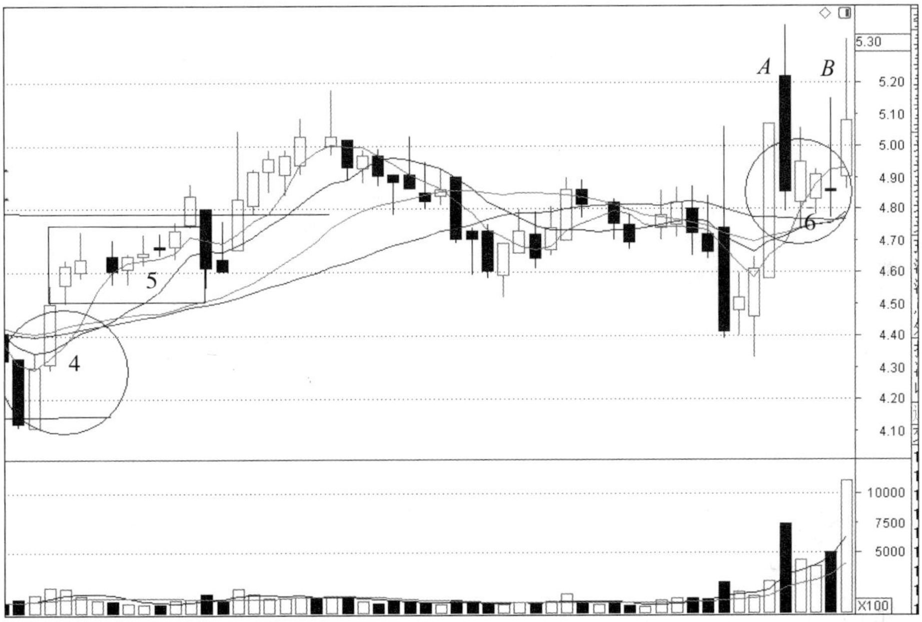

图 5-14　久其软件日 K 线图 3

继续跟踪走势发现，图 5-15 圆圈 6 处一根光头光脚大阳线向上突破均线的压制后，股价出现了以大阳线为支撑的振荡整理行情，但股价在 20 日和 30 日均线之上运行，换手率高，这些信息表明主力可能在洗盘吸筹。一般来说，如果在长时间大幅下跌之后或上升初期横盘整理末端出现成交量放大，换手率在几个交易日都较高，均线也开始向上发散并有呈多头排列的迹象，则一般是较为明显的新增资金介入迹象。此时投资者应逢低买入。

随后股价出现了上涨行情，但是在矩形 7 处出现连续缩量阴线，股价跌到 30 日均线附近时得到支撑，说明主力在矩形 7 处利用连续阴线洗盘法来打压股价，使投资者认赔出局。洗盘结束后，股价出现强劲上涨行情。在矩形 8 处，股价进入高价区域开始横盘振荡，多次出现带有长上影线的阳线或阴线，成交量放大。在横盘振荡末端，一根十字星阴线向下跳空跌破横盘整理平台的支撑线，均线开始向下发散且呈空头排列迹象，股价重心在逐渐下移，表明主力在高价区域分批出货，预示着股价短期头部不远了。

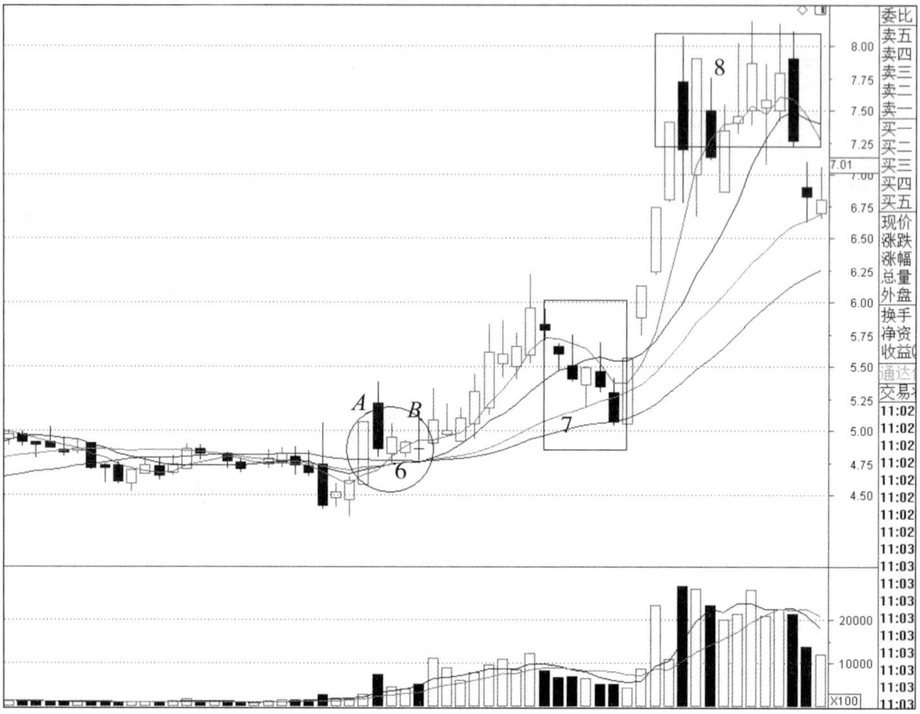

图 5–15　久其软件日 K 线图 4

股票短期头部形成后，股价开始大幅下跌，直到图 5–16 圆圈 9 处。圆圈 9 处两个光头光脚大阳线向上突破均线的压制，说明多方的力量较强，同时收盘价站稳在 30 日均线之上，均线逐渐交叉后有呈多头排列的迹象。可能预示着新一轮上涨行情即将到来。

投资者继续跟踪股价运行态势发现，圆圈 9 处之后股价出现加速上涨行情，直到图 5–17 矩形 10 处。在矩形 10 处出现连续阴阳相间振荡下跌行情，6 个交易日的换手率分别高达 26.4%、36.2%、26.56%、23.51%、20.46% 和 16.13%，股价重心逐渐下移，均线有走空迹象。这些信息预示着股票短期头部将要形成，之后股价出现了振荡下跌行情。

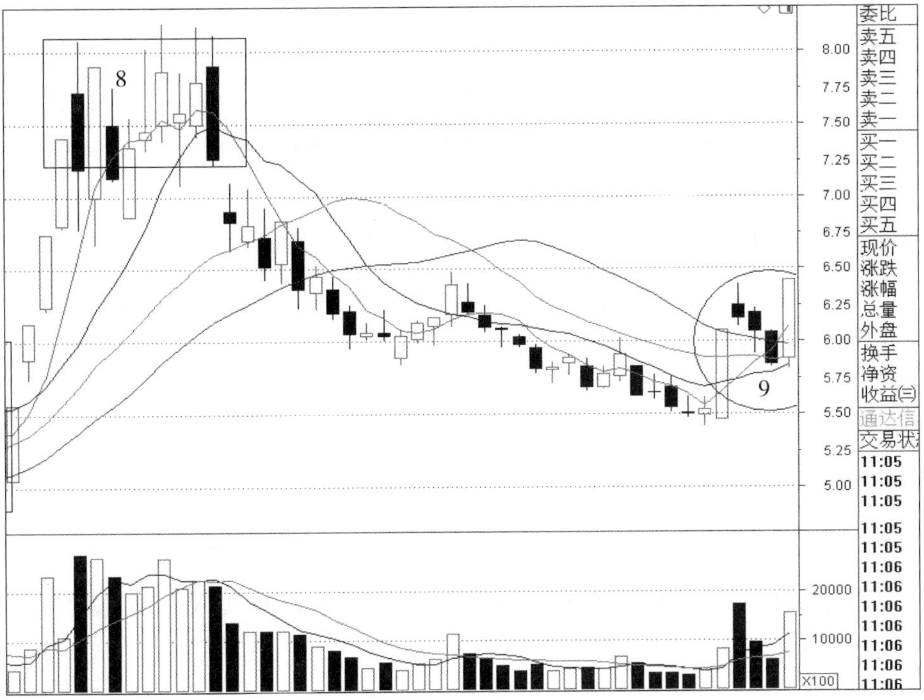

图 5-16　久其软件日 K 线图 5

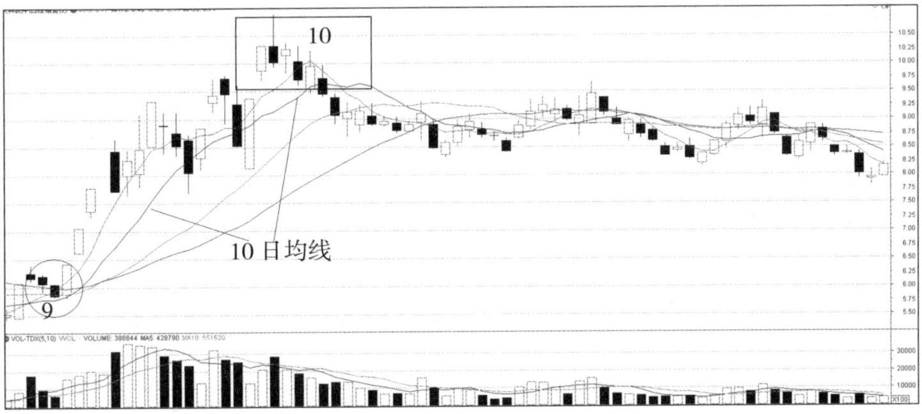

图 5-17　久其软件日 K 线图 6

观察发现，从圆圈 9 到矩形 10 处股价以 10 日均线为支撑在上行，投资者可以根据“10 日均线趋势交易策略”做出投资决策。当股价在矩形 10 处跌破 10 日均线且 10 日均线走空时，卖出股票，落袋为安。

5.2 “一阳冲天”买入法

股价经过一段长时间的大幅下跌后，供给方控制了市场，但是由于股价处于相对低价区，市场需求逐渐增加，需求和供给力量开始发生变化，供给力量变小而需求力量逐渐增强，均线系统逐渐交叉或黏合，且有向上发散的趋势。当某天价格以巨大的成交量和大阳线的形式，一举向上突破 5 日、10 日、20 日和 30 日均线时，说明需求方把供给方的卖单全部吸收了，因此趋势出现了反转的可能。当股价处于相对低位时，出现放量大阳线说明主力可能在建仓。当股价回落到大阳线附近时，多方反攻的力量会比较强大，此时大阳线一般会有强烈的支撑作用。我们把这种买入方法称为“一阳冲天”买入法。

1. 买入条件

股价经过一段长时间的下跌后，进入底部横盘整理阶段，均线系统开始趋向于由走空转为走平甚至走多。某天突然一根放量大阳线向上突破 5 日、10 日、20 日和 30 日均线，且收盘价站稳在 30 日均线之上，大有怒发冲冠之气势，是比较典型的上升信号，投资者注意到时要伺机果断买入。

2. 止损原则

股价低于买入价 6% 到 8% 或者股价低于大阳线实体底部才考虑止损。

3. 卖出条件

连续上涨后出现“三高”现象（股价处于高位、成交量高、换手率高），或者标志性见顶 K 线形态等卖出信号时，卖出。

【案例研究 1：太极股份】该股经过长时间的大幅下跌后，在图 5-18 圆圈 1 处才有企稳回升的迹象。在圆圈 1 处两根（可合并成一根）大阳线向上突破 5 日、10 日、20 日和 30 日均线，收盘价站上 30 日均线，成交量放大，表明主力可能在圆圈 1 处买入股票，这些信息符合“一阳冲天”买入法，投资者可以在次日开盘后伺机买入，并做好止损准备。止损原则：股价低于大阳线实体底部（开盘价）考虑止损，比如该股大阳线的开盘价为 18 元，收盘价为 19.25 元，则止损价位可设在低于开盘价 18 元的位置，如 17.70 元，只要股价触及 17.70 元就止损出局。

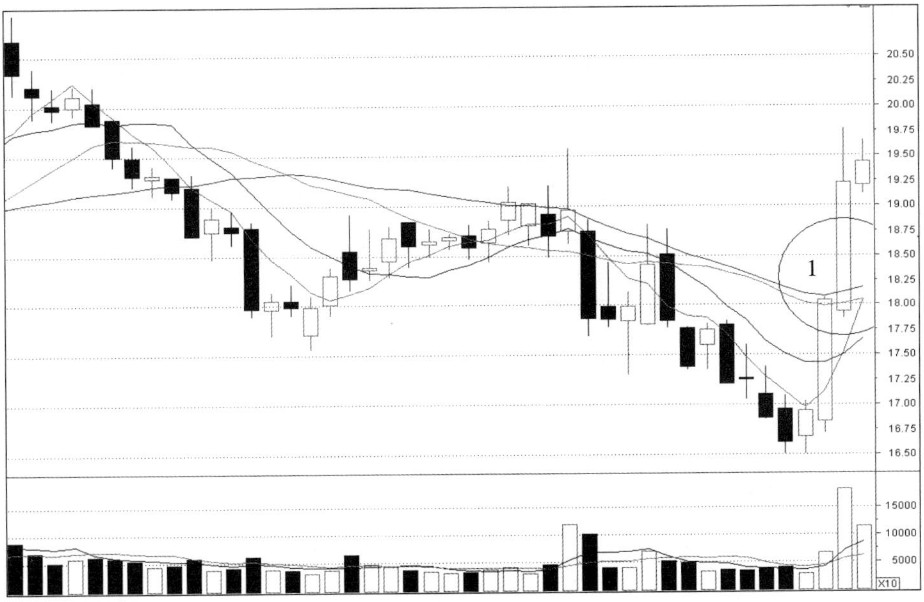

图 5-18　太极股份日 K 线图 1

投资者买入之后，股价如期上涨。上涨途中，股价在图 5-19 矩形 2 处进入横盘整理阶段。在横盘整理期间，股价上涨时成交量增加，下跌时成交量缩小，股价重心没有下移，均线系统仍然呈多头排列。在横盘整理末端，股价出现加速上涨行情，在矩形 3 处又进入横盘整理行情，此时成交量出现递减之势，5 日、10 日、20 日和 30 日均线逐渐由走多转为走平甚至走空，阴线的数量多于阳线。

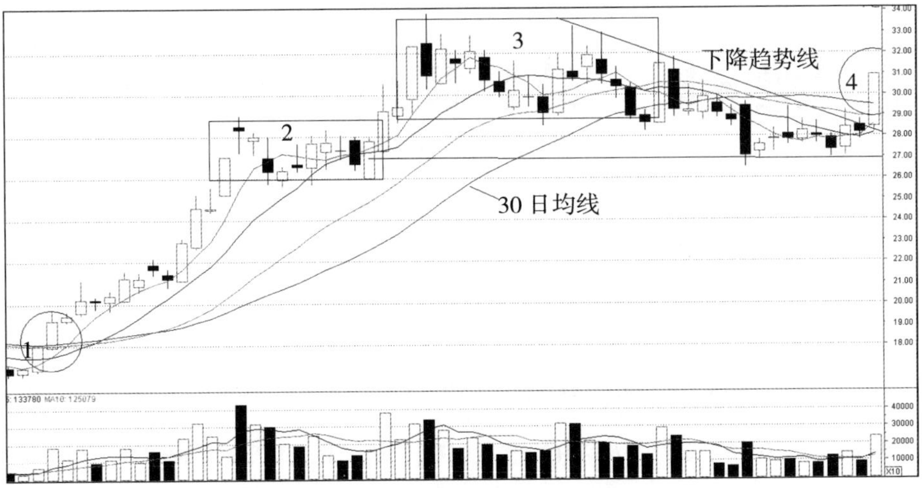

图 5-19　太极股份日 K 线图 2

根据这些信息，投资者基本上可以判断，主力在矩形3处利用横盘振荡整理分批出货，股价重心在逐渐下移。主力出货完毕后，股价因为没有主力资金的支持而出现下跌，直到圆圈4处才企稳。圆圈4处一根光头光脚大阳线向上突破下降趋势线和均线的压制，股价站稳在30日均线之上。股价处于相对低位时，光头光脚大阳线向上突破下降趋势线的时候，是一个比较好的买入时机，但要做好止损准备。

在图5-20矩形5处，股价以圆圈4处光头光脚大阳线实体为支撑横盘振荡整理，说明光头光脚大阳线起到了重要的支撑作用。振荡整理期间，出现了连续阴线且成交量都比较小。出现阳线时成交量增加，出现阴线时成交量缩小，5日和10日均线逐渐由走多转为走平，但是20日和30日均线仍然走多。根据这些信息基本可以判断，主力在矩形5处利用横盘振荡整理行情洗盘，股价重心没有下移且成交量较小。洗盘结束后，股价又出现了一波上涨行情。

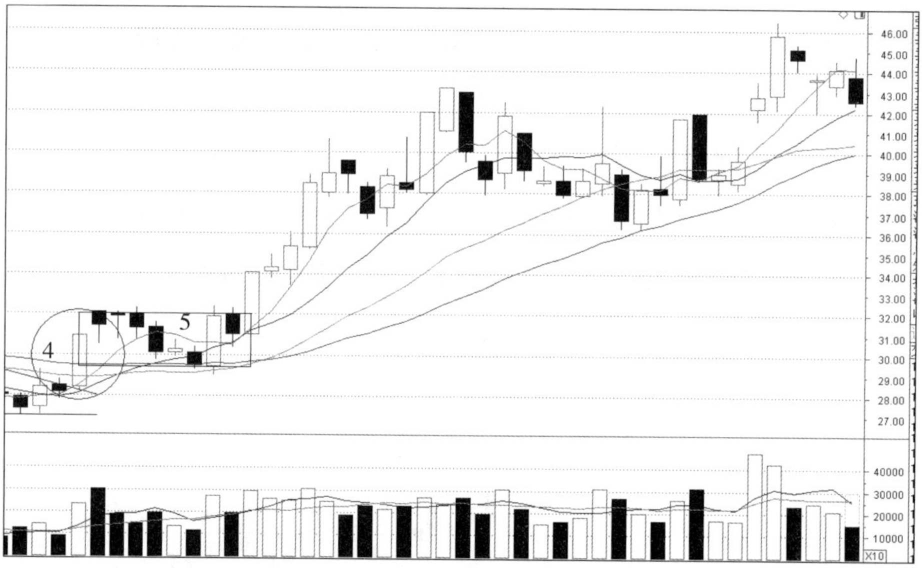

图5-20 太极股份日K线图3

【案例研究2：四维图新】该股经过前期大幅下跌后，因受到前期大阴线形成的压力的影响，在图5-21圆圈1处以“三只乌鸦”K线形态向下有效跌破30日均线，股价在30日均线之下运行，5日、10日、20日、30日均线呈空头排列，股票短期头部形成了。

此后股价一直处于下跌行情，直到圆圈2处才有企稳迹象。圆圈2处一根光脚大阳线向上突破5日、10日、20日和30日均线的压制，收盘价站稳在30日均线之上，成交量放大，说明需求方把供给方的卖单全部吸收掉了，使得趋势有了反转的可能，均线开始有向上发散的迹象。这些信息符合“一阳冲天”买入法。投资者可以在圆圈 2 处出现大阳线次日逢低买入该股票，并做好止损准备。

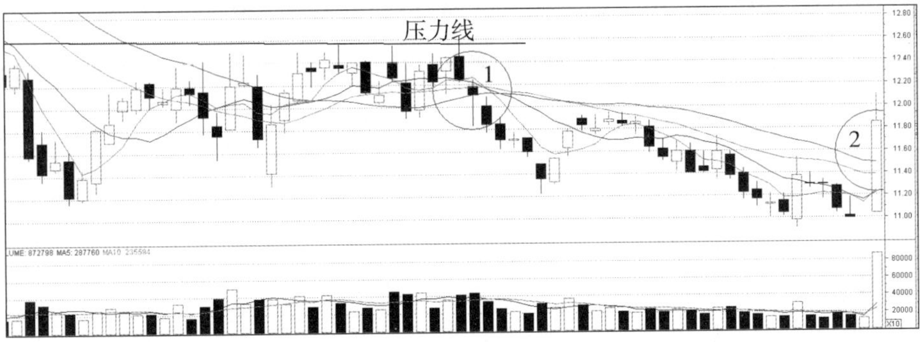

图 5-21　四维图新日 K 线图 1

投资者买入股票后股价没有上涨，而是在图 5-22 矩形 3 处出现了以圆圈 2 处大阳线实体部分为支撑的横盘整理行情，说明此处大阳线对股价起了重要的支撑作用，多方力量较强，这是主力资金运作的结果。

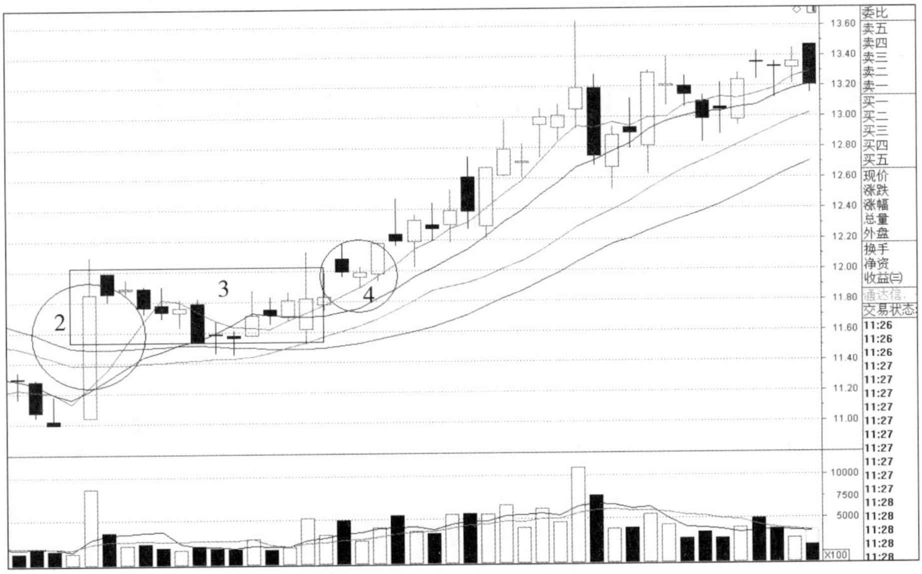

图 5-22　四维图新日 K 线图 2

横盘振荡整理期间，出现连续的小阴线，成交量缩小，股价重心没有下移，股价在 20 日和 30 日均线附近得到支撑，5 日、10 日、20 日和 30 日均线逐渐黏合（或交叉）后开始向上发散，有呈多头排列的迹象。这表明主力在矩形 3 处利用连续缩量的小阴线进行洗盘，洗盘结束后股价出现一波以 10 日均线为支撑的上涨行情。投资者可以根据“10 日均线趋势交易策略”做出投资决策。

【案例研究 3：广联达】该股经过前期大幅下跌后，均线倾斜度逐渐趋于平缓，在图 5-23 圆圈 1 处一根放量的几乎光头光脚大阳线向上有效突破下降趋势线，并且一举向上冲破 5 日、10 日、20 日和 30 日均线，股价收盘价站稳在 30 日均线之上，均线开始向上发散且有呈多头排列的迹象。这些信息符合"一阳冲天"买入法。投资者可在次日开盘后伺机积极买入，并做好止损准备。

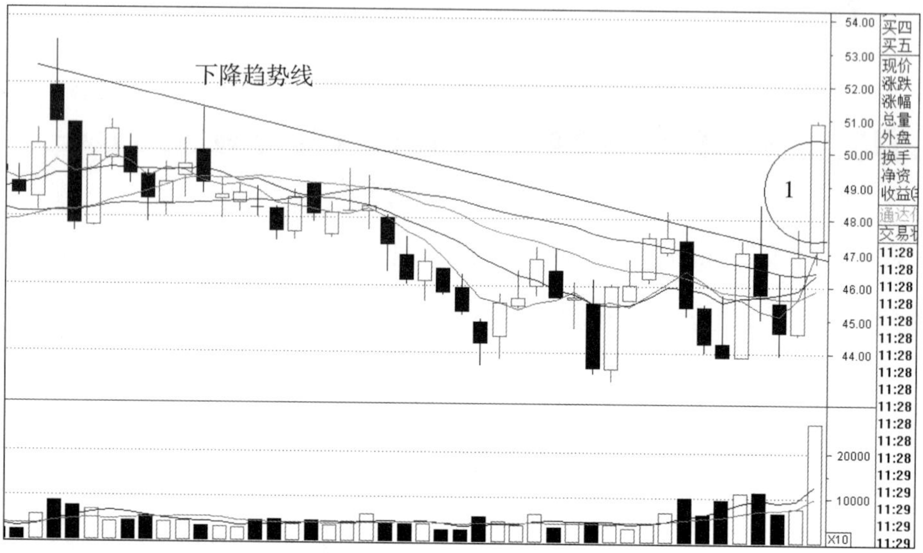

图 5-23　广联达日 K 线图 1

之后，股价在图 5-24 矩形 2 处开始横盘振荡整理。整理期间，股价上涨时成交量增加，下跌时成交量缩小，5 日、10 日、20 日和 30 日均线逐渐交叉后向上发散且呈多头排列。在矩形 3、4、5、6 处都出现了横盘整理行情，但股价重心并没有下移，均线

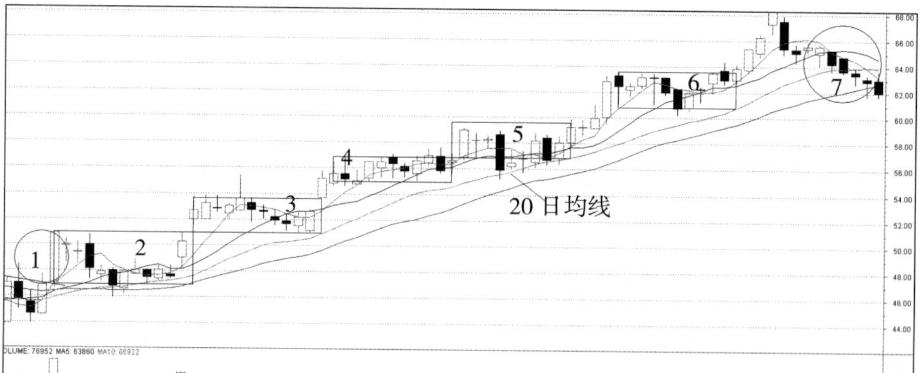

图 5-24　广联达日 K 线图 2

系统呈多头排列，表明主力是在横盘整理期间利用缩量小阴线或十字星进行洗盘。洗盘结束后，股价就一个台阶接着一个台阶地上涨，形成了一个“五级跳远”式上涨，这是主力资金运作的结果。

观察发现，圆圈 1 到圆圈 7 处股价以 20 日均线为支撑上涨，因而可以根据“20 日均线趋势交易策略”做出买卖决策。在圆圈 7 处股价出现连续阴线形式的下跌，且向下有效跌破 20 日均线，股价在 20 日均线下运行至少 3 天且 20 日均线走空时，投资者可以考虑卖出股票，落袋为安。

【案例研究 4：科大讯飞】该股经过前期大幅下跌后，进入图 5-25 矩形处所示的横盘振荡整理行情。在整理期间，股价上涨时成交量增加，下跌时成交量缩小，均线系统下跌趋势趋于平缓，5 日、10 日、20 日和 30 日均线逐渐黏合（或交叉）后向上发散，且有呈多头排列的迹象。观察发现，圆圈 1 和圆圈 2 处之间出现一个“上升八法”K 线形态，其实是主力在利用连续阴线洗盘法在洗盘。

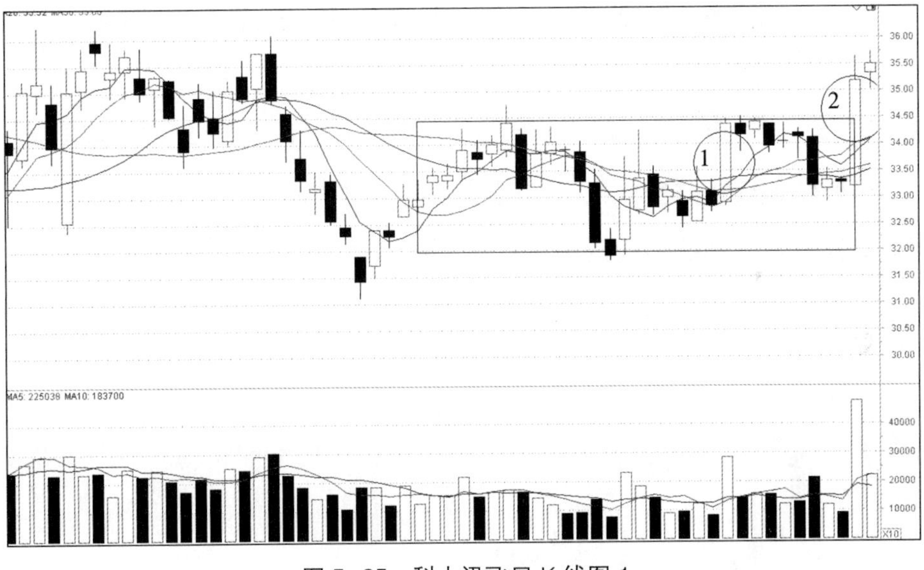

图 5-25　科大讯飞日 K 线图 1

在振荡整理末端圆圈 2 处，一根光脚大阳线一举向上突破整理平台的压力线和均线的压制，股价收盘价站稳在 30 日均线之上，5 日、10 日、20 日和 30 日均线黏合后开始向上发散，呈多头排列，看多。此处适合“一阳冲天”买入法，投资者可以大胆积极买入，并做好止损准备。

投资者买入股票后，对股价运行态势进行跟踪发现，在图 5-26 圆圈 3 处一根光头光脚大阳线向上突破前期高点所形成的压力区，此后股价出现了以 5 日均线为支撑的强劲上涨行情，投资者可以根据“5 日均线趋势交易策略”做出投资决策。

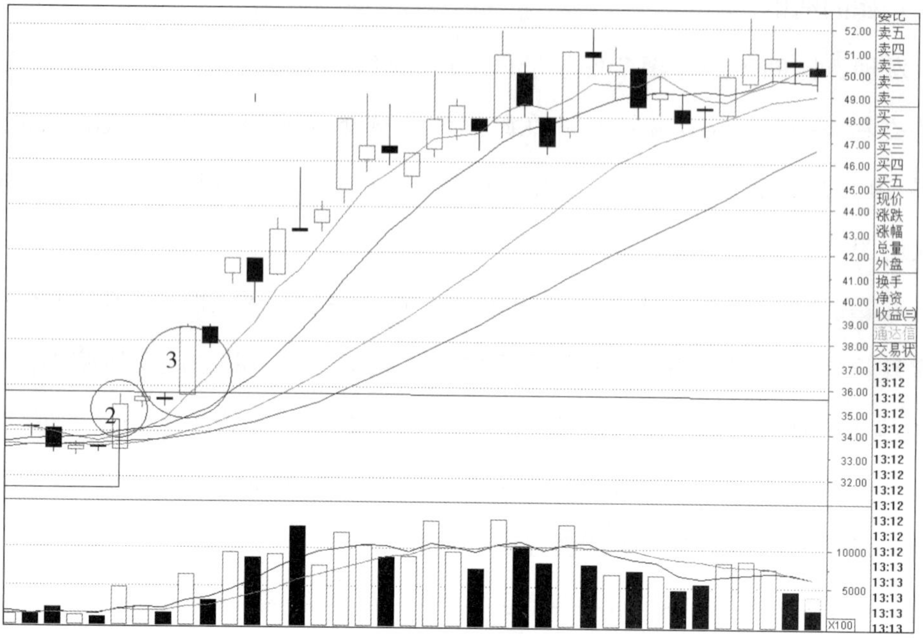

图 5-26 科大讯飞日 K 线图 2

【案例研究 5：神州泰岳】该股经过前期大幅上涨之后，在图 5-27 圆圈 1 处出现“射击之星”K 线形态，且成交量放大，此时投资者应提高警惕，主力可能在拉高出货。在随后的几个交易日里，连续阴线逐渐下跌，均线由走多变为走空，预示着股票短期头部在圆圈 1 处形成了。

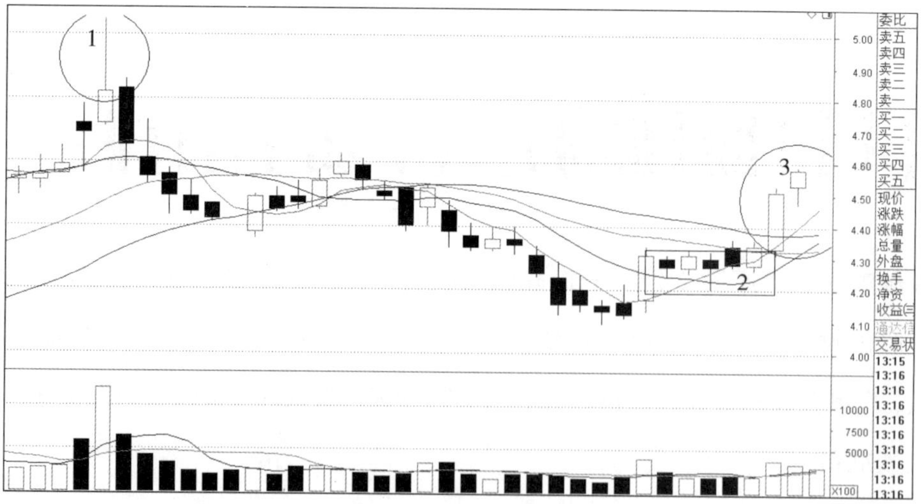

图 5-27 神州泰岳日 K 线图 1

之后股价开始下跌，直到矩形 2 处，股价开始在大阳线实体范围之内横盘波动，说明此处大阳线起到了重要的支撑作用，多方力量较强。股价要上涨就必须要有真正的强劲需求来吸收供给方的抛售。

在横盘整理行情末端圆圈 3 处，一根大阳线向上突破 5 日、10 日、20 日和 30 日均线，股价收盘价站稳在 30 日均线之上，均线系统有呈多头排列的迹象，表明该股股价可能要上涨。根据“一阳冲天”买入法，积极的投资者会在圆圈 3 处出现大阳线的当天或次日伺机逢低买入，并做好止损准备。

假如投资者在圆圈 3 处买入的话，股价是否会如投资者所愿如期上涨呢？下面来看看图 5-28 所示的股价运行态势便可知晓。股价随后在矩形 4 处开始横盘整理，整理期间，成交量较小，股价重心逐渐随成交量的温和增加而上移，均线也逐渐呈多头排列。这表明主力在整理期间利用缩量小阴线或十字星进行洗盘。洗盘结束后，主力就开始拉抬股价，于是股价出现了加速上涨行情，直到矩形 5 处开始横盘整理行情。

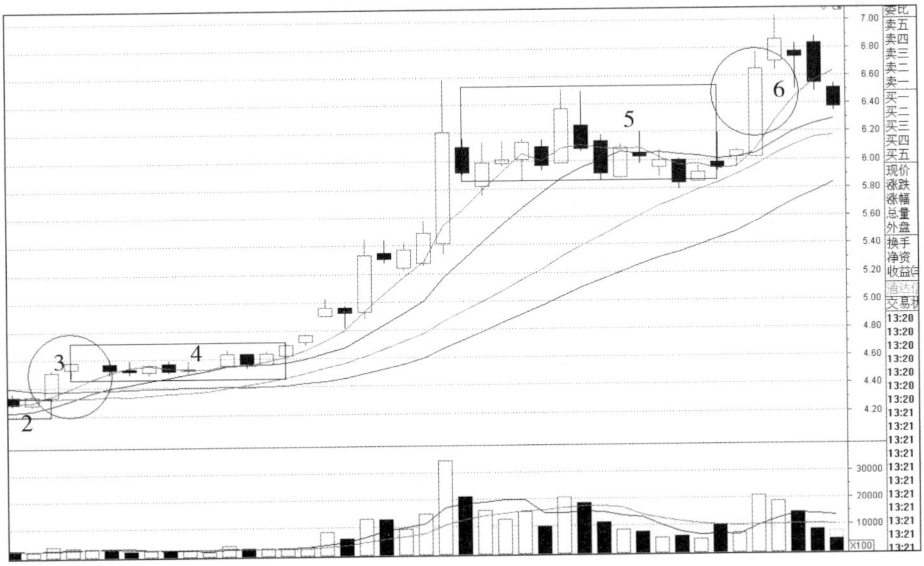

图 5-28　神州泰岳日 K 线图 2

观察发现，从矩形 4 处到矩形 5 处，股价以 5 日均线为支撑强劲上涨。投资者可以根据“5 日均线趋势交易策略”做出投资决策。投资者继续跟踪股价运行态势发现，矩形 5 处是股价处于高位的横盘整理行情。即使在圆圈 6 处出现一根大阳线向上突破前期高点，均线交叉后开始向上发散，呈多头排列，但在矩形 5 处，主力会不会利用高位横盘振荡整理行情来分批出货，派发股票呢？在实操中要准确区分洗盘和出货不是很难的。

一般来说，洗盘时股价处于相对低位，成交量较小；出货时股价处于相对高位，成交量较大一些，股价重心会逐渐下移。

5.3 股价低位向上突破买入法

股价在上涨过程中会遇到来自供给方的抛售，当供给大于需求时，股价在此受到阻力不再上涨，而是开始横盘整理甚至下跌。股价要向上有效突破压力线，需求方就必须全部吸收供给方抛售的股票，实现需求大于供给。

当市场处于熊市时，如果均线呈现走多迹象且出现放量大阳线，说明需求方已全部吸收了来自供给方的抛售，需求在增加，股价可能会上涨，这时买入的话，我们称之为“股价低位向上突破买入法”。

1. 买入条件

股价经过一段长时间的下跌后，在相对低位开始横盘整理，某日股价放量突破横盘整理平台的压力线，出现大阳线或者连续小阳线上涨行情，均线交叉后呈多头排列，此时投资者可逢低积极介入。

2. 止损原则

股价低于买入价 6% 到 8% 或者股价低于横盘整理平台的支撑线时考虑止损。

3. 卖出条件

连续上涨后出现“三高”现象（股价处于高位区、成交量高、换手率高）或者标志性见顶 K 线等卖出信号时，卖出。

【案例研究 1：浩瀚深度】该股经过长时间的大幅下跌后，股价处于相对低位区域，供给的力量逐渐变小，需求的力量逐渐增强，于是在图 5-29 矩形 1 处均线倾斜度趋于平缓，均线由走空转为走平或走多，股价进入横盘整理行情。在横盘整理末端圆圈 3 处，一根大阳线向上突破整理平台的压力线和均线的压制，一举站上了 30 日均线且成交量放大，说明需求方已全部吸收了来自供给方的抛售，需求力量在增加，这是主力资金运作的结果，投资者应密切关注。根据股价低位向上突破买入法，投资者可以在圆圈 3 处积极大胆买入，并做好止损准备。

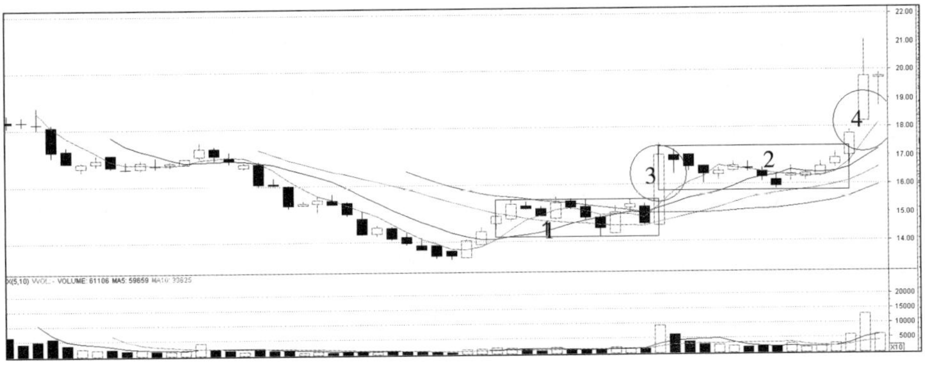

图 5-29　浩瀚深度日 K 线图 1

观察发现，圆圈 3 处出现大阳线的次日，股价开始在大阳线实体范围内波动，进入横盘整理行情，如矩形 2 处所示，说明大阳线对股价支撑起了重要的作用，这是主力资金运作的结果。横盘整理期间，股价上涨时成交量增大，下跌时成交量缩小，5 日、10 日均线逐渐交叉后向上发散，20 日、30 日均线仍然走多，表明主力在矩形 2 处利用连续的缩量小阴线或者十字星进行洗盘。洗盘结束后，主力在圆圈 4 处开始拉升股价。

主力洗盘结束后，股价开始加速上涨，在图 5-30 圆圈 5 处收出一根带长上影线的光脚大阳线，成交量放大，换手率高达 37.26%，表明主力资金在拉高股价，派发股票，预示着股价短期头部不远了。当股价处于相对高位时，投资者要密切关注换手率和成交量的变化。如果股价经过长时间大幅上涨之后或者短期急速上涨之后处于相对高位时，出现高换手率并且成交量放大，预示着股票短期头部将要来临，股票下跌的可能性较大。

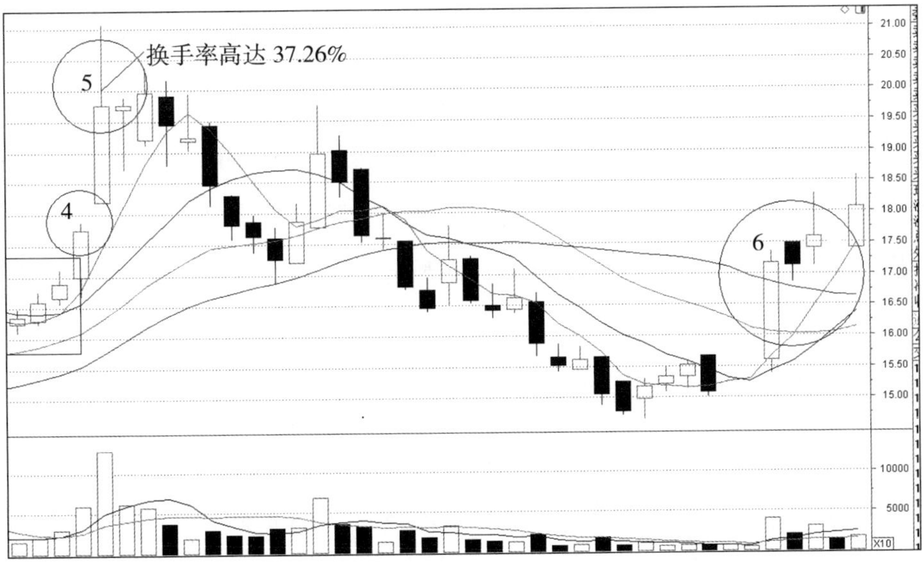

图 5-30　浩瀚深度日 K 线图 2

主力在高位抛售股票之后，股价出现了一波下跌行情，直到圆圈 6 处才企稳。圆圈 6 处一根光头光脚大阳线向上突破均线的压制，收盘价站稳 30 日均线之后且成交量增大。根据“一阳冲天”买入法，投资者可以在圆圈 6 处积极大胆买入，并做好止损准备。

之后股价出现振荡上涨行情，如图 5-31 所示。观察发现，股价以 10 日均线为支撑线在上涨。只要股价跌到 10 日均线附近，如图中 *A*、*B*、*C*、*D* 处时就出现拉升现象，这明显是主力资金运作的结果。投资者可以根据“10 日均线趋势交易策略”来做出投资决策。

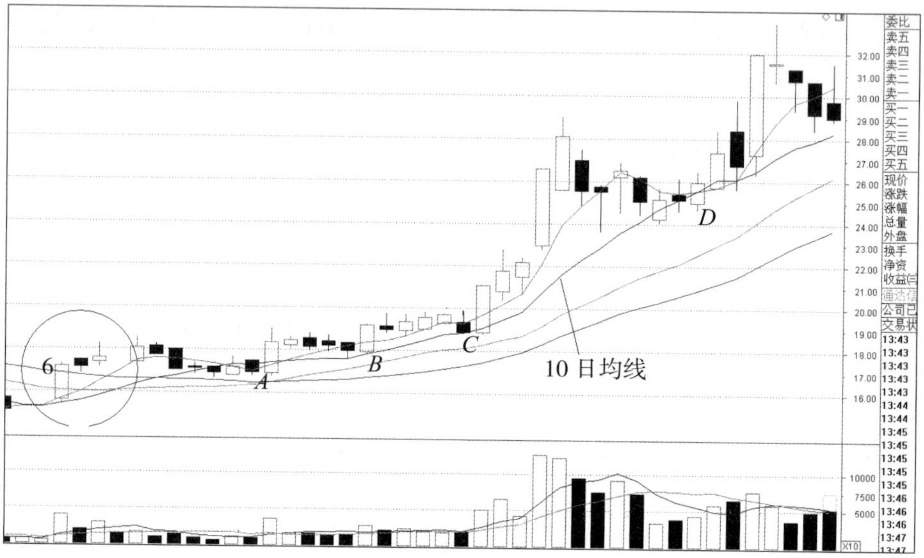

图 5-31　浩瀚深度日 K 线图 3

【案例研究 2：恒源煤电】该股在图 5-32 圆圈 1 处出现连续阴线形式的下跌后，均线开始向下发散，呈空头排列，看跌。投资者看到均线开始呈空头排列时，千万不要介入，要等到下跌趋势趋于平缓，股价在相对低位横盘整理末端出现大阳线向上突破整理平台时，才可以考虑介入。

矩形 2 处股价以大阳线实体为支撑开始横盘整理，说明此处大阳线起到了重要的支撑作用。在整理末端圆圈 3 处，一根光头光脚大阳线向上突破横盘整理平台的压力线，5 日、10 日、20 日和 30 日均线呈多头排列且成交量放大，说明需求方吸收了供给方抛售的股票，这是主力资金运作的结果，投资者应密切关注。根据股价低位向上突破买入法，投资者可以在当天或次日伺机积极买入，并做好止损准备，可以在低于大阳线实体底部时，考虑止损出局。

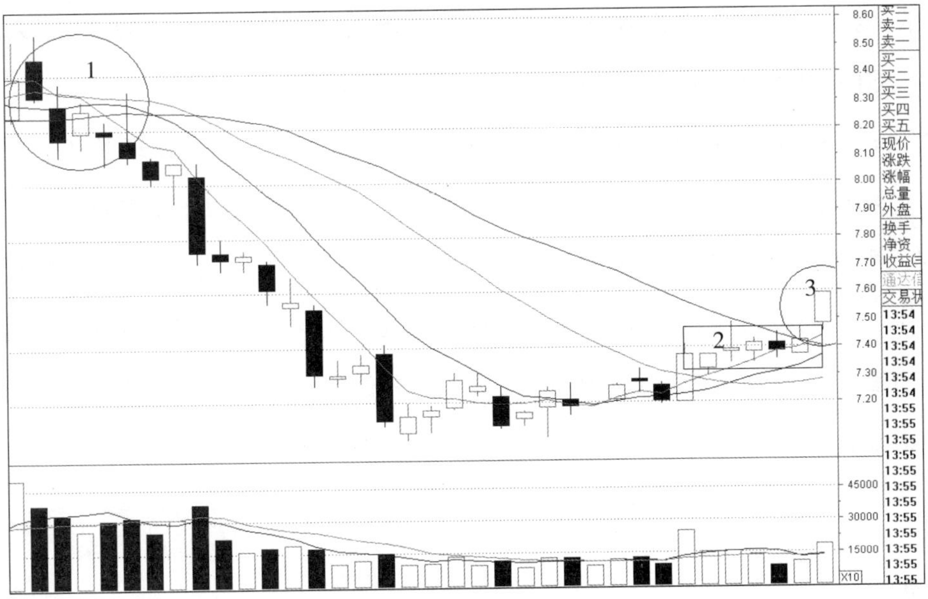

图 5-32　恒源煤电日 K 线图 1

买入股票之后，股价是否如期上涨呢？如图 5-33 所示，在圆圈 3 处买入股票后，股价出现了大幅上涨行情，不过在相对高位时，股价开始了三角形整理行情。

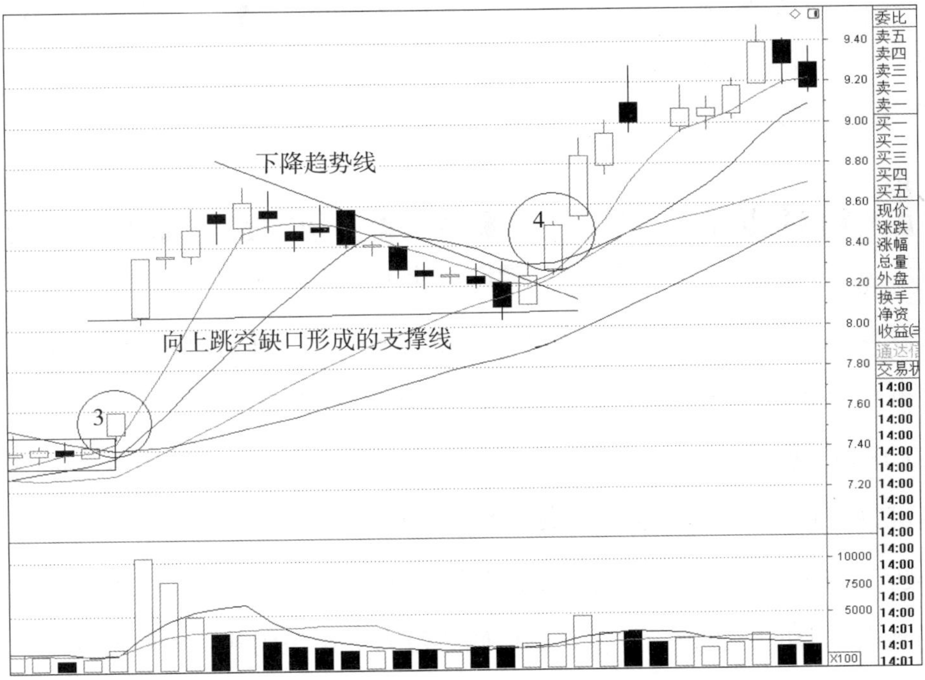

图 5-33　恒源煤电日 K 线图 2

在整理期间，成交量较小，股价在向上跳空缺口处受到强力支撑，表明主力在三角形整理期间利用连续缩量的阴线进行洗盘。洗盘结束后，在三角形整理形态末端圆圈 4

处一根大阳线向上突破下降趋势线，成交量有所增大，均线黏合后再次向上发散且呈多头排列，说明主力将要拉抬股价，这是一个好的买入点。

【案例研究 3：贵广网络】该股经过长时间下跌后，进入横盘整理阶段，如图 5-34 矩形 1 处，均线向下倾斜度趋于平缓，由走空转为走平甚至走多。在圆圈 2 处出现大阳线形式的上涨后，股价向上突破整理平台的压力线，均线黏合后开始向上发散，呈多头排列，看涨。这是主力资金吸筹的结果，投资者应密切关注。根据股价低位向上突破买入法，投资者可以在当天或次日伺机积极买入，并做好止损准备。在低于整理横盘支撑线时，考虑止损出局。

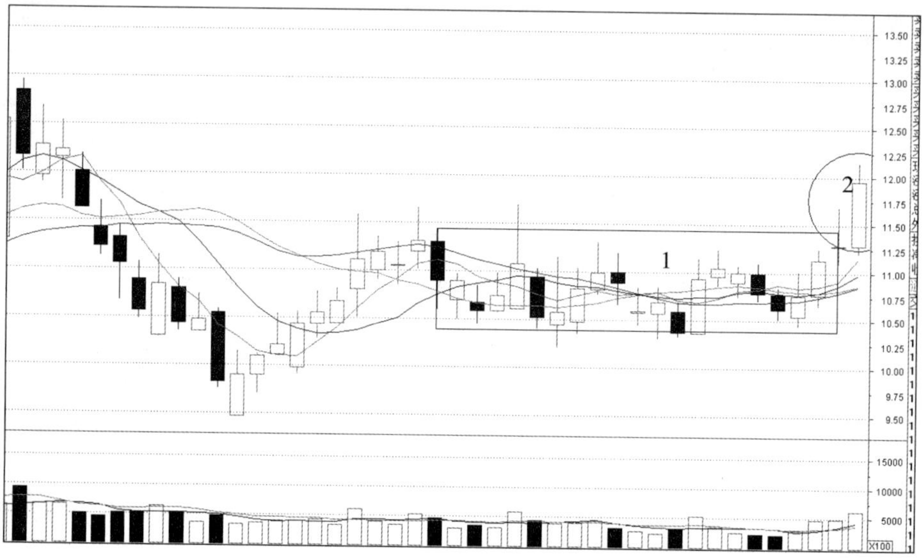

图 5-34　贵广网络日 K 线图 1

观察发现，在圆圈 2 处之后股价出现振荡上涨行情，直到图 5-35 圆圈 3 处。在圆圈 3 处股价高位区出现一根带有长上影线的十字星，成交量放大，说明上方抛压非常严重，第二天出现一根大阴线形式的大跌。在圆圈 4 处股价跌破 10 日均线之后，5 日均线、10 日、20 日和 30 日逐渐交叉后向下发散，呈空头排列。

【案例研究 4：新城市】该股经过长时间大幅上涨后，进入高位振荡整理行情。股价受到前期高点所形成的压力制约，收盘价始终没有突破压力线，说明此处阻力非常大，阻力线也非常有效，股价继而选择了下跌行情。在图 5-36 圆圈 1 处股价出现了连续阴线形式的下跌，均线开始向下发散，呈空头排列。这时投资者千万不要介入，之前已买入者一定要坚决止损。

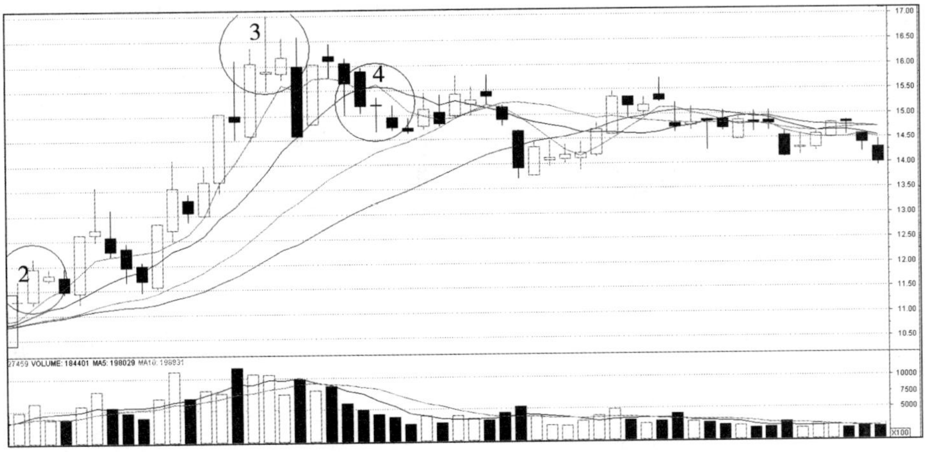

图 5-35　贵广网络日 K 线图 2

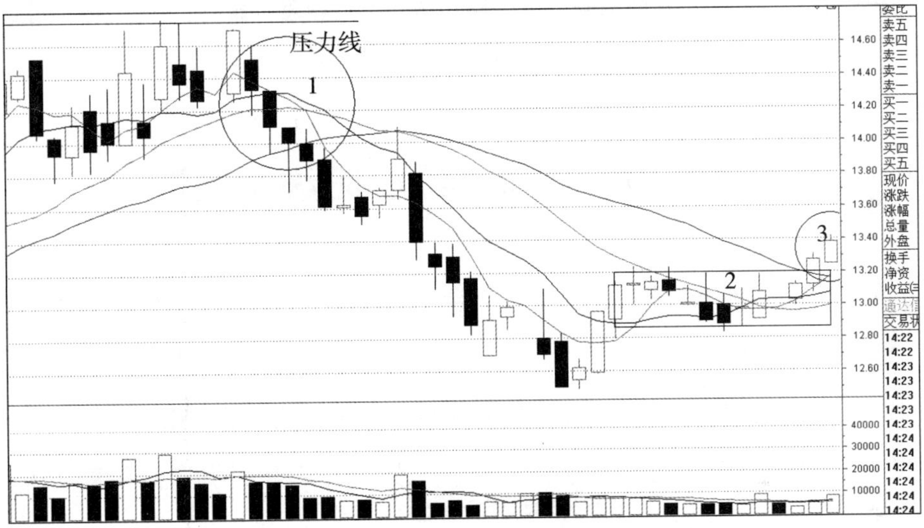

图 5-36　新城市日 K 线图 1

圆圈 1 处之后股价出现大幅下跌行情，直到矩形 2 处。矩形 2 处股价出现了以大阳线实体为支撑的横盘整理行情，说明此处大阳线起到了重要的支持作用，多方力量较强，这是主力资金运作的结果。圆圈 3 处一根阳线向上突破整理平台的压力线，均线黏合（或交叉）后开始向上发散，呈多头排列，看多。投资者根据股价低位向上突破买入法，在圆圈 3 处买入并做好止损准备。

买入后股价运行态势如图 5-37 所示。投资者在圆圈 3 处买入股票后发现，股价随后出现上涨行情。不过，在矩形 4 处股价进入横盘整理行情，股价在 20 日均线处得到支撑，5 日或 10 日均线走平，但是 20 日和 30 日均线仍然走多。在圆圈 5 处股价随成交量的温和增加而上涨，均线系统呈多头排列。

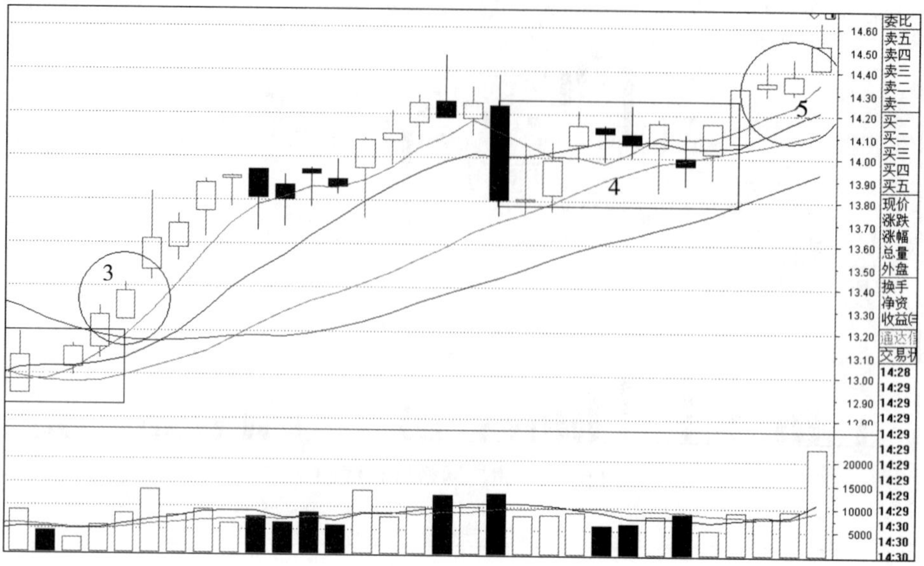

图 5-37　新城市日 K 线图 2

5.4　股价低位连续小阳线买入法

当股价处于熊市时，供给大于需求，供给方占优势，需求力量弱小，因而股价出现了下跌行情。当股价处于相对低位时，一些抄底资金就会悄悄买入，需求力量逐渐在增加，于是出现一连串小阳线，同时成交量也在逐渐增加，均线系统也逐渐黏合（或交叉）后向上发散，此时投资者要密切关注股价运行态势，在适当时机逢低积极买入。这就是“股价低位连续小阳线买入法”。

1. 买入条件

经过一段长时间的大幅下跌之后，股价进入相对低位时出现连续小阳线（至少 5 根小阳线，也可在阳线之间夹一两根缩量阴线），并且短中期均线系统逐渐黏合（或交叉）之后开始向上发散。说明在此价位承接力量较强，底部已逐渐形成，股价上涨且涨幅不大，成交量逐渐温和增加，需求方在试探性买入，出现需求大于供给的情形，这是主力在悄悄买入股票的信号。此时投资者应密切关注股价运行态势，并伺机积极大胆买入。

2. 止损原则

股价低于买入价的 8% 左右考虑止损。

3. 卖出条件

连续上涨后出现“三高”现象（股价处于高位区、成交量高、换手率高）或者标志性见顶 K 线等卖出信号时，卖出。

【案例研究 1：惠城环保】该股经过前期大幅下跌后，股价处于图 5-38 矩形 1 处相对较低区域，市场需求增加，主力在悄悄买入，于是出现了一连串小阳线，即“红四兵”K 线形态，随着需求力量逐渐增加，成交量也在逐渐增加，5 日、10 日、20 日和 30 日均线逐渐交叉后开始向上发散，呈多头排列迹象。矩形 2 处股价出现了以大阳线实体上半部分为支撑的横盘整理行情，说明此处大阳线发挥了重要的支撑作用，多方力量较强，这显然是主力资金运作的结果。

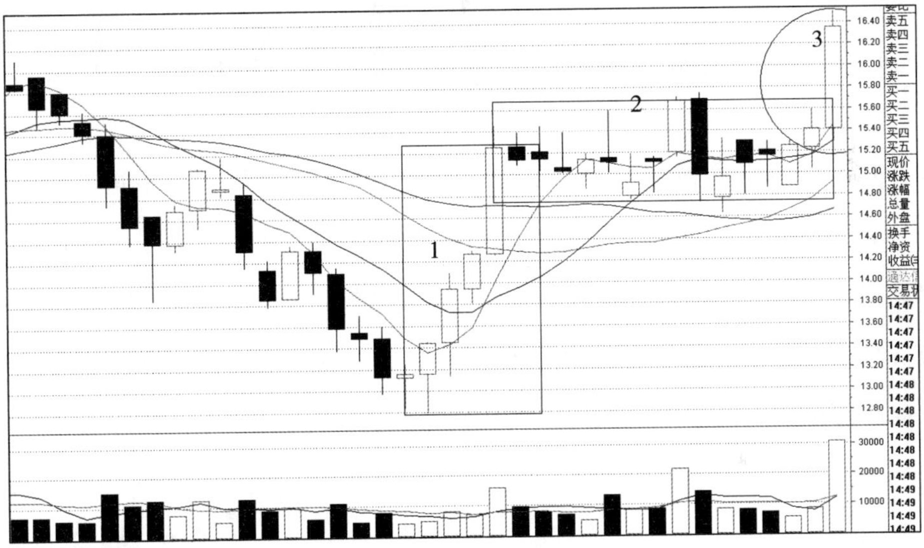

图 5-38　惠城环保日 K 线图 1

在整理后期出现连续小阳线，并且均线黏合（或交叉）后呈向上发散迹象。这说明在相对低位时主力在吸筹，需求力量在增加，投资者应密切关注。在圆圈 3 处，该股以大阳线形式向上突破整理平台的压力线。投资者应伺机积极买入，并做好止损准备。

投资者跟踪股价运行态势发现，股价出现了一波以 5 日均线为支撑线的强劲上涨行情，直到图 5-39 圆圈 4 处。在圆圈 4 处出现一根阳线、十字星和大阴线组成的“黄昏十字星”K 线形态，是否预示着股票短期头部将要形成呢？如果投资者坚持“5 日均线趋势交易法则”，可在圆圈 4 处卖出股票，获利丰厚。

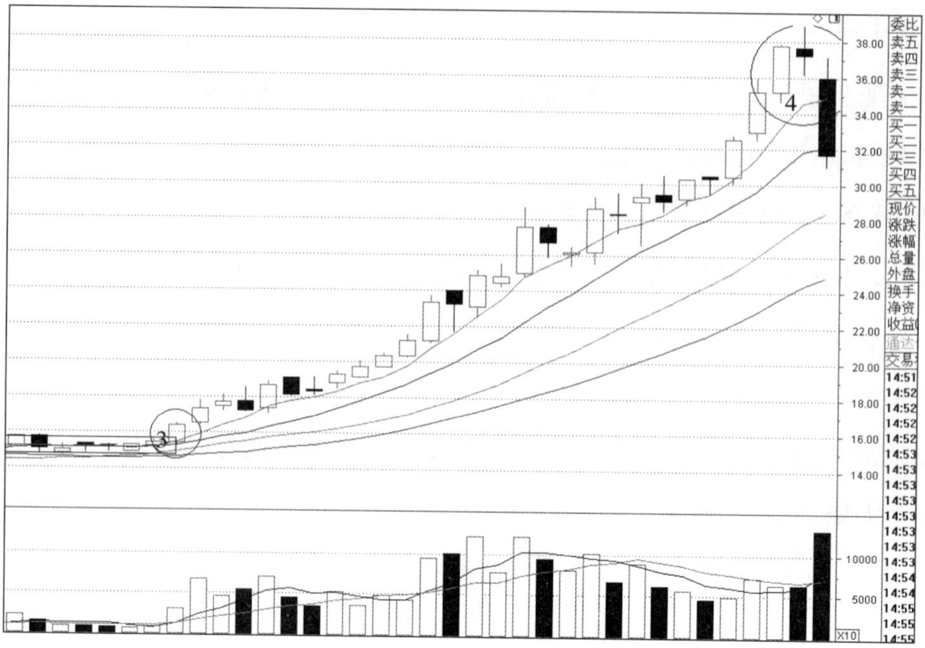

图 5-39　惠城环保日 K 线图 2

投资者对股价运行态势进行跟踪发现，圆圈 4 处确实形成了股票短期头部。但是 6 个交易日后，出现一根几乎光头光脚的大阳线，之后股价基本上是在光头光脚大阳线的实体范围内波动，如图 5-40 矩形 5 处所示。这说明此处光头光脚大阳线对股价起到了重要的支撑作用，多方力量较强，这应该是主力资金运作的结果。也就是说，主力在矩形 5 处横盘整理期间利用连续阴线洗盘法进行洗盘。

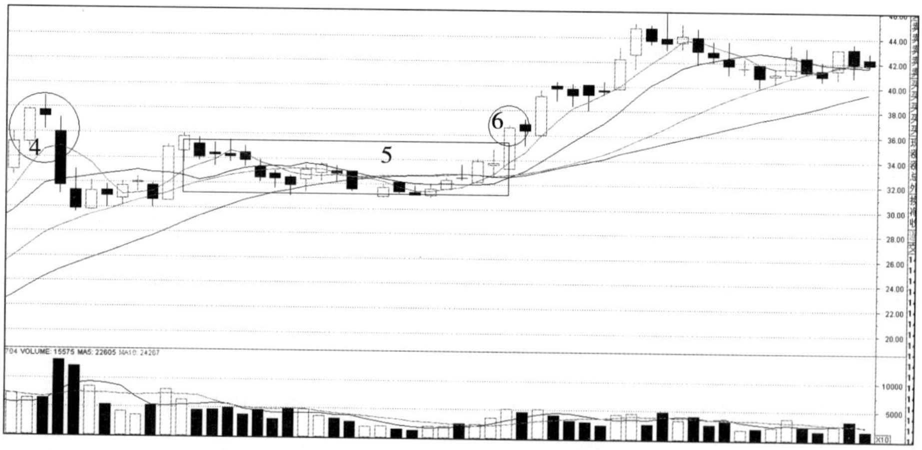

图 5-40　惠城环保日 K 线图 3

洗盘结束后，圆圈 6 处一根大阳线向上突破横盘整理平台的压力线，均线逐渐交叉后开始向上发散，呈多头排列。

【案例研究 2：艾可蓝】该股经过长时间的振荡上涨行情后，在图 5-41 圆圈 1 处出现连续阴线形式的下跌，股价向下有效跌破 30 日均线，5 日、10 日、20 日和 30 日均线交叉后开始向下发散，呈空头排列，看跌。这也说明供给方的抛售压力很大，供给方的力量占有优势，此后股价出现一连串阴线形式的下跌，股票短期头部形成了。

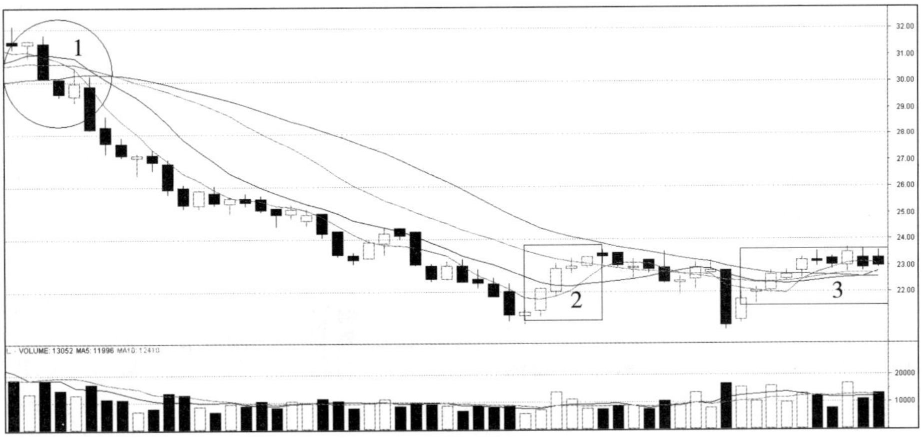

图 5-41　艾可蓝日 K 线图 1

股票短期头部形成后，股价出现大幅下跌行情，直到矩形 2 处。在矩形 2 处出现连续的小阳线形式的上涨，5 日和 10 日均线走多，但是 20 日和 30 日均线仍走空，所以此处不符合股价低位连续小阳线买入法。在矩形 3 处也出现连续阳线形式的上涨，5 日、10 日、20 日和 30 日均线逐渐趋于靠拢和黏合后开始向上发散，呈多头排列，看多，符合股价低位连续小阳线买入法。投资者在此处应伺机买入，并做好止损准备。

投资者密切关注股价运行态势发现，矩形 3 处横盘整理后股价出现了加速上涨行情，直到图 5-42 圆圈 4 处。在圆圈 4 处股价加速上涨后处于高位，出现一根长上影线的阳线，成交量放大，换手率高达 28.93%，表明主力资金在圆圈 4 处拉高股价，抛售股票，预示着股票短期头部不远了。投资者对此要十分警惕，千万不要在此处买入。

投资者预判股价在圆圈 4 处可能会形成短期头部。这样的预判是否准确呢？观察发现，果然不出所料，圆圈 4 处股票短期头部成立了！随后股价出现大幅下跌行情，直到图 5-43 矩形 5 处。股价经过大幅下跌后处于相对低位区，市场需求增加，于是在矩形 5 处出现连续小阳线，股价随成交量的温和增加而小幅上涨，5 日和 10 日均线走多，但是 20 日和 30 日均线仍走空。严格来说，矩形 5 处不符合股价低位连续小阳线买入法，但投资者应密切关注此行情，直到符合买入条件时再介入。

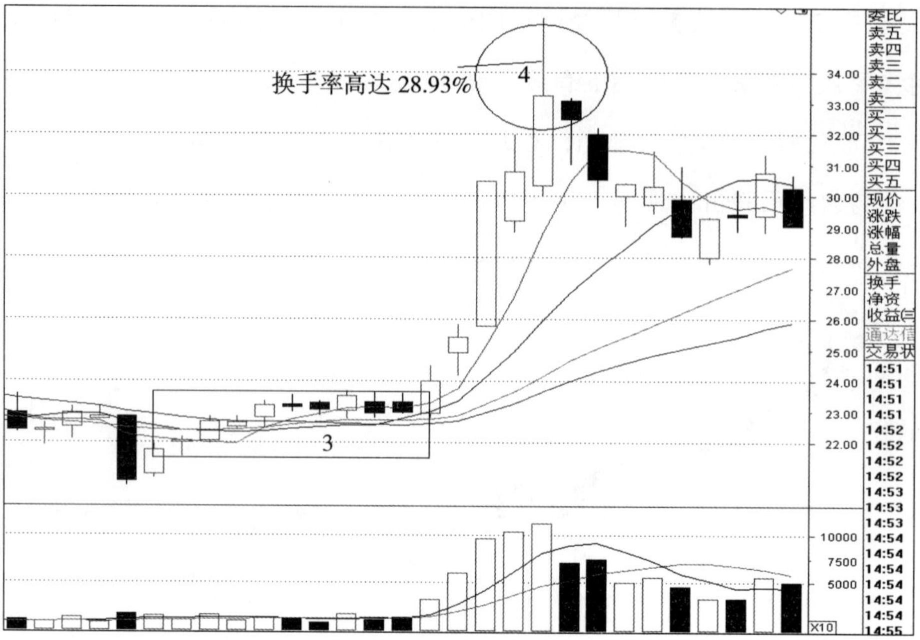

图 5-42　艾可蓝日 K 线图 2

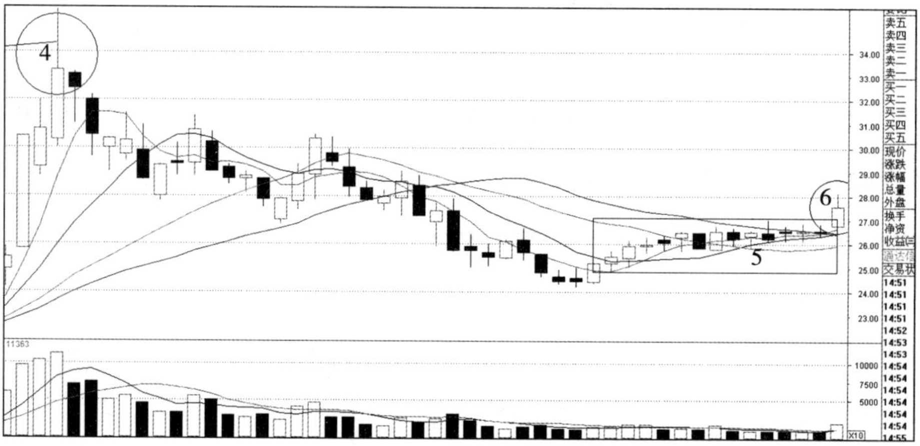

图 5-43　艾可蓝日 K 线图 3

在图 5-44 圆圈 6 处出现一根大阳线向上突破均线的压制，股价收盘价站稳在 30 日均线之上，均线逐渐黏合后开始向上发散，呈多头排列，符合买入原则。投资者在此处应伺机买入，并做好止损准备。圆圈 6 处之后股价出现了以 5 日均线为支撑的强劲上涨行情。投资者可以根据“5 日均线趋势交易策略”做出投资决策。

在矩形 7 处，股价在高位横盘整理，股价重心逐渐下移，表明主力可能在股价高位利用横盘振荡整理分批派发股票，预示着股票短期头部不远了。投资者要对股价高位区横盘整理行情保持警惕。

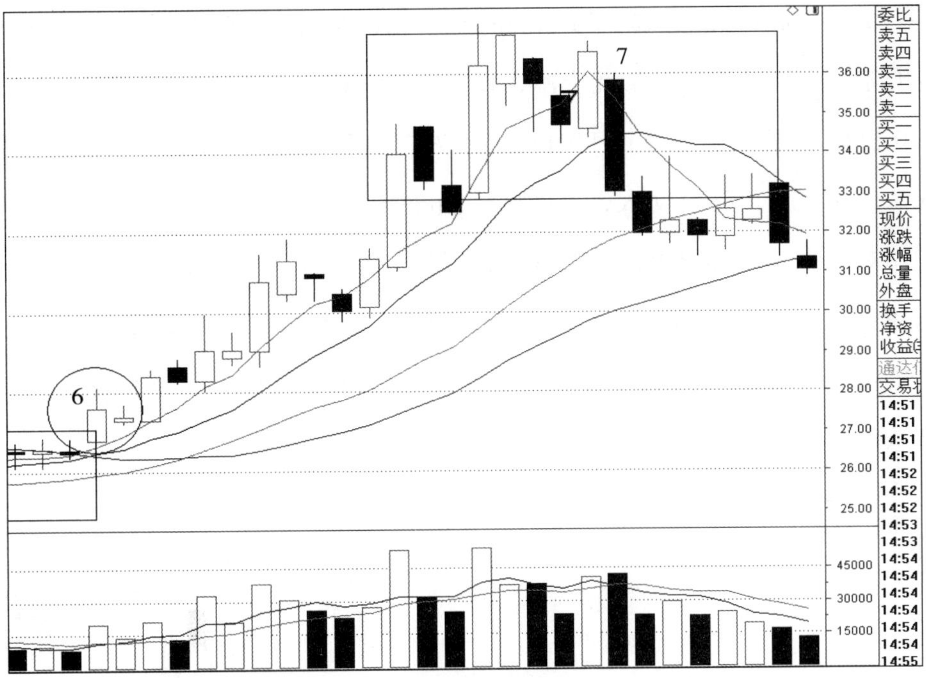

图 5-44　艾可蓝日 K 线图 4

【案例研究 3：人人乐】该股经过前期小幅上涨后出现加速上涨行情，直到图 5-45 圆圈 1 处。在圆圈 1 处出现一根大阳线，成交量放大，换手率高达 13.92%，随后几个交易日股价都没有超过前期高点，表明主力资金在圆圈 1 处拉高股价，抛售股票，预示股票短期头部形成了。此后股价出现大幅下跌行情，直到矩形 2 处。

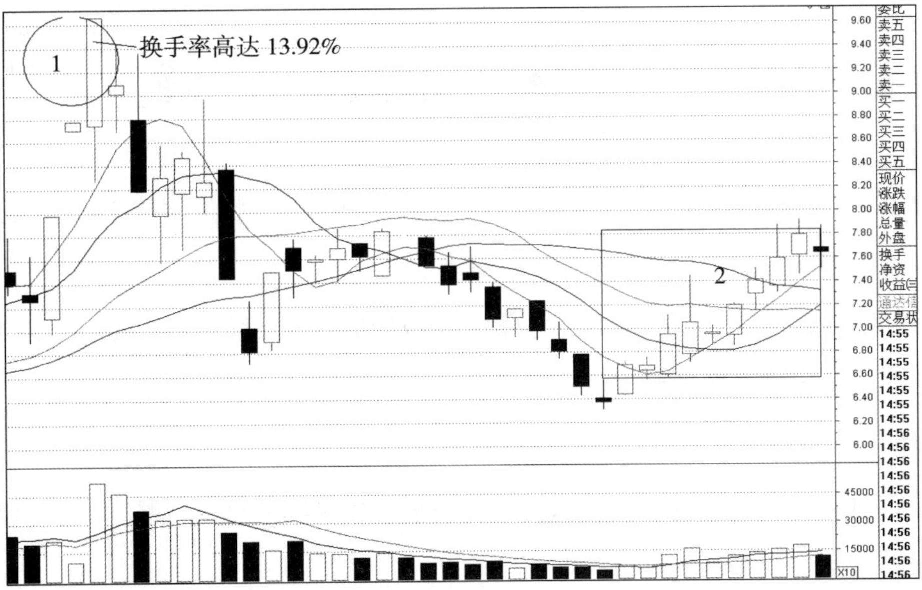

图 5-45　人人乐日 K 线图 1

在矩形 2 处，股价经过大幅下跌后处于相对低位区，市场需求增加，于是出现连续阳线，股价随成交量的温和增加而上涨，股价收盘价也站在 30 日均线之上，5 日、10 日、20 日和 30 日均线逐渐交叉后，开始向上发散并呈多头排列迹象，符合股价低位连续小阳线买入法。投资者可逢低买入，并做好止损准备。

投资者对股价运行态势进行跟踪发现，股价并没有上涨多少，反而在图 5-46 矩形 3 处出现连续阴线形式的大幅下跌，但成交量缩小，股价在 20 日和 30 日均线之上运行，且 20 日和 30 日均线走平甚至走多。这说明主力在此处利用连续阴线洗盘法打压股价，让投资者认赔出局。

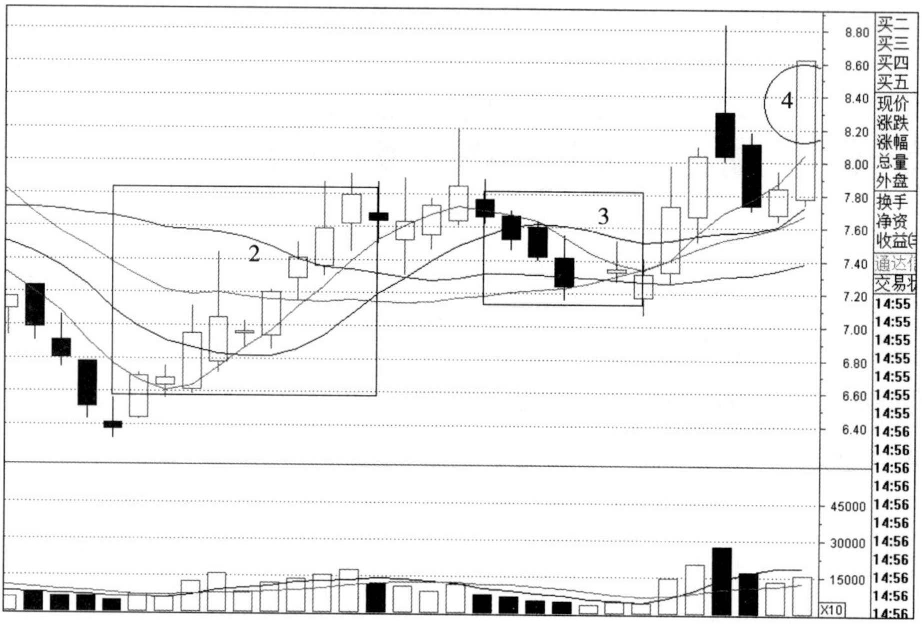

图 5-46　人人乐日 K 线图 2

在圆圈 4 处一根光头光脚大阳线向上突破均线的压制，股价随成交量的温和增加而上涨，均线开始向上发散并呈多头排列，看多。

圆圈 4 处之后股价出现了以 5 日均线为支撑的强劲的上涨行情，直到图 5-47 矩形 5 处，开始在高位区横盘振荡整理。在振荡整理期间，每天换手率都超过 14%，5 日、10 日均线逐渐由走多转为走平甚至走空，表明主力在矩形 5 处利用横盘振荡整理行情出货，故成交量有时比较小。投资者会误认为主力利用横盘整理来洗盘，其实是在出货，因而这种出货方式具有很大的欺骗性。

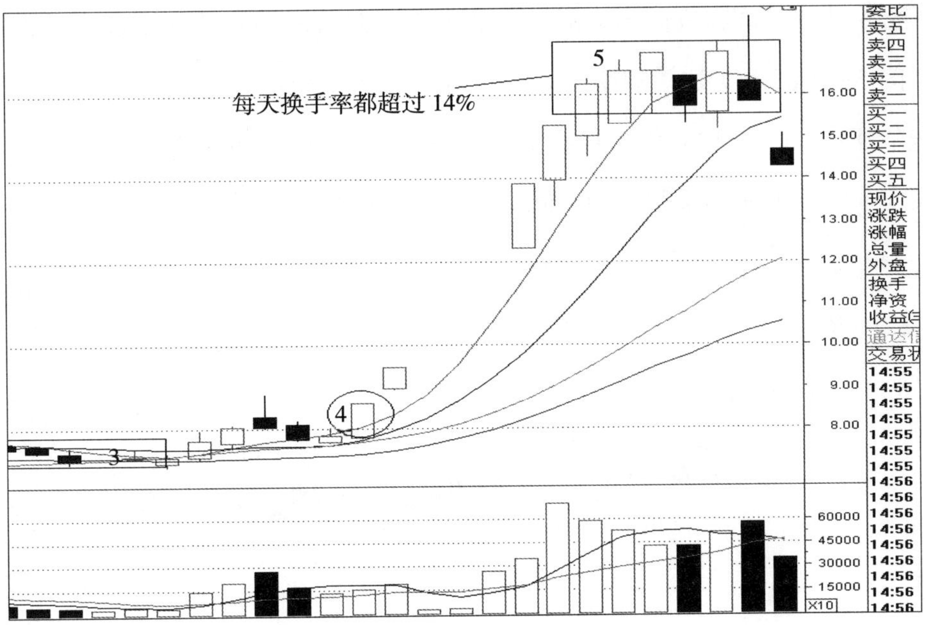

图 5-47　人人乐日 K 线图 3

从图 5-48 股价运行态势可以看出，矩形 5 处股票短期头部确实形成了，股价出现了下跌。但是股价在 20 日均线附近得到支撑，随即又出现强劲的上涨行情。在圆圈 6 处出现一根大阳线形式的上涨，成交量增大，换手率高达 17.98%，随后股价出现连续阴线，5 日、10 日均线逐渐由走多转为走平甚至走空，表明主力在圆圈 6 处拉高出货。当股价处于大涨后的高价区时，投资者要密切关注换手率和成交量的变化情况。

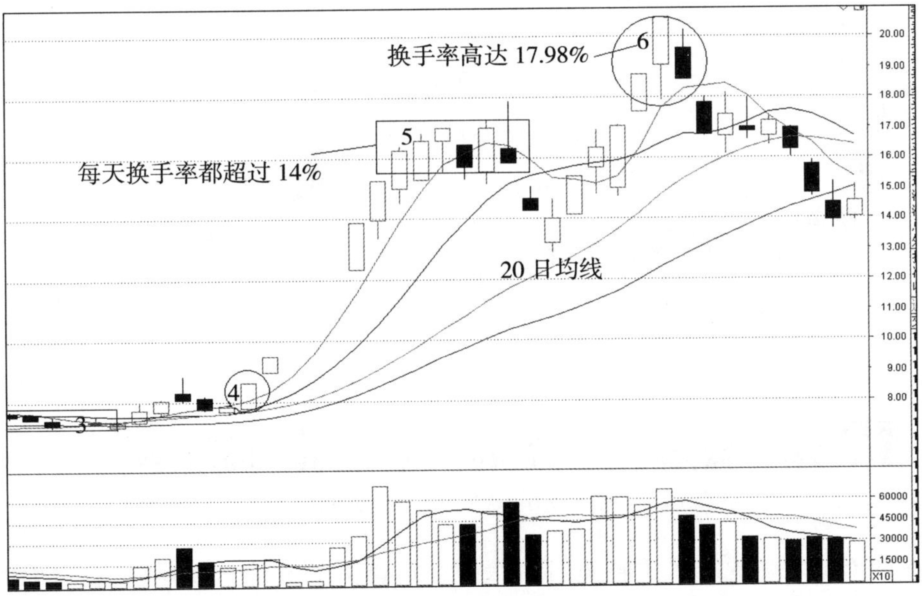

图 5-48　人人乐日 K 线图 4

在圆圈 6 处，股价高位区主力派发完股票后，股价出现长达两个多月的大幅下跌行情，直到图 5-49 圆圈 7 处。圆圈 7 处股价处于相对低位区，一根光头光脚大阳线向上突破均线的压制，股价收盘价站稳在 30 日均线之上。投资者应密切关注这一现象，耐心等待买入条件的出现再采取行动，同时要做好止损准备。

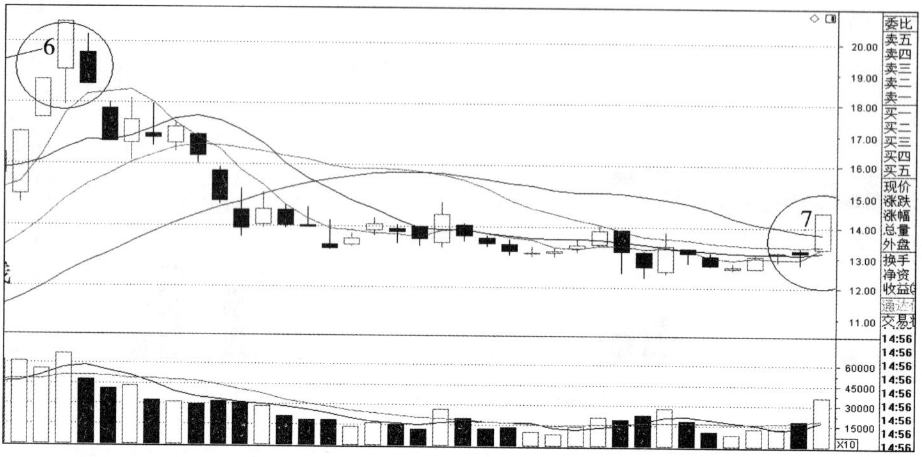

图 5-49　人人乐日 K 线图 5

之后股价出现两个交易日的急速上涨行情，在图 5-50 圆圈 8 处出现一根带长上影线的倒锤头 K 线形态，此时成交量放大，换手率高达 15.33%。因受到前期大阴线形成的压力制约，股价随后出现下跌行情。说明主力在圆圈 8 处拉高股价，抛售股票，是一种典型的诱多行为。

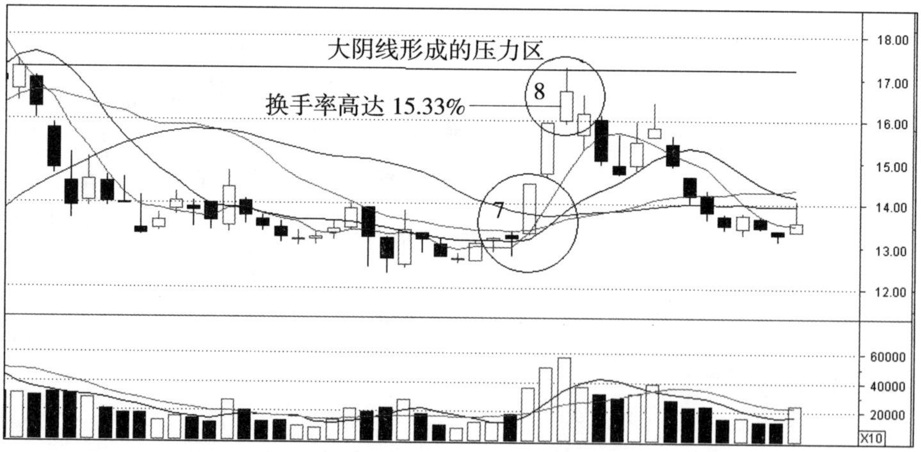

图 5-50　人人乐日 K 线图 6

【案例研究 4：潮宏基】该股经过长达两个月之久的大幅下跌后，直到图 5-51 矩形 1 处才有企稳迹象。股价经过大幅下跌处于相对低位区，矩形 1 处连续出现阳线（中间也允许出现一两根缩量阴线），股价随成交量的增加而上涨，20 日和 30 日均线由走空变为走平甚至走多，均线逐渐交叉后向上发散并呈多头排列，看多。

图 5-51　潮宏基日 K 线图 1

根据这些信息可知，主力在低位吸筹，需求在增加，因而底部连续出现缩量小阳线，股价在缓慢爬升。这就是主力在底部吸筹的特征，符合股价低位连续阳线买入法。

不过，股价在矩形 1 处末端没有上涨而是出现了下跌，但是股价在 20 日或 30 日均线附近得到支撑而出现企稳回升态势，说明主力利用连续阴线来打压股价，进行洗盘。洗盘结束后，主力拉升股价，在图 5-52 圆圈 2 处又出现连续阳线，股价随成交量的温和增加而上涨，均线逐渐交叉后向上发散，呈多头排列。根据股价处于相对低位时，出现连续阳线，均线向上发散，投资者在次日可以逢低积极买入，并做好止损准备。

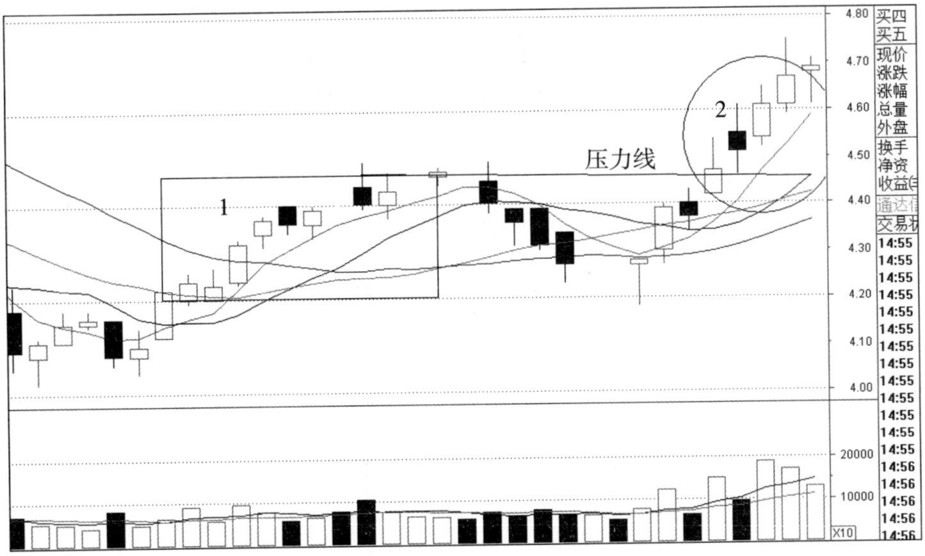

图 5-52　潮宏基日 K 线图 2

投资者继续跟踪股价发现，股价在图 5-53 矩形 3 处出现了以大阳线为支撑的横盘整理行情，说明此处大阳线对股价支撑起了重要的作用，多方力量较强。横盘整理阶段，出现了连续小阴线且成交量都比较小，股价出现阳线上涨时，成交量增加，股价出现阴线下跌时，成交量缩小，5 日和 10 日均线逐渐由走多转为走平，但是 20 日和 30 日均线仍然走多。根据这些信息可知，主力利用横盘振荡整理行情进行洗盘。洗盘结束后，主力在圆圈 4 处开始拉升股价。

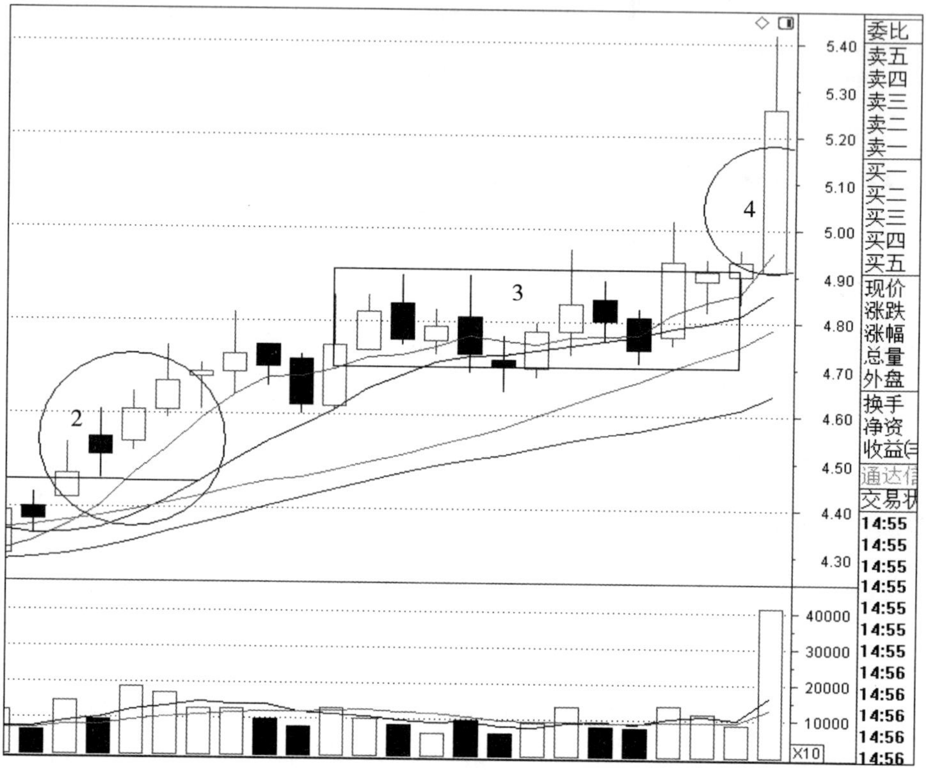

图 5-53　潮宏基日 K 线图 3

果然，股价从圆圈 4 处开始出现了一波以 10 日均线为支撑的上涨行情，如图 5-54 所示。投资者跟踪发现，该股票以 10 日均线为生命线（支撑线）上涨，只要股价触及 10 日均线附近，如图中 *A*、*B*、*C* 点时，股价就会被拉升。所以投资者可以根据“10 日均线趋势交易策略”做出投资决策。

观察发现，在上涨途中，有时出现阴线形式的下跌，但是成交量比较小，说明主力利用缩量的阴线洗盘法来洗盘，以减轻主力拉升股价的压力，让投资者止盈或止损出局。

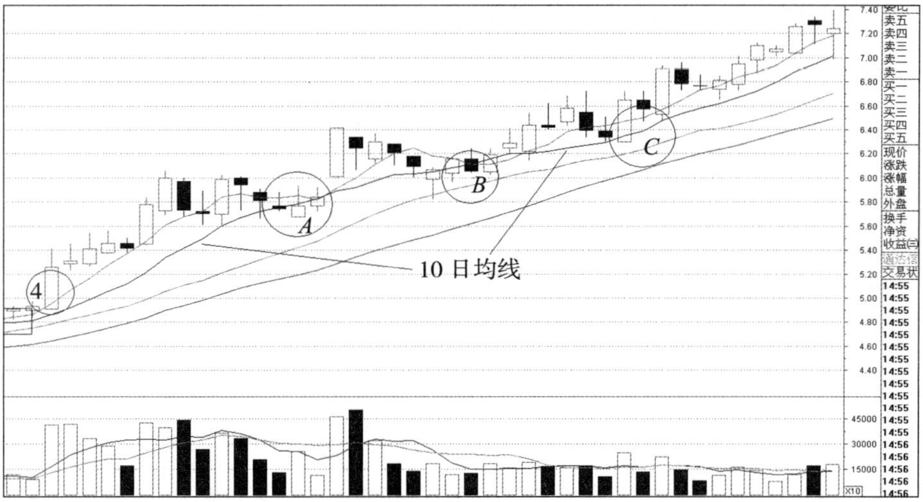

图 5-54　潮宏基日 K 线图 4

5.5　K 线选股方法的应用

【案例研究 1：中国重汽】该股经过前期大幅下跌后，股价处于相对低位区域，市场需求增加，供给的力量在减弱，需求方吸收了来自供给方所抛售的股票，故在股价低位区域出现连续阳线，向上突破下降趋势线，股价在图 5-55 矩形 1 处出现了以大阳线顶部为支撑的横盘整理行情，说明此处大阳线对股价的支撑起了重要作用，多方力量较强。

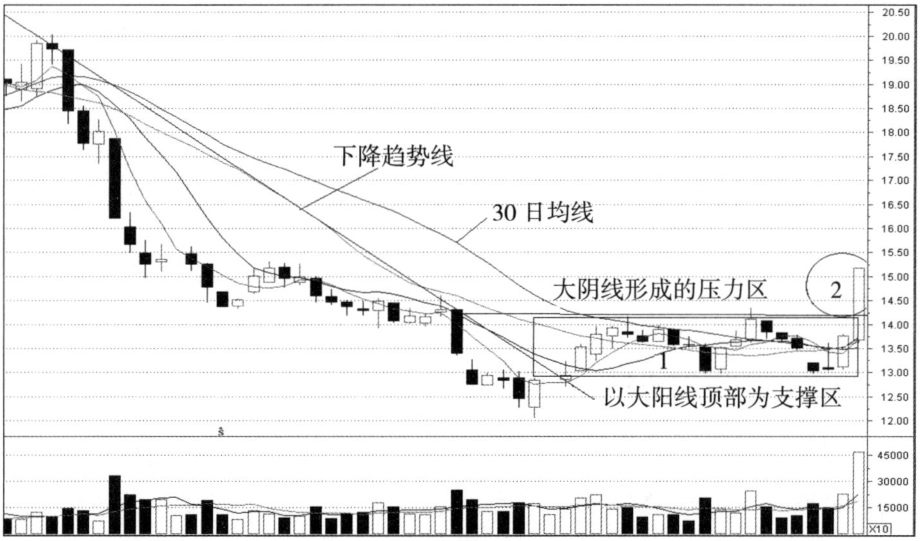

图 5-55　中国重汽日 K 线图 1

在横盘振荡整理期间，底部出现连续阳线，整体成交量有所增加，或者上涨时成交量增加，下跌时成交量缩小，均线倾斜度趋于平缓，股价以大阳线顶部为支撑而横盘波动，表明有资金在悄悄地买入股票，股票需求和供给关系发生了微妙的变化。投资者要密切关注 K 线图上的这些信息。

在横盘整理末端圆圈 2 处，一根光头光脚大阳线向上突破横盘整理平台的压力区，需求方积极吸收阻力线上供给方的抛售，需求的力量在增强，均线黏合（或交叉）后有开始向上发散的迹象，这是主力资金运作的结果。根据股价低位向上突破横盘整理平台买入法，投资者可以在圆圈 2 处积极大胆买入，并做好止损准备。

投资者跟踪股价运行态势发现，圆圈 2 处之后股价出现上涨，但是因为前期大阴线所形成的压力制约，股价在图 5-56 矩形 3 处又进入横盘整理行情。

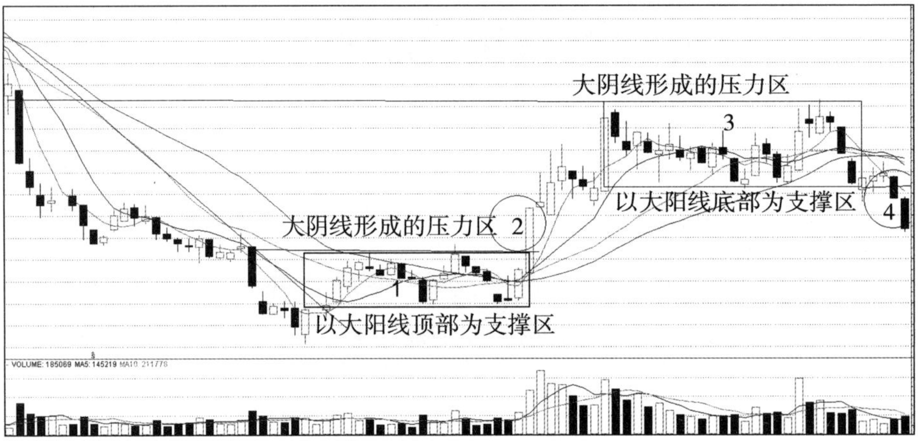

图 5-56 中国重汽日 K 线图 2

圆圈 4 处两根光头光脚大阴线向下跌破前期大阳线底部形成的支撑区，均线交叉后向下发散，呈空头排列，看跌。这说明主力在矩形 3 处利用横盘振荡整理行情来分批出货。这种出货方式比较隐蔽，容易让投资者误认为是在洗盘，对此投资者要提高警惕，以防上当。假如在矩形 3 处买入股票，当股价有效跌破支撑线时一定要止损。也就是说，圆圈 4 处是卖出股票的好时机。

圆圈 4 处股价跌破支撑线后，出现长达 4 个多月的大幅下跌行情，直到图 5-57 矩形 7 处才企稳回升。在矩形 7 处出现连续大阳线向上突破均线的压制，股价随成交量的增加而上涨，股价收盘价站稳在 30 日均线之上，均线黏合（或交叉）后开始向上发散，呈多头排列，看多，符合底部连续阳线且均线向上发散买入法，投资者可以在矩形 7 处买入该股，并做好止损准备。

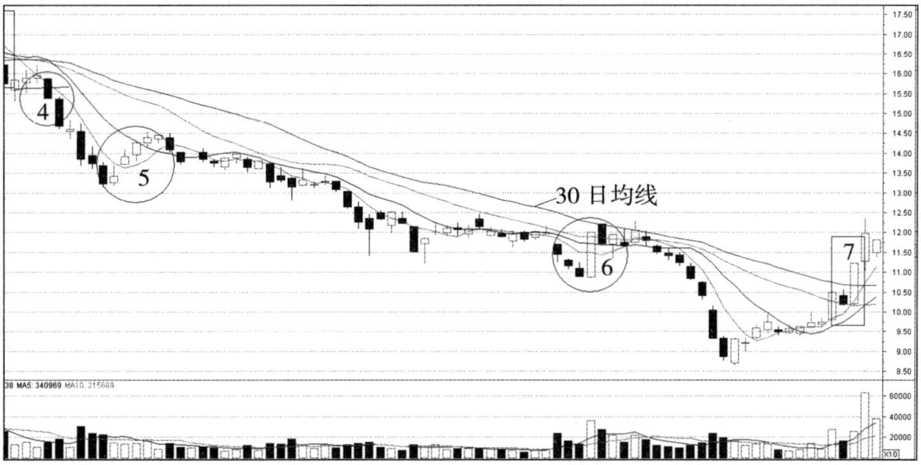

图 5-57　中国重汽日 K 线图 3

观察发现，圆圈 5 处出现连续缩量的阳线，但是 10 日、20 日和 30 日均线仍然走空，这里不符合底部连续阳线且均线黏合（或交叉）向上发散买入法。在圆圈 6 处一根光头光脚大阳线向上突破 5 日、10 日和 20 日均线的压制，但是股价没有站在 30 日均线之上，且 5 日、10 日、20 日和 30 日均线呈空头排列。这里也不符合底部连续阳线且均线黏合（或交叉）向上发散买入法。

投资者对股价运行态势进行跟踪发现，圆圈 7 处之后股价出现上涨行情，直到图 5-58 矩形 8 处，股价进入高位区域开始横盘振荡整理行情。股价是以大阳线实体底部为支撑而波动的，股价重心在逐渐下移，说明主力在高位区利用横盘振荡行情分批出货，抛售股票。

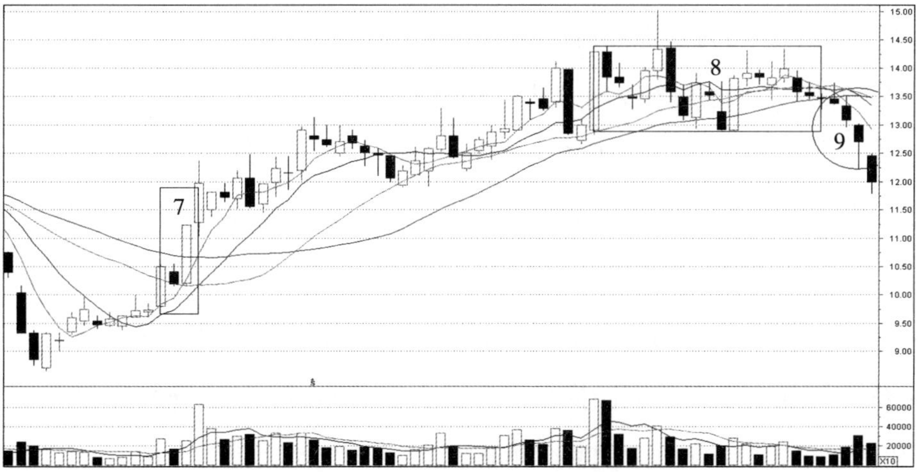

图 5-58　中国重汽日 K 线图 4

当主力出货完毕后，股价就会大幅下跌。圆圈 9 处出现连续阴线，即“三只乌鸦”K 线形态向下有效跌破横盘整理平台的压力线，均线交叉后开始向下发散，呈空头排列，看跌。

之后股价出现了两个多月的大幅下跌行情。由于股价处于相对低位区域，市场对股票的需求逐渐增加，需求在增强，供给在减弱，这样股价随成交量的温和增加而上涨。图 5-59 圆圈 10 处出现连续缩量的阳线，20 日和 30 日均线走空，这里不符合底部连续阳线且均线黏合（或交叉）向上发散买入法。

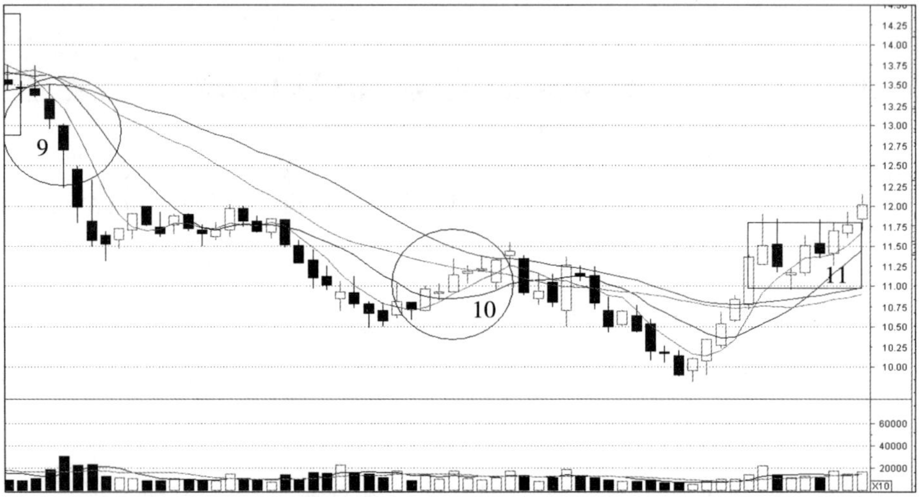

图 5-59　中国重汽日 K 线图 5

在矩形 11 处，股价出现以大阳线为支撑的横盘振荡行情，股价以连续阳线在上涨且向上突破均线的压制，成交量也温和增加，5 日、10 日、20 日和 30 日均线逐渐交叉后向上发散，呈多头排列，符合底部连续阳线且均线向上发散买入法，投资者可以在矩形 11 处买入该股，并做好止损准备。

投资者跟踪股价运行态势发现，从矩形 11 处到图 5-60 矩形 12 处，股价是以 10 日均线为支撑而振荡上涨的，只要股价触及 10 日均线，主力就会拉抬股价，因此我们把 10 日均线称为该股票的生命线。投资者可以根据“10 日均线趋势交易策略”做出买卖决策。

观察发现，在矩形 12 处股价得到 30 日均线的支撑，然后进入横盘整理行情。在圆圈 13 处一根大阳线向上有效突破横盘整理平台的压力线，均线交叉后向上发散，呈多头排列。股价是否如投资者所愿如期上涨呢？

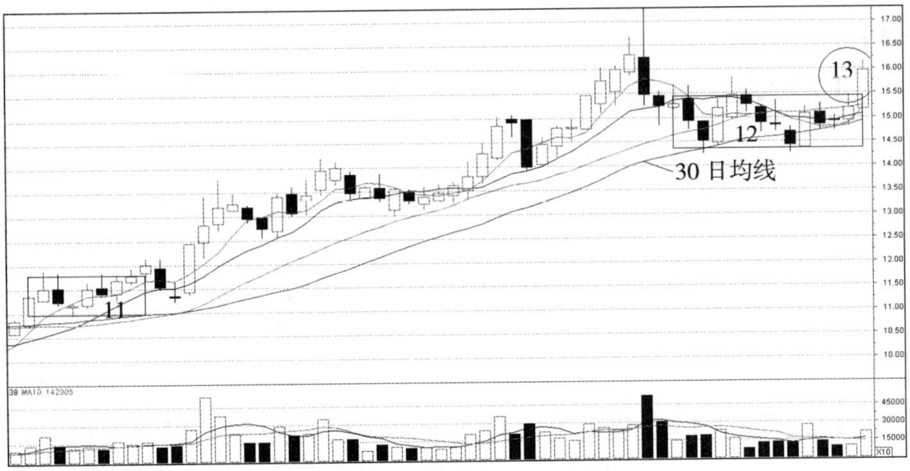

图 5-60　中国重汽日 K 线图 6

尽管股价出现了上涨，但是因为受到前期高点所形成的压力制约，股价开始横盘振荡下跌。不过，在图 5-61 圆圈 14 处，一根成交量增大的大阳线向上一举突破 5 日、10 日、20 日和 30 日均线，且收盘价站稳在 30 日均线之上。这种情形大有怒发冲冠之气势，是比较典型的上升信号，符合“一阳冲天”买入法。

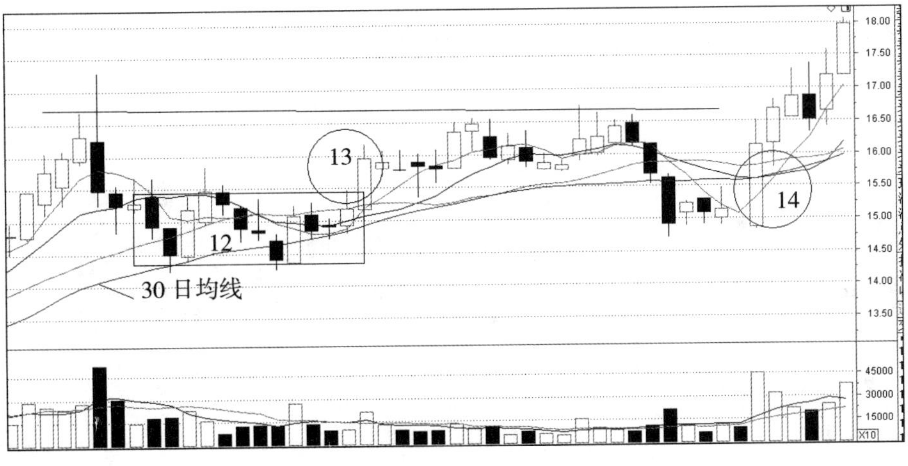

图 5-61　中国重汽日 K 线图 7

【案例研究 2：鸿富瀚】该股经过长达 5 个多月的大幅下跌后，进入图 5-62 矩形 2 处，股价上涨时成交量增加，股价下跌时成交量缩小，均线倾斜度趋于平缓，市场需求增加，需求大于供给，股价随成交量的温和增加而上涨，投资者要密切关注矩形 2 处 K 线图所表达出来的这些信息。在圆圈 1 处出现连续阳线，向上突破下降趋势线和均线的压制，5 日、10 日、20 日和 30 日均线交叉（或黏合）后开始向上发散，有呈多头的迹象，表明主力可能在悄悄建仓。

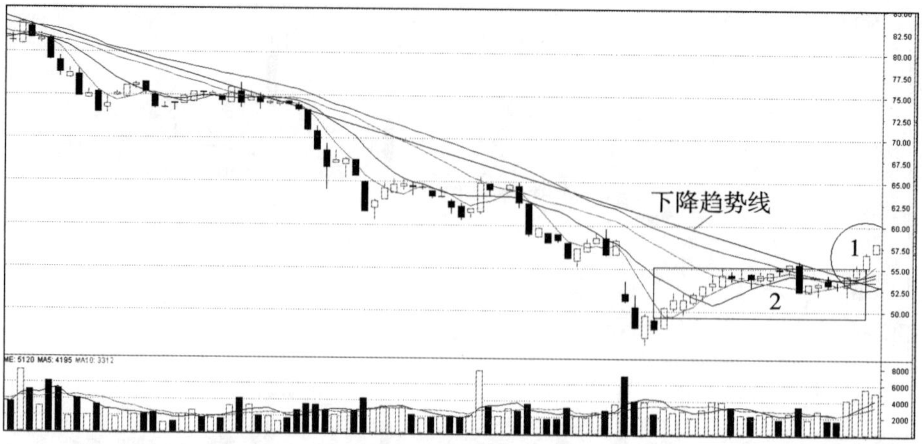

图 5-62　鸿富瀚日 K 线图 1

投资者跟踪股价运行态势发现，圆圈 1 处之后股价没有上涨，而是在图 5-63 矩形 3 处开始横盘振荡整理行情。在横盘整理期间，股价上涨时成交量增加，下跌时成交量缩小，5 日、10 日均线有时走空，有时走多，但是 20 日、30 日均线始终走多，这应该是主力在利用横盘整理行情悄悄地买入股票的结果。股价处于相对低位区时，股票的需求在逐渐增加，供给的力量在较弱，需求的力量逐渐大于供给的力量，股价开始温和上涨。投资者要密切关注这些 K 线图所表达出来的信息。

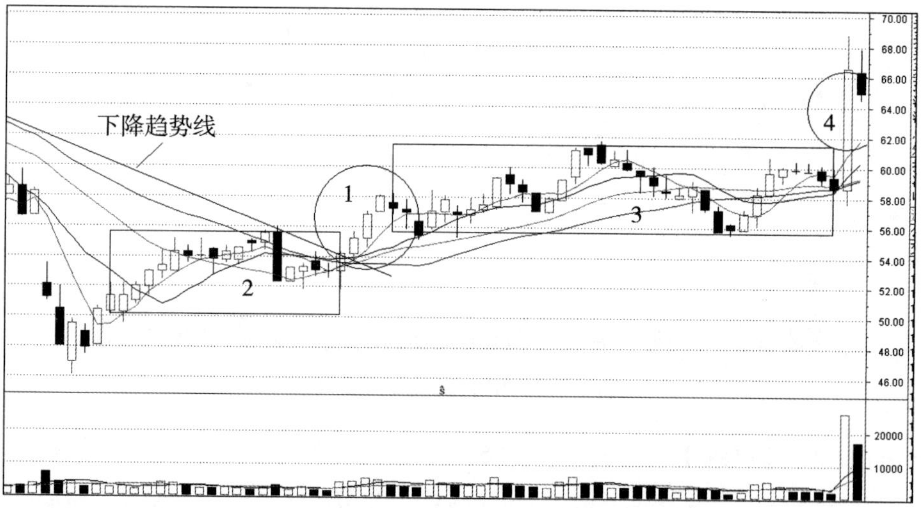

图 5-63　鸿富瀚日 K 线图 2

圆圈 4 处出现一根大阳线，一举向上突破 5 日、10 日、20 日和 30 日均线，股价收盘价站稳在 30 日均线之上，均线交叉后向上发散，呈多头排列。这里符合“一阳冲天”买入法。投资者可当天或次日逢低积极买入该股票，并做好止损准备。

投资者对股价运行态势跟踪发现，从圆圈 4 处到图 5-64 矩形 5 处，股价出现了以 10 日均线为支撑的上涨行情。只要股价触及 10 日均线，主力就会拉抬股价，因此我们把 10 日均线称为该股票的生命线。投资者可以根据“10 日均线趋势交易策略”做出投资决策。

图 5-64　鸿富瀚日 K 线图 3

矩形 5 处股票短期头部形成后，股价出现了长达两个月的大幅下跌行情，直到矩形 6 处才有企稳迹象。在矩形 6 处出现连续缩量的阳线，5 日、10 日均线走多，20 日和 30 日均线也开始由走空转为走平，甚至走多。圆圈 7 处股价以阳线形式向上有效突破横盘整理平台的压力线，这里符合股价低位向上突破整理平台压力买入法。此时是投资者伺机买入的好时机。

在圆圈 7 处买入该股票后，投资者对股价运行态势进行跟踪发现，股价虽然上涨了，但是涨幅不太，反而在图 5-65 矩形 8 处开始横盘振荡整理行情。圆圈 9 处出现连续十字星或小阴线，向下跌破矩形 8 横盘整理平台的支撑位，股价在均线系统下运行，且均线交叉后向下发散，呈空头排列，股价开始下跌，直到矩形 10 处才企稳回升。

在矩形 10 处出现连续小阳线，股价随成交量的温和增加而上涨，5 日、10 日、20 日和 30 日均线逐渐交叉后向上发散，呈多头排列。这里符合股价低位时连续小阳线买入法。此时投资者密切关注股价的运行态势，伺机积极大胆买入，并做好止损准备。

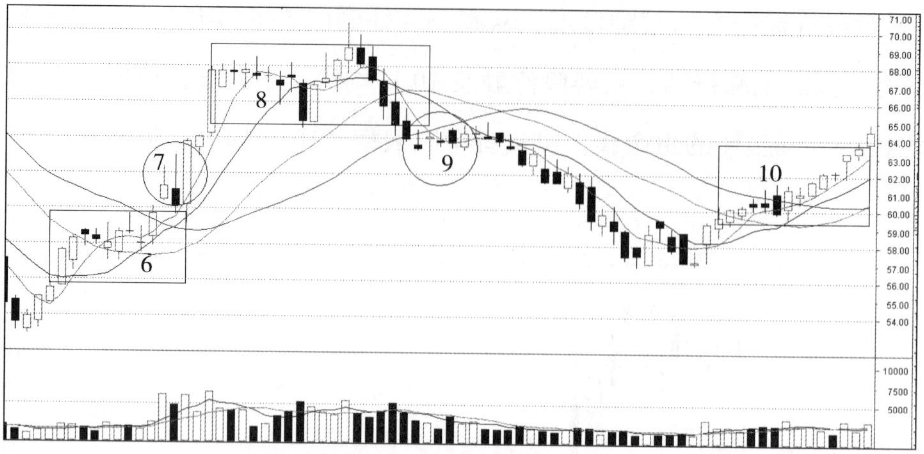

图 5-65 鸿富瀚日 K 线图 4

观察发现，从矩形 10 处到图 5-66 圆圈 11 处，股价以 5 日均线为支撑而上涨，因此我们把 5 日均线称为该股票的生命线。投资者可以根据“5 日均线趋势交易策略”做出投资决策。圆圈 11 处股票短期头部形成后，股价出现下跌行情，直到矩形 12 处。在矩形 12 处出现连续阳线，均线倾斜度趋于平缓，10 日、20 日和 30 日均线走空，这里不符合股价低位时连续小阳线买入法。所以投资者要耐心等待买入条件出现，再采取行动。

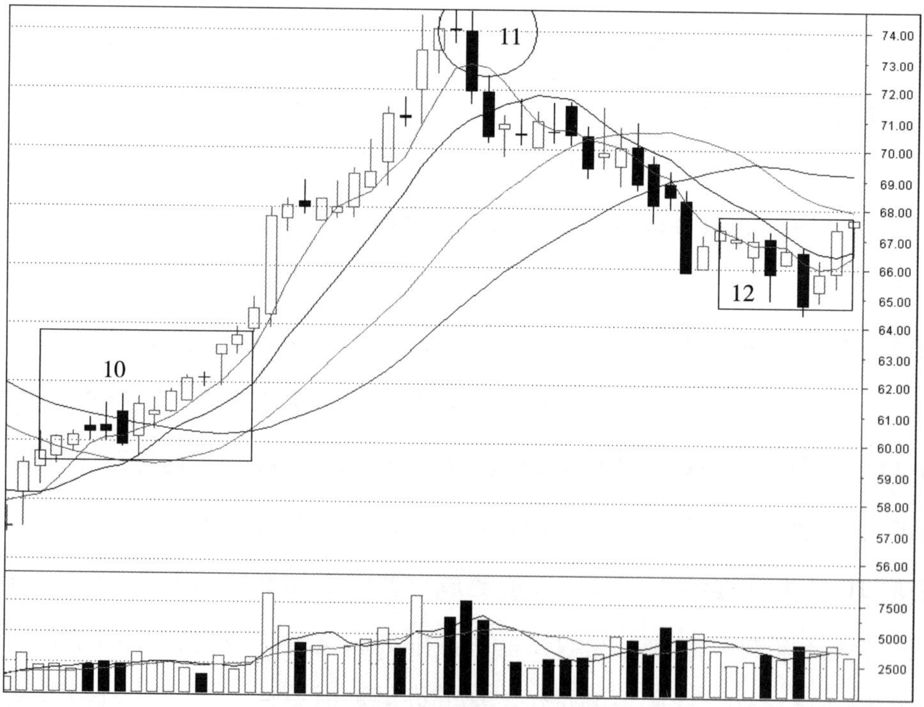

图 5-66 鸿富瀚日 K 线图 5

【案例研究 3：西安旅游】该股经过前期大幅上涨后，在图 5-67 圆圈 1 处股价处于高位区，成交量放大，换手率高达 23.88% 和 22.22%，表明主力在圆圈 1 处拉高股价，派发股票，预示着股票短期头部将要形成。此后股价出现大幅下跌行情，直到相对低位区的矩形 2 处，此时市场需求增加，出现了连续阳线，股价开始横向波动，下跌趋势趋于平缓，均线由走空变为走平，甚至走多。

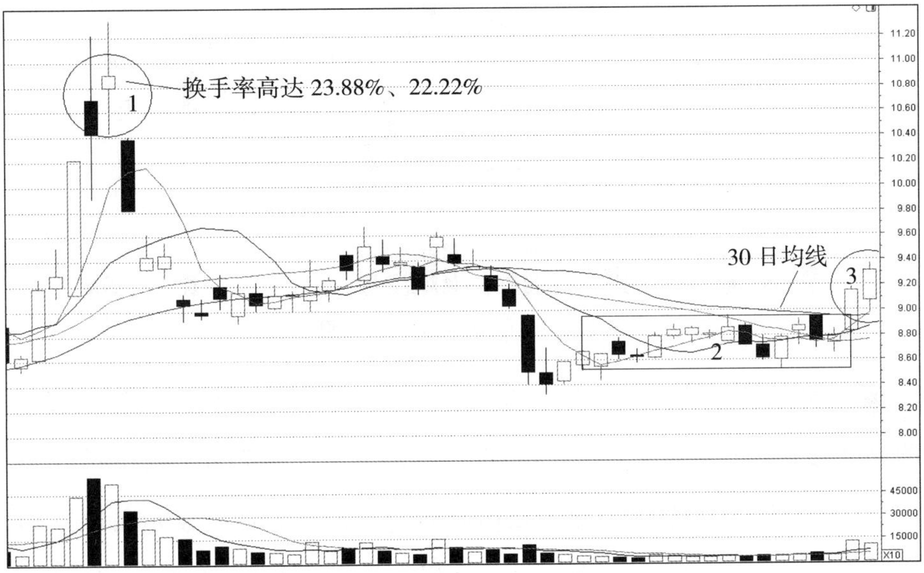

图 5-67　西安旅游日 K 线图 1

在横盘整理期间，出现连续缩量十字星或小阴线，5 日、10 日、20 日均线逐渐趋于靠拢和黏合（或交叉）在一起，股价重心逐渐上移，这说明主力在矩形 2 处利用连续缩量十字星或小阴线进行洗盘和吸筹。洗盘结束后，在横盘整理末端圆圈 3 处，两根大阳线向上突破横盘整理平台的压力，均线交叉后开始向上发散，呈多头排列。这里符合股价低位向上突破买入法。

投资者对股价运行态势进行跟踪发现，股价出现了上涨。在图 5-68 圆圈 4 处出现一根大阳线，一举向上突破 5 日、10 日、20 日和 30 日均线的压制，但是受到前期高点所形成的压力制约，股价又开始大幅下跌，说明此处大阳线是主力的诱多行为。

之后股价下跌到圆圈 5 处，创出阶段性新低。股价处于相对低位区，一些抄底资金就会买入股票，逐渐增加了对股票的需求，于是在矩形 6 处出现连续阳线，股价上涨时成交量增加，股价下跌时成交量缩小，股价随成交量的增加而上涨。圆圈 7 处一根大阳线向上突破 5 日、10 日、20 日和 30 日均线，收盘价站稳在 30 日均线之上，这种情形大有怒发冲冠之气势，是比较典型的上升信号。这符合“一阳冲天”买入法。投资者可以逢低买入，当然要做好止损准备。

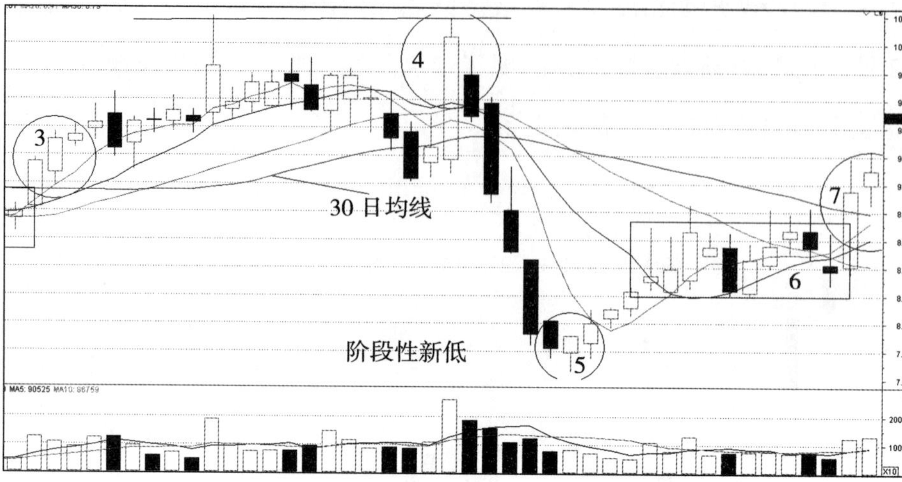

图 5-68　西安旅游日 K 线图 2

投资者对股价运行态势跟踪发现，在圆圈 7 处之后股价出现了大幅上涨行情，直到图 5-69 圆圈 8 处。在圆圈 8 处出现一根带长上影的倒锤头阳线，此时成交量放大，换手率高达 32.79%，说明主力在圆圈 8 处拉高股价，抛售股票，预示着股票短期头部即将来临。短期头部形成后股价开始下跌，直到在 30 日均线附近得到支撑后企稳回升，开始在矩形 9 处以大阳线实体为支撑横盘整理，说明此处大阳线对股价起到了重要的支撑作用，多方力量占有绝对优势。

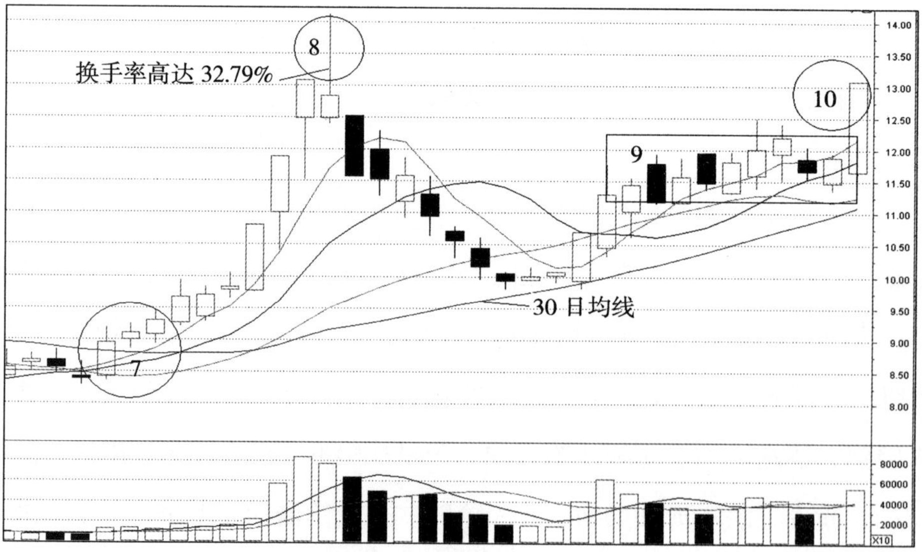

图 5-69　西安旅游日 K 线图 3

在横盘整理期间，出现成交量较小的小阴线，5 日、10 日、20 日和 30 日均线呈多头排列，股价重心没有下移，说明主力在矩形 9 处利用缩量小阴线进行洗盘和吸筹。洗盘结束后，圆圈 10 处一根光头光脚大阳线向上突破横盘整理平台，均线呈多头排列。这里符合股价低位向上突破买入法。

假如投资者在圆圈 10 处买入股票，对后市跟踪发现，圆圈 10 处到图 5-70 圆圈 11 处股价以 10 日均线为支撑上涨，投资者可以根据“10 日均线趋势交易策略”做出投资决策。

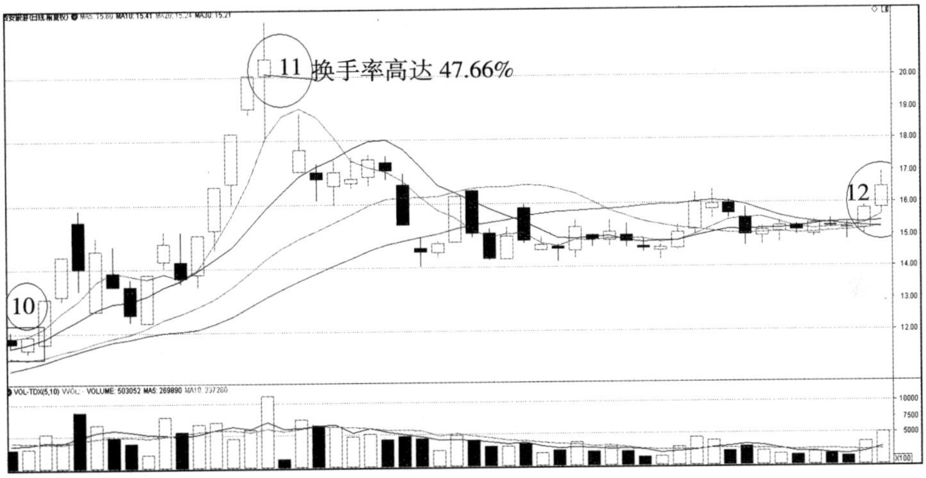

图 5-70　西安旅游日 K 线图 4

在圆圈 11 处股价处于大涨后的高位区，成交量放大，换手率高达 47.66%，表明主力在圆圈 11 处拉高股价，派发股票，预示着股票短期头部将要形成。此后股价出现大幅下跌行情。股价大跌后处于相对低位，市场对股票的需求逐渐增加，于是出现连续小阳线（中间允许一两根缩量阴线），均线逐渐趋于靠拢和黏合在一起，圆圈 12 处两根阳线向上突破均线的压制，5 日、10 日、20 日和 30 日均线走多，这些信息符合股价低位连续小阳线买入法。

如图 5-71 所示，圆圈 12 处之后股价出现小幅上涨，但是因为受到前期向上跳空缺口所形成压力制约，股价又开始了下跌行情。

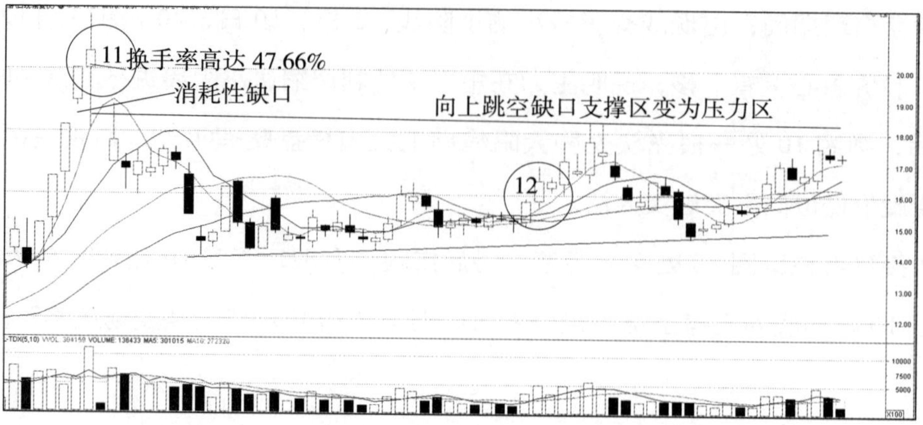

图 5-71 西安旅游日 K 线图 5

第 6 章

K 线图综合应用

本章主要通过案例研究，把前面介绍的 K 线图技术分析综合运用到股市实际操作中，通过 K 线图所表达出来的信息，分析市场中的主导力量正在想什么和做什么。通过学习 K 线图技术分析手段，如重复的 K 线形态、价格突破、量能增加、短期头部和底部形成标志性 K 线形态、移动平均线等，跟踪主力资金运行的足迹，为投资决策提供依据。

6.1 制订交易计划

为了在股市中取得成功，稳健的投资者不仅要运用 K 线图来追踪主力资金的足迹，而且在交易之前还要制订一个交易计划，主要包括下列内容。

（1）使用哪种技术分析工具？在分析 K 线图时，投资者需要明白投资分析的逻辑性，通过技术分析工具研判趋势是否会持续，以及买入股票比较好的介入点。当趋势真正向上突破时再跟进。

（2）股市整体市场行情如何？是上升、横盘还是下跌？

（3）入场交易的条件是什么？是否符合自己所遵循的买入条件？如果市场行情符合自己设定的买入条件，就采取行动；反之，放弃交易。

（4）可以承担多大的交易风险？在交易前，投资者要明确自己在这笔交易中将投入多少资金，能够承受多大的风险，即设好止损位。

（5）退出策略是什么？退出策略包括三个方面。

一是，判断失误退出策略，即止损策略。为了避免出现重大损失，投资者制订一个止损价位，比如低于买入价的 8% 就止损出局。

二是，遵循趋势交易策略。假如根据 K 线图，股票是以 20 日均线为支撑线而上涨的，就可以根据“20 日均线趋势交易策略”卖出股票，即当股价在 20 日均线下运行几天（至少 3 天）且 20 日均线走空之时，卖出。也就是说，股价上涨一段时间后，当获得满意的利润时，就可以止盈出局，落袋为安。

三是，股价在一定区间内横盘整理时如何退出的策略。股价向下有效跌破横盘整理平台的支撑价位，均线开始向下发散呈空头排列时，应止损出局认输。

稳健的投资者制订交易计划后一定会严格执行。在股市里投资者一定要克服羊群心态，在错误中不断地总结经验和吸取教训，制订适合自己的操作方法，在实战中历练自己，才能成为一名优秀的投资者。

6.2 技术分析综合应用

下面我们通过案例来研究 K 线图的综合运用分析技术，期望投资者能从中找到适合自己的操作方法，在股市中取得成功。

【案例研究 1：红日药业】该股经过短暂的加速上涨后，股价处于相对高位区，在图 6-1 圆圈 1 处出现一个由两根大阳线、长上影线十字星和大阴线所组成的 K 线组合形态，即变形的“黄昏十字星”，此时成交量放大，换手率高，分别为 9.64%、7.51%、6.76%，这些信息表明主力资金在圆圈 1 处拉高股价，派发股票，随后圆圈 1 处出现一根大阴线，验证了股票短期头部的形成。

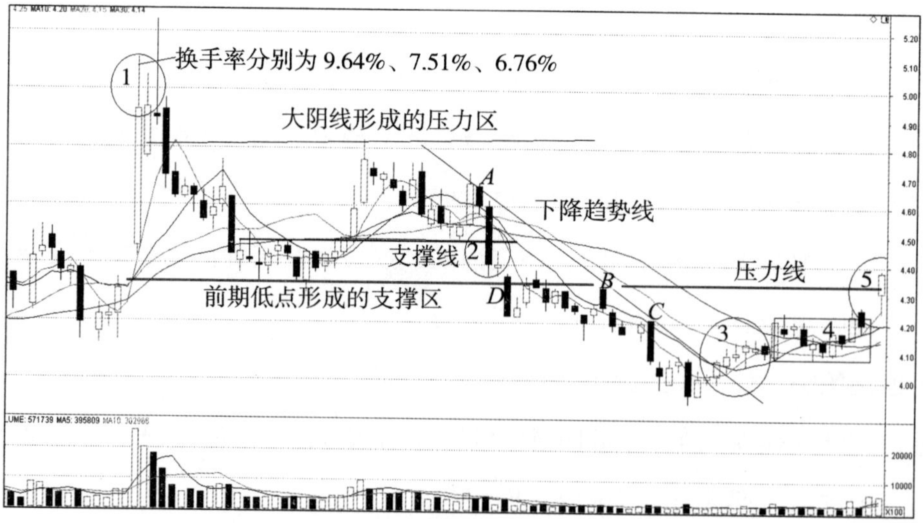

图 6-1 红日药业日 K 线图 1

股票短期头部成立后，股价出现了振荡下跌行情。在圆圈 2 处一根几乎光头光脚大阴线向下有效跌破支撑线，均线交叉后向下发散，呈空头排列，看跌。*D* 处又一根光头光脚大阴线向下有效跌破前期低点所形成的支撑线，均线系统呈空头排列，说明空方力量占绝对优势。

经过一个多月的振荡下跌后，股价处于相对低位区域，市场需求增加，需求力量在增强，需求方吸收了供给方所抛售的股票，均线倾斜度趋于平缓。在圆圈 3 处连续小阳线向上有效突破下降趋势线（图 6-1 中由股价高点 *A*、*B*、*C* 连接起来的一条直线），均线逐渐黏合或交叉在一起，股价在矩形 4 处开始横盘整理。

矩形 4 处的横盘整理以大阳线为支撑，说明此处大阳线对股价起了重要的支撑作用，多方力量较强，这是主力资金运作的结果。横盘整理期间，股价上涨时成交量增加，股价下跌时成交量缩小，5 日和 10 日均线走多，20 日和 30 日均线也有走多的迹象，这表明有资金在悄悄地买入股票。

在横盘整理末端圆圈 5 处，一根带长下影线的大阳线向上突破横盘整理平台上方的压力线，并且也突破了由前期低点形成的支撑线演变而成的压力线，均线黏合（或交叉）后开始向上发散，呈多头排列，看多。

从圆圈 3 到圆圈 5 处出现一串小阳线（中间允许一两根缩量阴线），并且股价随成交量温和增加而上涨。这表明主力在股价处于相对低位时悄悄买入股票。根据底部出现连续红色量柱，且均线黏合向上发散，投资者可以在圆圈 5 处逢低积极买入，并做好止损准备。

投资者跟踪股价运行态势发现，在圆圈 5 处买入股票后股价并没有上涨，而是在图 6-2 矩形 6 处进入横盘振荡行情。横盘振荡期间，出现了连续阴线形式的下跌，5 日、10 日均线逐渐交叉后走空，但 20 日、30 日均线仍走多，阴线所对应的成交量都比较小，股价基本上是在圆圈 5 处大阳线股价范围内波动。根据这些信息可以判断主力在矩形 6 处故意制造空头陷阱，利用连续阴线进行洗盘。

洗盘结束后，在圆圈 7 处一根放量大阳线向上突破均线的压制，均线黏合（或交叉）后开始向上发散，呈多头排列，看多。投资者根据股价低位连续小阳线买入法，在圆圈 7 处再次买入股票，并做好止损准备。

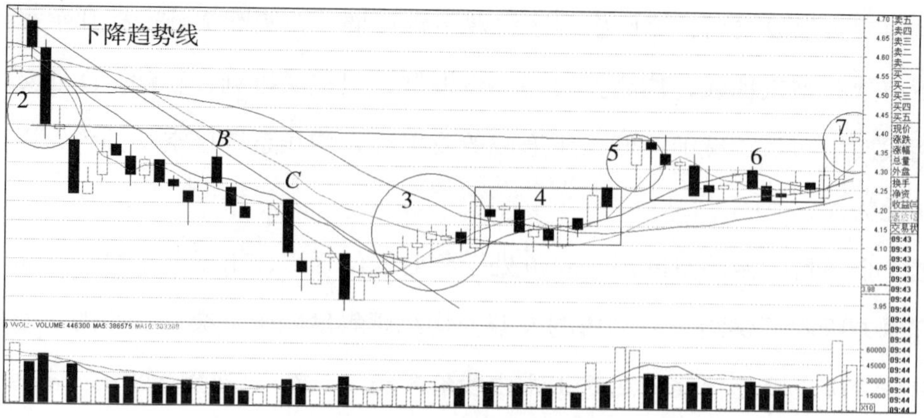

图 6-2　红日药业日 K 线图 2

之后股价出现了以 5 日均线为支撑的强劲上涨行情，直到图 6-3 圆圈 8 处。此时股价处于相对高价区，一根光头光脚大阳线和几乎光头光脚大阴线组成了“乌云盖顶”K 线形态，换手率分别高达 16.44%、19.62%，成交量放大，预示着股票短期头部将要来临。股价经过大幅上涨后，处于高位区，成交量放大，换手率高，基本可以判断主力在股价高位区派发股票进行出货，因此主力可能在圆圈 8 处拉高出货，投资者应趁机抛售股票，落袋为安。股价在圆圈 9 处出现一根光头光脚大阴线，均线逐渐交叉后向下发散，呈空头排列，这也验证了圆圈 8 处“乌云盖顶”K 线形态是股票短期头部形成的标志。

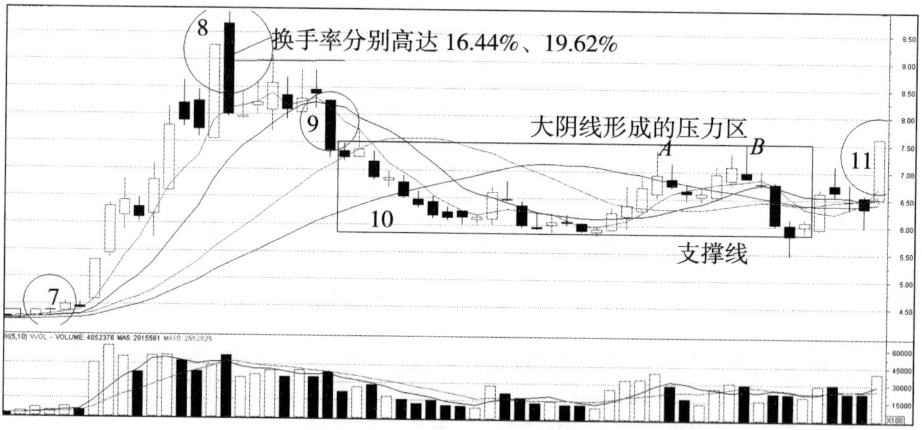

图 6-3　红日药业日 K 线图 3

观察发现，圆圈 7 到圆圈 8 处股价出现了以 5 日均线为支撑的强劲上涨行情，投资者可以根据“5 日均线趋势交易策略”做出决策。圆圈 9 处股价跌破 5 日均线且 5 日均线走空，此时是卖出股票的一个好时机。

没有主力资金的支持，股价随后出现大幅下跌行情。在下跌途中虽出现反弹，但因受到前期大阴线所形成的压力制约，股价在图 6-3 高点 *A*、*B* 所形成的压力线和前期低点所形成的支撑线之间横盘振荡。圆圈 11 处一根光头光脚大阳线向上突破均线的压制，均线黏合后开始呈向上发散迹象。

股票后市的运行态势如图 6-4 所示。圆圈 11 处收出光脚大阳线，此时成交量放大，换手率高达 21.85%，表明主力在拉高股价，抛售股票，预示着股票短期头部将要来临。在矩形 12 处股价出现横盘振荡行情，股价重心逐渐下移，成交量也逐渐减少，说明主力在股价高位区出货基本完成，没有主力资金的支撑，股价会出现下跌。圆圈 13 处一根大阴线向下有效跌破横盘整理平台的支撑线（这条支撑线由前期大阴线所形成的压力线演变而来），并有效跌破 30 日均线，且 30 日均线走空，5 日、10 日、20 日和 30 日均线交叉后开始向下发散，呈空头排列，看跌。

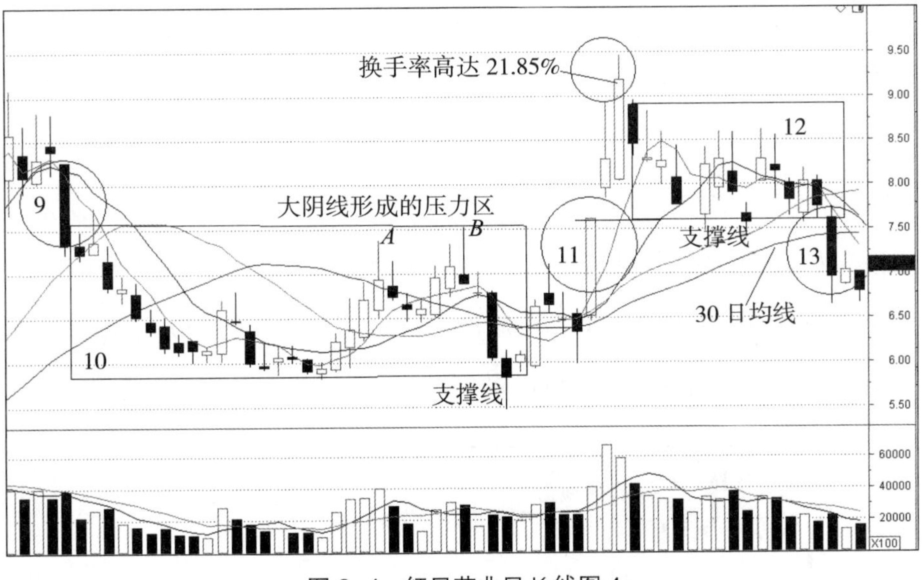

图 6-4　红日药业日 K 线图 4

自从圆圈 13 处股价跌破支撑线后，股价一直处于下跌行情。随着时间的推移，均线下降倾斜度趋于平缓，由走空逐渐变为走平甚至走多，逐渐黏合在一起。观察发现，图 6-5 矩形 14 处出现一连串阳线形式的上涨，虽然 5 日和 10 日均线交叉后走多，但 20 日和 30 日均线一直走空，不符合股价处于相对低位时连续阳线且均线系统走多买入法。矩形 15 处股价出现了以大阳线为支撑的横盘整理行情，说明此处大阳线对股价的支撑起到了非常重要的作用，多方力量较强，这应该是主力资金运作的结果。

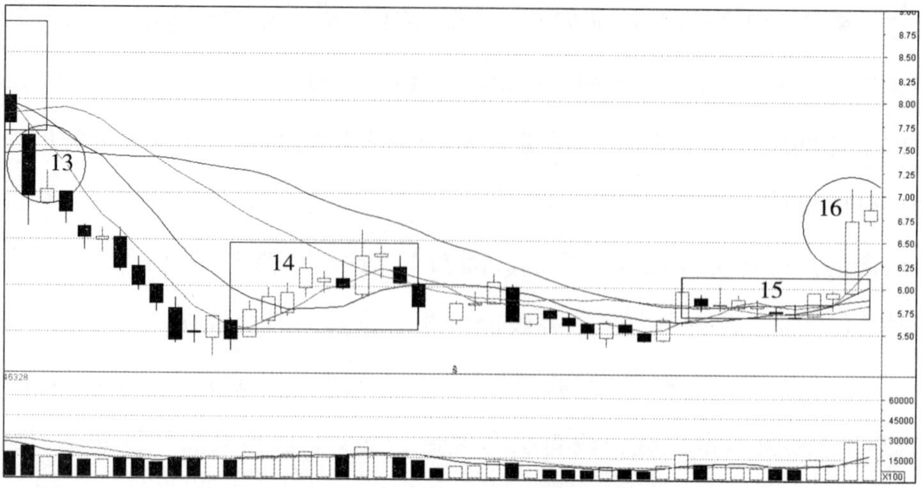

图 6-5 红日药业日 K 线图 5

在矩形 15 处，连续收出阳线，股价随成交量温和增加而上涨，均线系统有向上发散呈多头排列的迹象，表明有资金在悄悄买入股票。矩形 15 处符合股价处于相对低位时连续阳线且均线系统走多买入法，投资者应密切关注股价运行态势。圆圈 16 处一根光脚大阳线向上突破均线的压制后，均线开始向上发散，呈多头排列，投资者次日应伺机买入，并做好止损准备。

之后股价出现了以 5 日均线为支撑线的强劲上涨行情，直到图 6-6 矩形 17 处。也就是说，矩形 16 处到矩形 17 处股价以 5 日均线为支撑在上涨，投资者可以根据“5 日均线趋势交易策略”做出买卖决策。在矩形 17 处，股价处于高位区，成交量增大，每天换手率都超过 5%，表明主力在高价区利用矩形 17 处的振荡行情分批出货，股票短期

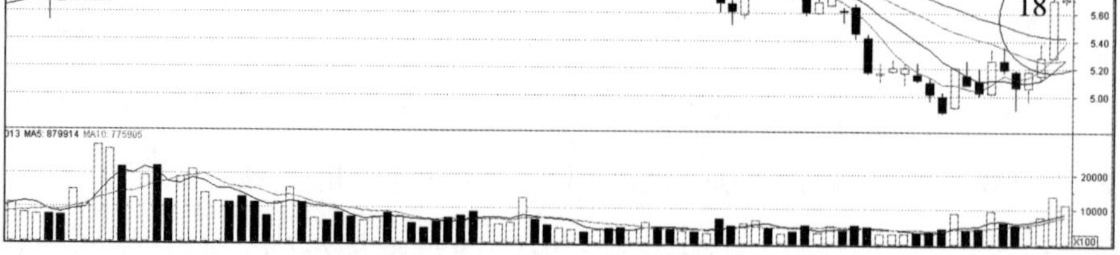

图 6-6 红日药业日 K 线图 6

头部可能不远了。同时矩形 17 处形成“三只乌鸦”K 线形态，这是否预示着股票短期头部的形成呢？

之后股价下跌行情持续了三个多月，直到圆圈 18 处出现连续阳线向上突破均线的压制，才企稳回升。股价随成交量增加而上涨，表明有资金在悄悄地吸筹。投资者应密切关注股价的运行态势，伺机买入并做好止损准备。

根据股价处于相对低位时，连续阳线且均线系统走多时买入原则，投资者买入股票后，股价是否会如预期一样上涨呢？如图 6-7 所示，从圆圈 18 到圆圈 19 处，股价以 10 日均线为支撑强劲上涨，投资者可根据“10 日均线趋势交易策略”做出投资决策。之后在圆圈 19、20、21 处形成三重顶头部 K 线形态，最后在圆圈 21 处后出现连续阴线形式的下跌。

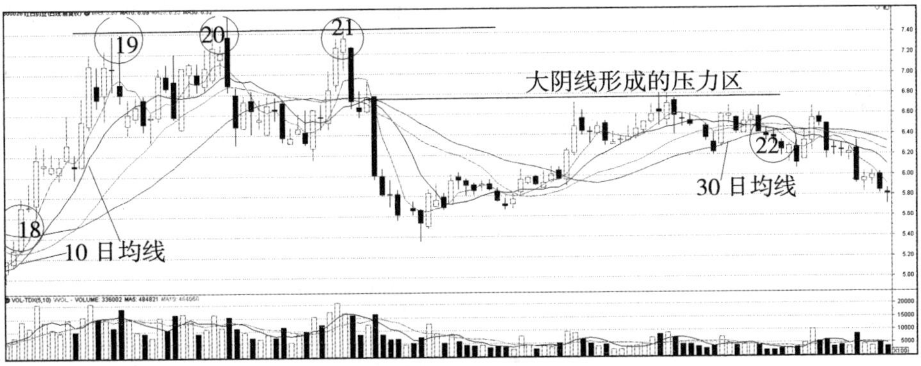

图 6-7　红日药业日 K 线图 7

圆圈 19 处收出两根带很长上影线的十字星和倒锤头 K 线形态，上影线越长，说明上方的抛压越重，股价上涨就越难，股票短期头部形成的可能性就越大。圆圈 20 处出现“乌云盖顶”K 线形态，股价的收盘价没有超过圆圈 19 处最高点。圆圈 21 处出现类似“黄昏之星”的 K 线形态，股价的收盘价也没有超过圆圈 19 处最高点。圆圈 22 处连续阴线向下有效跌破 30 日均线，股价在 30 日均线下运行，5 日、10 日、20 日和 30 日均线逐渐交叉后向下发散，呈空头排列，看跌。

在股市中投资者经常会遇到这样一个问题：当一只股票在上涨行情中，往往会出现大阳线形式的上涨，然后出现回挡整理，这里会不会形成股票短期头部呢？我们该怎样去判断股票短期头部的形成呢？判断股票短期头部可以从以下几点着手。

（1）经过短期急速上涨，成交量放大，换手率高，短期头部形成的可能性较大。

（2）股价经过长时间的大幅上涨后，主力在高价区反复横盘振荡，慢慢分批出货，此时成交量相对较大，股价重心逐渐下移，头部形成可能性较大。

（3）如果一只股票经过长时间的大幅上涨之后，出现标志性头部 K 线形态，可以遵循“趋势交易策略”做出买卖决策。

（4）如果一只股票经过长时间的大幅上涨之后，出现股价处于高位区、换手率高、高成交量，股票短期头部形成的可能性较大。

【案例研究 2：金力永磁】该股经过大约一个月的上涨后，在图 6-8 矩形 1 处进入横盘整理行情。横盘整理期间，股价上涨时成交量增大，股价下跌时成交量缩小，均线系统仍然呈多头排列，股价重心没有下移，这些信息表明主力利用横盘整理行情进行洗盘，投资者应密切关注。洗盘结束后，主力拉升股价，股价出现加速上涨行情，之后在矩形 2 处出现连续成交量放大的带长上影线的阳线，每天的换手率都超过 6%，说明主力在矩形 2 处拉高股价，抛售股票，预示着股票短期头部将要来临。随后又出现“三只乌鸦”K 线形态，均线逐渐交叉后向下发散并呈空头排列，股票短期头部正式形成。

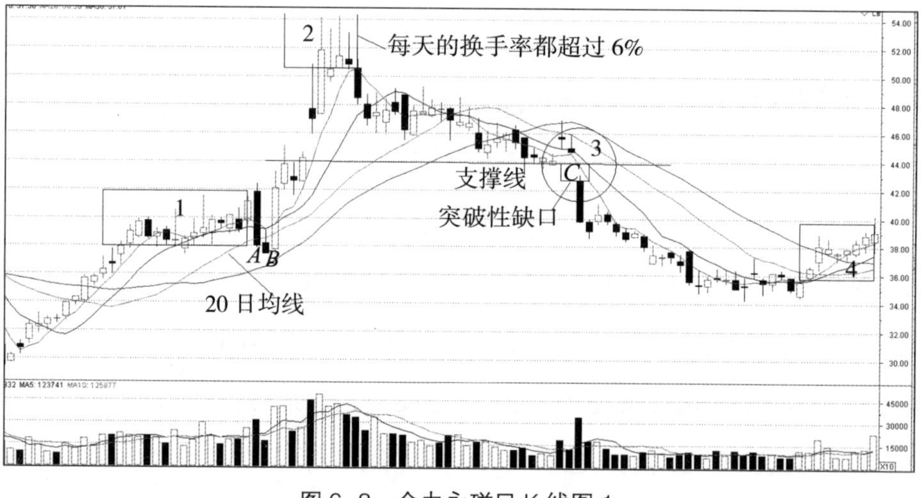

图 6-8　金力永磁日 K 线图 1

观察发现，在 *A* 处收出一根大阴线，收盘价在 20 日均线之下，但 20 日均线走多，随后在 *B* 处出现一根大阳线把 *A* 处大阴线全部包含在内，这表明大阴线是主力故意打压股价制造的空头陷阱。*C* 处一根向下跳空的大阴线向下有效跌破支撑线，形成了一个突破性缺口，说明空方力量很强大，均线交叉后呈空头排列。

之后股票一路下跌，直到矩形 4 处才有企稳迹象。股价处于相对低位时，市场需求增加，矩形 4 处均线倾斜度趋于平缓，出现连续阳线形式的上涨，5 日、10 日和 20 日均线由走空转为走多，30 日均线也有做多迹象，成交量总体上有所增加。这些信息符合股价处于相对低位连续阳线且均线向上发散买入法，如果投资者在矩形 4 处买入股票，那么要做好止损准备。

投资者跟踪股价运行态势发现，之后股价没有上涨而是下跌，这也说明，即使符合股价处于相对低位连续阳线且均线向上发散买入法，也不能保证百分之百的准确率，尤其是在熊市期间。这也验证了买入股票后随时做好止损准备的必要性。因为受到前期大阴线所形成的压力制约，股价在图 6-9 圆圈 5 处出现连续阴线形式的下跌，均线交叉后向下发散，呈空头排列。

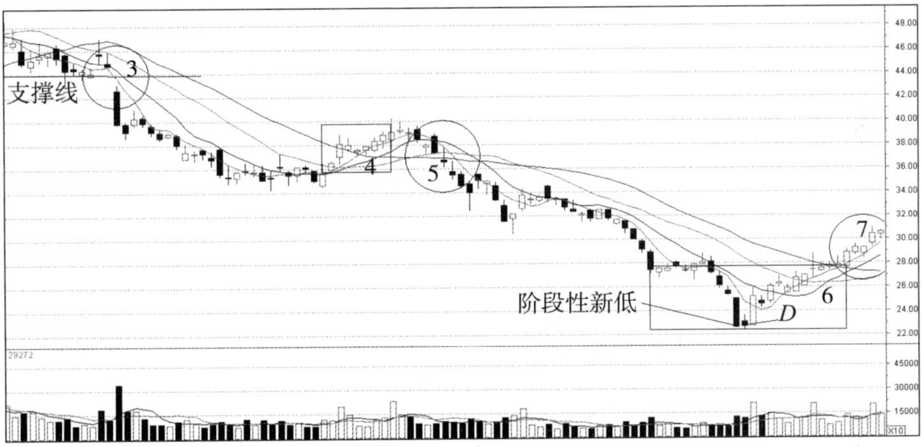

图 6-9　金力永磁日 K 线图 2

股价下跌后创出了阶段性新低，在 *D* 处出现一个“阳包阴”K 线形态，随后股价随成交量的增加而上涨。这说明此处“阳包阴”K 线形态预示着股票短期底部形成了。矩形 6 处股价反弹时出现连续小阳线，5 日、10 日、20 日和 30 日均线逐渐交叉后开始向上发散，有呈多头排列的迹象。

圆圈 7 处出现一串连续阳线，向上突破 30 日均线，股价随成交量温和增加而上涨，均线系统向上发散，呈多头排列，这表明有资金在悄悄地买入股票建仓。这就是股价运行中的第 1 阶段。圆圈 7 处 K 线图表现出来的信息符合股价处于相对低位时连续阳线且均线系统走多买入法，投资者应密切关注股价运行态势，并在适当时机逢低买入股票，做好止损准备。

根据股价处于相对低位时连续阳线均线系统走多买入法，投资者买入股票后，对股价运行态势进行跟踪发现，股价出现了上涨。从图 6-10 圆圈 7 到圆圈 8 处，股价以 10 日均线为支撑在上涨。只要股价回调触及 10 日均线，就会被拉升，此时 10 日均线可作为该股票的生命线。股票生命线实际上就是移动平均线，其具有支撑线和压力线的特性。当股价有效跌破生命线时果断止盈，卖出股票。不过，不同的投资者对“有效跌破”有不同的看法，主要有两种：一是将股票收盘价连续 3 天在均线（生命线）下运行且均线走空看作有效跌破；二是将股票当日收盘价跌破均线（生命线）3% 且均线走空看作有效跌破。投资者对有效跌破概念看法不同，做出的买卖决策也有所不同。

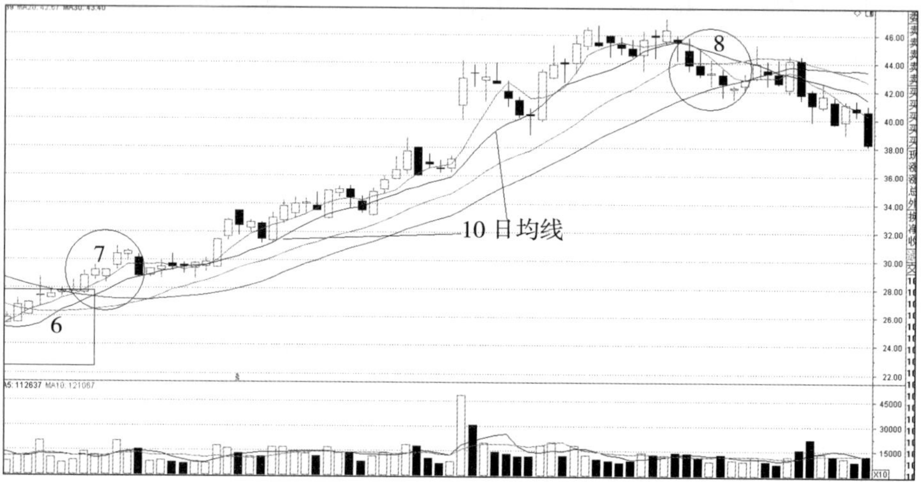

图 6-10　金力永磁日 K 线图 3

圆圈 8 处股价连续几天（至少 3 天）跌破 10 日均线且 10 日均线走空，所以短线投资者可以根据“10 日均线趋势交易策略”在此处卖出股票，落袋为安。连续阴线形式的下跌，使得股价在 10 日、20 日和 30 日均线之下运行，均线逐渐交叉后向下发散，呈空头排列，看跌。

投资者要善于观察股价运行的日 K 线图所表达出来的信息，以便为自己的投资决策提供依据。在买入之前，要问问自己：“我为什么要买入这只股票？”若股价出现上涨或下跌行情，投资者要考虑采取何种退出策略。

之后股价出现长达 5 个多月的大幅下跌，直到图 6-11 圆圈 10 处。观察发现，C 处一根几乎光头光脚大阴线向下有效跌破 30 日均线，均线系统交叉后呈空头排列，看跌。*A* 处股价出现了以 *B* 处大阳线为支撑的横盘整理行情，说明此处大阳线对股价起了重要的支撑作用，多方力量较强，这是主力资金运作的结果。*A* 处出现连续阳线向上突破下降趋势线，均线逐渐趋于靠拢和黏合在一起。

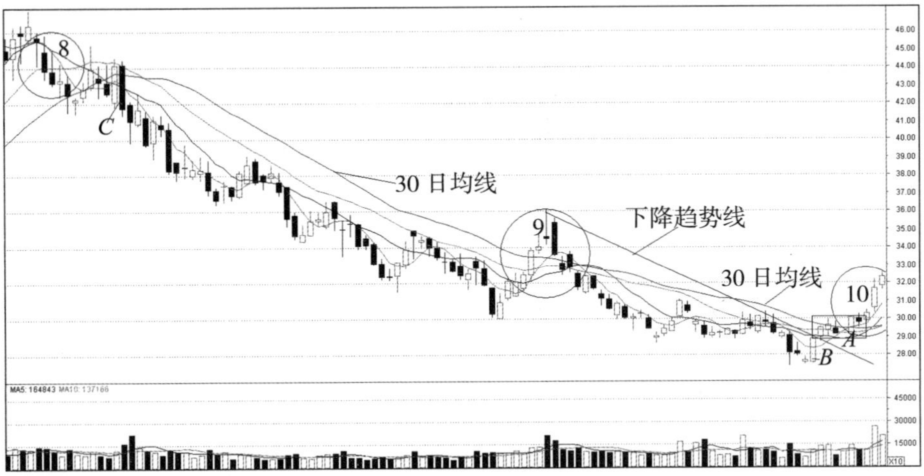

图 6-11 金力永磁日 K 线图 4

圆圈 9 处出现连续阳线形式的上涨，向上突破 30 日均线，但是 10 日、20 日、30 日均线仍然走空，说明圆圈 9 处股价上涨是主力的诱多行为，是假突破。

圆圈 10 处股价处于相对低位，市场需求增加，均线下降趋势趋于平缓，连续阳线向上突破均线的压制，股价随成交量的温和增加而上涨，此时均线逐渐黏合后开始向上发散，呈多头排列，看多。根据股价处于相对低位时出现连续阳线且均线向上发散买入法，投资者可以在圆圈 10 处伺机买入并做好止损准备。这个买入时机是否正确呢？

如图 6-12 所示，圆圈 10 处之后股价出现了一定程度的上涨。但是因为受到前期高点和大阴线所形成的压力制约，股价在圆圈 12 处出现了下跌，说明大阴线可以作为压

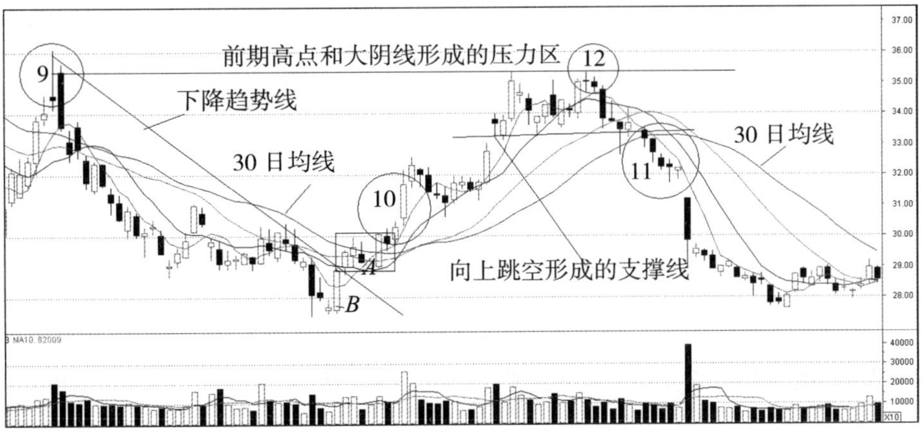

图 6-12 金力永磁日 K 线图 5

力线，大阴线最高价可以作为之后出现的价格反弹的上档压力，并且压力非常有效，短期头部可能到来。在圆圈 11 处连续阴线向下有效跌破前期股价向上跳空缺口所形成的支撑区，也跌破了 30 日均线，均线交叉后向下发散，呈空头排列，继续看跌。这也验证了圆圈 12 处的“黄昏十字星”K 线形态是股票短期头部形成的标志。

观察发现，圆圈 10 到圆圈 12 处股价以 10 日均线为支撑在上涨，投资者可以根据“10 日均线趋势交易策略”做出买卖决策。

【案例研究 3：三变科技】该股经过长时间大幅下跌后，股价处于相对低价区，一些大胆的抄底资金会试探性买入股票，随着市场逐渐增加了对股票的需求，供给方抛售的压力减少，于是在股价底部出现连续缩量阳线（中间允许一两根阴线），均线趋于平缓，5 日和 10 日均线由走空变为走多，如图 6-13 矩形 1 处所示。在圆圈 2 处，股价以连续大阳线向上突破横盘整理平台的压力线，成交量增加，均线黏合后开始向上发散，有呈多头排列的迹象。根据股价处于相对低位时向上突破横盘买入法，投资者在圆圈 2 处可以大胆伺机买入，并做好止损准备。

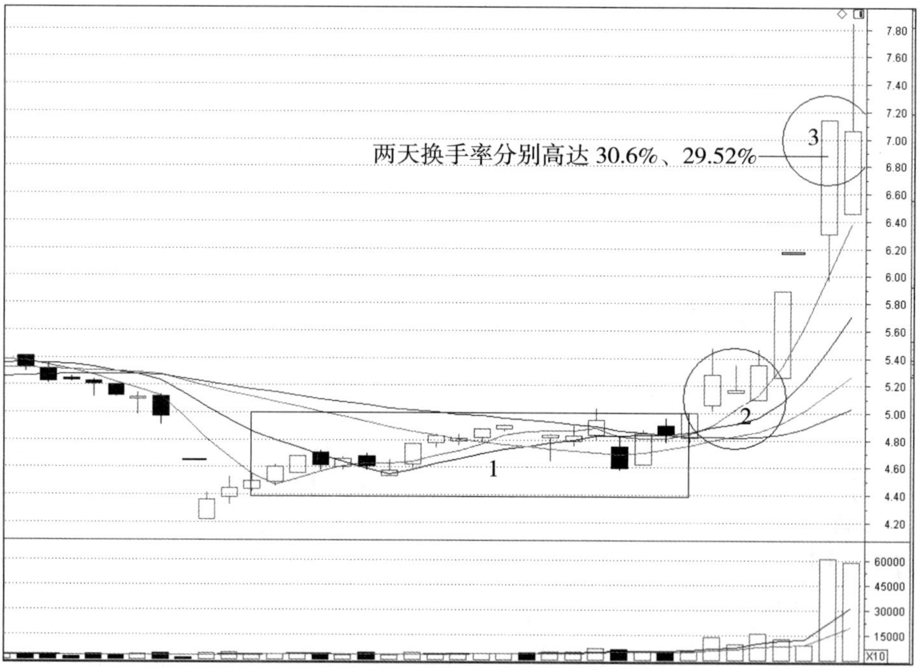

图 6-13　三变科技日 K 线图 1

观察发现，从圆圈 2 到圆圈 3 处，股价以 5 日均线为其生命线向上进攻，直到圆圈 3 处出现两根大阳线形式的上涨，此时成交量放大，换手率分别高达 30.6% 和 29.52%，这些信息表明主力在圆圈 2 处拉升股价，抛售股票，这是否预示着股票短期头部的形成呢？对于短线投资者来说，从圆圈 2 处到圆圈 3 处股价上涨了 40% 到 50%，获利丰厚，可以在圆圈 3 处卖出股票，落袋为安。

根据股价处于高位、成交量放大、换手率高，投资者可以判断出主力在圆圈 3 处派发股票。主力出货完毕后，股价出现了长达约 4 个月的下跌行情，之后股价处于相对低位，均线向右下方倾斜的角度趋于平缓，股价在图 6-14 矩形 4 处进入横盘整理行情。此处的整理行情以大阳线底部为支撑，说明此处大阳线对股价起到了重要的支撑作用，多方力量较强，这是主力资金运作的结果。对此投资者应密切关注。

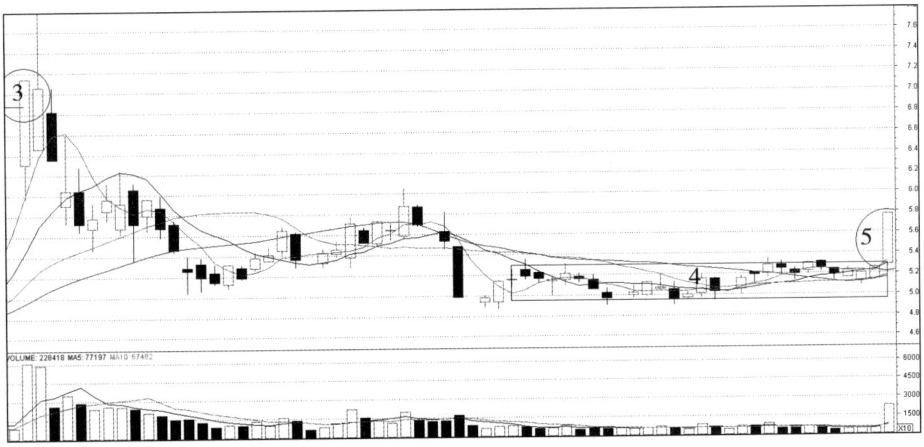

图 6-14　三变科技日 K 线图 2

在横盘整理期间，出现连续缩量小阳线，均线逐渐黏合在一起。在横盘整理行情末端圆圈 5 处，股价用一根大阳线向上突破整理平台的压力线，并且成交量增加，均线黏合后开始向上发散，有呈多头排列的迹象。因此根据股价处于相对低位时向上突破横盘平台买入法，投资者可以在圆圈 5 处大胆伺机买入，并做好止损准备。

果然，从圆圈 5 到图 6-15 圆圈 7 处，股价以 10 日均线为支撑在上涨。在圆圈 7 处股价连续几天在 10 日均线下运行，且 10 日均线走空，投资者可根据“10 日均线趋势交易策略”做出买卖决策。

快速上涨后，在圆圈 6 处出现一个类似“黄昏之星”的 K 线形态，并且连续两天的换手率高达 14.46% 和 7.56%，成交量放大，主力可能在拉高出货，这时投资者应警惕股票短期头部的形成。股价上涨一段时间后处于相对高位区，突然某天出现加速上涨行情，那么离股票短期头部就不远了，此时投资者应加倍小心，风险很大，以卖出为宜。

股价短期头部形成后出现振荡下跌行情，在圆圈 8 处连续阴线向下跌破 30 日均线，均线逐渐交叉后向下发散，呈空头排列迹象。

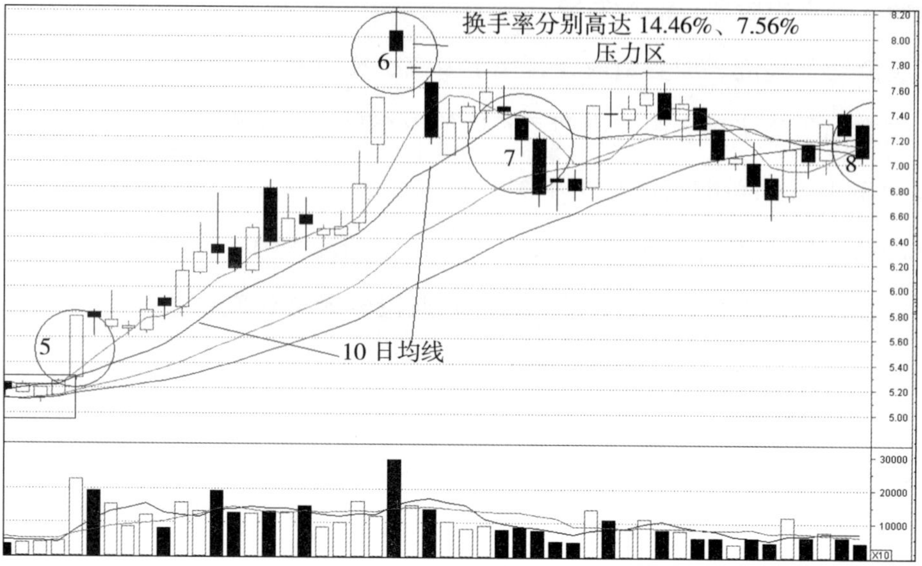

图 6-15 三变科技日 K 线图 3

之后在图 6-16 圆圈 9 处股价出现几乎光头光脚大阴线形式的下跌，均线系统再次向下发散并呈空头排列。随着时间的推移，均线向右下方倾斜的角度趋于平缓，在矩形 10 处出现了以 *A* 处向上跳空缺口为支撑的横盘整理行情，说明此处向上跳空缺口对股价起到了重要的支撑作用，多方力量较强。这是主力资金运作的结果。

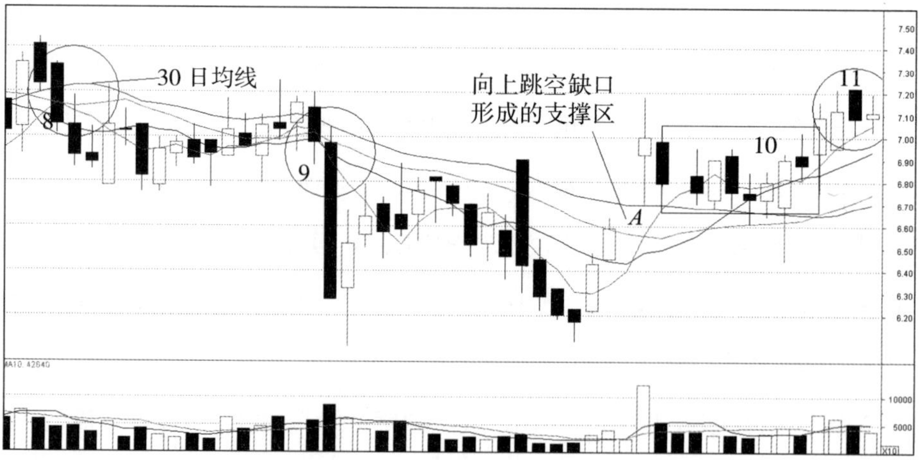

图 6-16 三变科技日 K 线图 4

在圆圈 11 处，股价随成交量的增加而上涨并向上突破均线压制，5 日、10 日、20 日和 30 日均线开始向上发散，且均线系统呈多头排列，看多。

投资者跟踪股价运行态势发现，股价一直上涨到图 6-17 圆圈 12 处。在圆圈 12 处出现一根长上影线阳线，换手率比较高，成交量放大，这些信息表明主力在圆圈 12 处拉高出货的可能性较大。随后在圆圈 12 处又出现“四只乌鸦”K 线形态，5 日和 10 日均线呈走空迹象，空头力量占有优势。

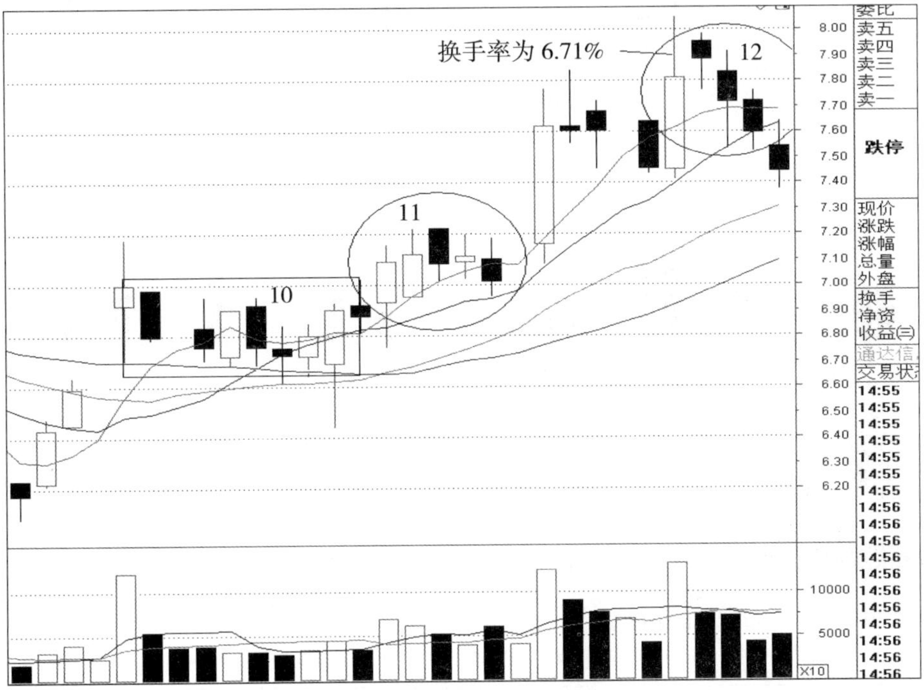

图 6-17　三变科技日 K 线图 5

观察发现，矩形 10 处横盘整理期间，出现连续小阴线但成交量较小，股价重心没有下移，均线呈多头排列，表明主力在横盘整理期间利用连续阴线洗盘法进行洗盘。从矩形 10 到圆圈 12 处股价出现了以 10 日均线为支撑的上涨行情，投资者可以根据“10 日均线趋势交易策略”做出投资决策。

从图 6-18 日 K 线图可以看出，圆圈 12 处一个“五只乌鸦”K 线形态向下跌破 30 日均线，且 30 日均线走空。股价在圆圈 12 处形成短期头部后开始下跌行情。因为受到前期大阴线所形成的压力制约，圆圈 13 处出现一根光头光脚大阴线，有效跌破 30 日均线，均线交叉后向下发散，空方力量占绝对优势，看跌。

一般来说，股价的大涨都是从股价向上突破 30 日均线开始的，这时必须要有成交量放大相配合，但是股价向下跌破 30 日均线时不一定要有成交量增大的配合。30 日均线具有非常强的趋势性。

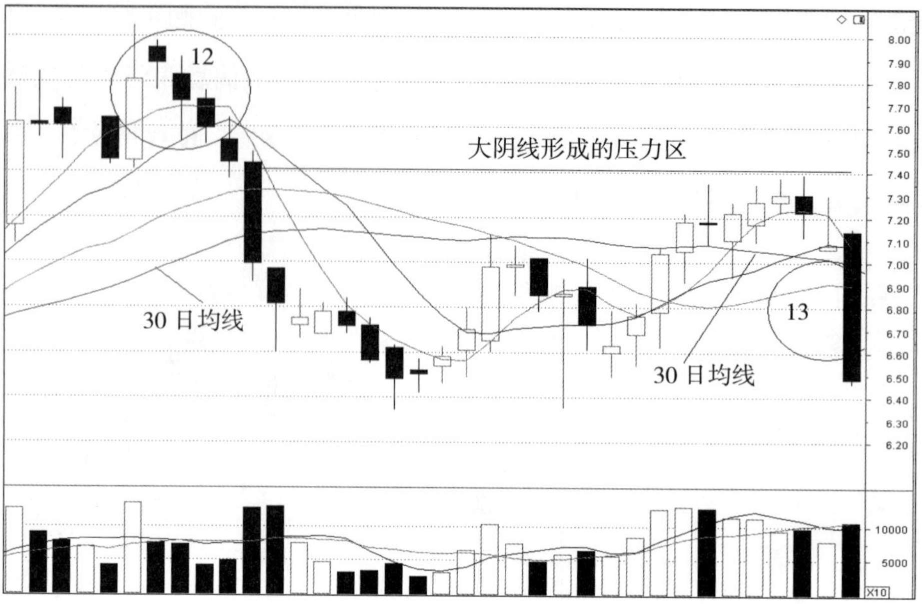

图 6-18　三变科技日 K 线图 6

圆圈 13 处一根光头光脚大阴线向下有效跌破均线后，均线开始向下发散并呈空头排列，看跌。在图 6-19 矩形 14 处因受到前期大阴线所形成的压力制约，股价进入矩形 14 处开始横盘整理。在横盘整理末端圆圈 15 处，股价运行在均线系统之下，均线黏合后再次向下发散，呈空头排列迹象。

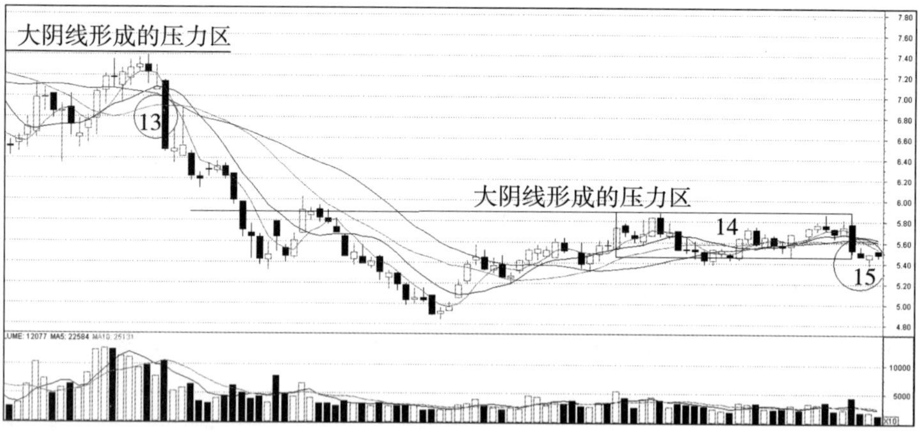

图 6-19　三变科技日 K 线图 7

投资者对股价进行跟踪发现，股价在图 6-20 矩形 16 处开始横盘整理行情。在圆圈 17 处一根大阳线向上突破 5 日、10 日、20 日和 30 日均线的压制，收盘价站稳在 30 日均线之上，似有一举冲天之气势。根据"一阳冲天"买入法，投资者可以在出现大阳线的次日买入，并做好止损准备。之后股价开始以 30 日均线为支撑振荡上涨。

在圆圈 19 处出现加速上涨行情，此时换手率高达 22.59%，成交量放大，这表明主力在圆圈 19 处拉高出货，预示着股票短期头部不远了。投资者对这种行情要提高警惕。圆圈 18 处一根几乎光头光脚大阴线向下跌破 30 日均线，收盘价在 30 日均线下运行，且均线系统呈空头排列，看跌。

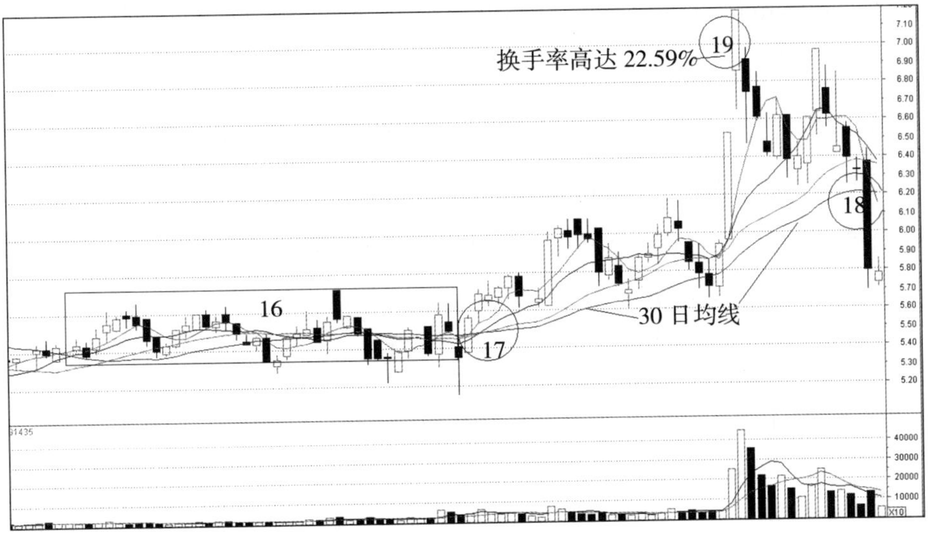

图 6-20　三变科技日 K 线图 8

股价向下有效跌破 30 日均线之后，出现了长达 1 个月的下跌反弹行情。从图 6-21 圆圈 20 处到圆圈 21 处股价以 30 日均线为支撑而上涨，投资者可以根据“30 日均线趋势交易策略”做出买卖决策。

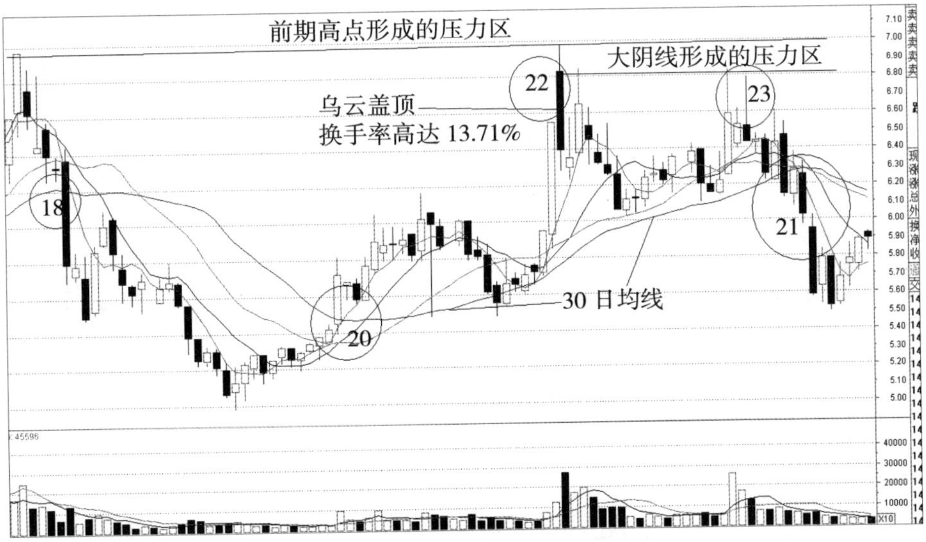

图 6-21　三变科技日 K 线图 9

不过，在圆圈 22 处股价因受到前期高点形成的压力制约，出现“乌云盖顶”K 线形态，此时换手率高达 13.71%，表明主力在拉高出货，预示着股票短期头部不远了。因受到前期大阴线形成的压力制约，圆圈 23 处股价没有超过圆圈 22 处高点，这也验证了主力在圆圈 22 处抛售股票，“乌云盖顶”K 线形态标志着股票短期头部成立了。

在圆圈 21 处股价出现连续阴线形式的下跌，且有效跌破 30 日均线，股价在 30 日均线之下运行，均线系统呈空头排列。投资者要注意的是，股价向上突破 30 日均线时必须要有成交量放大相配合，但向下跌破 30 日均线时不一定要有成交量增大的配合。

在圆圈 21 处，股价跌破 30 日均线后开始下跌行情。在下跌途中出现了反弹，股价受到 30 日均线的支撑后开始加速上涨，直到图 6-22 圆圈 24 处。圆圈 24 处出现一根“乌云盖顶”K 线形态，此时换手率高达 31.8%，成交量放大，表明主力在此处拉高出货，预示着股票短期头部不远了。投资者对股价处于高位区时，换手率高、成交量放大这些信息要保持警惕，因为它们往往预示着股票短期头部将要来临。

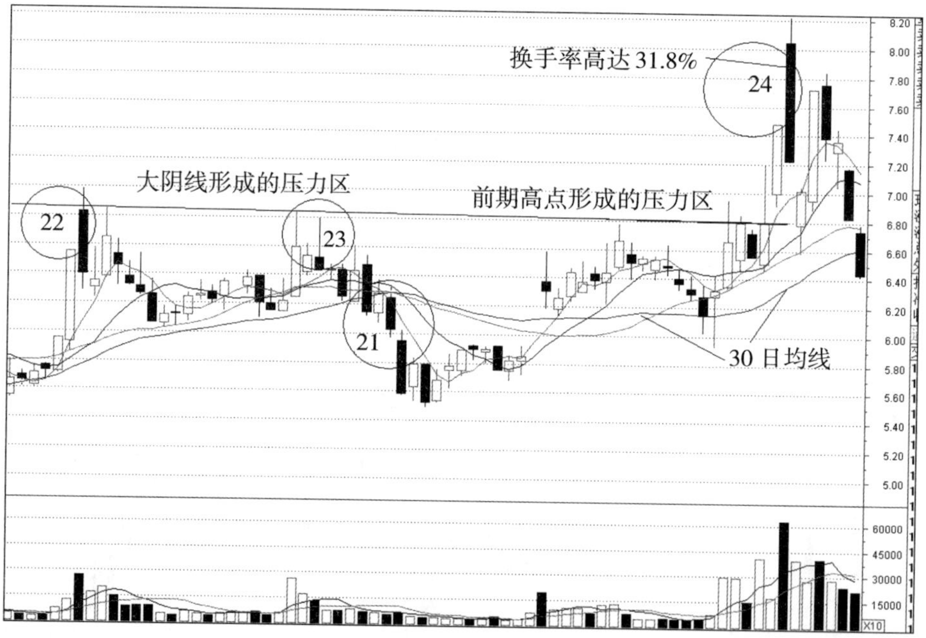

图 6-22　三变科技日 K 线图 10

果然，在圆圈 24 处股票短期头部成立了！此后股价出现大幅下跌行情，直到图 6-23 圆圈 25 处。股价经过大幅下跌后，在圆圈 25 处出现“穿刺线”K 线形态，此后股价随成交量温和增加而上涨，说明此处“穿刺线”K 线形态标志着股票底部形成了。圆圈 25 处出现连续阳线，股价小幅上涨，但是 10 日、20 日和 30 日均线仍然走空，不符合股价处于相对低位时连续阳线且均线系统向上发散买入法，圆圈 25 处不是稳健投资者买入股票的理想点位。

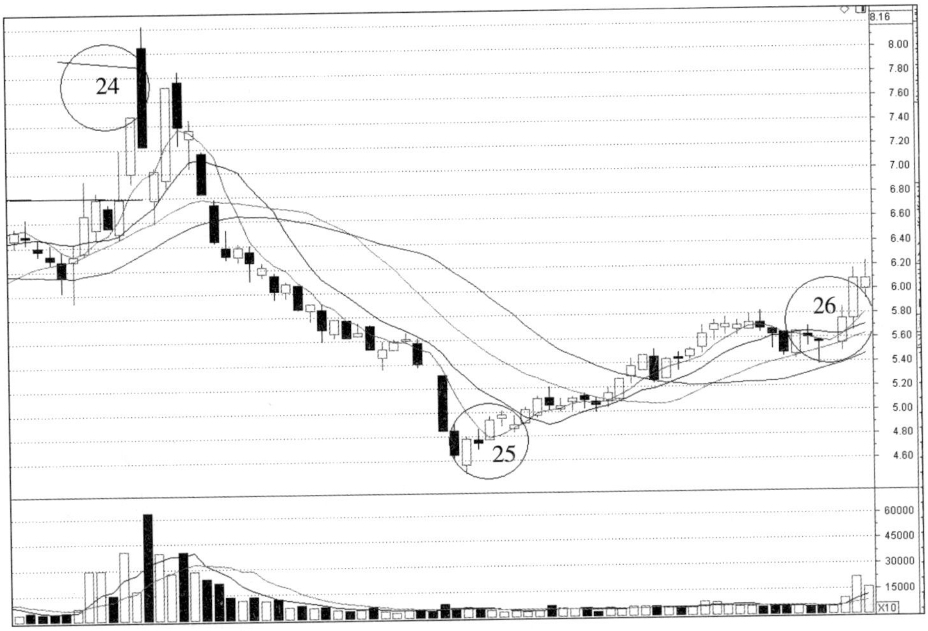

图 6-23　三变科技日 K 线图 11

由于股价处于相对低位区，一些大胆的抄底资金会试探性买入股票，对股票的需求逐渐增加，均线下跌倾斜度趋于平缓，逐渐交叉后开始向上发散，有呈多头排列的迹象。圆圈 26 处连续阳线向上突破均线的压制，股价随成交量温和增加而上涨，5 日、10 日、20 日和 30 日均线向上发散，呈多头排列，看多。这里符合股价处于相对低位时连续阳线且均线系统向上发散买入法，投资者可以在圆圈 26 处连续大阳线向上突破均线的压制时，买入股票。

跟踪股价发现，从圆圈 26 处到图 6-24 圆圈 28 处股价出现了以 10 日均线为支撑的强劲上涨行情。投资者可以根据“10 日均线交易趋势策略”来买卖股票。在圆圈 27 处出现一个带长上影线的阴线，此时成交量放大，换手率高达 39.46%，表明主力在圆圈 27 处拉高出货，预示着股票短期头部形成了。*B* 处出现一根向下跳空缺口的阴线验证了圆圈 27 处股票短期头部的成立！投资者应及时卖出股票，落袋为安。

切记，如果一只股票经过长时间的大幅上涨后，某天突然出现急速上涨行情，同时成交量放大、换手率高，说明股票短期头部不远了。此时投资者也要跟随主力抛售股票，落袋为安。

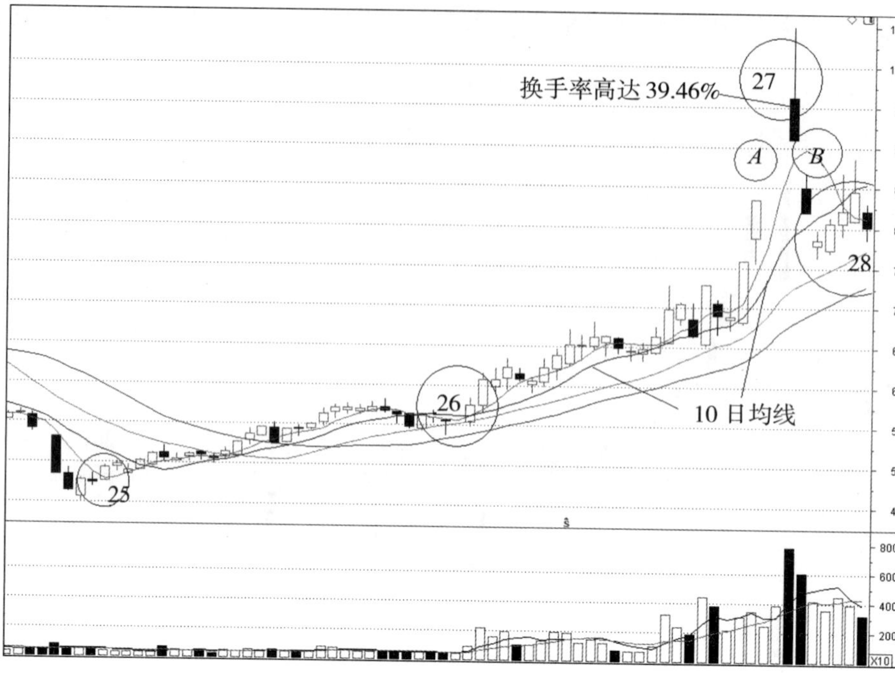

图6-24　三变科技日K线图12

投资者应注意，在圆圈27、圆圈*A*和圆圈*B*处有一个顶部岛形反转形态。它是指股价经过一段时间的上涨，出现一个向下跳空缺口，而这个缺口与该股上升时向上跳空缺口基本处于同一区域，于是整个股价K线图分成了上下两截，上面的一部分K线就像远离海岸的孤岛。顶部岛形反转一旦确立，说明近期股价下跌已成定局，此时持有该股票的投资者只能认输出局，如果继续持股必将遭受更大的损失。

在圆圈27处股票形成短期头部后，开始下跌，在30日均线附近得到支撑而上涨，直到图6-25矩形29处。因为受到前期高点所形成的压力制约，所以股价在矩形29处高位横盘振荡。在振荡期间，成交量增加，9个交易日的换手率分别高达30.86%、26.48%、23.68%、35.15%、24.9%、35.5%、24.89%、22.89%和20.81%，表明主力在圆圈29处利用高位横盘振荡行情分批出货，预示股票短期头部不远了。

主力派发完股票后，股价开始大幅下跌，虽然有所反弹，但因受到前期高点和大阴线所形成的压力制约，股价反弹到圆圈30处后又开始下跌。圆圈30处6个交易日的换手率分别高达35.14%、19.49%、24.56%、14.06%、16.08%和16.11%，成交量增大，表明主力在圆圈30处利用高位横盘振荡行情分批出货，预示着股票短期头部的到来。

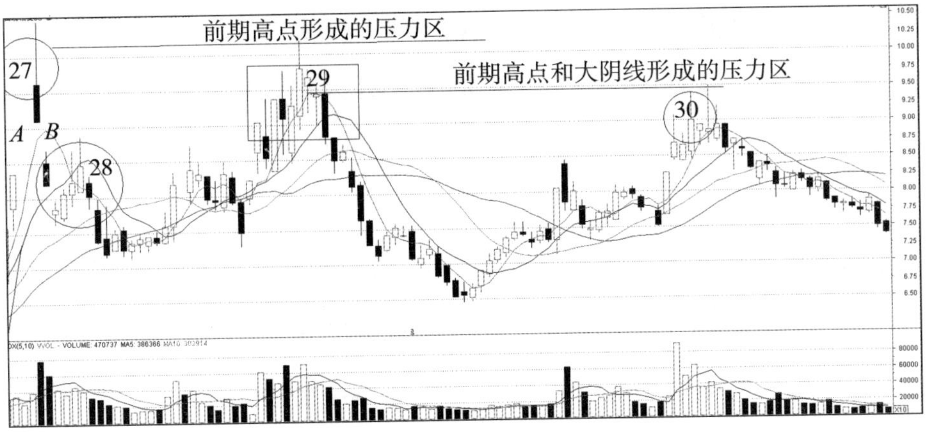

图 6-25　三变科技日 K 线图 13

在圆圈 27 处、矩形 29 处和圆圈 30 处几个交易日里，投资者应该能注意到：股价短时间大幅上涨、几个交易日的换手率非常高、成交量放大，这些信息说明主力在出货而不是洗盘，出货后股价的重心是下移的，圆圈 27 处、矩形 29 处和圆圈 30 处股价高点依次下降。在股价处于相对高位时，投资者要密切关注换手率和成交量的变化。一只个股经过长时间的大幅上涨之后，若出现股价处于相对高位区、高换手率、高成交量，那么股票短期头部形成的可能性较大。

股价在图 6-26 圆圈 30 处形成短期头部后，又出现一波长达 2 个月的下跌行情。股价处于相对低位时，在矩形 31 处出现连续阳线，股价随成交量的温和增加而小幅上涨，均线向上发散且呈多头排列，看多。矩形 31 处符合股价处于相对低位时出现连续阳线且均线系统向上发散买入法，投资者试着买入，并做好止损准备。

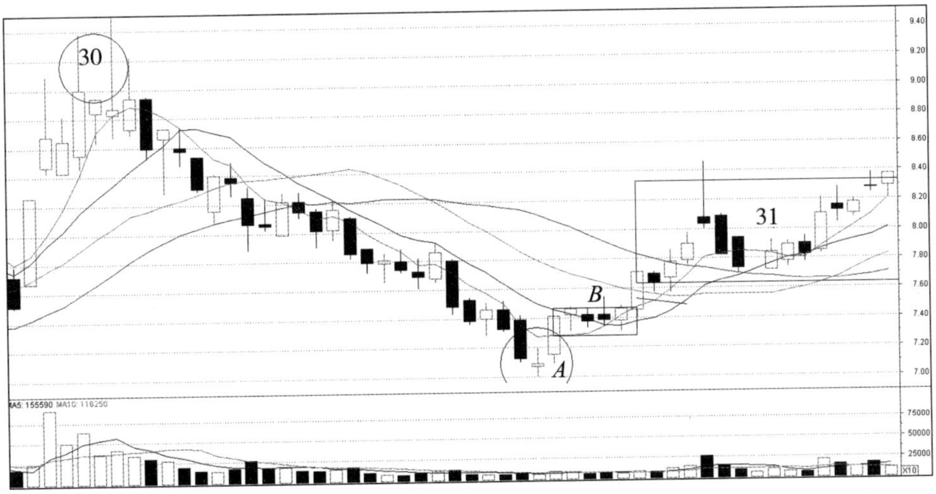

图 6-26　三变科技日 K 线图 14

观察发现，股价大幅下跌后在圆圈 *A* 处出现“早晨之星”K 线形态，预示着股票短期底部不远了。矩形 *B* 处股价出现了以圆圈 *A* 处大阳线为支撑的横盘整理行情，说明此处大阳线对股价起到了重要的支撑作用，多方力量较强。这是主力资金运作的结果。

投资者买入该股票后，股价是否会如期上涨呢？观察发现，股价出现了以 10 日均线为支撑的上涨行情，直到图 6-27 矩形 32 处。此时股价处于大幅上涨后的高位区，成交量放大，11 个交易日的换手率分别高达 39.19%、50.36%、38.25%、39.75%、33.31%、27.79%、35.94%、48.5%、43.31%、41.79% 和 32.72%，表明主力在矩形 32 处利用高位横盘振荡行情分批出货，预示着股票短期头部不远了。

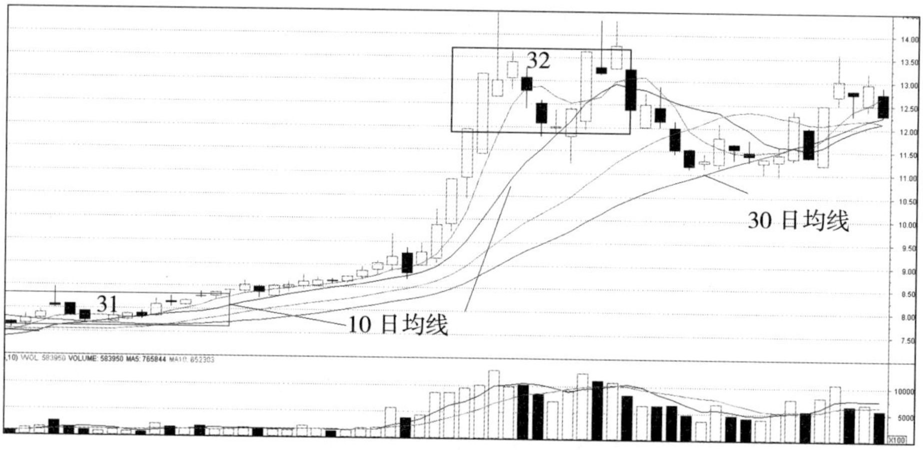

图 6-27　三变科技日 K 线图 15

投资者要对高位横盘整理、成交量大幅增加、换手率高等预示主力出货的信息提高警惕，以免陷入主力的诱多陷阱中。为慎重起见，投资者还是应该抛售股票，落袋为安。矩形 32 处股票短期头部形成后，股价出现了下跌，但是股价在 30 日均线附近得到了支撑。

【案例研究 4：TCL 中环】该股经过前期小幅上涨后，因受到前期高点所形成的压力制约，股价出现下跌行情，直到图 6-28 圆圈 1 处。圆圈 1 处出现了“一阳冲天”K 线形态，向上突破均线压制和下降趋势线，均线逐渐交叉后开始向上发散，呈多头排列迹象。此处符合“一阳冲天”买入法，即一根成交量增大的大阳线向上一举突破 5 日、10 日、20 日和 30 日均线且收盘价站稳在 30 日均线之上。这种情形大有怒发冲冠之气势，是比较典型的上升信号。短线投资者可能会在此买入股票，需做好止损准备。

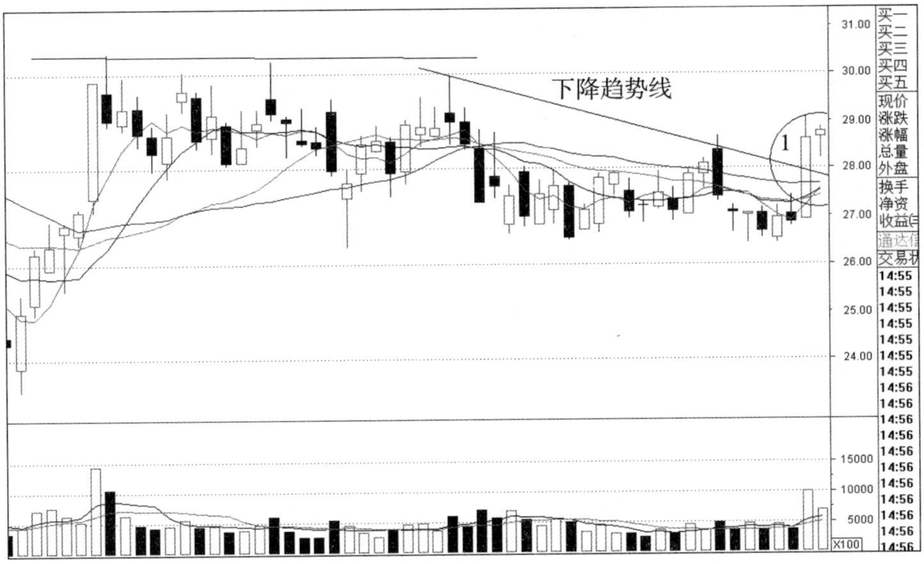

图 6-28　TCL 中环日 K 线图 1

投资者根据“一阳冲天”买入法买入股票后，跟踪股价运行态势发现，股价并没有上涨，而是在图 6-29 矩形 2 处开始以圆圈 1 处大阳线实体部分为支撑横盘整理，说明此处大阳线对股价起到了重要的支撑作用，多方力量较强，这是主力资金运作的结果。

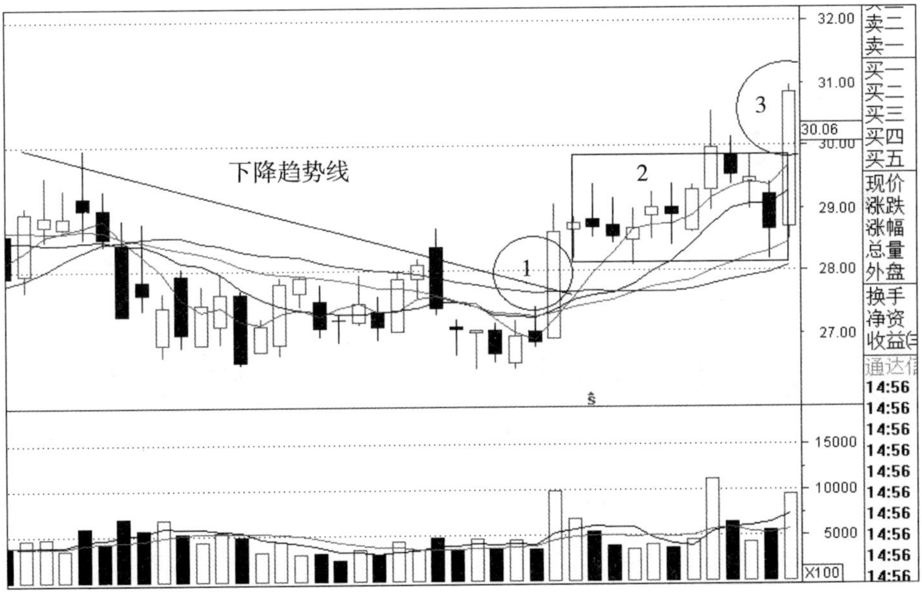

图 6-29　TCL 中环日 K 线图 2

横盘整理期间，股价上涨时成交量增大，下跌时成交量缩小，股价重心没有下移，均线逐渐交叉后呈多头排列，这是主力利用横盘整理期间的缩量十字星和小阴线进行洗盘的结果。洗盘结束后，主力就会开始拉抬股价。在圆圈 3 处一根成交量增大的大阳线向上突破横盘整理平台的压力线，均线系统呈多排列，看多。这里符合股价处于相对低位时向上突破横盘整理平台买入法，是个很好的买入时机。

从图 6-30 圆圈 3 处到矩形 4 处，股价以 10 日均线为支撑在上涨，所以投资者可根据“10 日均线趋势交易策略”做出投资决策。圆圈 5 处出现连续阴线，股价在 10 日均线下运行且 10 日均线走空，均线系统逐渐呈空头排列，看跌。在矩形 4 处，股价经过前期大幅上涨后处于高位，开始横盘整理行情，股价振荡幅度较大，成交量增大，股价重心在逐渐下移，均线也有由走多变为走空的迹象，表明主力在利用高位横盘振荡行情分批出货。这种出货方式比较隐蔽，容易让投资者陷入诱多陷阱中。投资者对此要提高警惕，千万不要贸然介入。

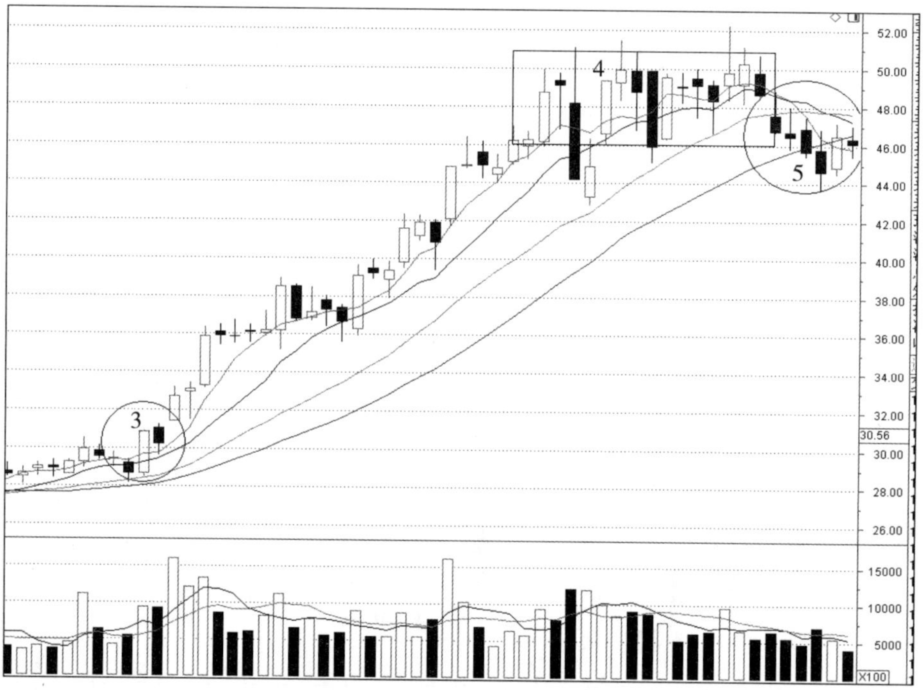

图 6-30　TCL 中环日 K 线图 3

之后股价反弹到图 6-31 圆圈 6 处，但涨幅较小，紧接着一根光头光脚大阴线跌破 5 日、10 日均线，因受大阴线所形成的压力制约，股价开始在矩形 7 处横盘振荡。振荡期间，股价有时上涨有时下跌，但是阴线的数量明显多于阳线的数量，20 日和 30 日均线基本走空。在圆圈 8 处连续阴线向下有效跌破 30 日均线，股价在均线系统下运行，且均线交叉后开始向下发散，呈空头排列，看跌。

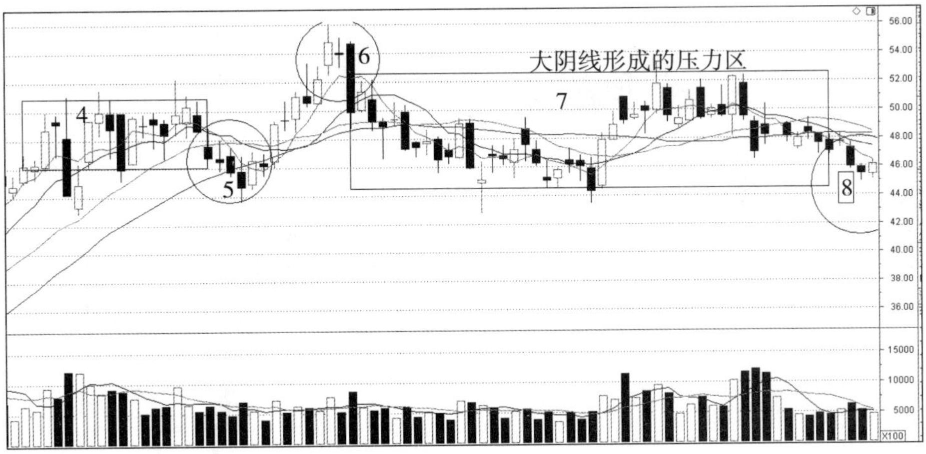

图 6-31　TCL 中环日 K 线图 4

随后股价出现一波下跌行情，直到图 6-32 矩形 9 处。矩形 9 处股价出现了以大阳线实体部分为支撑的横盘整理行情，说明此处大阳线对股价起了重要的支撑作用，多方力量较强，这是主力资金运作的结果。横盘整理末端圆圈 10 处一根大阳线向上突破整理平台的压力线，均线向上发散且呈多头排列，看多。这里符合股价低位向上突破买入法。

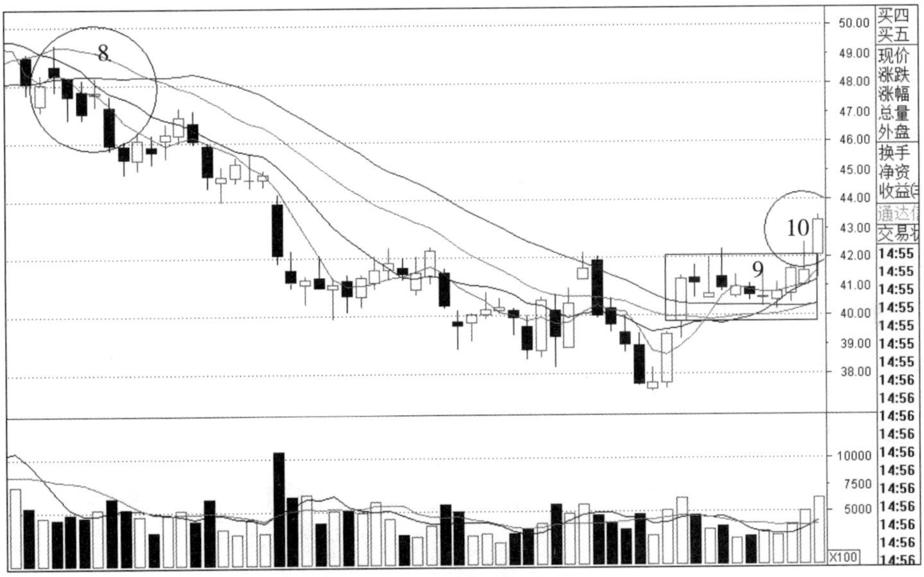

图 6-32　TCL 中环日 K 线图 5

观察发现，从圆圈 10 处到图 6-33 矩形 11 处，股价以 10 日均线为支撑在上涨，投资者可以根据“10 日均线趋势交易策略” 做出投资决策。在矩形 11 处，股价在高位横盘振荡，股价有时上涨有时下跌，但是阴线的数量明显多于阳线的数量，股价重心在逐渐下移。

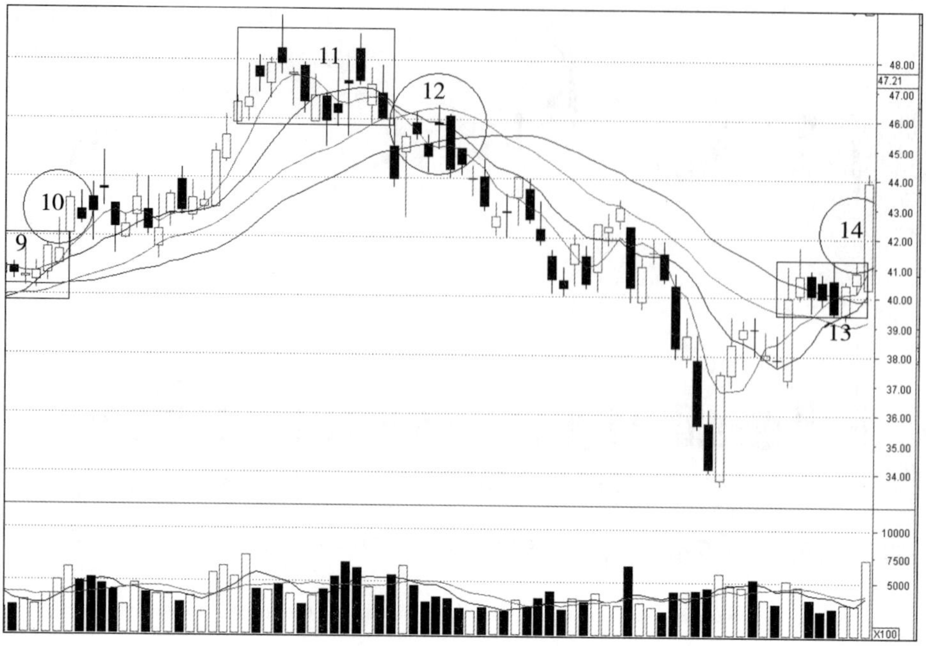

图 6-33 TCL 中环日 K 线图 6

在圆圈 12 处，股价出现连续阴线形式的下跌，均线逐渐交叉后开始向下发散，呈空头排列，看跌。在矩形 13 处，股价以大阳线实体部分为支撑横盘整理，说明此处大阳线的支撑作用非常明显，这应该是主力资金运作的结果。横盘整理末端圆圈 14 处股价以阳线形式突破整理平台的压力线，均线向上发散且呈多头排列，看多。这里符合股价低位向上突破买入法。

圆圈 14 处之后，股价出现了以 10 日均线为生命线的上涨行情，直到图 6-34 圆圈 16 处，股价连续几天在 10 日均线下运行且 10 日均线走空。投资者可以根据“10 日均线趋势交易策略”做出买卖决策。

股价以 10 日均线为支撑上涨长达一个多月，突然出现加速上涨行情，直到图 6-34 矩形 15 处。在矩形 15 处股价处于相对高位，成交量放大，股价重心逐渐下移，表明主力在此处拉高股价，抛售股票，供给大于需求，股价上涨趋势即将发生转变。也就是说，股票短期头部即将形成。

切记：当股价上涨了一段时间后处于相对高位时，若出现大阴线或带长上影线的阴线形式的下跌，均线也有走空迹象，对此投资者一定要有风险意识，谨慎对待。为了保证资金安全，避免重大损失，必须坚决执行止损操作。

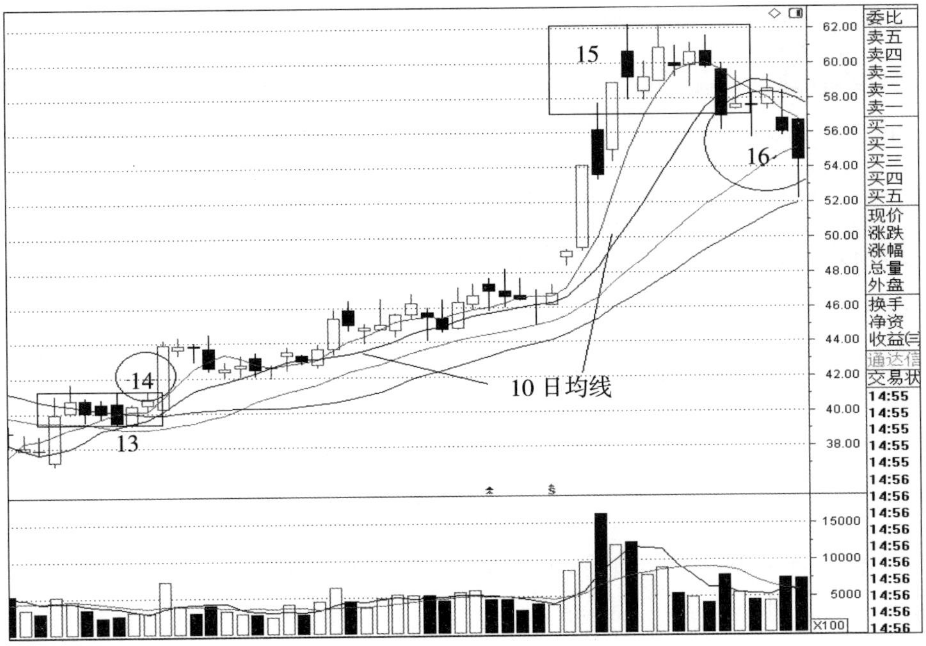

图 6-34　TCL 中环日 K 线图 7

在矩形 15 处股票短期头部成立后，股价出现了长达 5 个多月的大幅下跌行情，直到图 6-35 矩形 19 处。矩形 19 处股价进入以大阳线为支撑的横盘整理行情，整理期间股价随成交量增加而上涨，下跌时出现缩量阴线，均线逐渐交叉后开始向上发散，呈多排列迹象。根据这些信息，基本上可以判断主力在利用整理行情进行洗盘。矩形 19 处出现连续阳线，股价随成交量增加而上涨，均线也有走多迹象。根据股价处于相对低位时连续且阳线均线向上发散买入法，投资者可以在当天或次日伺机买入，并做好止损准备。

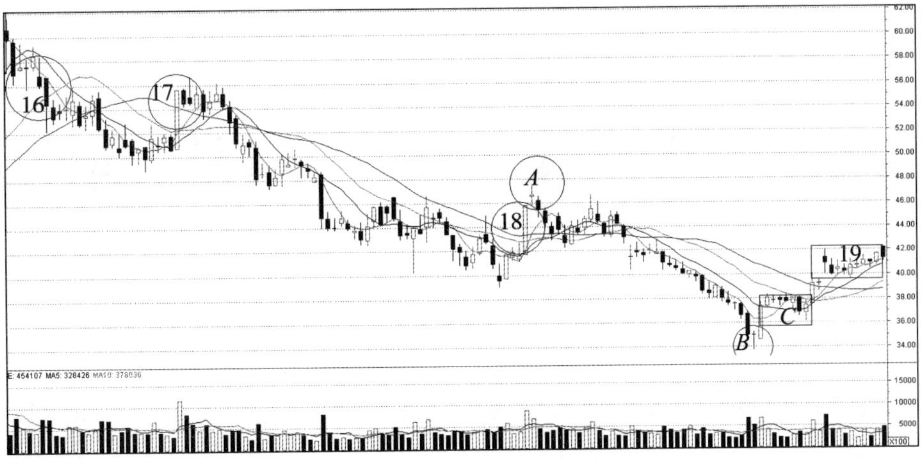

图 6-35　TCL 中环日 K 线图 8

观察发现，圆圈 17 处和圆圈 18 处股价出现了大阳线形式的上涨，具有“一阳冲天”的气势。但是随后股价都出现连续阴线形式的下跌，20 日和 30 日均线仍然呈空头排列，所以圆圈 17、18 处的大阳线是主力的诱多行为。如果投资者不慎在圆圈 17、18 处买入股票的话，随后发现均线系统呈空头排列迹象，要坚决止损。这也再一次证明“一阳冲天”买入法也不能保证百分之百的准确率，尤其是在熊市期间。

观察发现，圆圈 *A* 处出现一个“黄昏十字星”K 线形态，预示股票头部形成了。在圆圈 *B* 处出现一个“早晨之星”K 线形态，矩形 *C* 处股价出现了以大阳线为支撑的横盘整理行情，说明此处大阳线对股价起了重要的支撑作用，多方力量较强，这是主力资金运作的结果。

如图 6-36 所示，矩形 19 处之后股价出现了振荡上涨行情。观察发现，从矩形 *C* 处开始股价以 30 日均线为支撑在上涨，投资者可以根据“30 日均线趋势交易策略”做出投资决策。

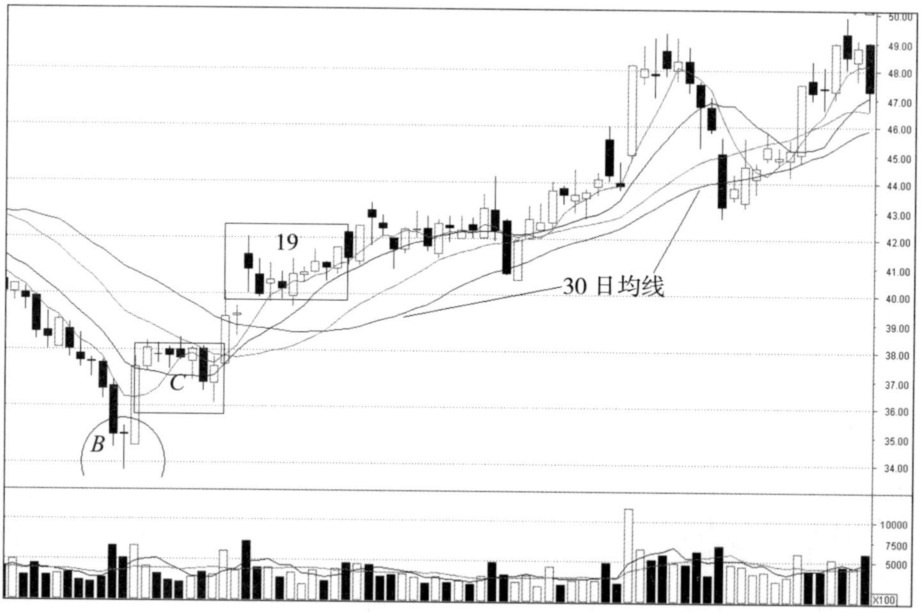

图 6-36　TCL 中环日 K 线图 9

【案例研究 5：上海钢联】该股经过一段时间的大幅上涨后，在大阴线及前期高点所形成的压力位和前期低点所形成的支撑位之间进行横盘振荡。在图 6-37 圆圈 1 处股价出现了阴线形式的下跌，均线黏合后开始向下发散，呈空头排列迹象。在圆圈 2 处一根光头光脚大阴线向下跌破前期低点所形成的支撑位，均线呈空头排列，看跌。

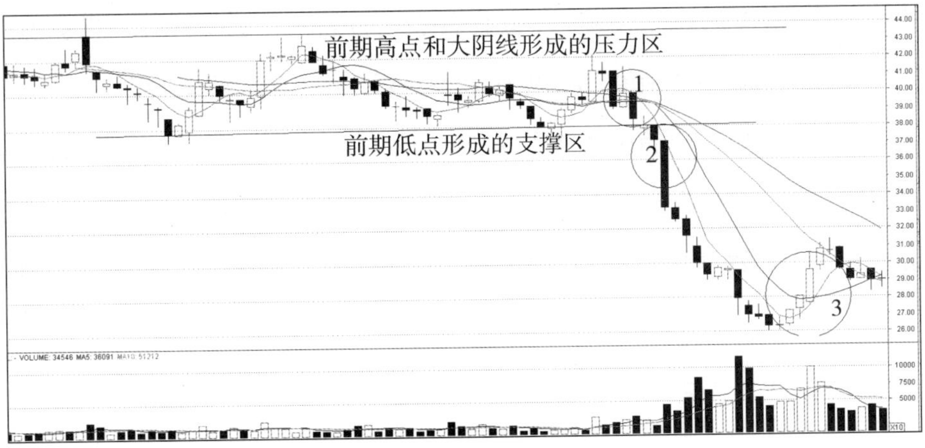

图 6-37　上海钢联日 K 线图 1

股价经过大幅下跌后处于相对低位区，一些抄底资金会增加对股票的需求，于是在圆圈 3 处出现连续阳线，股价随成交量的增加而上涨，5 日和 10 日均线交叉开始向上发散，并且有呈多头排列的迹象，但是 20 日、30 日均线仍然走空。这里不符合股价处于相对低位时连续阳线且均线向上发散买入法。

投资者继续跟踪股价运行态势发现，股价随后在图 6-38 矩形 4 处横盘整理。横盘整理阶段成交量比较小，股价波动幅度也较小，5 日、10 日、20 日和 30 日均线逐渐趋于走平趋势。在横盘整理末端圆圈 5 处，一根光脚大阳线向上突破横盘整理平台的压力和均线压制，股价随成交量的增加而上涨，5 日、10 日、20 日和 30 日均线开始向上发散，并呈多头排列，看多。这里符合股价低位向上突破买入法。对于稳健的投资者来说，此处是一个非常好的介入点。

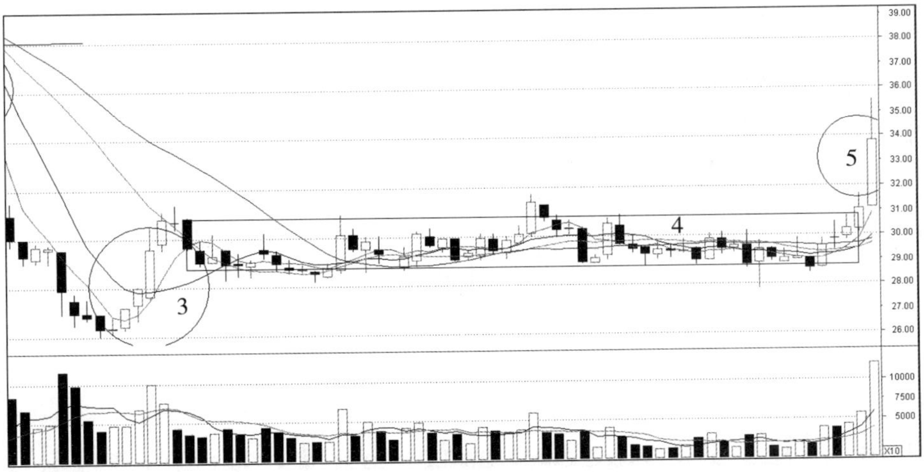

图 6-38　上海钢联日 K 线图 2

股价是否如投资者所愿上涨呢？从后市来看，股价并没有上涨，而是出现“三只乌鸦”K 线形态，说明主力在图 6-39 圆圈 5 处拉升股价，抛售股票，这是主力的诱多陷阱。这里也再次验证了股价处于相对低位时向上突破整理平台时买入不能保证百分之百的准确率，尤其是在熊市时，所以投资者随时要做好止损准备。在圆圈 6 处一根光脚大阴线向下有效跌破支撑线，均线交叉后开始向下发散，有呈空头排列迹象，看跌。

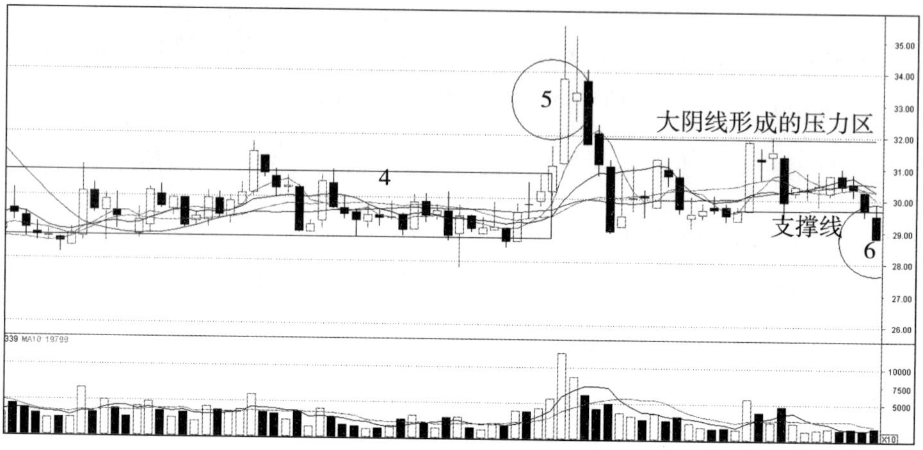

图 6-39 上海钢联日 K 线图 3

观察发现，圆圈 6 处一根光脚大阴线向下有效跌破支撑线，股价出现下跌行情，然后进入图 6-40 矩形 7 处横盘整理阶段，5 日、10 日和 20 日均线逐渐趋于靠拢并黏合在一起，圆圈 8 处连续阴线向下有效跌破横盘整理平台的支撑线，均线系统再次向下发散，呈空头排列。股价出现了大幅下跌行情，直到圆圈 *A* 处。

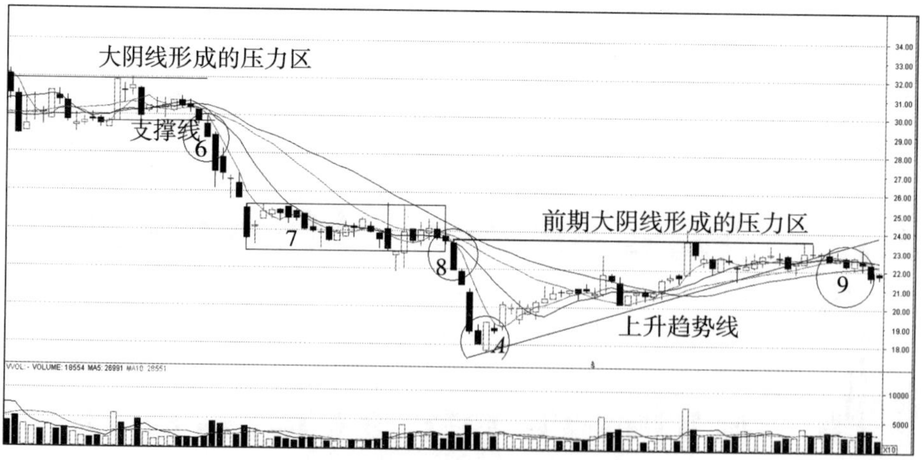

图 6-40 上海钢联日 K 线图 4

在圆圈 *A* 处出现一个“阳包阴”K 线形态，股价处于相对低位，市场需求增加，因此股价成交量温和增加而上涨，均线逐渐靠拢和黏合在一起。此后股价随成交量的温和增加而上涨。但是因前期大阴线所形成的压力制约，股价在圆圈 9 处向下跌破上升趋势线，股价在均线系统下运行，均线逐渐黏合（或交叉）后开始向下发散，有呈空头排列的迹象，看跌。

投资者继续跟踪股价运行态势发现，因为受到前期高点和大阴线形成的压力制约，在图 6-41 圆圈 10 处股价逐渐在均线下运行，5 日、10 日、20 日和 30 日均线再次依次交叉后向下发散，呈空头排列，股价出现了大幅下跌行情，直到圆圈 *B* 处才企稳。圆圈 *B* 处出现一个“阳包阴”K 线形态，股价处于相对低位区，市场需求增加，于是股价底部区域会出现连续阳线形式的上涨，成交量增加，均线逐渐交叉后开始向上发散，呈多头排列，说明多方力量较强，这是主力资金运作的结果，说明圆圈 *B* 处的“阳包阴”K 线形态标志着股票短期底部的形成。

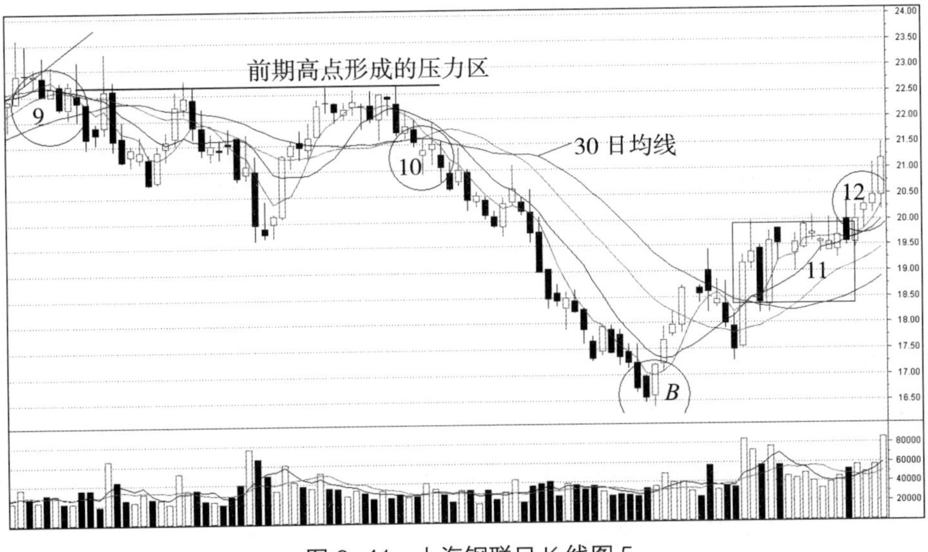

图 6-41　上海钢联日 K 线图 5

在矩形 11 处，股价出现了以大阳线实体部分为支撑的横盘整理行情，均线呈多头排列，说明大阳线在此处起到了很好的支撑作用。这里符合股价处于相对低位时连续阳线且均线系统向上发散买入法，投资者可以在圆圈 12 处逢低买入，并做好止损准备。

观察发现，从矩形 11 到图 6-42 圆圈 13 处股价以 10 日均线为支撑在上涨，投资者可以根据“10 日均线趋势交易策略”做出投资决策。在圆圈 13 处出现两个带长上影线的倒锤头 K 线形态，说明上方抛压严重，此时成交量放大，换手率高。根据这些信息投资者认为主力在圆圈 13 处拉升股价，派发股票，这是否预示着股票短期头部将要形成呢？圆圈 13 处后出现一根几乎光头光脚大阴线也验证了股票短期头部可能形成了。

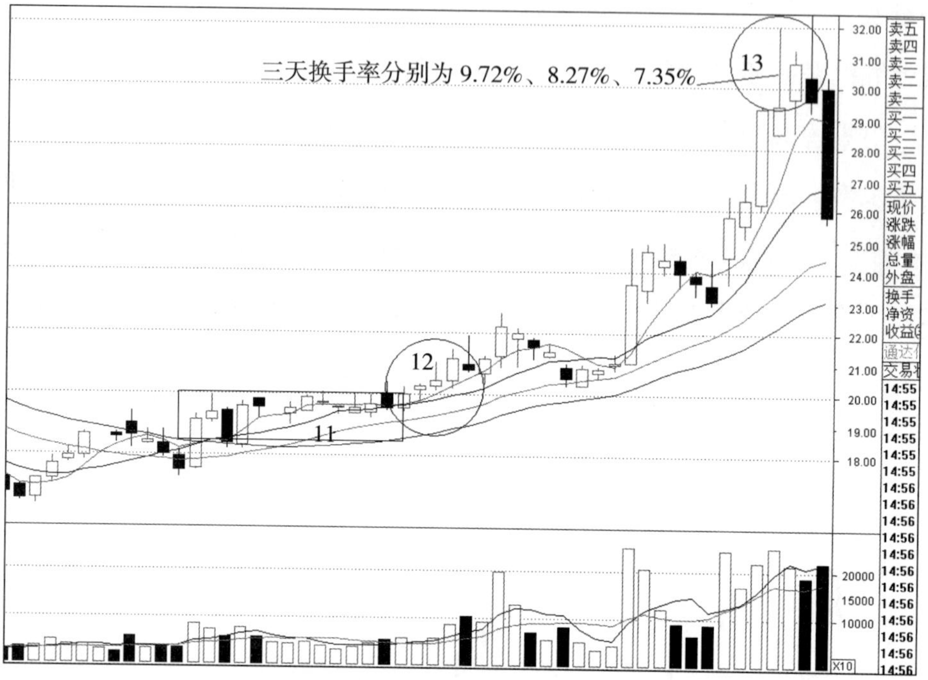

图 6-42　上海钢联日 K 线图 6

投资者对圆圈 13 处股票短期头部形成的预判是否正确呢？从图 6-43 圆圈 13 处可以看出，股票短期头部形成了。之后股价出现了振荡上涨行情，运行到矩形 14 处时突破了圆圈 13 处的高点所形成的压力线，压力线变为支撑线，股价在矩形 14 处横盘振荡整理。振荡整理期间，阴线的数量多于阳线的数量，股价重心在逐渐下移，这些信息表明主力可能在矩形 14 处分批出货。

圆圈 15 处一根光头光脚大阴线向下跌破支撑线，均线逐渐交叉有向下发散呈空头排列的迹象。投资者要密切关注 K 线图所表达出来的信息，以便做出更好的投资决策。

观察发现，股价在上升途中，只要回调到 20 日均线附近，如 *A*、*B*、*C* 三点处就会被拉升起来，表明股价是以 20 日均线为支撑而振荡上涨的。在 *D* 处出现了光头光脚大阴线，股价跌破 20 日均线且 20 日均线也开始走空。投资者可以根据“20 日均线趋势交易策略”做出投资决策。

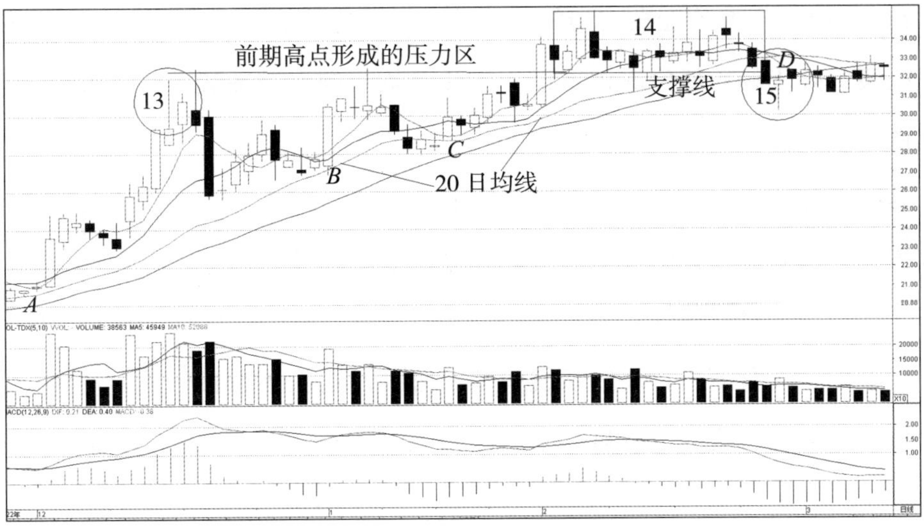

图 6-43　上海钢联日 K 线图 7

【案例研究 6：爱柯迪】该股经过前期大幅上涨后，在图 6-44 圆圈 1 处出现连续阴线形式的下跌，跌破 10 日均线且 10 日均线走空。随后股价有效跌破 30 日均线，且均线系统逐渐交叉后开始向下发散，并呈空头排列，看跌。这预示着股票短期头部正式成立。此时投资者要坚决止损。

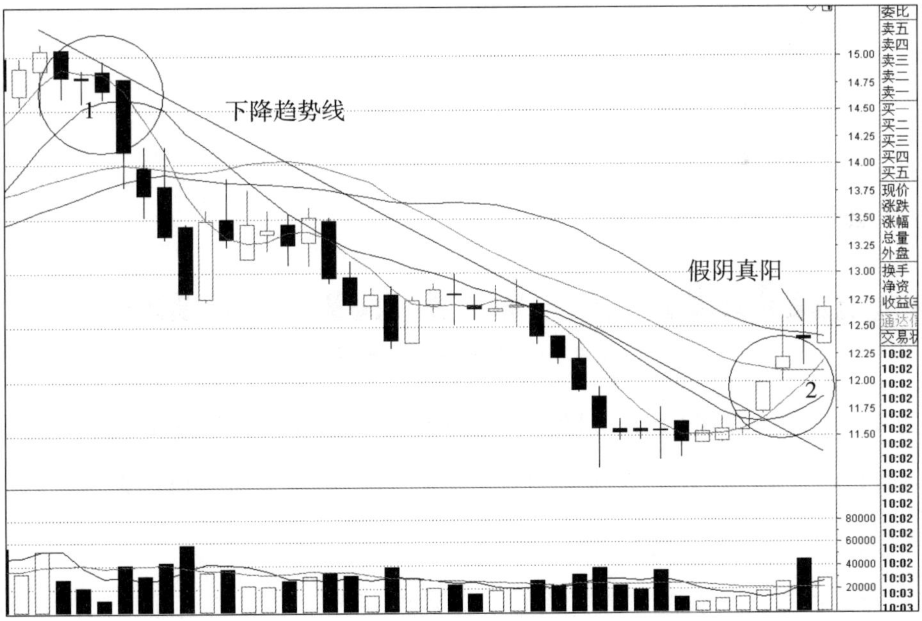

图 6-44　爱柯迪日 K 线图 1

之后股价出现下跌行情，直到圆圈 2 处股价才企稳。在圆圈 2 处连续阳线向上突破下降趋势线和均线的压制，5 日、10 日、20 日均线逐渐由走空转为走多，30 日均线也开始由走空转为走平，股价随成交量的增加而上涨。这些信息表明投资者在看多该股票。投资者根据股价处于相对低位时出现连续阳线且均线向上发散买入法买入该股后，应做好止损准备。

股价继续上涨，一直到图 6-45 矩形 3 处。矩形 3 处股价出现了以大阳线为支撑的横盘整理行情，说明此处大阳线对股价起到了重要的支撑作用，多方力量较强，这是主力资金运作的结果。对此投资者要密切关注。横盘整理期间，出现了许多十字星，成交量缩小，股价重心没有下移，均线系统呈多头排列。这些信息表明主力资金在矩形 3 处利用横盘整理行情进行洗盘。洗盘结束后主力就会拉升股价，使投资者买入股票的成本增加。

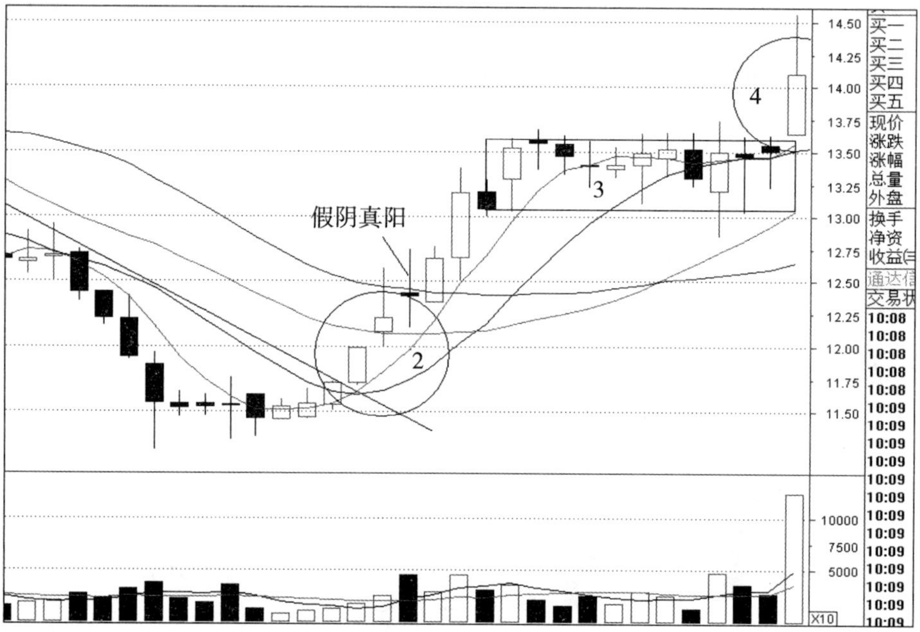

图 6-45 爱柯迪日 K 线图 2

圆圈 4 处一根大阳线向上突破横盘整理平台的压力线，均线逐渐交叉后开始向上发散，呈多头排列。这里符合股价处于相对低位时向上突破整理平台买入法。投资者可以逢低积极买入，并做好止损准备。

投资者对股价运行态势进行跟踪发现，股价随后出现了加速上涨行情，直到图 6-46 圆圈 5 处。在圆圈 5 处，股价在 10 日均线下运行且 10 日均线走空。如果股价经过一段时间的上涨后某天突然加速上涨，说明股票的头部不远了，因此股票短期头部可能要形成了。

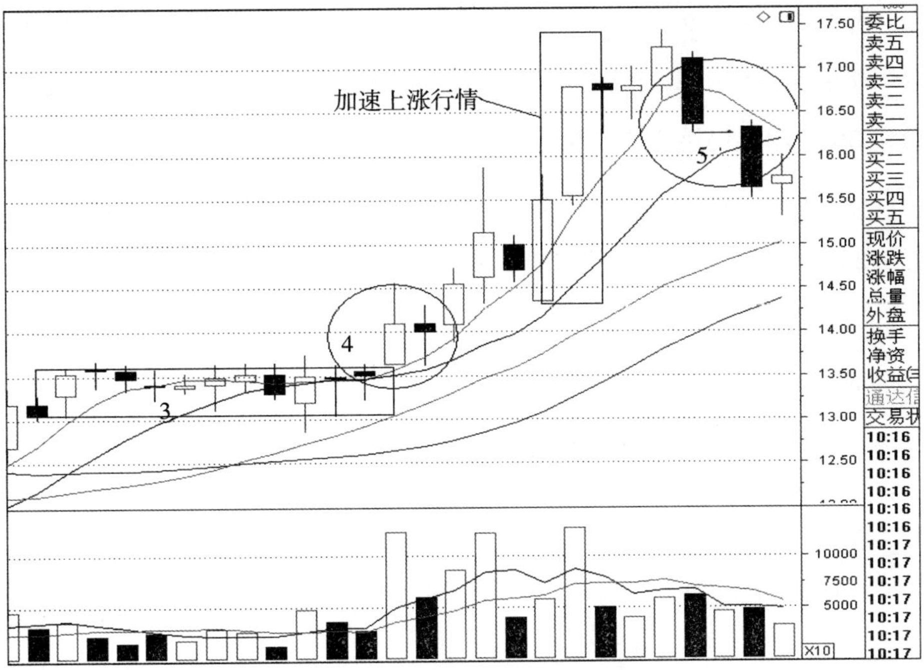

图 6-46　爱柯迪日 K 线图 3

股票短期头部将要来临的预判是否正确呢？观察发现，在圆圈 5 处股票短期头部确实形成了，直到图 6-47 圆圈 7 处才突破。圆圈 7 处一根成交量放大的大阳线向上突破前期高点所形成的压力区，股价出现了上涨行情，直到矩形 9 处。圆圈 8 处出现连续阴线形式的下跌，股价在 10 日均线下运行且 10 日均线走空，这是否预示着股票短期头部又要形成呢？

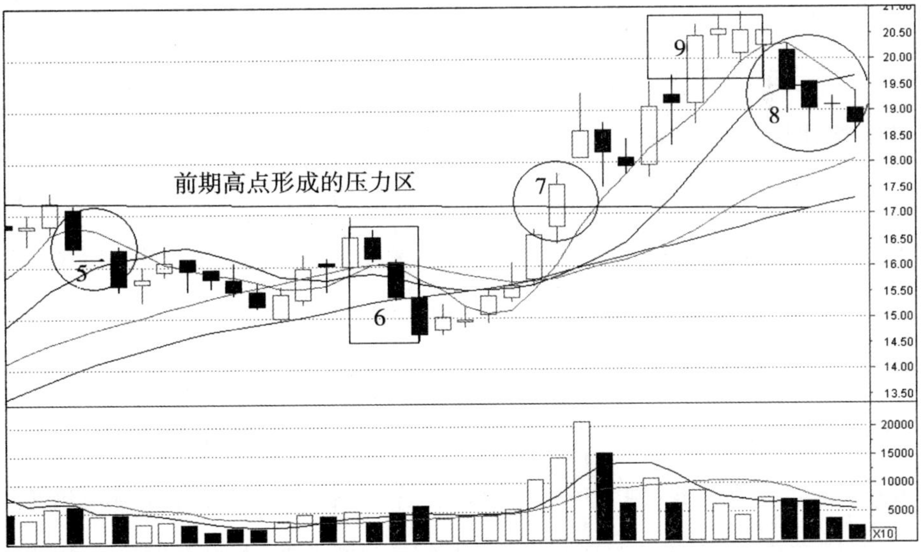

图 6-47　爱柯迪日 K 线图 4

投资者跟踪股价运行态势发现，在圆圈 8 处之后股价出现了长达 3 个月的大幅下跌行情，直到图 6-48 矩形 12 处才企稳。股价在矩形 12 处出现了连续阳线形式的上涨，虽然 20 日和 30 日均线仍然走空，但是股价出现了以大阳线实体顶部为支撑的横盘整理行情，说明此处大阳线对股价的支撑起到了非常重要的作用，多方力量较强，均线逐渐交叉后向上发散，有呈多头排列的迹象，看涨。在横盘整理末端圆圈 13 处，一根光头光脚大阳线向上突破横盘整理平台的压力线，说明多方占有绝对优势，这里符合股价处于相对低位时向上突破横盘整理平台买入法，投资者可以在圆圈 13 处买入股票，并做好止损准备。

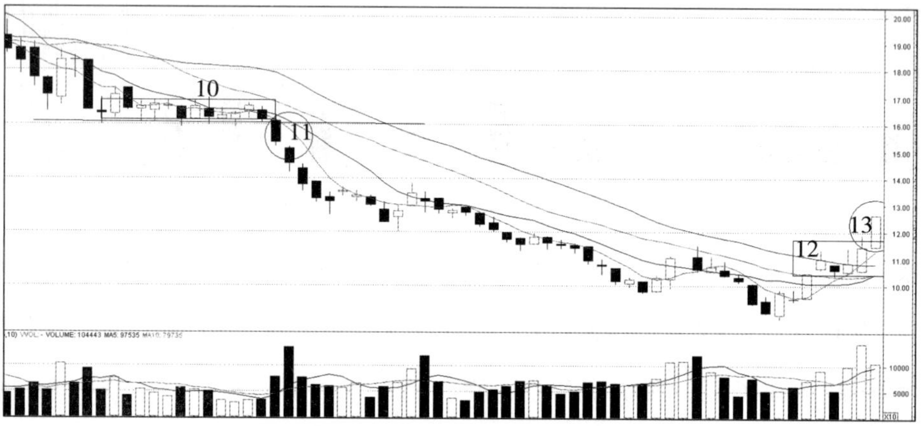

图 6-48　爱柯迪日 K 线图 5

投资者应该注意到，股价在下跌途中往往会出现横盘整理行情。矩形 10 处出现连续阳线（允许中间有一两根阴线）的横盘整理行情，5 日、10 日均线走平，但是 20 日和 30 日均线仍然呈空头排列。圆圈 11 处一根光头光脚大阴线向下跌破矩形 10 处横盘整理平台的支撑线后，均线系统向下发散，呈空头排列。

投资者在圆圈 13 处买入股票后，应密切关注股价运行态势。观察发现，股价以 10 日均线为生命线，只要收盘价触及 10 日均线，股价就会被拉升，所以投资者可以一直持有该股票到图 6-49 圆圈 15 处再卖出。矩形 14 处出现连续大阳线加速上涨行情，成交量增大，说明主力在拉高出货，股票短期头部不远了。圆圈 15 处又连续两天出现光头光脚大阴线形式的下跌行情，验证了投资者对股票短期头部的预判。

如图 6-50 所示，在矩形 14 处出现加速上涨行情后，股票短期头部确实形成了。随后股价基本上是在高点所形成的压力线和股价回调低点形成的支撑线之间横盘振荡整理。横盘振荡整理行情也验证了“股价经过一段时间的上涨后如果某天股价突然出现垂直式的加速上涨，这表明离股票短期头部不远了”观点的正确性。

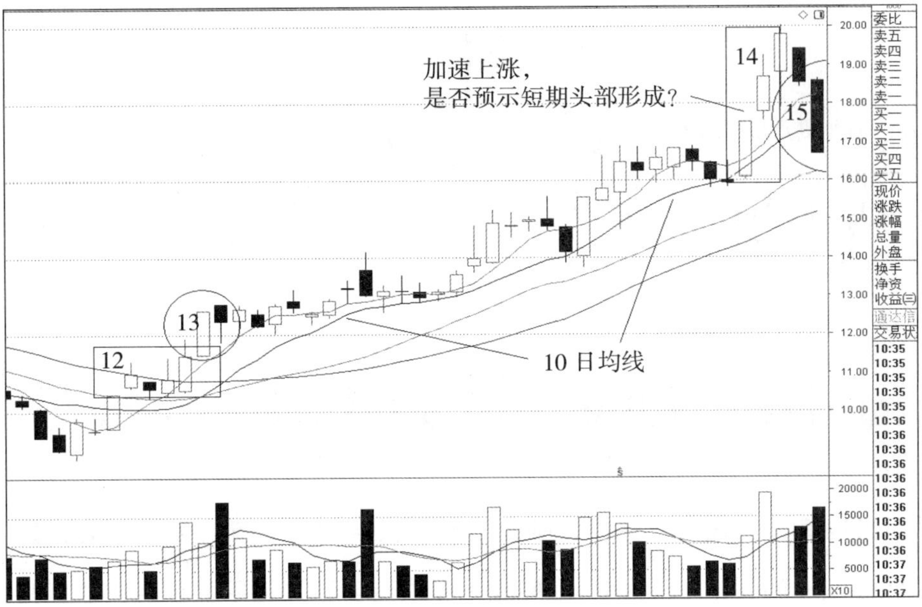

图 6-49　爱柯迪日 K 线图 6

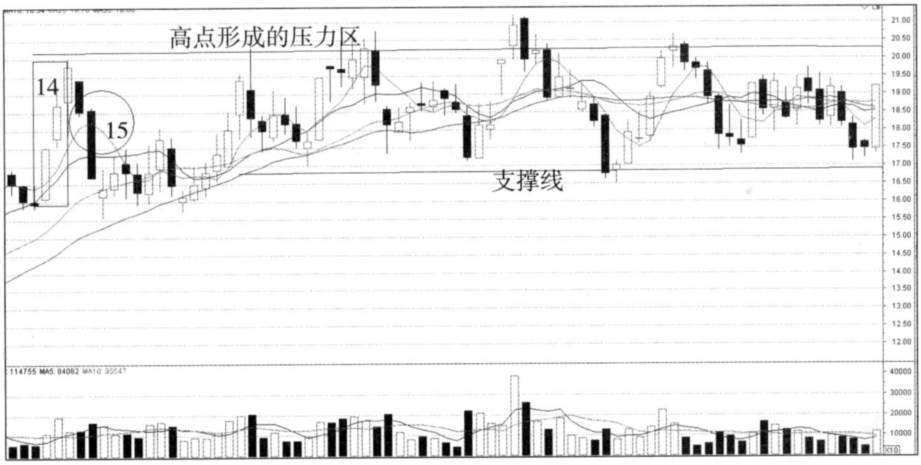

图 6-50　爱柯迪日 K 线图 7

投资者继续跟踪股价运行态势发现，在图 6-51 圆圈 16 处，股价向上突破了前期高点所形成的压力区，创出阶段性新高。但是圆圈 16 处出现一根成交量放大的“黄昏之星”K 线形态，标志着股票短期头部形成了。此后股价出现了下跌行情，直到圆圈 17 处才企稳。圆圈 17 处一根光头光脚大阳线一举向上突破 5 日、10 日、20 日和 30 日均线的压制，股价收盘价站稳在 30 日均线之上，似有“一阳冲天”之气势，并且成交量增大，均线也有走多迹象。根据“一阳冲天”买入法，投资者在圆圈 17 处伺机买入，并做好止损准备。

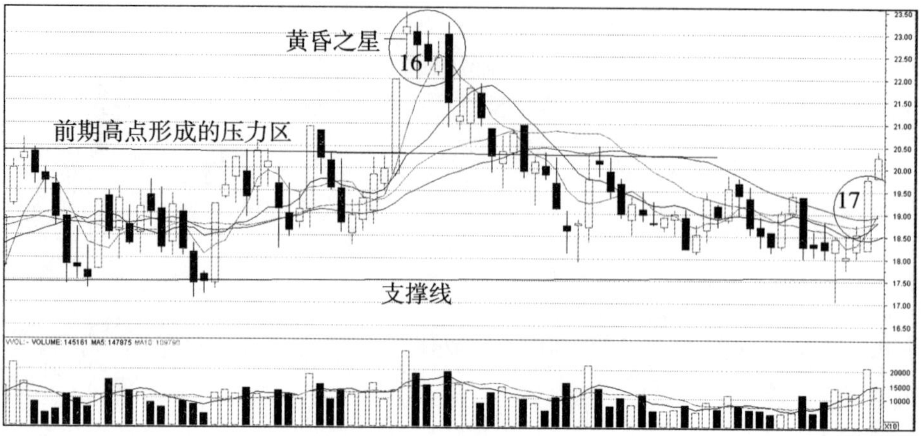

图 6-51　爱柯迪日 K 线图 8

之后股价以 5 日均线为其生命线强劲上涨，直到在图 6-52 矩形 18 处开始高位横盘整理。在横盘整理期间，5 日和 10 日均线逐渐由走多转为走平甚至走空。横盘整理末端圆圈 19 处的连续阴线向下跌破 30 日均线，股价在 30 日均线下运行，且 5 日、10 日、20 日和 30 日均线交叉后向下发散，呈空头排列，看跌。

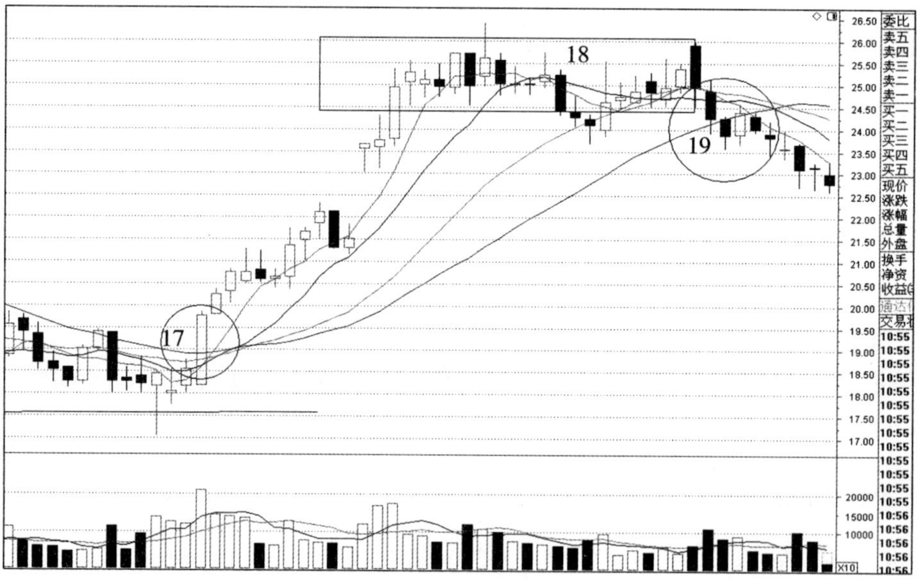

图 6-52　爱柯迪日 K 线图 9

【案例研究 7：移为通信】该股经过前期大幅上涨之后，在图 6-53 圆圈 1 处连续阴线向下跌破30日均线，均线交叉后向下发散呈空头排列，看跌。此后股价处于下跌行情，直到矩形 2 处才有企稳的迹象。在矩形 2 处，股价处于相对低位区，市场需求增加，于是股价随成交量的温和增加而上涨，均线由原先的走空逐渐转为走平甚至走多，阳线数量明显多于阴线数量。

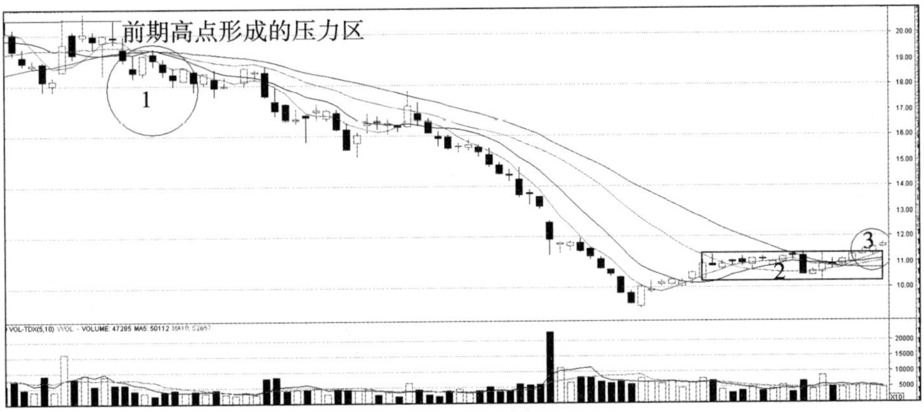

图 6-53　移为通信日 K 线图 1

圆圈 3 处连续阳线向上突破均线的压制，均线交叉后开始向上发散，呈多头排列，看涨。这里符合股价处于相对低位时连续阳线且均线系统向上发散买入法，是投资者介入的好时机。之后股价以 20 日均线为其生命线振荡上涨，投资者可以根据“20 日均线趋势交易策略”做出投资决策。

图 6-54 圆圈 4 处一根几乎光头光脚大阴线向下跌破 30 日均线，5 日、10 日、20 日和 30 日均线交叉后开始向下发散，呈空头排列，看跌。在这种情况下，投资者一定要坚决执行止损计划，千万不要买入。

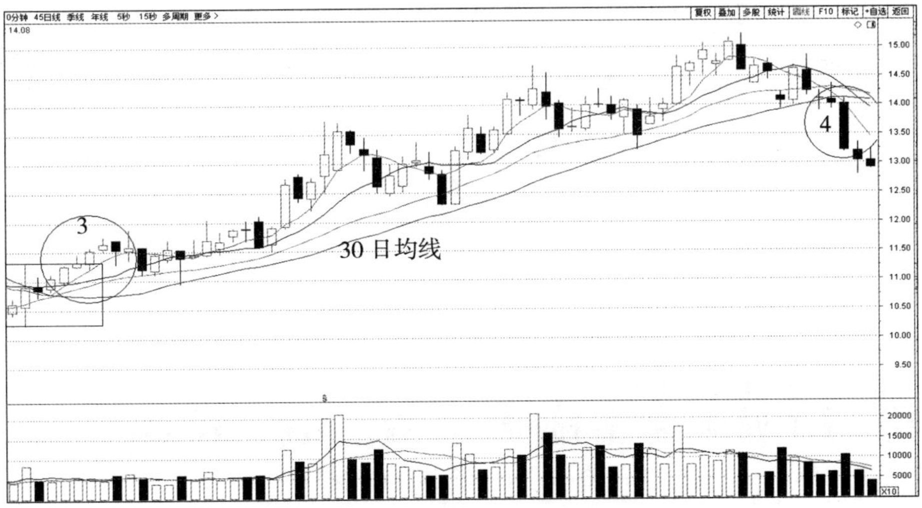

图 6-54　移为通信日 K 线图 2

如图 6-55 所示，在经历了约一个月的大幅下跌之后，因为受到前期大阴线所形成的压力制约，股价只出现了小幅反弹行情。圆圈 5 处一根几乎光头光脚大阴线向下跌破支撑线，该支撑线由前期压力线转化而来，均线交叉后再次向下发散，呈空头排列，看跌。

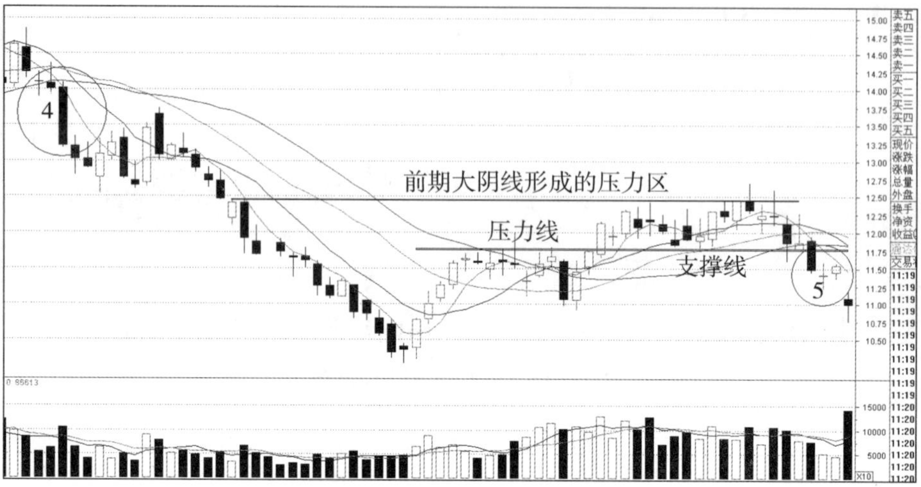

图 6-55　移为通信日 K 线图 3

果然，股价随后出现大幅下跌行情，直到图 6-56 圆圈 8 处才有企稳迹象。在圆圈 6 处出现一根光头光脚大阳线，股价向上突破下降趋势线，随后开始振荡回调行情，股价运行态势形成了一个下降三角形形态，如三角形 7 处所示。三角形 7 处股价出现了以圆

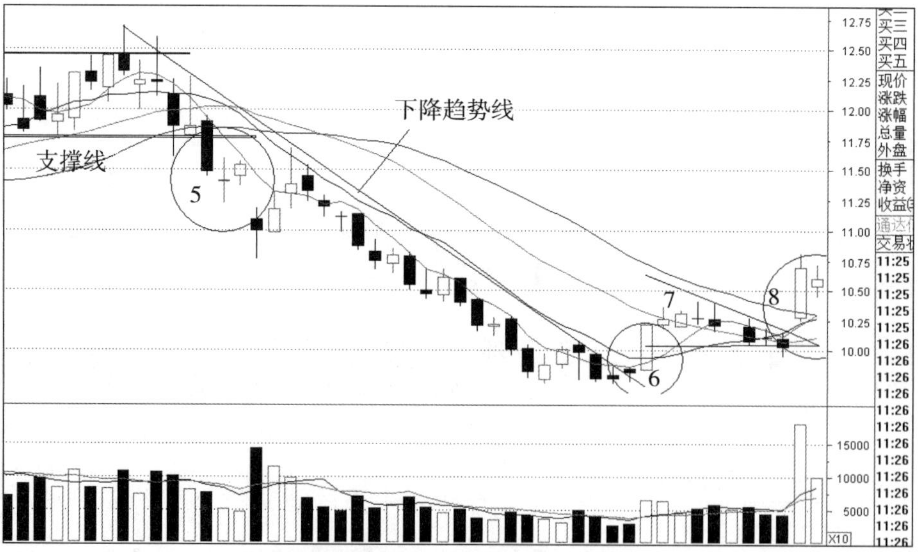

图 6-56　移为通信日 K 线图 4

圈 6 处大阳线为支撑的三角形整理行情，说明此处大阳线对股价的支撑起到了非常重要的作用，这是主力资金运作的结果。

股价在圆圈 8 处以放量大阳线向上突破三角形上边的压力线，均线交叉后开始向上发散，呈多头排列迹象。圆圈 8 处是一个很好的介入点，当然要做好止损准备，以防是假突破。

果然，股价在圆圈 8 处向上突破三角形上边线即压力线之后，开始了一波强势上涨行情，直到图 6-57 三角形 9 处振荡回调。圆圈 10 处又出现一根光头光脚大阳线，股价向上突破三角形上边的压力线，均线交叉后再次向上发散，呈多头排列。圆圈 10 处也是一个加仓买入股票的好时机。

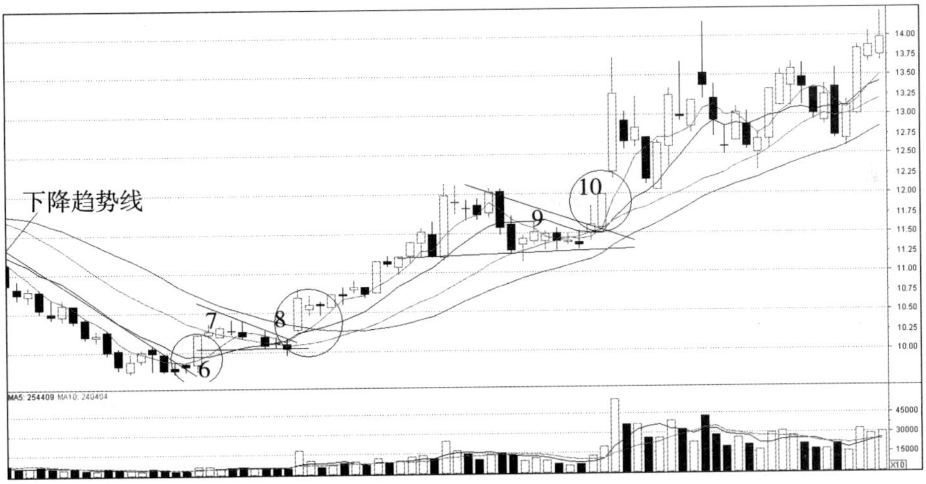

图 6-57　移为通信日 K 线图 5

观察发现，三角形 7 和三角形 9 处都出现了以大阳线为支撑的三角形整理形态，整理形态结束后，一根大阳线向上突破三角形上边的压力线，均线交叉后向上发散，呈多头排列，股价出现一波上涨行情。这说明主力在三角形整理形态期间利用阴线打压股价进行洗盘。投资者要识别从 K 线图所表达出来的信息，以便为投资决策提供依据。

第7章

股市中的安全边际决策思维

7.1 安全边际决策思维

为了增强投资者防范风险的意识，尤其是要尽量减少投资股市带来的重大亏损，投资者应该树立安全边际决策思维。安全边际决策思维包括市场交易中的均衡思维、价格围绕价值波动的操作思维、经济周期的投资思维和严格止损的执行思维等方面。

7.1.1 均衡思维

市场交易中，当买者愿意购买的数量正好等于卖者愿意出售的数量时，我们称之为市场均衡，此时的价格被称为均衡价格。当需求大于供给时，价格将趋于上升；当供给大于需求时，价格将趋于下降。供给和需求这两种相反力量的相互作用使得一个市场处于均衡状态时，市场价格将趋于稳定。

商品市场的价格波动来自供求关系的变化。股市也是一样，供求关系的不平衡产生了某种趋势。当一只股票的多数参与者被贪婪、乐观情绪所驱动的时候，股票的多数参与者都在兴奋地买入股票，此时市场对股票的需求大于供给，这只股票价格将会上涨，称为“上升阶段”。当一只股票的参与者正处于恐惧、悲观、绝望的情绪之中，此时股票的大多数参与者都在不计成本地抛售股票，从而出现股票的供给大于需求，这只股票价格将会下跌，称为“下跌阶段”。当多数参与者对股票走势的判断处于不确定的时候，或者说在观望的时候，这时股票需求和供给两种势力基本势均力敌，股票价格走势将会在某一价格区间出现横盘整理的形态（即没有明显的上升或下跌趋势）。这三种趋势（上升、下跌和横盘整理）在K线图中都会体现出来。

（1）在上涨趋势中，股票出现供不应求。需求方（买方）只有提高价格才能买到自己想要的股票数量，从而形成上涨趋势。当股价经过长时间大幅上涨后处于相对高位时，股价会出现横盘振荡行情。此时若出现成交量放大、换手率高或者出现标志性顶部 K 线形态，说明股票短期头部可能要形成了。这表明市场的供求关系发生了变化，即由供不应求变成了供需平衡或供过于求。这是主力资金运作的结果。此时股价可能要由上升转为下降，空方力量可能在增强。

（2）在下降趋势中，股票出现供过于求。经过长时间的大幅下跌后股价处于相对低位时，一些抄底资金就会试探性买入，市场需求增加，供给逐渐减少，均线趋于平缓并且均线逐渐由走空变为走平甚至走多，在股价底部区域出现连续阳线，整体成交量有所增加，股价也随成交量温和增加而上涨。这表明股票供求关系开始发生了变化，即供过于求变成了供需平衡或供不应求，多方力量在逐渐增强。

（3）股价上升一段时间或者下跌一段时间后，一般都会进入横盘整理阶段，这主要是因为需求方和供给方这两种力量势均力敌的结果。需求和供给在外力因素的作用下改变，那么股价的运行方向就会改变。若需求占有优势，股价就会上升；若供给占有优势，股价就会下降。

总之，每一只股票的三种趋势（上升、下跌和横盘）都是由供给和需求关系决定的。因此投资者要学会运用供求关系和均衡思维来分析股票 K 线图。通过识别供求关系来辨识股票价格的运行趋势，从而更好地识别股票的买卖时机，尽可能降低亏损的风险，这就为投资者投资股票提供了盈利的可能。

【案例研究：上海凯宝】该股经过前期上涨后，在图 7-1 圆圈 1 处出现一根光脚大阳线，成交量放大，换手率高达 9.47%。此后几个交易日内连续阴线向下有效跌破均线，股价在均线系统下运行，且均线系统呈空头排列，看跌。股价一直下跌长达 3 个多月，直到圆圈 3 处才有企稳的迹象。

经过长时间的大幅下跌后，股价处于相对低位区，市场逐渐增加了对股票的需求，吸收了供给方抛售的股票，价格下跌趋势就会变得缓和。随着需求不断增加，供给逐步减少，股价开始随成交量的温和增加而上涨，均线系统也由原先的走空逐渐转化为走平甚至走多。在圆圈 3 处，连续阳线向上突破下降趋势线和均线的压制，均线逐渐黏合（或交叉）后开始向上发散，呈多头排列，这里符合股价处于相对低位向上突破均线且均线呈多头排列买入法。这些信息表明有资金在悄悄地买入股票建仓。这就是我们所讲的股价运行中的“第 1 阶段”，即主力建仓阶段。根据此买入法则，投资者可以在圆圈 3 处逢低积极买入，并做好止损准备。

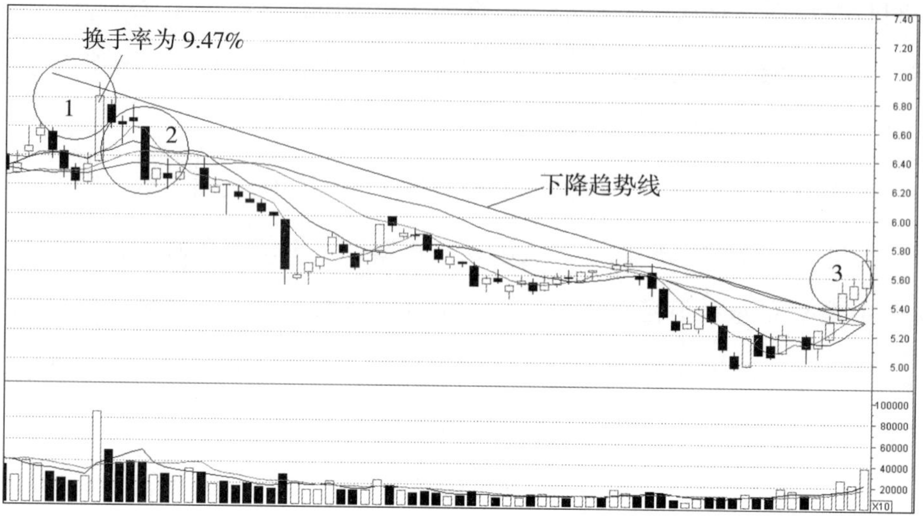

图 7-1　上海凯宝日 K 线图 1

买入股票后，投资者密切关注股价运行态势。观察发现，从圆圈 3 处之后股价出现上涨行情。在图 7-2 矩形 4 处，随市场需求的增加，供给逐渐减少，股价随成交量的温

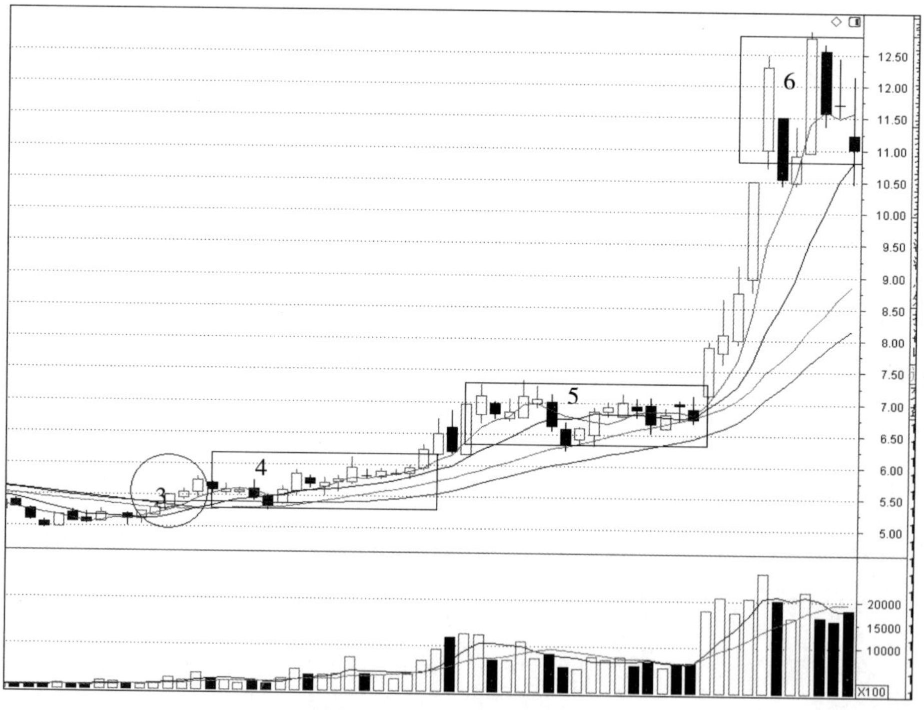

图 7-2　海凯宝日 K 线图 2

和增加而上涨。矩形 5 处股价出现了以大阳线为支撑的横盘整理行情，说明此处大阳线对股价起了重要的支撑作用，多方力量较强。矩形 5 处盘整期间，股价上涨时成交量放大，股价下跌时成交量缩小，重心并没有下移，5 日、10 日均线走平，但 20 日、30 日均线仍然走多。这些信息说明主力资金在横盘整理期间利用小阴线或十字星洗盘法进行洗盘。此处矩形 4、矩形 5 和股价急速上涨三部分就是我们所讲的股价运行中的“第 2 阶段”。

洗盘结束后，股价出现急速上涨行情，运行到矩形 6 处开始高位横盘振荡，此时成交量放大，7 个交易日的换手率分别高达 28.52%、22.2%、17.87%、24.13%、18.21%、17.3% 和 19.92%。这些信息表明矩形 6 处横盘振荡是主力在派发筹码，抛售股票。此时股票供求关系发生了变化，由原先的供不应求演变为供过于求。此时股价可能要由上升转化为下降，这预示着股票的短期头部将要来临。主力在矩形 6 处高位横盘振荡出货，就是我们所讲的股价运行中的“第 3 阶段”，即主力出货阶段。此时投资者千万不要买入，应该抛售股票止盈或止损，否则亏损会更大。

投资者在实战中要特别注意区分洗盘和出货这两种操作。在高价区，主力反复制造振荡，让投资者误以为是在横盘整理，其实是在振荡中慢慢分批出货。在高位横盘振荡期间，主力出货以派发股票为目的，成交量往往会比较大。横盘整理洗盘主要以洗盘为目的，成交量较小。

投资者对矩形 6 处可能会形成股票短期头部的预判是否正确呢？我们来看看之后的股价运行态势。主力在图 7-3 矩形 6 处利用横盘振荡行情分批派发完股票后，股价出现大幅下跌行情，因为此时市场供求关系发生了变化，股票供过于求。此时进入了股价运行中的“第 4 阶段”，即下跌阶段。

股价下跌到圆圈 8 处，受到支撑而企稳。圆圈 8 处的支撑线是由矩形 5 处横盘整理平台的压力线转化而来的。股市中支撑线和压力线会相互转化。从圆圈 8 处开始，股价出现了强劲的反弹行情，直到受前期大阴线所形成的压力的制约，在圆圈 7 处出现带长上影线的阳线或十字星，4 个交易日的换手率分别高达 22.18%、16.44%、11.26% 和 14.15%，成交量增大，说明主力在此处拉高出货，预示着股票短期头部不远了。股价随后又出现下跌行情。

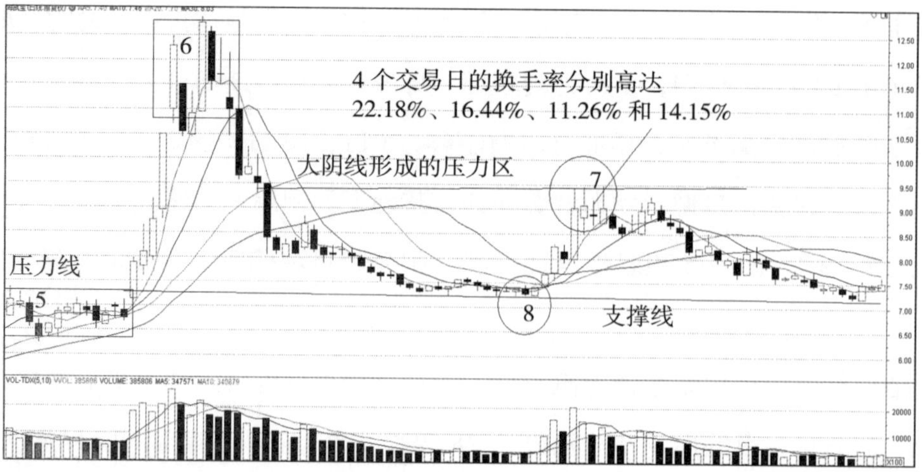

图 7–3　海凯宝日 K 线图 3

7.1.2　操作思维

经济学理论认为，商品价格是围绕着价值上下波动的，股市也一样。股票的市场价格是由其内在价值所决定的，但市场价格还要受到多种因素的影响，尤其是市场中的供求关系。当市场处于下跌趋势，悲观情绪泛滥时，买入者较少，卖出者较多，股票供过于求，价格将会下降，此时股票的市场价格一般会低于股票的内在价值；当市场处于上升趋势，乐观情绪渐浓时，买入者较多，卖出者较少，股票供不应求，价格将会上升，此时股票的市场价格一般高于其内在价值。总之，股票的市场价格是围绕其内在价值上下波动的。

价值投资者就是利用股票的市场价格围绕其内在价值上下波动的规律，深入分析心仪的公司，用相对于内在价值而言的合理价格买入质地优良的公司股票，这就是价值投资的本质所在。价值投资者遵循的买卖法则：由于某种原因，股价在一段时间内（甚至可能是较长时间内），大大高于其内在价值，此时是价值投资者抛售股票的好时机；相反，股价在一段时间内（甚至可能是较长时间内），大大低于其内在价值，被低估了，此时可能是价值投资者买入的好时机。

其实，价值投资的核心就是将安全边际（即证券的市场价格低于其内在价值的部分）置于投资过程，在买入价格上坚持留有一个较大的安全边际。也就是说，当股价跌到具有充分的安全边际时，就是买入的好时机。那么股价何时具有充分的安全边际呢？我们可以从以下三个方面来考虑。

（1）经济由衰退转为复苏时。

当经济由衰退转为复苏时，可能是买入股票的好时机。也就是说，股市的回落对价值投资者来说是最佳的购买机会。例如，在 2003 年 4 月，正值股市低迷徘徊的时期，巴菲特以每股 1.6 至 1.7 港元的价格大举介入中石油 H 股 23.4 亿股；2008 年全球金融危机期间，股市大幅下跌，巴菲特又以每股 8 港元的价格认购 2.25 亿股比亚迪公司的股份，约占比亚迪总股本的 10%。

（2）个别企业出现坏消息时。

巴菲特认为，巨大的投资机会来自优秀的公司被不寻常的环境所困，这时会导致这些公司的股票被错误地低估。只有当股市的恐慌和公司的坏消息同时出现时，才是投资者千载难逢的购买时机。比如，2008 年全球金融危机时，很多股票都跌出了新低，这时可以说是最佳的买入时机。因为此时股价“非常有吸引力”，具有“充分的安全边际”。

从技术分析角度看，较大的安全边际在 K 线图上表现为以下特征：在下降趋势中，供求关系是供过于求。从卖方角度看，因为需求很弱，只有不断降低价格才能找到需要股票的买方。只有当市场中有足够的需求出现，并吸收掉当前市场的供给，价格下跌趋势才会变得缓和。这从 K 线图上表现出来的就是均线倾斜度趋于平缓，均线系统逐渐黏合（或交叉）在一起，成交量也比较小。经过前期大幅下跌后股价处于相对低价区，市场需求增加，供给逐步减少，股票供求关系由供过于求逐渐变为供求平衡，甚至供不应求，这样股价就开始横盘调整甚至出现上升行情。股价处于底部区域，出现连续阳线，股价随成交量的增加而上涨，多方力量在逐渐增强。

【案例研究：伊利股份】该股在 2008 年 9 月因三聚氰胺事件，股价在图 7-4 圆圈 1 处开始大幅下跌，股票大跌约 60%，直到矩形 2 处才有企稳迹象。在矩形 2 处股价处于相对低位区，市场逐渐增加了对股票的需求，供给也在减少，股价随成交量的温和增加而上涨，均线系统逐渐黏合（或交叉）在一起，并且有呈多头排列的迹象，股价低位时出现连续缩量的阳线，这是一些投资者抄底的结果。投资者要密切关注这些信息，为我们的投资决策提供依据。矩形 2 处横盘整理末端连续阳线向上突破均线的制约，均线交叉后开始向上发散呈多头排列，这里符合股价处于相对低位向上突破均线且均线呈多头排列买入法。

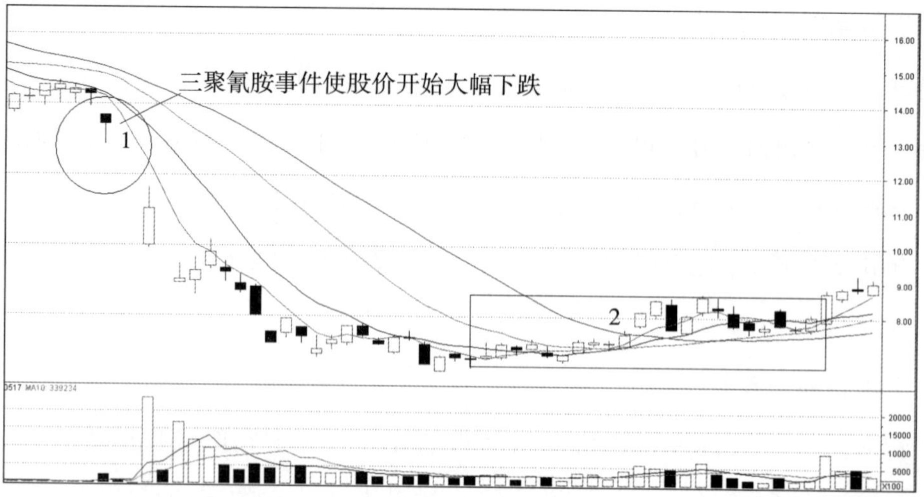

图 7-4　伊利股份日 K 线图 1

如图 7-5 所示，矩形 2 处股价随成交量温和增加而上涨，均线逐渐黏合后有呈多头排列的迹象，看涨。此后股价经历了一波强劲的上涨行情。这也间接验证了股价经过长时间的大幅下跌后，在矩形 2 处具有较大的安全边际。

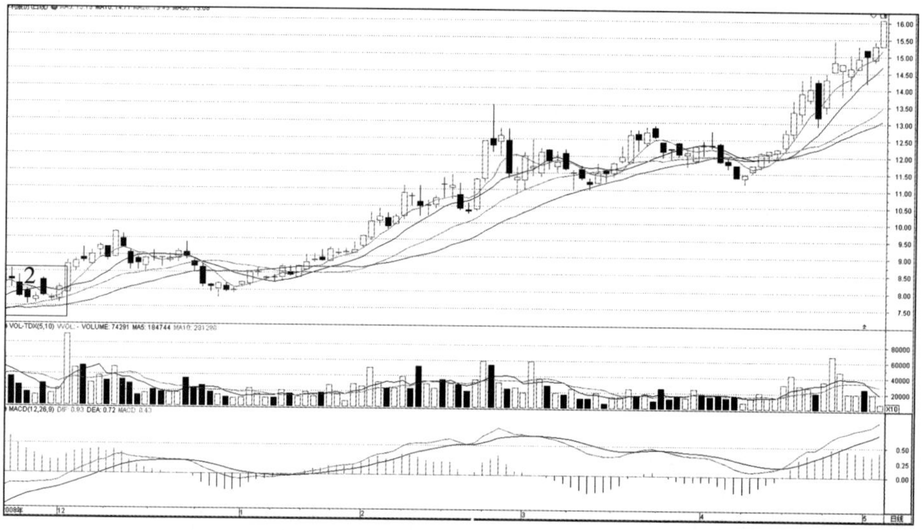

图 7-5　伊利股份日 K 线图 2

（3）根据证券化率决定买卖时机。

巴菲特认为，任何一个国家在给定时期内，其证券化率（即股票总市值 / 前一年度 GDP 或预测的当年 GDP）应当有一个合理的上限，超过就意味着泡沫，说明此时投资风险大。如果证券化率降到 70% 到 80% 的区间，就比较适合买入。如果证券化率达到 100% 时，说明股市泡沫较大，投资价值小，风险较大；如果证券化率逼近 200% 时再买入，就是在玩火。例如，美国股市 2000 年崩盘时，上市公司总市值占 GDP 的比率是 180%。日本股市 1990 年初崩溃时，上市公司总市值占 GDP 的比率是 180%。而这个指标在中国是否合适呢？下面看一下具体情况。

如图 7-6 所示，2007 年 A 股经历了一场前所未有的大牛市。上证指数一路上涨，直到 2007 年 10 月 16 日达到最高点 6124.04。此时证券化率达到 130%，说明这时股市泡沫非常大，是价值投资者该离开股市的时候了。

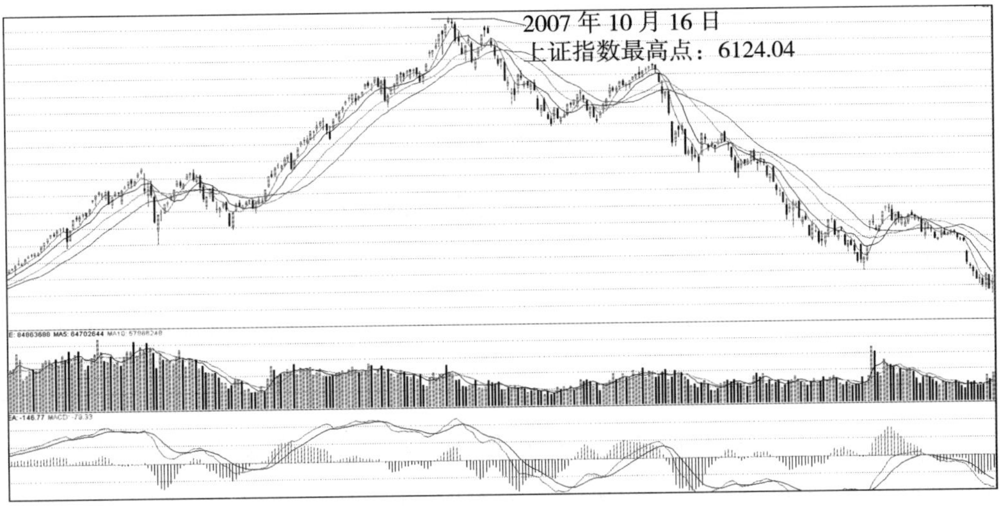

图 7-6　2007 年上证指数最高点

如图 7-7 所示，2015 年 6 月上证指数达到 5178.19 高点后，证券化率约为 122%，说明这时股市泡沫非常大，是价值投资者该离开股市的时候了。随后，股市开始快速下跌，若投资者没有及时撤离，必将损失惨重。

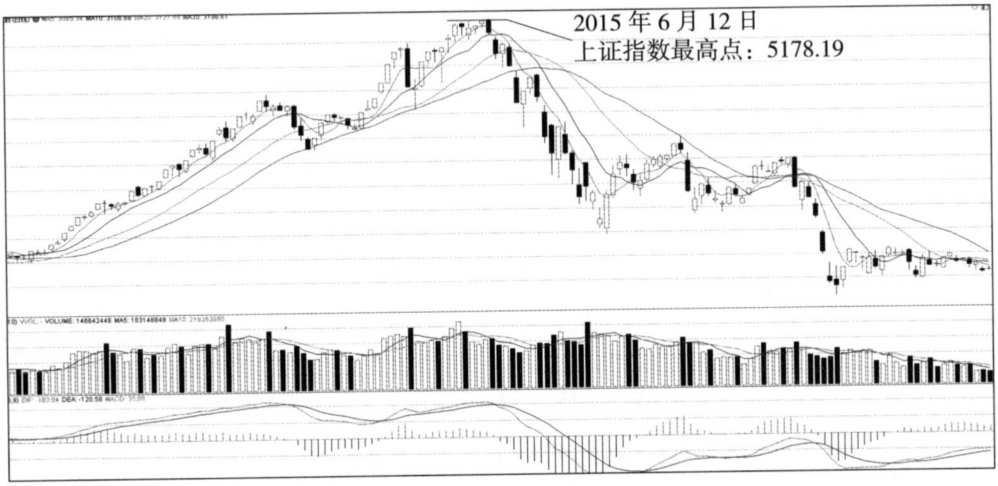

图 7-7　2015 年上证指数最高点

7.1.3 投资思维

经济周期是经济运行中周期性出现的经济扩张与收缩交替更迭、循环往复的一种现象。股市会对经济周期做出情绪化反应，市场会出现情绪周期变化规律。投资者可以从以下三个方面来思考投资策略。

（1）稳健的投资者要避免情绪化决策，尊重股市牛熊周期变化规律，利用熊市提供的价格大大低于内在价值的机会，从而在合理估值的前提下择时买入。股市总是牛熊更替，周而复始，只有熊市才会带来难得的购买时机。

研究表明，投资者在预期风险低（比如在牛市期间、在市盈率较高时，投资者极其乐观并踊跃地买进股票）时，买入股票所获得的回报率较低，而在预期风险高（比如在熊市期间、在市盈率较低时，投资者几乎没有人想持有股票）时，买入股票所获得的回报率比较高。也就是说，在熊市期间，价格较低，安全边际较高；反而是在牛市期间，尤其是牛市末期，股票价格会出现明显的泡沫，此时风险很大，该是投资者退出股市的时候了。这是投资者必须遵循的一个规律。

（2）投资者要把股市具有周期性规律这种认识转化为自身优势，在投资过程中利用市场情绪周期变化规律，做出理性的投资决策。那就是当市场触底，别人绝望、恐慌地抛售时，此时是买入的最好时机；当市场上乐观情绪泛滥的时候，人们疯狂地买入，处于非常兴奋之时，此时是稳健的投资者卖出的最好时机。

（3）投资者要特别关注国家产业政策的变化。对投资者来说，主要关注国家采取什么措施支持和保护哪种产业的发展，采用什么样的技术促进资源向技术开发领域增加投入等。如 2008 年国家采取措施保护稀土产业发展，稀土上市公司股票出现大幅上涨，包钢稀土（现改名为北方稀土）股价在 2008 年从最低 5.66 元一直涨到 99.84 元。2016—2017 年国家采取补贴措施促进新能源汽车产业发展，与新能源汽车相关的锂电池上市公司利润大幅增长，股票价格也水涨船高。

投资者可能会问这样一个问题：到底选择什么样的上市公司进行投资呢？可以采取以下步骤来挑选心仪的公司股票：首先，关注国家产业政策变化，看看哪些产业是国家经济未来发展的主要推动力；其次，在该产业中选择具有突出竞争优势和核心竞争优势的企业；第三步，对这些优势的公司进行比较分析，尽量做到优中选优，选择竞争优势具有长期可持续性的企业。这样，投资者才有可能获得高投资回报率。

7.1.4　执行思维

2017 年 7 月 1 日起施行的《证券期货投资者适当性管理办法》，将投资者分为专业投资者和投资者两类，并要求经营机构对投资者提供特别保护。这种保护实际上就是要让投资者对产品或者服务的风险以及不匹配情况有清醒的认识，提醒投资者要防范风险，不要仅仅为了追求高收益而承受惨痛的损失。这种保护的出发点很好，但投资者本人还是要有防范风险的意识。2019 年 5 月 15 日，证监会宣布设立“5·15 全国投资者保护宣传日”，切实落实投资者教育工作，推动投资者教育纳入国民教育体系，提升国民金融素养。

进入股市投资的投资者被反复告诫：股市有风险，入市需谨慎。投资者将资金投入股市必定要承担一定的风险。关键的问题是，投资者应该怎样来看待投资风险呢？实际上，风险就是投资收益或亏损的不确定性。我们要把不确定性转化为确定性，其方法就是要把风险数量化。也就是说，你在做一笔交易时愿意承担的最大亏损是多少。根据笔者十多年的投资经验和教训，笔者认为在做每一笔交易时亏损不能超过本金总额的 6% 到 8%。比如，有一个资金总额为 10000 元的股票账户，当进行一笔 10000 元的交易时，最大亏损应控制在 600 到 800 元之间。

在做每一笔交易之前都必须做好止损准备。如果想要在股市中赚钱，首先得存活下来，然后才考虑赚钱的事。为了在股市中存活下来，投资者必须制订一套属于自己的交易原则并严格执行。其中最重要的原则是不要出现重大亏损。巴菲特经常告诫投资者：投资的第一条准则是不要赔钱；第二条准则是永远不要忘记第一条。如果投资亏损了 50%，那么需要获得 100% 的收益才能挽回本金。当投资者认为股价将会上涨时，就会买入股票，但是股价并没有上涨，而是下跌了，那么为了把亏损控制在可容忍的范围内，必须立即止损，不得存有任何侥幸，否则将陷入更大的麻烦中，会造成更加严重的后果。止损的目的主要是防止损失的进一步扩大。

其实，投资者都明白止损的重要意义，在交易过程中也会设置止损价位。但是往往执行力度不够，没有严格执行，因为严格执行止损就等于承认自己的买卖决策是错误的，而许多投资者不愿意承认错误，往往会找借口来安慰自己，结果就造成了更严重的损失。因此，优秀的投资者在交易中会按照止损原则坚决执行。在交易过程中投资者还可以采用移动止损的办法来跟踪趋势，不让利润变成损失，还可以获得更多利润。

【案例研究：片仔癀】该股经过长时间的下跌后，在图 7-8 圆圈 1 处出现一根几乎光头光脚大阳线，向上突破下降趋势线和均线的压制，成交量放大，股价收盘价站稳在 30 日均线之上，均线逐渐黏合在一起并开始向上发散，均线呈多头排列，看涨。根据这些信息，投资者判断该股上涨的概率比较大。这时投资者要做的事就是伺机逢低买入。当然，买入后股价不一定会马上上涨，所以要做好止损准备。止损价格可以是低于买入价格的 8%（根据个人承受风险大小而定）。若买入价格是 45.50 元，止损价可设为 41.86 元（即 45.5−45.5 × 0.08）。设立止损价位的目的是保护资金免遭重大损失。

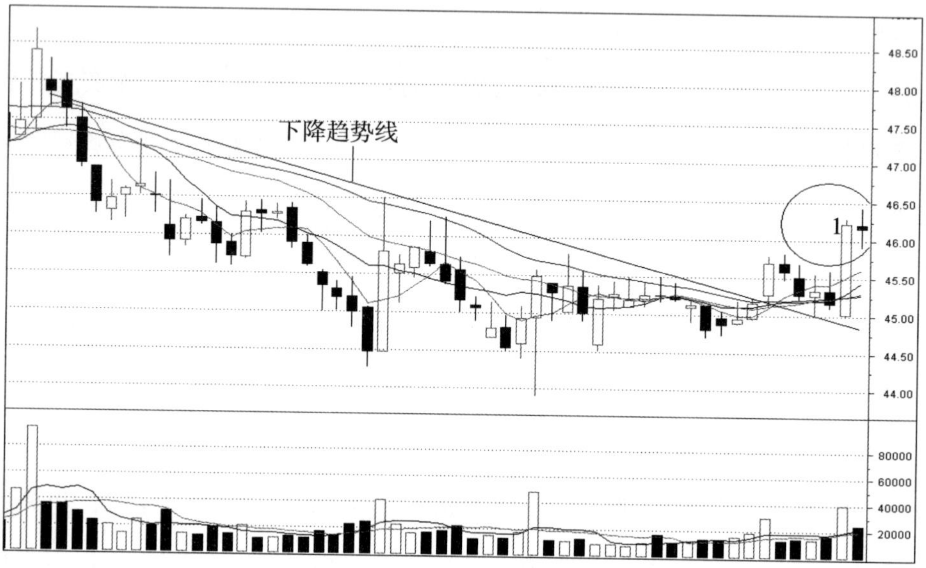

图 7-8　片仔癀日 K 线图 1

投资者买入股票后，密切关注股价运行态势。后期股价是否如投资者所愿如期上涨呢？

如图 7-9 所示，圆圈 2 处该股再次出现光头光脚大阳线，投资者可以继续持有股票，并且提高止损价为 43.95 元（即 47.66−47.66 × 0.08）。即使后面的走势不如投资者所愿，只要没有触及止损价 43.95 元，就继续持有。

股价在圆圈 2 处出现光头光脚大阳线后，股价开始在图 7-10 矩形 3 处横盘整理。观察发现，股价是以圆圈 2 处大阳线实体为支撑进行横盘整理，股价下跌时成交量缩小，上涨时成交量增大，5 日和 10 日均线逐渐走平，但 20 日和 30 日均线仍然走多，这些信息说明主力资金在利用横盘整理行情进行洗盘，投资者可以捂股不动。洗盘结束后，主力就会拉抬股价，投资者可静待股价上涨的佳音。

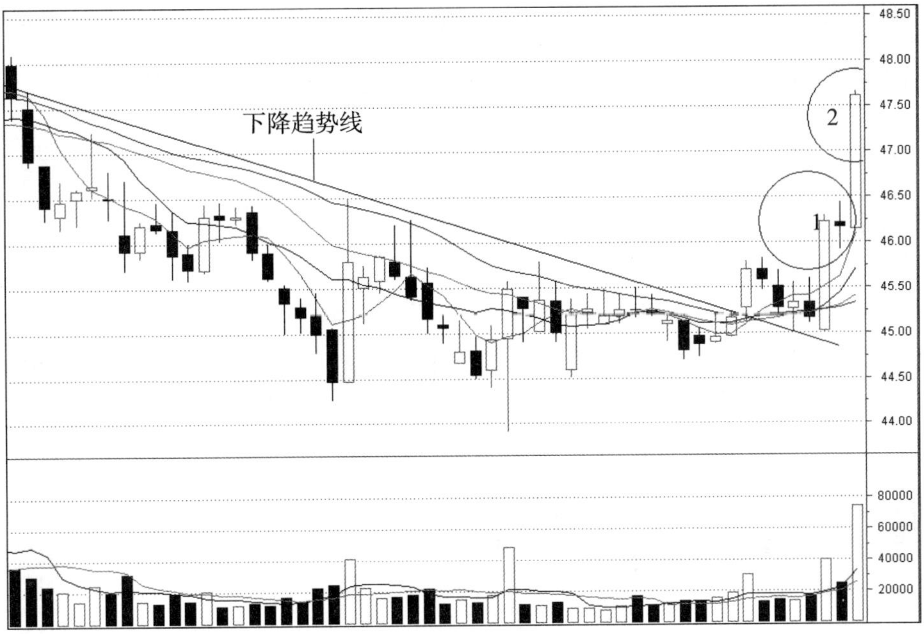

图 7-9　片仔癀日 K 线图 2

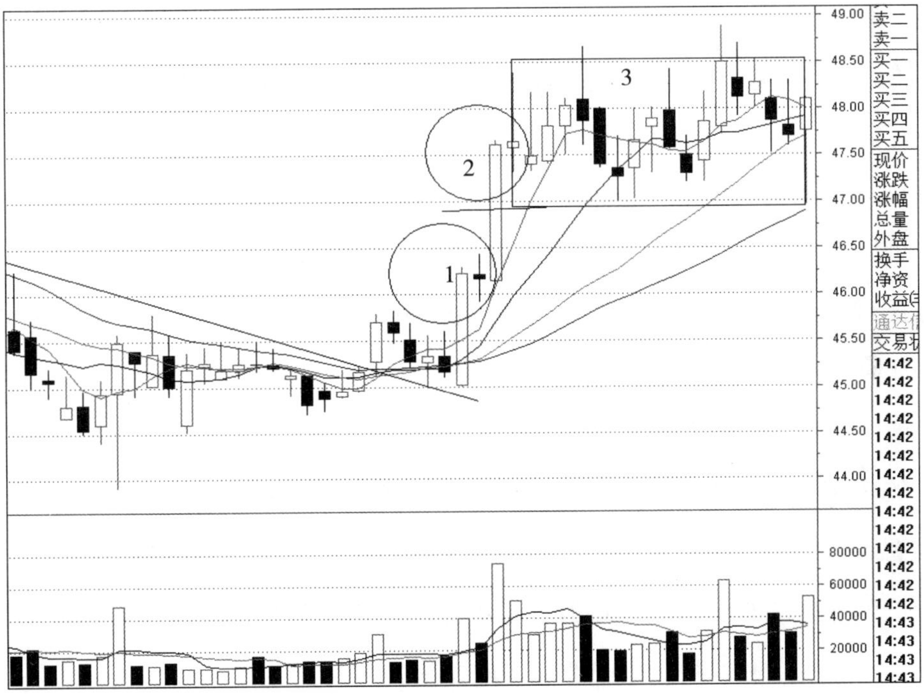

图 7-10　片仔癀日 K 线图 3

洗盘结束后，图 7-11 圆圈 4 处一根成交量放大的大阳线向上突破整理平台上方的压力线，5 日、10 日、20 日和 30 日均线交叉后开始向上发散，并呈多头排列，看多。此时投资者可以提高止损价位为 47.80 元，也就是整理平台上方的压力线附近。因为压力线一旦被突破就会变成支撑线，只要没有触及止损价 47.80 元，就继续持有。这样投资者就可以采用移动止损价位的方法来跟踪趋势，以求获得更多收益。

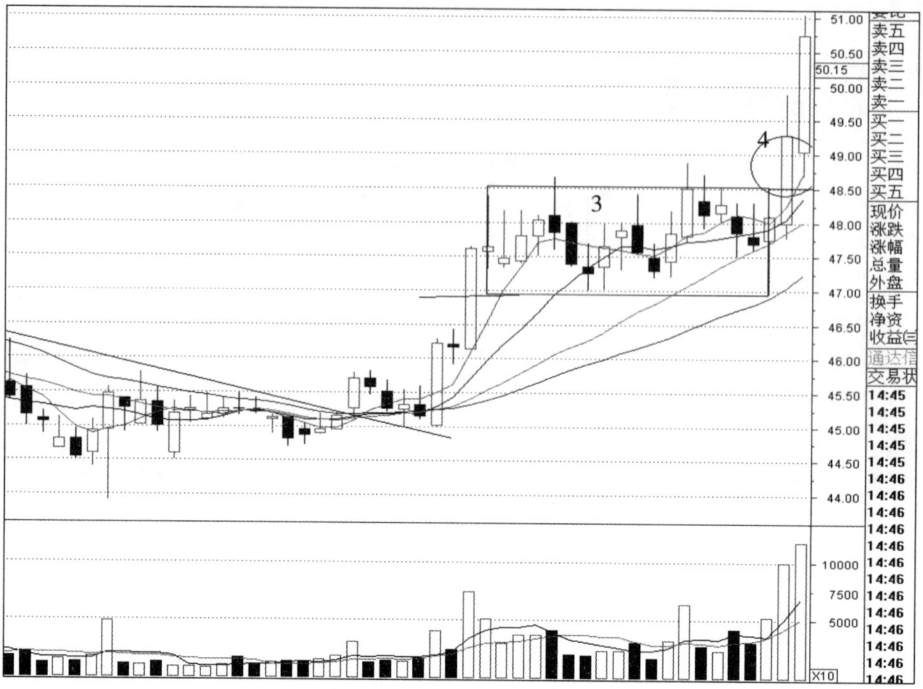

图 7-11　片仔癀日 K 线图 4

运用移动止损对趋势进行跟踪，投资者可以一直持有股票到图 7-12 矩形 5 处，因为矩形 5 处几个交易日里股价出现阴线形式的下跌，成交量较大，5 日和 10 日均线有向下走空且出现“死亡交叉”的迹象，投资者担心股票短期头部可能要形成。此时投资者可以获利了结，抛售该股，落袋为安。

在股市中，投资者会发现经常会判断失误。投资股票因判断失误而导致亏损是一件非常正常的事情。为了防止亏损进一步扩大，必须制订止损原则并严格执行。而当股价朝仓位的有利方向变动时，为了防止利润转为损失，这时就需要移动止损。移动止损就是在当股价朝仓位的有利方向变动时，根据最新价格设置止损价位。在实战中怎样制订止损价位呢？一般来说，制订止损价位可以参考如下几点。

（1）股价跌破上升趋势线时止损。

（2）股价跌破前期股价整理平台的支撑线时止损。

（3）用支撑位止损，即在支撑位建仓，买入后跌破支撑位止损。日 K 线图上的支撑位有密集成交区、前期高低点、趋势线、均线等。

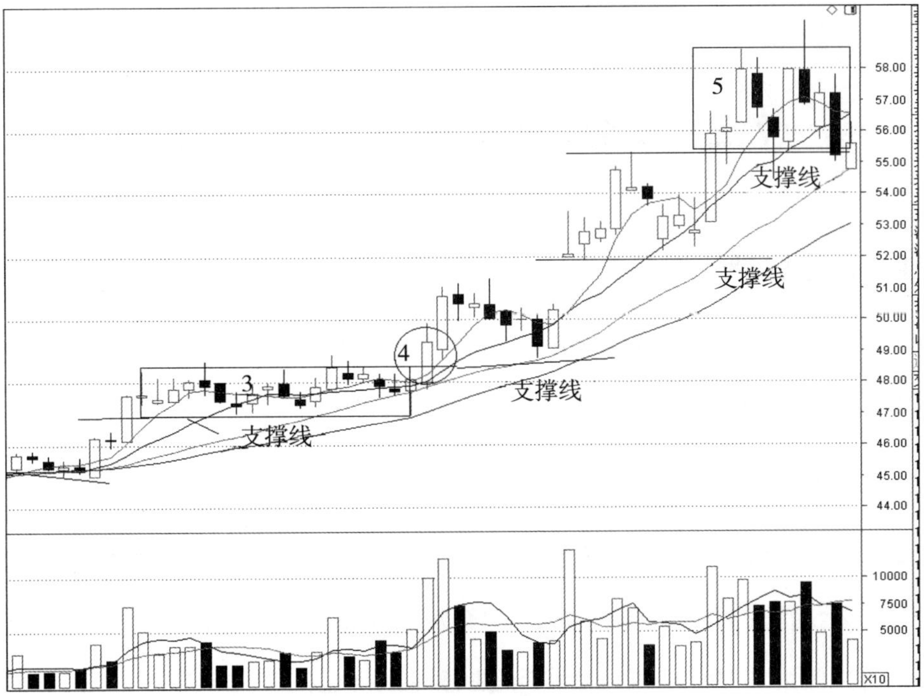

图 7-12　片仔癀日 K 线图 5

在各个买入点买入股票后设置的止损价位如图 7-13 所示。比如，投资者在买入点 1 处一根大阳线向上突破均线压制时买入股票，那么止损价位就可设置在大阳线最低点处；止损价位 4 处就是把股价跌破前期股价整理平台的支撑线设置成了止损位。为了获得更多利润，投资者可通过移动止损来跟踪趋势。

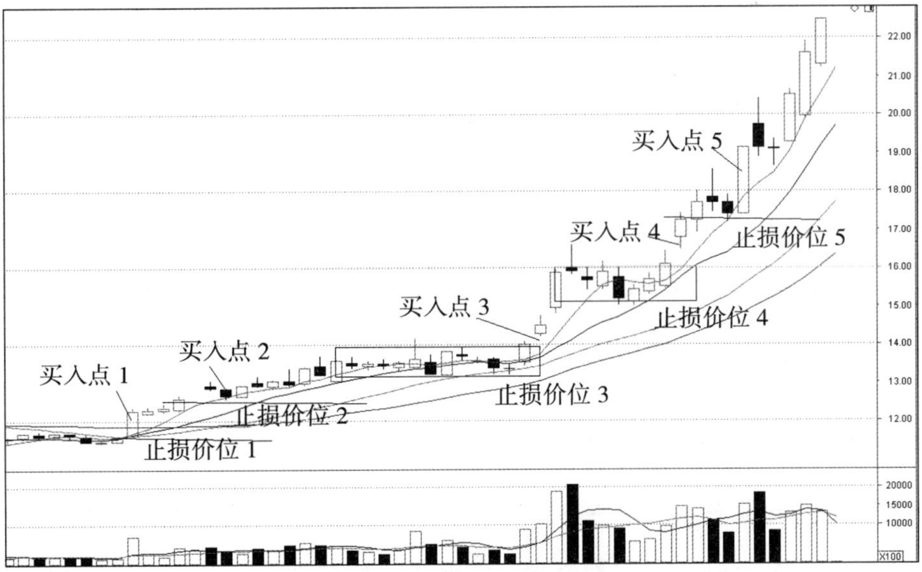

图 7-13　设置止损及移动止损

7.2 安全边际决策思维操作策略

7.2.1 确定整体趋势

当股市整体趋势处于下跌阶段时，整个股市中 80% 的个股都会跟随大盘下跌。所以投资者在购买股票时要密切关注大盘走势。在 A 股市场中，大盘走势主要指上证指数。

7.2.2 跟踪行业发展

观察某一特定行业的发展，如果准备投资宁德时代，那么就应该注意新能源汽车锂电池行业的变化趋势；如果准备投资中国移动，那么就应该注意通信 5G 行业的变化趋势；如果准备投资北方稀土，那么就应该注意稀土行业的变化趋势。总之，为了抓住有利的投资机会，必须首先确定行业的发展方向是合理的，尤其要重点关注能代表国家经济未来发展方向的行业。

7.2.3 关注个股运行

一只股票的运行趋势有三种：上升趋势、下降趋势和横盘整理。在实际操作中，投资者应该如何把握上升趋势，并在熊市中回避下跌趋势带来的风险呢？研究发现，当上证指数（大盘）处于下跌趋势的时候，80% 的个股也会跟随大盘下跌而处于下跌行情。所以投资者在购买个股之前要密切关注大盘的走势，确定大盘是处于上升、下降还是横盘整理趋势。

稳健的投资者在进行投资交易时，要同时关注整个市场的发展趋势、整个行业的发展趋势以及行业中类似股票的发展趋势。当整个市场的发展趋势、整个行业的发展趋势以及行业中类似股票的发展趋势相一致时，投资获利的可能性会非常大。

7.2.4 安全边际决策思维综合应用

投资者一旦把资金投入股市中，此时应该意识到自己角色的改变，即由一个普通人变成了一个率领千军万马（即你的资金）的将领。你在战场上冲锋陷阵，是取得辉煌的胜利还是全军覆没呢？是时刻准备打有把握的仗还是随意地开打呢？这里借用“天时、地利、人和”来总结股市中投资者买入股票的条件。“天时”是投资者买入股票的时机，即股市处于上涨趋势尤其是上涨初期；“地利”是投资者进行投资的有利环境，即个股的日 K 线形态；在股市中我们把成交量比作“人和”，成交量大表示人气旺，市场需求增加，股价随成交量的增加而上升。但是这种“人和”需要一定的条件，即“天时”“地利”。所以股市中的“趋势、形态、成交量”就像“天时、地利、人和”一样构成了买入股票的条件，三要素缺一不可。

下面将运用 K 线图技术分析方法，把上证指数 2022 年 12 月 23 日作为统一的时间标准，按照“上证指数—板块指数—板块中的龙头股”的顺序来分析投资者要遵循的“天时、地利、人和”的买入条件，也就是说要根据股市中的“趋势、形态、成交量”之间的关系来购买个股，选择领涨板块中的龙头股，这样才能获得更好的投资收益。

【案例研究 1：大盘走势——上证指数】图 7-14 是上证指数 2022 年 12 月 23 日至 2023 年 3 月 16 的日 K 线图。上证指数在前期上涨之后出现下跌行情，直到圆圈 1 处。圆圈 1 处出现了一个“早晨之星”K 线形态，市场需求增加，供给在减少，于是在指数低位区出现连续阳线，指数随成交量的增加而上涨，均线也开始由走空转为走平甚至走多。当连续阳线向上突破均线的压制，均线逐渐交叉后开始向上发散，呈多头排列时，多方力量在逐渐增强。此时投资者的熊市思维该改变了。

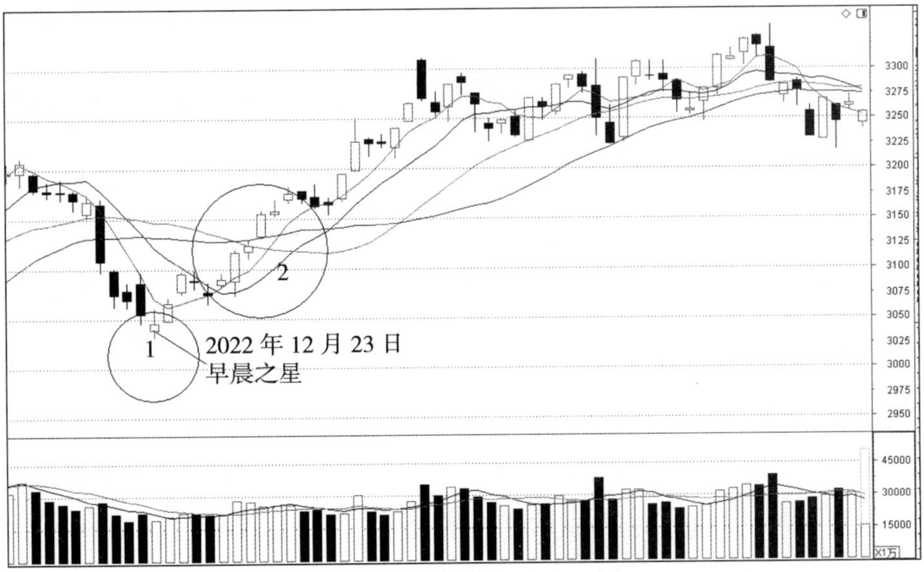

图 7-14 上证指数日 K 线图

圆圈 2 处连续阳线向上突破均线的压制，均线逐渐交叉后开始向上发散，呈多头排列，看多。此时股价向上突破均线的压制，均线向上发散，呈多头排列，这就是“天时”；上证指数下跌之后处于低位，安全边际比较大，这就是“地利”；出现连续阳线或大阳线，成交量温和增加或者猛增，说明主力开始进场，这就是“人和”。“天时、地利、人和”三个因素缺一不可。投资者要耐心等待市场处于“天时、地利、人和”的时候再采取行动。

【案例研究 2：行业分析——锂电池指数】如图 7-15 所示，该行业指数在 2022 年 12 月 23 日出现一个十字星 K 线形态。2023 年 1 月 5 日出现一根大阳线后，均线逐渐交叉开始向上发散，呈多头排列，处于上涨趋势中。但是从 2023 年 2 月 2 日就开始了下跌行情。锂电池行业指数虽有上涨，但是很快出现了大幅下跌行情，与大盘走势不一致。

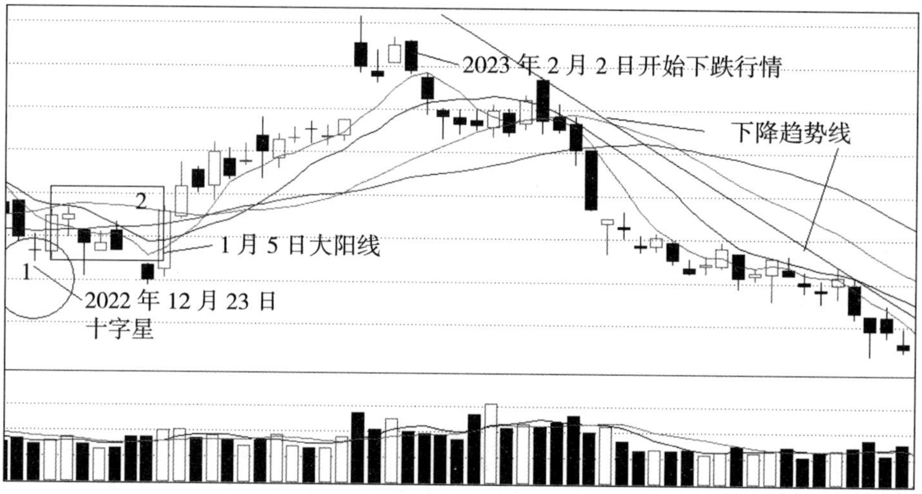

图 7-15　锂电池指数日 K 线图

【案例研究 3：锂电池相关个股分析——宁德时代】图 7-16 是锂电池产品龙头股宁德时代 2022 年 12 月 23 日至 2023 年 3 月 16 日的日 K 线图。该股在 2022 年 12 月 23 日圆圈 1 处出现一根缩量小阳线，随后开始下跌行情，直到 2023 年 1 月 5 日出现一根大阳线向上突破均线压制，股价在上涨了 1 个月之后出现大幅下跌行情，与大盘走势不一致。

观察上证指数、锂电池行业指数和宁德时代日 K 线图发现，上证指数处于上升趋势、锂电池行业指数处于下降趋势、龙头股宁德时代处于下降趋势，三者趋势不一致，此时投资者投资宁德时代的话，很难获利。

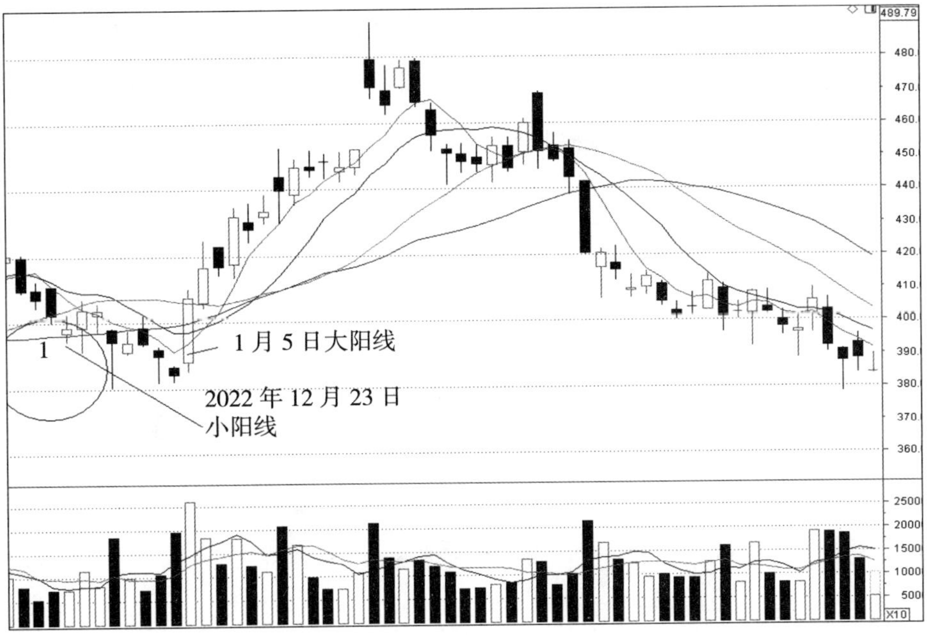

图 7-16　宁德时代日 K 线图

【案例研究 4：电信行业分析——上证电信指数】该行业指数在 2022 年 12 月 23 日出现一根光头光脚大阳线，如图 7-17 圆圈 1 处所示，之后又出现连续阳线，向上突破均线的压制，均线逐渐交叉后开始向上发散，呈多头排列。此后该指数处于上升趋势中。

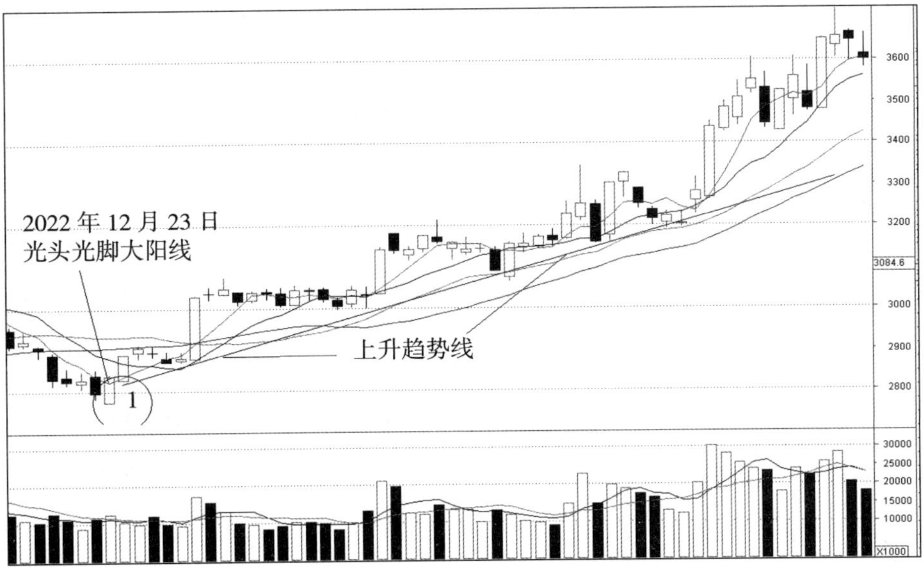

图 7-17　上证电信指数日 K 线图

【案例研究 5：电信行业相关个股——中国移动】图 7-18 是中国移动 2022 年 12 月 23 日至 2023 年 3 月 17 日的日 K 线图。该股在圆圈 1 和矩形 2 处之间出现了连续缩量阳线，随市场对股票的需求增加，成交量也在温和增加，股价处于振荡上涨行情，均线逐渐黏合（或交叉）后开始向上发散，呈多头排列，表明“天时、地利、人和”统一，这里符合股价处于相对低位向上突破均线且均线呈多头排列买入法。此后股价一直处于上升趋势中。

图7–18　中国移动日K线图

观察上证指数、电信行业指数和中国移动日K线图发现，上证指数处于上升趋势、电信行业指数处于上升趋势、行业中龙头股中国移动处于上升趋势。三者趋势一致时，投资获利的可能性较大。

【案例研究6：行业分析——上证医药指数】如图7–19所示，该指数于2022年12月23日出现一根大阳线后一直处于上涨行情中，直到2023年1月30日。之后该指数处于下降趋势中。该指数先上升后下降，同一时段上证指数处于上升趋势中。

【案例研究7：医药行业相关个股——片仔癀】片仔癀经过前期大幅上涨后，股价开始在高位横盘振荡，如图7–20所示。2023年1月30日，该股创出阶段性新高后，开始了振荡下跌行情。

观察上证指数、医药行业指数和片仔癀日K线图发现，上证指数处于上升趋势、医药行业指数处于先上升后下降趋势、行业中龙头股片仔癀处于先上升后下降趋势，三者趋势不一致，此时投资者投资片仔癀将很难获利。

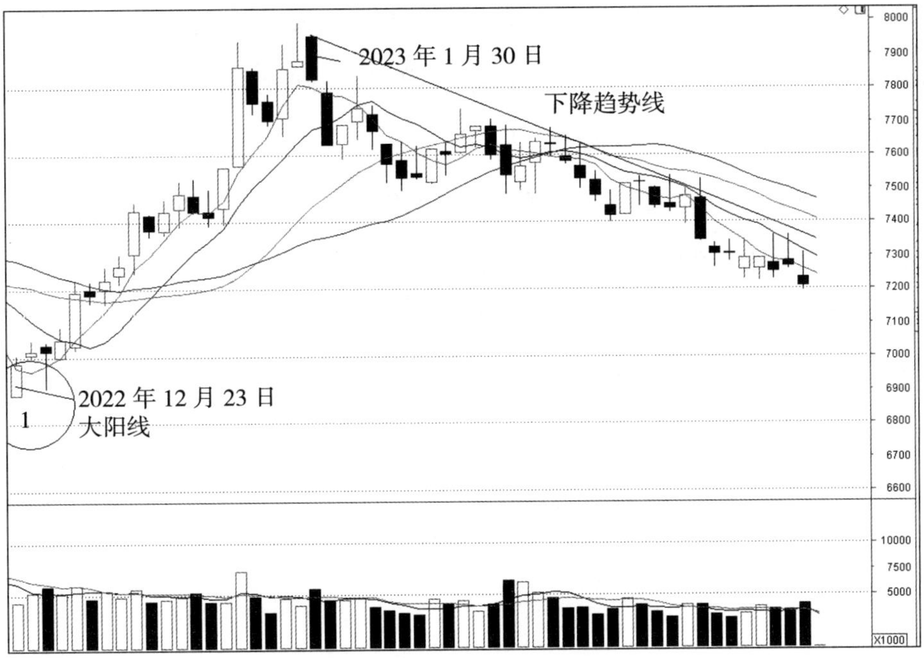

图 7-19　上证医药指数日 K 线图

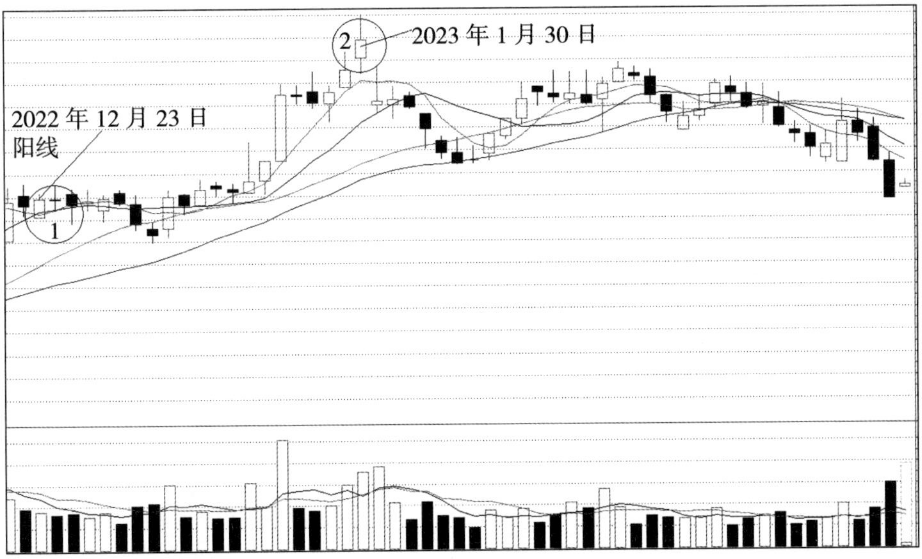

图 7-20　片仔癀日 K 线图

通过前面的分析，投资者可能要问：这样的分析有什么意义？意义在于以下几点。

（1）我们在分析时一直强调买入的条件是“天时、地利、人和”的统一，即股价经过长时间的大幅下跌之后，处于相对低位时（安全边际相对来说较大一些），出现一根放量大阳线（或连续阳线），向上突破均线的压制或横盘整理平台上方的压力线，股价收盘价站稳在 30 日均线之上，5 日、10 日、20 日和 30 日均线开始向上发散，呈多头排列，此时是买入股票的最佳时机。第 5 章介绍的 4 种典型的 K 线买入方法（底部连续阳线且均线向上发散买入法、“一阳冲天”买入法、股价低位向上突破买入法、股价低位连续小阳线买入法）遵循了“天时、地利、人和”的统一。

（2）在购买股票之前，投资者一定要观察大盘是处于上升趋势、下跌趋势还是横盘整理趋势，不打没有准备的仗，否则难免会遭受损失。

（3）当大盘处于上升趋势时，稳健的投资者可通过对比大盘指数和行业指数，找出与大盘走势（上升趋势）相一致的行业，再从中选出符合买入条件的优质股票，介入后同时做好止损准备。

附录 A

重要的股市术语

1. 多方

看好市场和股票，积极买入拉升股价的一方，称为多方，也称多头。股价长期保持上涨势头的股票市场被称为多头市场。在多头市场中，股价变化的主要特征是一连串大涨小跌，阳线数量明显多于阴线数量，如图 A-1 所示。

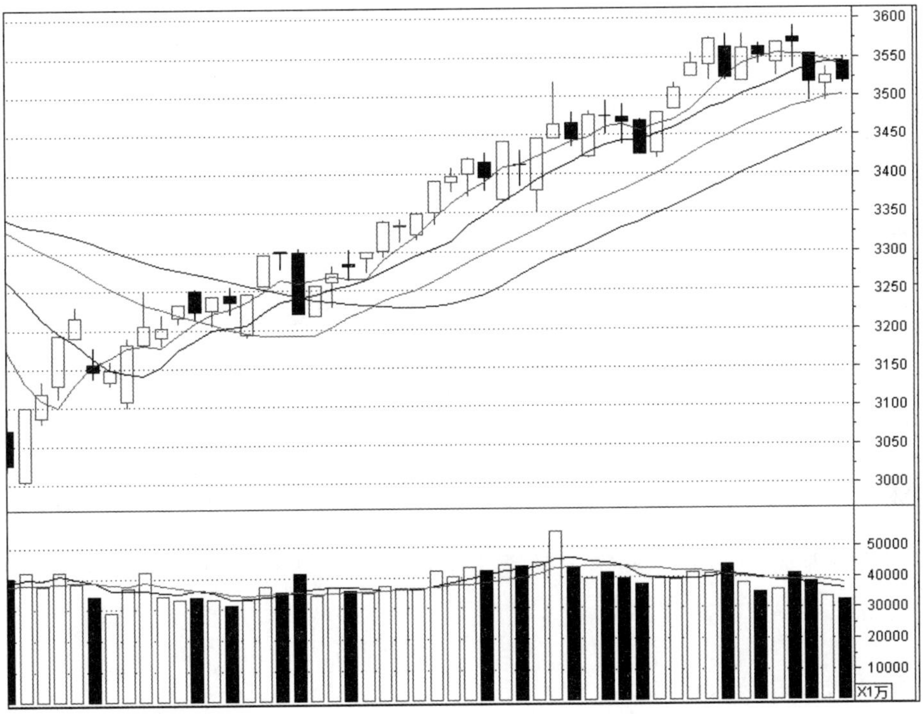

图 A-1　多头市场

2. 空方

看淡市场和股票，积极卖出打压股价的一方，称为空方，也称空头。通常把股价长期呈下跌趋势的股票市场称为空头市场。在空头市场中，股价变化的特征是一连串大跌小涨，阴线数量明显多于阳线数量，如图 A-2 所示。

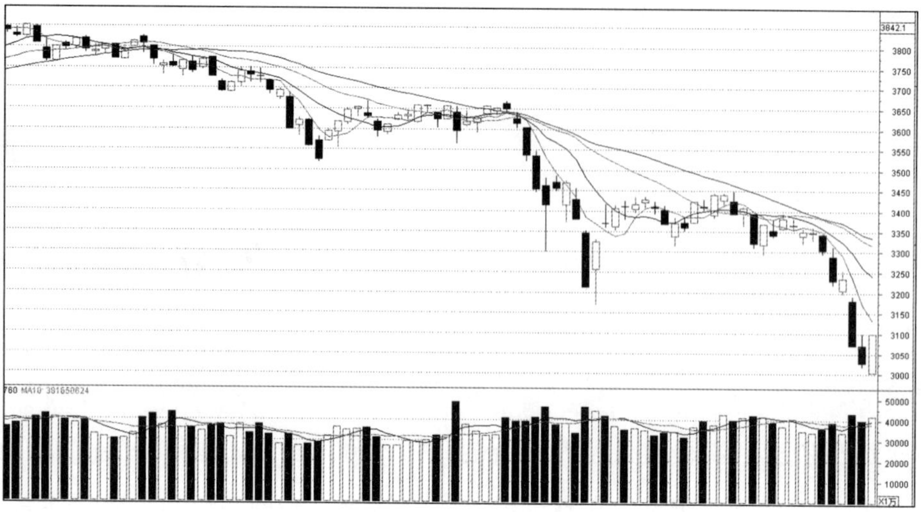

图 A-2　空头市场

3. 回挡

在股市上，股价呈不断上涨趋势，终因股价上涨速度过快而反转回跌到某一价位，这一调整现象称为回挡（或回调）。一般来说，股票的回挡幅度要比上涨幅度小，通常是反转回跌到前一次上涨幅度的三分之一左右时，又恢复原来的上涨趋势。

4. 反弹

在股市中，股价呈不断下跌趋势，终因股价下跌速度过快而反转回升到某一价位的调整现象，称为反弹。一般来说，股票的反弹幅度要比下跌幅度小，通常是反弹到前一次下跌幅度的三分之一左右时，又恢复原来的下跌趋势。

5. 突破

突破指价格升破压力位，通常是前期股价高位。确认有效向上突破压力位，通常有以下几个条件。

（1）要有成交量放大的突破。

（2）股价收盘价大于压力位 3% 到 5% 个点。

（3）回调时在压力位获得支撑，即前期压力线变为支撑线。

“有效突破”是指股价升到前期历史重要高点时，连续 3 天站稳，第三天收盘在历史高点 3% 之上。

如图 A-3 所示，圆圈 1 处一根成交量增大的光头光脚大阳线向上有效突破大阴线所形成的压力线，并且突破了前期高点形成的压力线。矩形 2 处股价出现以大阳线为支撑的横盘整理行情，前期高点所形成的压力线变为矩形 2 处横盘整理平台的支撑线。圆圈 3 处一根成交量增大的大阳线向上突破横盘整理平台的压力线，即高点形成的压力区，说明上涨趋势强烈。

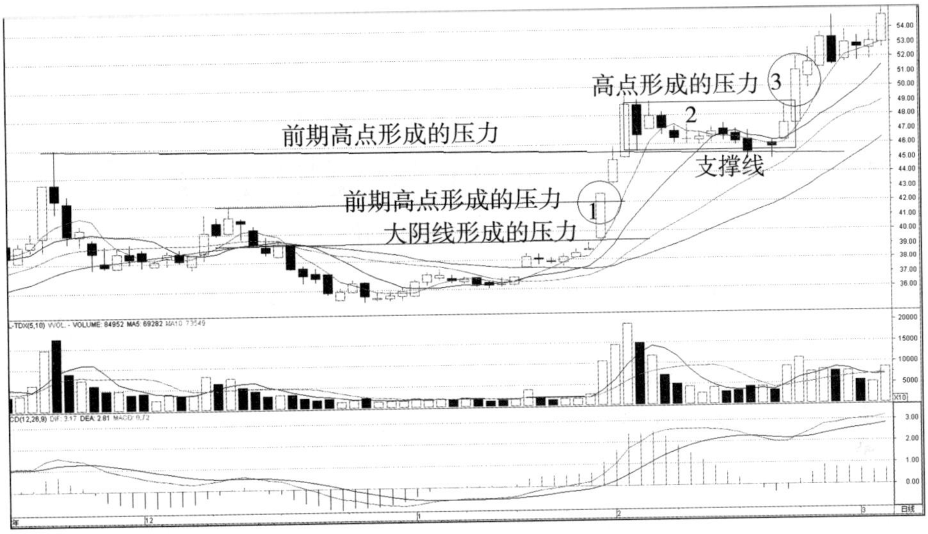

图 A-3　上涨趋势强烈

6. 跌破

跌破指价格下跌到支撑位或上升趋势线以下。有效跌破是指股价在某个价格区域运行一段时期后，向下跌破上升趋势线或支撑位价格的 3%。

如图 A-4 所示，圆圈 2 处一根成交量增大的光头光脚大阴线向下跌破前期低点形成的支撑区，圈圈 1 处一根放量跳空缺口阴线向下有效跌破前期低点形成的支撑区，说明下跌趋势强烈。

7. 多头套牢

多头套牢指进行股票交易时所遭遇的交易风险。例如，投资者预计股价将上涨，但在买进后股价一直呈下跌趋势，这种现象称为多头套牢。

为了防止自己在高位套牢，投资者应注意以下几点。

（1）不在短期大涨之后出现“三高”现象（即高位、高成交量、高换手率）时买入。

（2）不在上升较长时间后，出现标志性见顶 K 线、成交量突然放出近期巨量时买入。

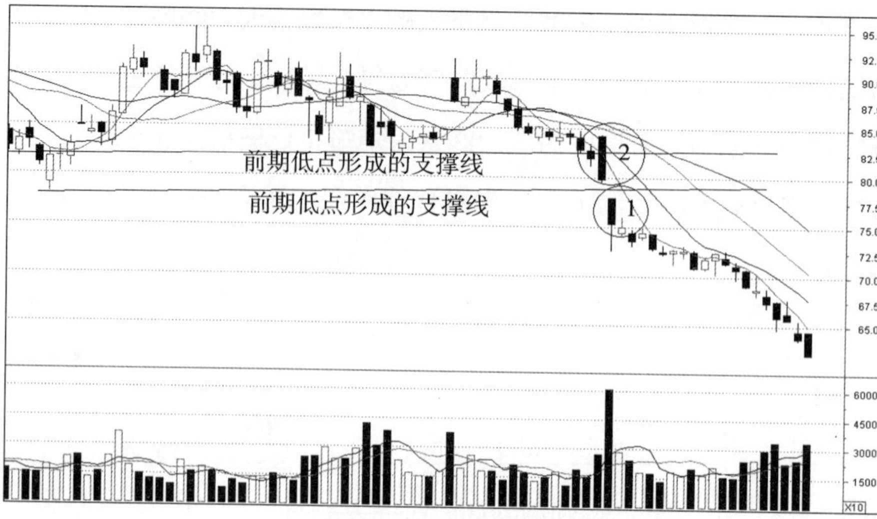

图 A-4　下跌趋势强烈

（3）不在上升一段时间后，日 K 线出现十字星、成交量放大时买入。

（4）不在上升一段时间后，日 K 线出现了 3 个向上跳空缺口后买入。

以上几种情形都是股价大涨之后处于高位，这时主力往往会派发股票，股票离短期头部不远了。

如图 A-5 所示，该股经过短期大幅上涨后，在圆圈 1 处出现一根高开低走的大阴线，成交量放大，换手率高达 61.54%，说明主力在圆圈 1 处拉高股价，抛售股票，股票短期头部将要形成了。若此时买入，套牢的风险很大，对此投资者要提高警惕。

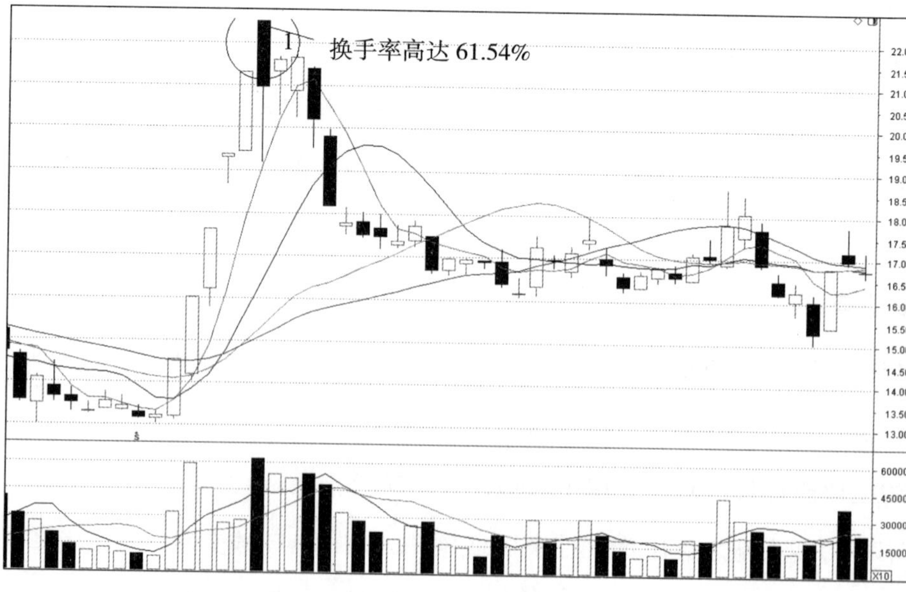

图 A-5　套牢风险大

8. 利多

利多指刺激股价上涨的信息，如上市公司经营业绩好转、银行利率降低、社会资金充足、银行信贷资金放宽、市场繁荣等，以及其他政治、经济、军事、外交等方面对股价上涨有利的信息。

9. 利空

利空指促使股价下跌的信息，如上市公司经营业绩恶化、银行紧缩、银行利率调高、经济衰退、通货膨胀、天灾人祸等，以及其他政治、经济、军事、外交等方面促使股价下跌的不利消息。

10. 换手率

换手率指在一定时间内股票转手买卖的频率。换手率高，反映资金进出频繁。股市中，70% 的股票换手率基本在 3% 以下，3% 成为一个分界线。换手率在 3% 到 7% 之间时，该股进入相对活跃状态。换手率在 7% 到 10% 之间时，则为强势股，该股高度活跃。换手率在 10% 到 15% 之间时，主力机构在密切操作。

投资者应特别注意高换手率出现的相对位置。

（1）如果一只股票经过长时间的大幅下跌之后，股价处于相对低位时，突然某一天成交量放大，换手率高，则新资金介入的迹象较为明显，未来的上涨空间可能较大，即“股价低位 + 成交量放大 + 高换手率”，股价可能会上涨。

（2）如果一只股票经过长时间的大幅上涨之后，股价处于相对高位时，突然出现高换手率，成交量放大，一般认为下跌前兆的可能性较大，即“股价高位 + 成交量放大 + 高换手率”，股价可能会下跌。

如图 A-6 所示，在圆圈 1 处两根光头光脚大阳线向上突破均线的压制，成交量增大，换手率分别高达 10.88% 和 33.93%，均线黏合后开始向上发散，呈多头排列，这是主力资金运作的结果。圆圈 1 处之后，股价大幅上涨到圆圈 2 处。圆圈 2 处股价处于高位区，成交量增大，换手率高达 36.97%，说明主力在圆圈 2 处拉高出货，股票短期头部可能不远了。

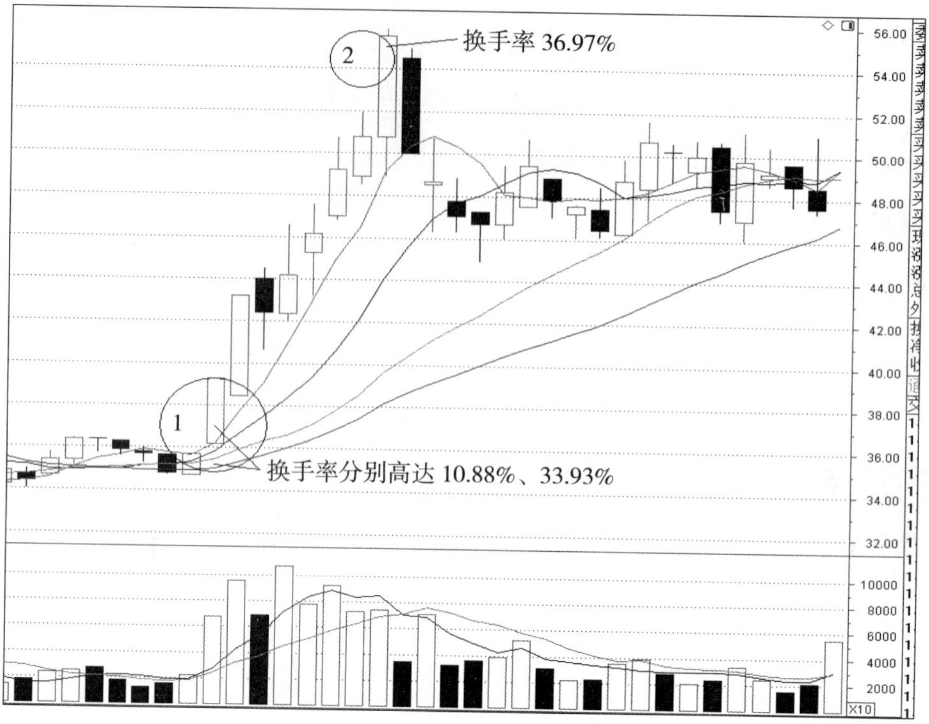

图 A-6 高换手率的相对位置

11. 洗盘

洗盘指主力建仓完毕，在拉升股价前往往会采用各种手段打压股价，使意志不坚定的散户低价抛出股票，然后主力趁机吸筹拉升股价，提高股票买入者的平均成本，以达到盈利的目的。洗盘的结果就是造成大量筹码被主力锁定，从而导致市场内的浮动筹码大量减少，从而使筹码集中到主力手里，此过程也称为“吸筹”。洗盘的标志：日 K 线图上成交量萎缩，股价重心没有下移，均线呈多头排列。

如图 A-7 所示，在圆圈 1 处一根光头光脚大阳线向上突破均线的压制，收盘价站稳在 30 日均线之上，次日又出现一根大阳线，均线交叉后开始向上发散呈多头排列，看涨。矩形 2 处股价进入横盘整理行情。在横盘整理期间，出现阴阳相间的小阳线、小阴线，但成交量缩小，均线呈多头排列，表明主力在利用缩量小阴线进行洗盘。洗盘结束后，一根大阳线向上突破矩形 2 处平台的压力线。股价在矩形 3 处又进入横盘整理行情，收出连续阴线，但成交量都较小，5 日和 10 日均线走平，但 20 日和 30 日均线仍然走多，表明主力在利用缩量阴线进行洗盘。矩形 4 处出现连续缩量的阴线，同样也是主力的洗盘行为。

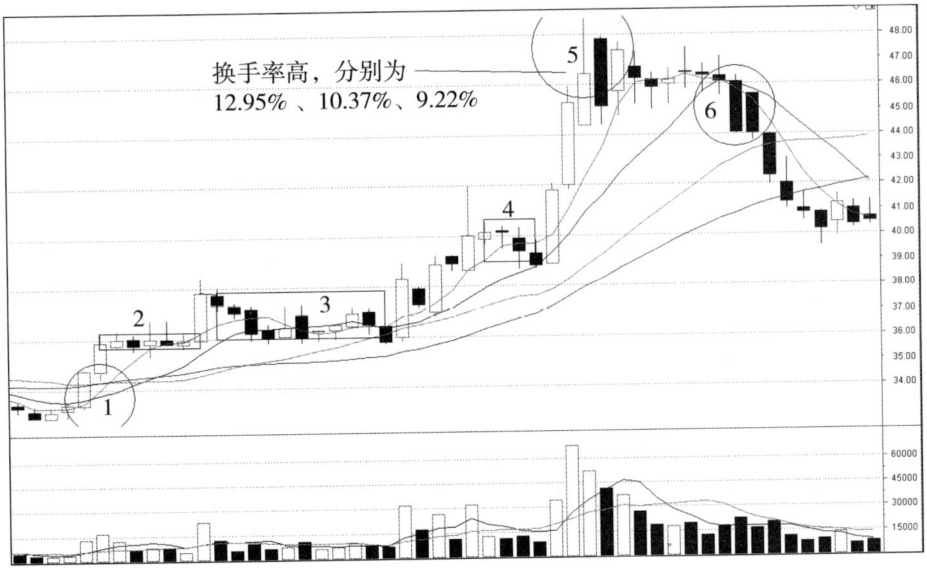

图 A-7　主力洗盘和出货

12. 出货

股价大涨后处于相对高位时，主力悄悄地卖出股票，称为出货。出货的标志：在股价高位区，日 K 线图上成交量大幅增加，股价重心逐渐下移，均线由走多逐渐变为走平甚至走空。

见图 A-7，主力洗盘结束后拉抬股价，股价开始加速上涨，直到圆圈 5 处。在圆圈 5 处，股价处于高位区，成交量增大，3 个交易日的换手率分别高达 12.95%、10.37% 和 9.22%，表明主力在圆圈 5 处派发股票，出货。出货完毕后，圆圈 6 处两根几乎光头光脚大阴线向下有效跌破均线的压制，均线交叉后开始向下发散，呈空头排列，看跌。

13. 支撑线和压力线

（1）股市受利空因素的影响，跌到某价位附近时，股价停止下跌甚至有可能回升，这是多方在此买入股票造成的。这个支撑价格区域所在的位置称为支撑线。若股价向下跌破支撑线，则该支撑线反而会转变为股价的压力线，股价会继续下跌寻找新的支撑。

（2）股市受利多因素的影响，上涨至某价格附近时，多方认为有利可图，便大量卖出，使股价停止上升甚至出现回跌。在股市中，一般将这种阻力价格区域所在的位置称为压力线。股价一旦向上突破压力线，则该压力线反而会转变为股价的支撑线。

特别要说明的是：支撑线或压力线并不单指具体某个价位，而是价格区间。支撑线和压力线以及相互转化如图 A-8 所示。

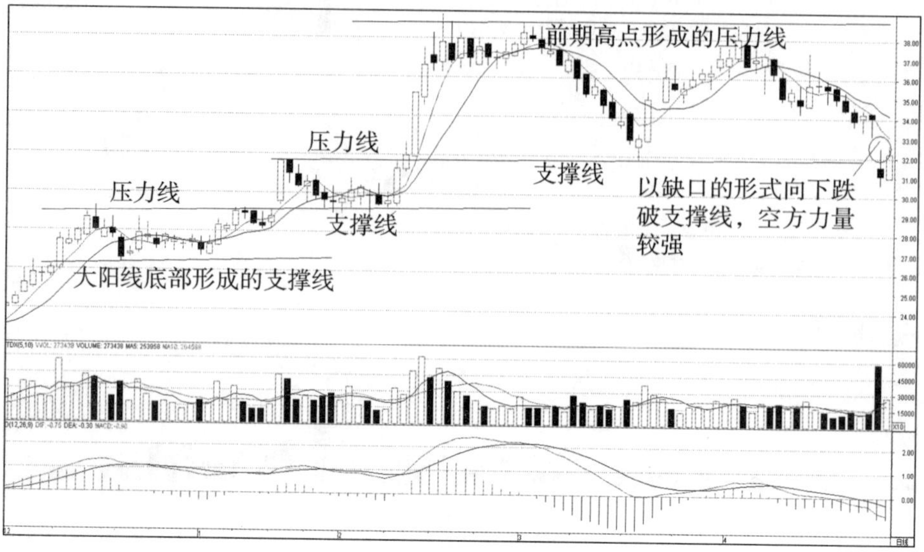

图 A-8　支撑线和压力线以及相互转化

（3）一条支撑线或压力线对当前的影响有多大呢？可以从以下三个方面来考量：①股价在这个区域停留的时间长短；②股价在这个区域伴随的成交量大小；③这个支撑或压力区域发生的时间距离当前日期的远近。股价停留的时间越长，伴随的成交量越大，离现在越近，则这个支撑或压力区域对当前的影响就越大；反之就越小。随着时间的延续，支撑线或压力线的效力呈递减趋势。

如图 A-9 所示，股价经过短暂的上涨后，创出阶段性新高，即高点 1，随后出现了下跌行情。但因为股价在 30 日均线附近得到支撑而上涨，直到圆圈 2 处形成一个新的高点 2。在圆圈 2 处，股价向上突破高点 1 所形成的压力线，但是因为缺乏大的成交量相配合，所以股价在圆圈 2 处之后又出现了下跌振荡行情，创出阶段性低点。在两个阶段性低点处得到支撑，形成“双重底部”K 线形态。股价以连续阳线向上突破大阴线所形成的压力线后，在圆圈 3 处一根成交量放大的大阳线向上突破前期高点 2 所形成的压力区，此时压力线变为支撑线，股价出现加速上涨行情。

14. 诱多

诱多就是主力故意引诱散户去做多，然后把自己手中的筹码（股票）卖给散户，为今后的砸盘而做出的假象。具体表现：价格向上突破重要压力区并且创出了新高，但股价在此之后一路下跌不再上涨，散户蒙受损失后才发现这是诱多行为。

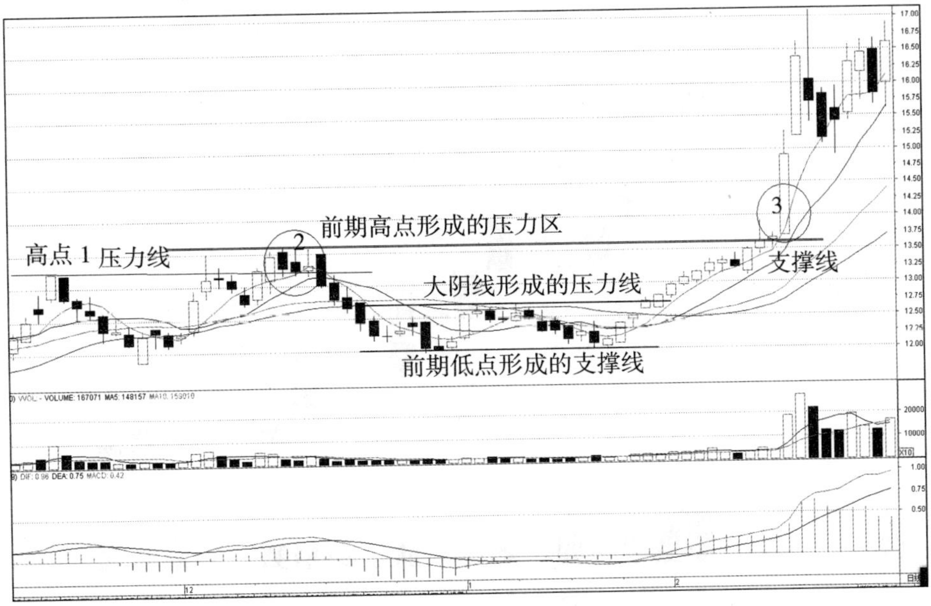

图 A-9 压力线转为支撑线后股价加速上涨

15. 诱空

诱空就是主力故意引诱散户做空，让散户把自己的股票卖给主力，为之后拉抬股价而做出的假象。具体表现：当市场做出看跌形态或者向下急跌，跌破某一个位置的支撑点，股价没有继续下跌而是出现了上涨行情，散户卖出股票后才发现这是诱空行为。

16. 死亡交叉

在股市的下跌行情中，较短期的移动平均线（如 5 日、10 日、20 日均线）从上向下突破较长期的移动平均线（如 30 日、60 日均线）发生的交叉现象，称为“死亡交叉”。如 30 日均线与 10 日平均线交叉时，30 日均线由下往上穿越 10 日均线，形成 30 日均线在上，10 日均线在下时，就是“死亡交叉”。“死亡交叉”预示空头市场来临，股市将下跌，此时是出场的最佳时机，如图 A-10 所示。

17. 黄金交叉

在股市的上升行情中，较短期的移动平均线（如 5 日、10 日、20 日均线）从下向上突破较长期的移动平均线（如 30 日、60 日均线）发生的交叉现象，称为“黄金交叉”。如 10 日均线由下向上穿越 30 日均线，形成 10 日均线在上，30 日均线在下，其交叉点就是“黄金交叉”。“黄金交叉”是多头的表现，出现“黄金交叉”后，后市会有一定的涨幅，这是进场的最佳时机，如图 A-11 所示。

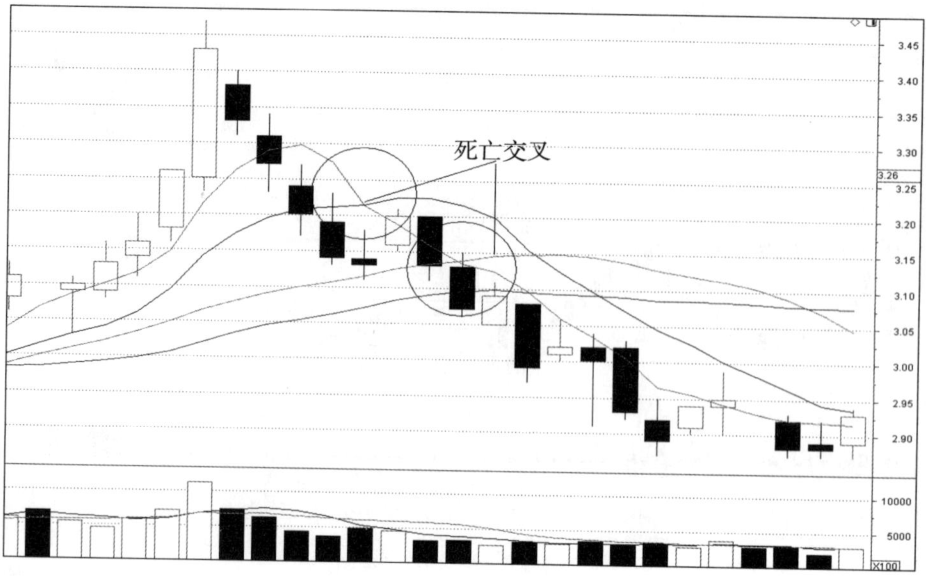

图 A-10 死亡交叉

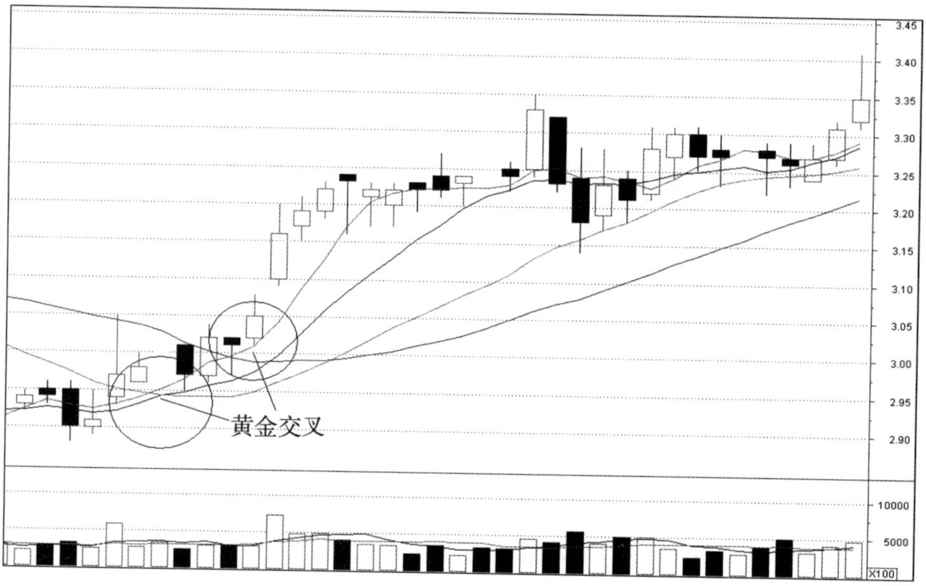

图 A-11 黄金交叉

18. 缺口

缺口是指股价在快速大幅变动中有一段价格没有任何交易，显示在 K 线图上是一个真空区域，这个区域称为缺口，又称为跳空。缺口分普通缺口、突破缺口、持续性缺口与消耗性缺口等四种。

（1）普通性缺口：指在横盘整理中偶然出现的跳空，并且很快会被补回来，对趋势研判作用不大。

（2）突破性缺口：指当一个密集的反转或整理形态完成后突破盘局时产生的缺口。当股价以一个很大的缺口跳空远离形态时，表示真正的突破已经形成。

（3）持续性缺口：在上升或下跌途中出现缺口，可能是持续性缺口。离开形态或密集交易区域后的急速上升或下跌所出现的缺口，大多是持续性缺口。

（4）消耗性缺口：伴随快速、大幅的股价波幅而出现的缺口。在急速的上升或下跌中，可能发生价格的跳空上涨（或跳空下跌），此缺口就是消耗性缺口。通常消耗性缺口在恐慌性抛售或消耗性上升的末段出现，表示股价的趋势将暂告一段落。

如图 A-12 所示，股价经过长时间大幅下跌后，处于相对低位区，市场需求增加，于是在底部区域出现连续阳线，股价随成交量的温和增加而上涨，均线逐渐黏合或交叉后向上发散，呈多头排列，股价在矩形 1 处进入横盘整理阶段。在横盘整理末端圆圈 2 处，光头光脚大阳线向上突破横盘整理平台的压力线后，连续出现突破性缺口、持续性缺口和消耗性缺口形式的加速上涨行情，在高位大矩形处出现一个顶部岛形反转形态，随后股价一直处于下跌行情中。

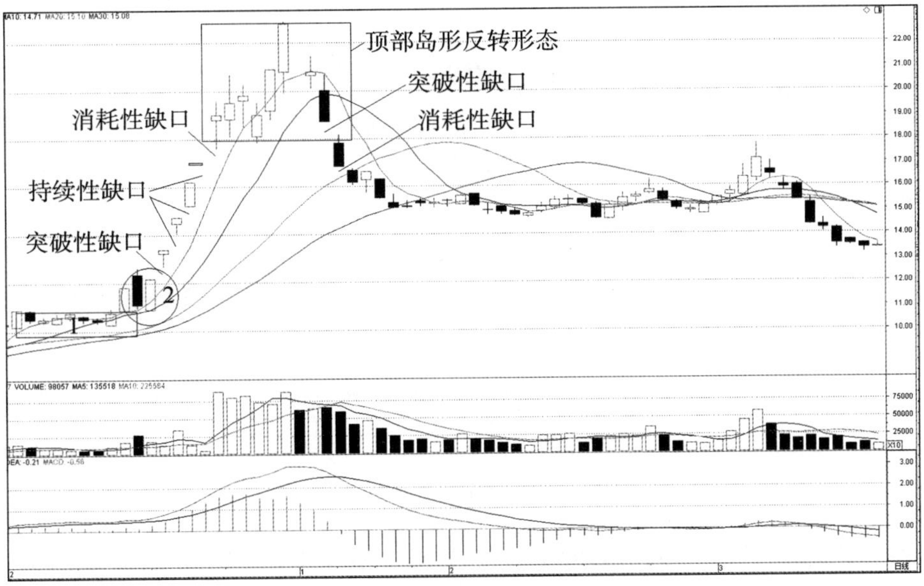

图 A-12　跳空缺口

19. 顶部岛形反转形态

股价经过一段时间的上涨，出现一个向下的跳空缺口，而这个缺口与该股上升时向上的跳空缺口基本处于同一区域，于是整个股价 K 线图分成了上下两截，上面的部分就像远离海岸的孤岛。这一形态称为顶部岛形反转形态。

顶部岛形反转形态一旦确立，说明近期股价下跌已成定局，此时持有该股票的投资者只能认输出局，如果继续持股必将遭受更大的损失。

如图 A–13 所示，该股经过前期大幅下跌后，股价处于相对低位区域，股票需求和供给关系发生了变化，需求的力量在逐渐增强，而供给的力量在逐渐减弱，均线下降倾斜度趋于平缓，均线逐渐由原先走空转变为走平甚至走多。当一根大阳线向上突破均线压制后，收盘价站稳在 30 日均线之上，股价进入矩形 1 处的横盘整理行情。在横盘整理期间，出现连续缩量十字星或小阴线，5 日和 10 日均线走平，但 20 日和 30 日均线仍然走多，股价重心没有下移。这表明主力在横盘整理期间利用连续缩量十字星或小阴线洗盘法进行洗盘。

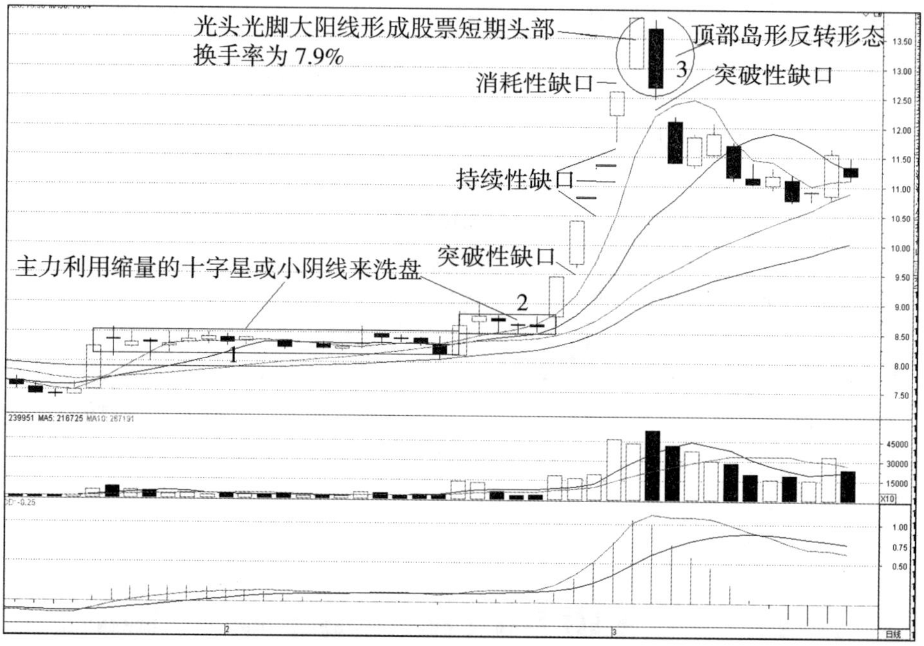

图 A–13 顶部岛形反转形态

横盘整理末端，一根光头光脚大阳线向上突破整理平台的压力线，股价又进入矩形 2 处的横盘整理行情。主力在矩形 2 处又利用缩量十字星进行洗盘。洗盘结束后，股价相继出现以突破性缺口、持续性缺口和消耗性缺口形式的加速上涨行情，直到圆圈 3 处。此时股价处于高位，成交量放大，换手率高，表明主力在圆圈 3 处拉高出货，同时形成一个典型的顶部岛形反转形态，说明股票短期头部成立了。

20. 事件驱动型投资策略

事件驱动型投资策略是资本市场常见的短线投资策略，该策略依赖于某事件引发的投资机会，这些事件主要有产业政策调整、新兴技术应用、重大区域事件、公司重组收购兼并、公司回购股票等。实际上，从投资角度来看，一切导致投资者预期发生变化的因素均可称为“事件”。这些事件往往会成为投资者获得超额收益的来源。

在实战中，投资者首先要分析潜在事件对公司产生的影响。这种影响会从 K 线图上体现出来。也就是说，如果该事件对公司利好，公司股票日 K 线图上交投会比较活跃，并且有明确的上升趋势，也出现了明确的买入信号。此时短线投资者应充分把握交易时机，提前择机买入。然后持股待涨，逢高择机卖出，获取超额投资回报。

【事件 1】2022 年 11 月 21 日，证监会主席首次提出建立具有中国特色的估值体系，促进市场资源配置功能更好地发挥。此后，市场将“国有上市公司内在价值重估”当作炒作题材，开始拉升中字头股，中国移动等成为龙头。

如图 A-14 所示，中国移动在这一事件的影响下，于 2022 年 11 月 22 日圆圈 1 处出现一根大阳线，均线交叉后开始向上发散，呈多头排列，此时是投资者买入股票的好时机。股价短期大涨后回调到 *A* 处时，受到圆圈 1 处大阳线的支撑，此后股价出现了振荡上涨行情。说明该事件对公司影响较大，中国移动也成为市场的投资热点。

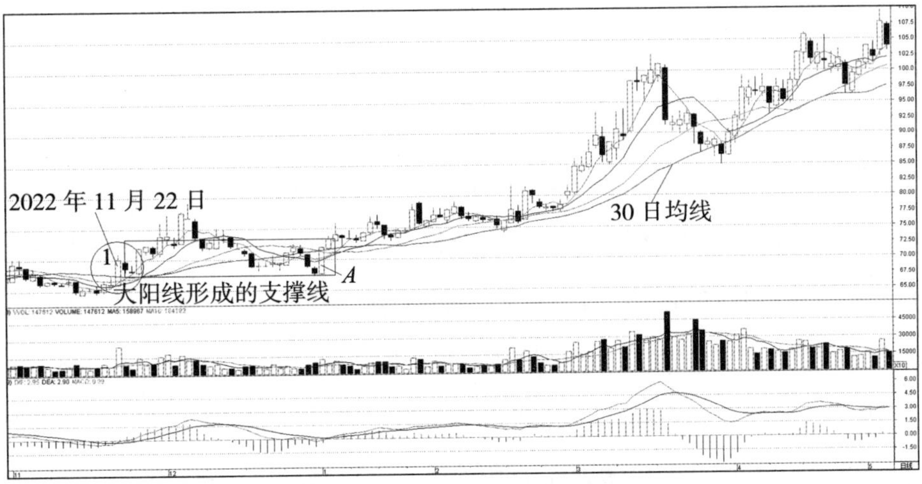

图 A-14 “中特估”事件引发中国移动的投资机会

【事件 2】ChatGPT 是由人工智能研究实验室 OpenAI 在 2022 年 11 月 30 日发布的全新聊天机器人模型。之后迅速在社交媒体走红，短短 5 天，注册用户数就超过 100 万。

ChatGPT是人工智能技术驱动的自然语言处理工具，它能够通过学习和理解人类的语言来进行对话，还能根据聊天的上下文进行互动，真正像人类一样聊天交流，甚至能完成撰写邮件、视频脚本、文案、翻译、代码等任务。这种人工智能技术使得A股市场中相关公司科大讯飞成为热点。科大讯飞是一家专注从事智能语音及语言技术研究、软件及芯片产品开发、语音信息服务及电子政务系统的集成等业务的公司。

如图A–15所示，科大讯飞的股票在长达4个月的时间里横盘整理，在ChatGPT发布后，于2023年1月19日圆圈2处出现一根光头光脚大阳线，向上突破横盘整理平台的压力线，均线交叉后开始向上发散，呈多头排列，看涨。根据股价低位向上突破横盘整理平台买入法，投资者可逢低买入并做好止损准备。此后股价出现了强劲的上涨行情。

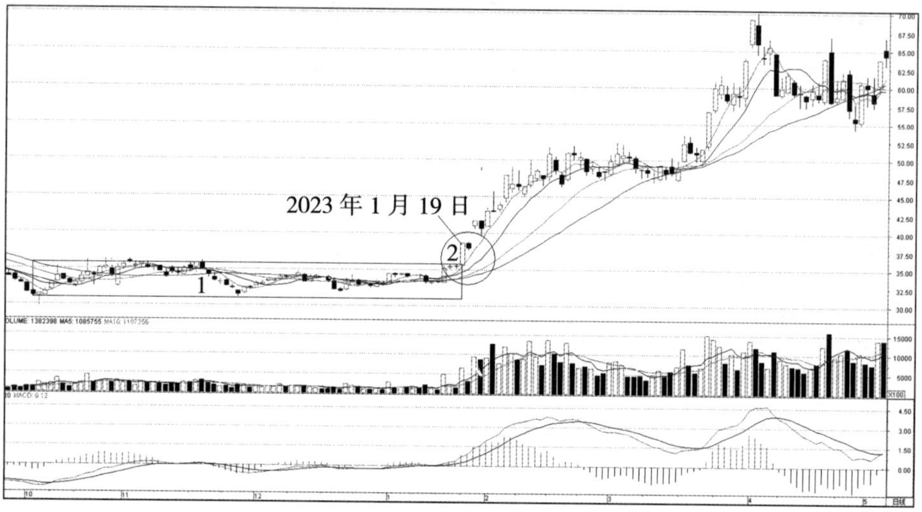

图A–15　ChatGPT事件引发科大讯飞上涨

【事件3】《数字中国发展报告（2022年）》显示，数字经济成为稳增长促转型的重要引擎。2022年我国数字经济规模达50.2万亿元，稳居世界第二，占GDP比重提升至41.5%。数字政务协同服务效能大幅提升，开展远程医疗服务，数字技术创新能力持续提升。5G实现技术、产业、网络、应用领先，6G加快研发布局。在集成电路、人工智能、高性能计算等方面取得重要进展。在此背景下，数字经济、高性能计算、大数据等事件引发了中科曙光的投资机会。中科曙光作为我国核心信息基础设施领军企业，为中国及全球用户提供创新、高效、可靠的IT产品、解决方案及服务。中科曙光在高端计算、存储、安全、数据中心等领域拥有深厚的技术积淀和领先的市场份额，并充分发挥高端计算优势，布局智能计算、云计算、大数据等领域的技术研发，打造计算产业生态，为科研探索创新、行业信息化建设、产业转型升级、数字经济发展提供了坚实可信的支撑。

如图 A-16 所示，中科曙光股票经过长时间的下跌后，在国家推动数字经济、大数据、高性能计算的政策下，中科曙光股票逐渐受到投资者的关注。市场需求增加，于是在圆圈 1 处出现连续阳线，股价随成交量的温和增加而上涨，均线逐渐黏合或交叉后开始向上发散，呈多头排列，看涨。根据股价低位向上连续小阳线买入法，投资者可逢低买入。此后股价出现了强劲的上涨行情。

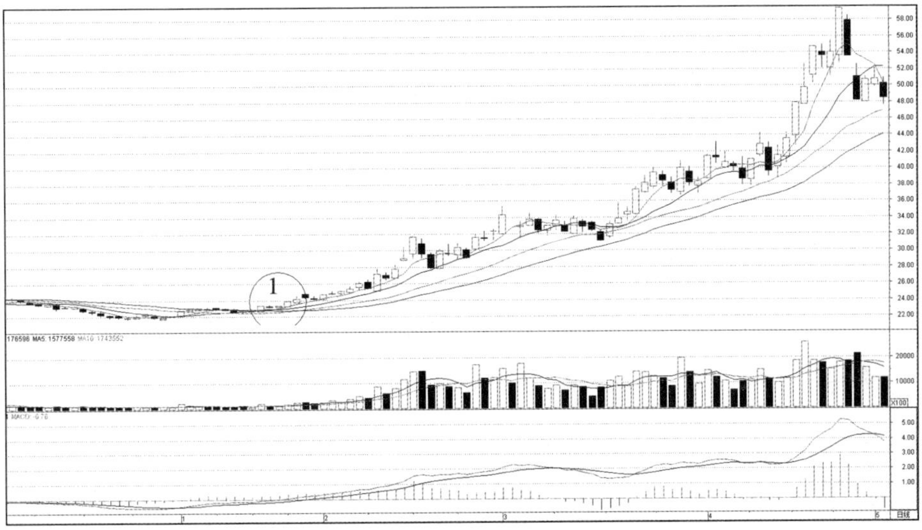

图 A-16 数字经济引发中科曙光上涨

21. 基本面分析

基本面分析是以股票的内在价值为依据，对决定股票价值的基本要素进行分析，评估股票的投资价值，判断股票的合理价位，为投资决策提供买卖依据。主要从宏观、行业和公司层面来分析。

（1）宏观经济分析：主要分析经济指标和经济政策对证券价值和价格的影响。

（2）行业分析：哪些行业是增长型行业、周期型行业、防守型行业？国家的产业政策发生什么变化？行业未来发展的愿景如何？

（3）公司分析：公司主营业务所处行业地位分析、公司业务同行业竞争能力分析、公司经济区域分析、公司内部管理水平分析等。

22. 技术面分析

技术面分析是指从股票的市场行为来分析股票价格未来的变化趋势。技术分析的基本要素包括市场价格、成交量、价格和成交量的变化以及完成这些变化所经历的时间。

（1）价格、成交量、时间和空间是进行分析的要素。市场行为最基本的表现就是价格和成交量。

（2）在进行行情判断时，时间有着很重要的作用。一个已经形成的趋势在短时间内不会发生根本改变，中途出现的反方向波动，对原来趋势不会产生大的影响。一个形成了的趋势不可能永远不变，经过一定时间后会有新的趋势出现。

（3）空间：价格波动能够达到的极限。

23. 市盈率

市盈率 = 每股价格 / 每股盈利

一般来说，市盈率保持在 5 到 20 之间是合理的。但是，从实际情况看，市盈率大的股票多为热门股，市盈率小的股票可能为冷门股。运用市盈率来衡量一家公司股票的质地时，并非总是准确的。一般认为，一家公司股票的市盈率过高，该股票的价格有泡沫，价值被高估。

24. 安全边际

安全边际是指股票的市场价格低于其内在价值的部分。巴菲特对于安全边际的认识是：那些被大幅炒高，股价远离其内在价值，“安全边际”非常小的股票，一定不要选。即使这家公司非常优秀，也要等其股价降到合理的价位再买入。

应用安全边际，必须要有足够的耐心，耐心等待机会的来临，这种机会来自公司出现暂时问题或市场暂时过度低迷导致优秀公司的股票被过度低估时。

25. 移动平均线

移动平均线（简称均线）是将一定时期内的证券价格（指数）加以平均，并把不同时间的平均值连接起来形成一条线，用以观察证券价格变动趋势的一种技术指标。常用的移动平均线有 5 日、10 日、20 日、30 日、60 日、120 日和 240 日移动平均线。移动平均线具有助涨助跌性质，在股价走势中能起到支撑线和压力线的作用。移动平均线还可以用来判断股价的运行趋势。

（1）上升趋势中，5 日、10 日、20 日和 30 日等均线自上而下依次顺序排列，向右上方移动，称为多头排列，预示着股价将大幅上涨，如图 A-17 所示。

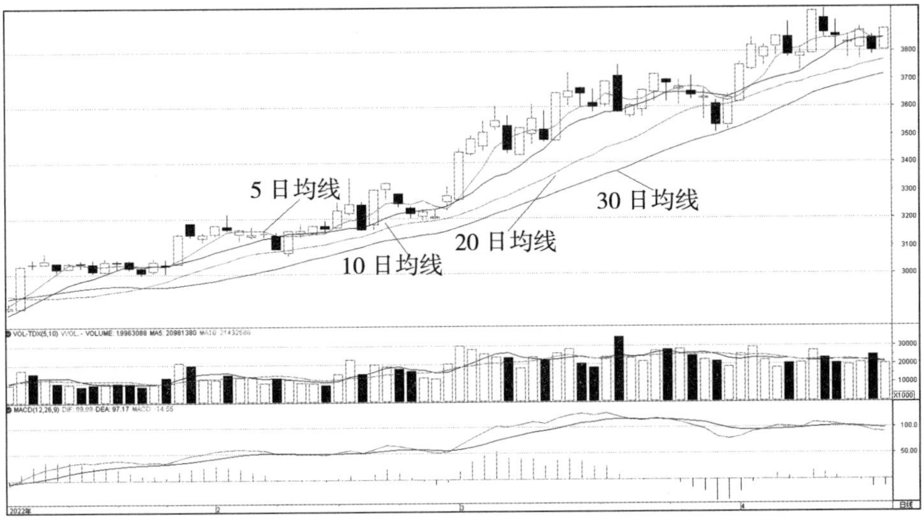

图 A-17 均线呈多头排列

（2）下跌趋势中，5 日、10 日、20 日和 30 日等均线自下而上依次顺序排列，向右下方移动，称为空头排列，预示着股价将大幅下跌，如图 A-18 所示。

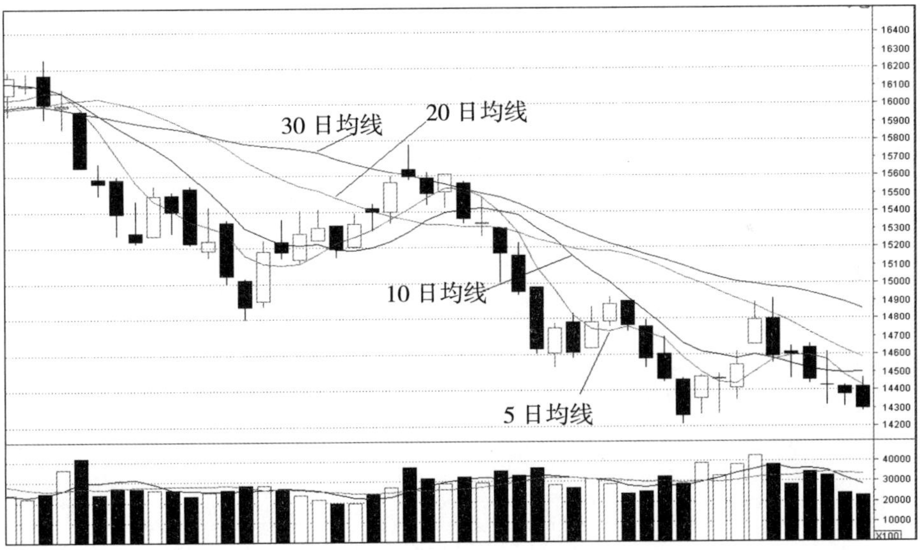

图 A-18 均线呈空头排列